Antropologia Para leigos

O que é antropologia? O estudo da humanidade, ou antropologia, começa com sua origem e evolução. Outros elementos essenciais para o estudo da antropologia são a modernidade humana (anatômica e comportamental); a definição de cultura e dos universais culturais; como os seres humanos se alimentam (subsistência) e a influência disso na organização social; e a linguagem.

©ivector/Shutterstock.com

CB001335

COMO OS ANTROPÓLOGOS AGRUPAM OS HOMINÍDEOS PRIMITIVOS

Ao estudarem os primeiros hominídeos (grandes primatas bípedes), que datam de milhões de anos, os antropólogos acompanham o desenvolvimento da espécie humana. Ao explorar a antropologia, tenha em mente estes pontos importantes:

- O processo evolutivo molda as espécies por replicação, variação e seleção, levando à adaptação.

- Os seres humanos são uma das cerca de 200 espécies da ordem dos primatas, um grupo biológico que tem evoluído há cerca de 60 milhões de anos.

- Os hominídeos apareceram (apenas na África) há pelo menos 4 milhões de anos, com as seguintes características adaptativas: *bipedalismo* (hábito de andar sobre duas pernas), *encefalização* (cérebros maiores do que o esperado para seu tamanho corporal), *dentes pequenos* (menores do que o esperado para seu tamanho corporal — em especial, os caninos).

A tabela a seguir resume as descobertas da antropologia sobre os principais grupos de hominídeos.

Grupo, Dieta e Uso de Ferramentas	Alguns Gêneros e Espécies Incluídas	Descobertas Fósseis	Datas	Destino Evolucionário
Australopitecos graciosos: Dieta onívora, pouco uso de ferramentas	*Australopithecus afarensis*, *Australopithecus africanus*	*A. afarensis* na Etiópia e *A. africanus* em muitos sítios ao sul e ao leste da África	Mais de 4 milhões de anos atrás (*A. afarensis*) a cerca de 2 milhões de anos atrás (*A. africanus* tardio)	*A. afarensis* é provável ancestral do *A. africanus*; *A. africanus*, provável ancestral do *Homo* primitivo
Australopitecos robustos: Dieta mais herbívora, pouco ou nenhum uso de ferramentas	*Australopithecus aethiopicus*, *Australopithecus robustus*	*A. aethiopicus* e *A. boisei* no leste africano, *A. robustus* na África do Sul	Mais de 2 milhões de anos atrás (*A. aethiopicus*) a cerca de 1 milhão de anos atrás (*A. robustus* tardio)	Extinção há cerca de 1 milhão de anos
Homo Primitivo: Dieta onívora, com mais consumo de tecidos animais e sobrevivência com base no uso de ferramentas	*Homo habilis*, *Homo rudolfensis*, primeiro *Homo erectus*	Olduvai Gorge, na Tanzânia e Koobi Fora, no Quênia	Primeiro *Homo* há cerca de 2,5 milhões de anos; *H. erectus* há cerca de 1,8 milhão de anos	Evoluiu para *H. erectus* há cerca de 1,8 milhão de anos

Antropologia

^{Para}**leigos**

Antropologia

Para
leigos

Tradução da 2ª Edição

Cameron M. Smith

ALTA BOOKS
GRUPO EDITORIAL
Rio de Janeiro, 2023

Antropologia Para Leigos

Copyright © 2023 da Starlin Alta Editora e Consultoria Eireli.

ISBN: 978-65-5520-901-3

Translated from original Anthropology For Dummies. Copyright © 2021 John Wiley & Sons, Inc. ISBN 978-1-119-78420-3. This translation is published and sold by permission of John Wiley & Sons, Inc., the owner of all rights to publish and sell the same. PORTUGUESE language edition published by Starlin Alta Editora e Consultoria Eireli, Copyright © 2023 by Starlin Alta Editora e Consultoria Eireli.

Impresso no Brasil — 1ª Edição, 2023 — Edição revisada conforme o Acordo Ortográfico da Língua Portuguesa de 2009.

Dados Internacionais de Catalogação na Publicação (CIP) de acordo com ISBD

S642a   Smith, Cameron M.

Antropologia Para Leigos / Cameron M. Smith ; traduzido por Alberto Streicher. - Rio de Janeiro : Alta Books, 2023.

432 p. ; 16cm x 23cm. – (Para Leigos)

Tradução de: Anthropology For Dummies

Inclui índice.

ISBN: 978-65-5520-901-3

1. Antropologia. I. Streicher, Alberto. II. Título. III. Série.

CDD 301

CDU 572

2022-3769

Elaborado por Odilio Hilario Moreira Junior - CRB-8/9949

Índice para catálogo sistemático:
1. Antropologia 301
2. Antropologia 572

Todos os direitos estão reservados e protegidos por Lei. Nenhuma parte deste livro, sem autorização prévia por escrito da editora, poderá ser reproduzida ou transmitida. A violação dos Direitos Autorais é crime estabelecido na Lei nº 9.610/98 e com punição de acordo com o artigo 184 do Código Penal.

A editora não se responsabiliza pelo conteúdo da obra, formulada exclusivamente pelo(s) autor(es).

Marcas Registradas: Todos os termos mencionados e reconhecidos como Marca Registrada e/ou Comercial são de responsabilidade de seus proprietários. A editora informa não estar associada a nenhum produto e/ou fornecedor apresentado no livro.

Erratas e arquivos de apoio: No site da editora relatamos, com a devida correção, qualquer erro encontrado em nossos livros, bem como disponibilizamos arquivos de apoio se aplicáveis à obra em questão.

Acesse o site **www.altabooks.com.br** e procure pelo título do livro desejado para ter acesso às erratas, aos arquivos de apoio e/ou a outros conteúdos aplicáveis à obra.

Suporte Técnico: A obra é comercializada na forma em que está, sem direito a suporte técnico ou orientação pessoal/exclusiva ao leitor.

A editora não se responsabiliza pela manutenção, atualização e idioma dos sites referidos pelos autores nesta obra.

Produção Editorial
Grupo Editorial Alta Books

Diretor Editorial
Anderson Vieira
anderson.vieira@altabooks.com.br

Editor
José Ruggeri
j.ruggeri@altabooks.com.br

Gerência Comercial
Claudio Lima
claudio@altabooks.com.br

Gerência Marketing
Andréa Guatiello
andrea@altabooks.com.br

Coordenação Comercial
Thiago Biaggi

Coordenação de Eventos
Viviane Paiva
comercial@altabooks.com.br

Coordenação ADM/Finc.
Solange Souza

Direitos Autorais
Raquel Porto
rights@altabooks.com.br

Produtor Editorial
Thiê Alves

Produtores Editoriais
Illysabelle Trajano
Maria de Lourdes Borges
Paulo Gomes
Thales Silva

Equipe Comercial
Adenir Gomes
Ana Carolina Marinho
Ana Claudia Lima
Daiana Costa
Everson Sete
Kaique Luiz
Luana Santos
Maira Conceição
Natasha Sales

Equipe Editorial
Ana Clara Tambasco
Andreza Moraes
Arthur Candreva
Beatriz de Assis
Beatriz Frohe

Betânia Santos
Brenda Rodrigues
Erick Brandão
Elton Manhães
Fernanda Teixeira
Gabriela Paiva
Henrique Waldez
Karolayne Alves
Kelry Oliveira
Lorrahn Candido
Luana Maura
Marcelli Ferreira
Mariana Portugal
Matheus Mello
Milena Soares
Patricia Silvestre
Viviane Corrêa
Yasmin Sayonara

Marketing Editorial
Amanda Mucci
Guilherme Nunes
Livia Carvalho
Pedro Guimarães
Thiago Brito

Atuaram na edição desta obra:

Revisão Gramatical
Hellen Suzuki
Matheus Araújo

Tradução
Alberto Streicher

Copidesque
Carolina Palha

Diagramação
Lucia Quaresma

Revisão Técnica
Marcelo Araujo
Professor de Antropologia

Editora
afiliada à:

ASSOCIADO
Câmara Brasileira do Livro

Rua Viúva Cláudio, 291 – Bairro Industrial do Jacaré
CEP: 20.970-031 – Rio de Janeiro (RJ)
Tels.: (21) 3278-8069 / 3278-8419
www.altabooks.com.br – altabooks@altabooks.com.br
Ouvidoria: ouvidoria@altabooks.com.br

ALTA BOOKS
GRUPO EDITORIAL

Sobre o Autor

Os treinamentos que **Cameron M. Smith** fez durante a graduação foram planejados, com cursos na Califórnia, no Quênia, no Instituto de Arqueologia da Universidade de Londres e na Universidade de Durham. Em seguida, fez mestrado em arqueologia, realizando projetos na Costa Noroeste do Pacífico nos EUA, na Universidade Estadual de Portland, e seu doutorado foi obtido na Universidade Simon Fraser, no Canadá. Ele ministra uma variedade de cursos sobre evolução humana no Departamento de Antropologia da Universidade Estadual de Portland. Smith publicou extensivamente em periódicos científicos, incluindo *Behavioral and Brain Sciences*, *Journal of the Anthropological Sciences*, *Antiquity*, *American Journal of Physical Anthropology*, *Physics of Life Reviews* e *Journal of Field Archaeology*. Seus diversos livros incluem *The Fact of Evolution*, *The Top Ten Myths About Evolution* e seus livros didáticos *An Atlas of Human Prehistory* e *Archaeology: Human Evolution and the Origins of Civilization*. A pesquisa do Dr. Smith sobre o passado humano concentra-se na arqueologia da Costa Noroeste do Pacífico nos EUA e na evolução da mente moderna. Seu trabalho sobre o futuro humano foi publicado amplamente em periódicos sobre antropologia do espaço e no livro *Principles of Space Anthropology: Establishing a Science of Human Space Settlement*. Atualmente, está escrevendo *Evolution and the Drake Equation: An Anthropologist's Estimation of the Number of Civilizations in the Milky Way Galaxy*.

Dedicatória

Dedico este trabalho aos meus alunos e aos meus leitores. Muito obrigado pelo interesse e atenção de todos, e por terem me encontrado em meio a uma imensidão de outros autores.

Agradecimentos

Agradeço à minha família por ter me apoiado durante os longos anos de estudo em casa e no exterior, em especial a meus pais, Donald E. e Margit J. Posluschny Smith; ao meu pai, por me encorajar a aprender durante as viagens, e à minha mãe, por me transmitir o amor aos livros. Agradeço ao meu falecido amigo e mentor, professor K. M. Ames, por ter me ensinado a ser o mais cético possível quanto à minha hipótese favorita. Por fim, agradeço aos meus alunos e colaboradores por trazerem ótimas perguntas e me forçarem a pensar fora da caixa.

Sumário Resumido

Sumário

Introdução

Neste exato momento, alguém está escavando uma relíquia antiga em algum lugar — talvez uma ferramenta de pedra de 1 milhão de anos ou os resquícios de uma antiga jarra de vinho grega. Talvez esse artefato não seja lá grande coisa, mas é uma peça no vasto quebra-cabeça do passado da humanidade.

Neste exato momento, alguém está entrevistando um caçador-coletor em algum lugar — talvez no Ártico ou na África. Essa entrevista, que talvez trate do porquê de o caçador-coletor estar prestes a se separar do grupo principal com sua família, pode não ser grande coisa, mas é uma página na enciclopédia do comportamento cultural humano.

Neste exato momento, em algum lugar, alguém está descodificando o DNA de um antigo neandertal, tentando identificar como os seres humanos vivos estão relacionados com essa espécie fascinante de proto-humanos. O DNA é microscópico, mas pode dizer à humanidade um montão de coisas sobre nossa biologia e evolução.

E, neste exato momento, alguém está estudando, em algum lugar, um idioma que está desaparecendo rapidamente, talvez na Polinésia ou no sudeste da Ásia, aprendendo-o com os anciãos de um grupo tribal. As palavras e expressões aprendidas são curtas, mas cada idioma fornece um meio de compreendermos o mundo de uma forma singularmente humana.

Todos esses alguéns são antropólogos, como eu — pessoas que estudam profissionalmente a espécie humana em todos os seus aspectos, da biologia à cultura. É claro, não são só os antropólogos que amam aprender sobre a humanidade; pessoas de todas as culturas e camadas sociais têm um interesse pelo que a humanidade é hoje e pelo que ela foi no passado.

É por isso que escrevi *Antropologia Para Leigos* — para compartilhar coisas incríveis que os antropólogos descobriram e continuam a descobrir com pessoas como você, fascinadas pela espécie humana (ou, pelo menos, fascinadas por passarem na prova de Introdução à Antropologia). Junte-se a mim em uma grande viagem sobre a espécie humana, na qual cruzaremos o mundo e viajaremos ao longo de milhões de anos. Se isso não faz seu sangue fervilhar, então não posso ajudá-lo.

Sobre Este Livro

O estudo da humanidade hoje em dia (e durante os últimos milhões de anos) criou um vasto arsenal de conhecimento antropológico impresso em milhões de páginas de relatórios de pesquisa e em milhares de livros. Nem mesmo os antropólogos conseguem se manter atualizados com a velocidade e o volume das pesquisas publicadas. É impossível para mim repassar tudo o que essas pesquisas revelaram, mas o que posso fazer — e fiz neste livro — é resumir 150 anos de descobertas antropológicas em referências práticas que descrevem o essencial sobre a evolução humana, tanto cultural como biológica. Também descrevo exatamente como os antropólogos trabalham, de modo que você possa entender os prós e os contras dos seus diferentes métodos.

Caso esteja fazendo um curso introdutório à antropologia, este livro o ajudará a esclarecer algumas ideias que talvez sejam bem confusas e que geralmente não são explicadas de forma clara, mesmo nos livros didáticos. Se está lendo este livro por pura curiosidade, deixe-me ressaltar que excluí muito material técnico que possa, de outro modo, atrapalhar sua compreensão sobre as lições essenciais da antropologia. Diversos livros científicos populares tratam de alguns aspectos da antropologia, porém poucos, se é que há algum, abordam a antropologia como um todo de forma clara, direta e prática. Esforcei-me muito para oferecer um guia exatamente assim em *Antropologia Para Leigos*.

Cada capítulo está dividido em seções concisas, e cada seção analisa o essencial sobre a antropologia, incluindo:

>> Termos e definições.

>> Informações detalhadas sobre teorias concorrentes.

>> Como a antropologia entendia certos temas no passado e como os entende atualmente.

Escrevi este livro de modo que você possa começar de onde quiser; se estiver mais interessado na linguagem, pule para o capítulo que fala sobre ela e compreenda o assunto sem ter que saber sobre a evolução humana. Porém, visto que cada aspecto da humanidade está atrelado a algum outro, eu ficaria surpreso se no fim das contas você não acabasse lendo tudo!

Por fim, você deve saber algumas convenções que uso ao longo do texto:

>> É difícil escrever um livro sobre a humanidade sem usar o termo coletivo *nós,* então, quando o uso, tenha em mente que estou falando sobre a

humanidade como um todo, e não sobre os antropólogos (salvo indicação em contrário).

» Faço muitas referências ao passado porque a humanidade é uma espécie antiga, e podemos aprender muito com nosso passado. Quando faço isso, em geral uso a convenção *AP* para "antes do presente" (o que significa basicamente muitos anos atrás). Quando falo sobre a história da civilização ocidental, uso os termos convencionais *a.C.* para "antes de Cristo" e *d.C.* para "depois de Cristo" (que marca o ano do nascimento de Cristo); algumas pessoas preferem usar *AEC* ("Antes da Era Comum") e *EC* ("Era Comum") para evitar valorizar a escala temporal da civilização ocidental, mas tais termos apontam exatamente para a.C. e d.C. Visto que tantas informações sobre o passado utilizam a.C. e d.C., mantenho essa convenção. Não se preocupe, não estou forçando uma religião ou valorizando uma escala temporal em detrimento de outra; estou apenas usando uma forma tradicional para indicar a passagem do tempo.

» O termo *hominídeo* faz referência a qualquer uma das muitas espécies de grandes primatas *bípedes* (que caminham sobre duas pernas); isso inclui os seres humanos modernos e todos os nossos ancestrais e parentes voltando ao tempo em que nos separamos da linhagem que levou aos modernos chimpanzés. Alguns textos usam o termo *hominídeo*, mas ele vem sendo amplamente usado como *hominídeo*, e sigo essa convenção no livro.

» Os antropólogos usam com frequência os termos *sociedade* e *cultura* como sinônimos. Essa antiga convenção não é tecnicamente acurada, mas, a menos que esteja estudando para seu doutorado, a diferença não é tão importante assim. (Não se preocupe, defino tanto *sociedade* como *cultura* no livro para que saiba a diferença.)

» Quando me refiro aos nomes científicos das diversas formas de vida, uso letra maiúscula para o gênero, mas não para as espécies ou subespécies. Por exemplo, os seres humanos modernos são todos *Homo sapiens sapiens*. Nem sempre uso os nomes das subespécies (como o segundo *sapiens*) e, às vezes e por conveniência, apenas indico o gênero com uma letra maiúscula e escrevo o nome inteiro da espécie, como em *H. sapiens*. Não se preocupe, esse tipo de terminologia não é uma questão grande ou importante deste livro, e tais designações ficarão muito claras quando as encontrar.

» Ao longo do livro, talvez perceba que alguns endereços de páginas de internet estão com quebra de linha. Se quiser visitar uma delas, apenas digite o endereço exatamente como está no texto, como se não houvesse a quebra.

Penso que...

Acredito que não estarei muito errado ao fazer as seguintes suposições sobre você como leitor:

» É alguém — assim como qualquer um que sabe ler, sério — interessado na espécie humana. Traga esse interesse à leitura e será recompensado.

» Está fazendo um curso de introdução à antropologia e seu livro didático não está deixando as coisas claras; tudo o que você quer é um guia acessível e fácil de entender que lhe proporcione as informações necessárias.

» Você acredita que a evolução acontece ou que ela é uma teoria biológica sensata. A evolução é a base da biologia moderna, e nada no mundo das coisas vivas faz sentido sem ela. Mesmo que tenha algumas dúvidas sobre a evolução, suponho que consegue manter a mente aberta ao fato de que a humanidade é muito antiga; a evolução é um fundamento do estudo científico sobre nossa espécie.

» É alguém em busca de uma referência prática para resolver um debate amigável sobre algum aspecto da humanidade. Quando surgiram as primeiras civilizações? Quantos idiomas existem? O que nossos primeiros ancestrais comiam? Você encontrará essas respostas e muitas outras.

Ícones Usados Neste Livro

Para deixar o livro mais fácil de ser lido e mais simples de ser usado, incluí alguns ícones que o ajudarão a encontrar e compreender ideias e informações essenciais.

LEMBRE-SE

Sempre que vir este ícone, saberá que as informações em seguida são tão importantes que valerá a pena ler o trecho mais de uma vez.

PAPO DE ESPECIALISTA

Este ícone apresenta informações históricas, específicas de algum caso ou de outro modo importantes, que poderá ler para ter uma compreensão mais profunda; no entanto, tais informações não são necessárias para captar o conceito.

CUIDADO

Este ícone o alerta sobre possíveis armadilhas que podem tirá-lo do caminho em sua busca para entender a antropologia.

Além Deste Livro

Além do material que está lendo agora, este produto também vem com uma Folha de Cola gratuita com informações sobre como os antropólogos classificam os primeiros hominídeos, sobre antropologia linguística e muito mais. Acesse a Folha de Cola Online no site da editora Alta Books, `www.alta-books.com.br`. Digite o título ou ISBN do livro no campo de buscas. Faça o download da Folha de Cola completa, bem como de erratas e possíveis arquivos de apoio.

De Lá para Cá, Daqui para Lá

Organizei este livro de modo que você possa ir a qualquer lugar que quiser para encontrar informações completas. Quer saber sobre a evolução da civilização, por exemplo? Verifique o Capítulo 10. Se está interessando nos neandertais e por que foram extintos, vá para o Capítulo 7. Caso as complexidades dos idiomas ou das religiões o deixem de cabelo em pé, comece pelos Capítulos 13 ou 16. Entendeu, né?! Use o Sumário para encontrar categorias amplas de informações ou o Índice para procurar tópicos mais específicos.

Caso não esteja certo sobre aonde ir, o melhor a fazer é começar pela Parte 1. Lá, você tem uma introdução sobre o que a antropologia estuda, e como faz isso, e poderá seguir seus interesses a partir desse assunto.

1

O que É Antropologia?

NESTA PARTE...

Obtenha uma visão geral sobre antropologia.

Compreenda a história da antropologia.

Veja como a antropologia é estudada atualmente.

Capítulo **1**

Sendo Humano: Visão Geral sobre Antropologia

Por que todo mundo não é igual? Por que as pessoas no mundo todo têm diferentes tons de pele e de cabelo, e formas diferentes de se cumprimentarem? Por que não falamos todos um mesmo idioma? Existe tal coisa chamada de "natureza humana"?

Perguntas como essas fascinam a humanidade desde quando há registros escritos, e tenho certeza de que as pessoas, há milhares e até dezenas de milhares de anos antes da escrita, as faziam (seja lá qual idioma usassem). *Por que os outros não fazem as coisas como eu? O que há de errado com eles?* É claro, as pessoas do outro grupo, no topo da colina seguinte, estavam coçando a cabeça e fazendo as mesmas perguntas.

Entra em cena a *antropologia*, o estudo científico da humanidade. Neste livro, conto o que você precisa saber sobre ela, o que os antropólogos descobriram sobre a humanidade e o que eles querem dizer com a frase "há muitas maneiras de ser humano". Também falo sobre como a antropologia funciona, e o que os antropólogos aprenderam sobre a humanidade, moderna e antiga. Você verá que, em cerca de um século de estudos, a antropologia ajudou a responder algumas das perguntas fundamentais que todos os homens fazem.

E conhecer a nós mesmos é importante se, como espécie, quisermos tomar boas decisões sobre nosso presente e futuro. Biologicamente, a humanidade precisa conhecer-se de modo a tomar boas decisões sobre tudo, desde a terapia genética até a agricultura geneticamente projetada. E, quanto à cultura, o conhecimento sobre nosso passado nos ajuda a entendermos o que somos hoje, para o melhor e para o pior. Temos uma longa e complexa história evolutiva que nos ajuda a compreender o que somos no momento. Na Parte 1 deste livro — especificamente nos Capítulos 2 e 3 —, você descobrirá como a antropologia estuda a humanidade sob a perspectiva biológica e a cultural. Na Parte 4, você verá como isso ajuda a humanidade a lidar com alguns problemas do mundo real.

Escavando a História da Antropologia

Durante um longo tempo, as respostas às questões profundas sobre a humanidade vinham dos textos religiosos. Por exemplo, quando os exploradores europeus perceberam que o Novo Mundo não era a Índia, os nativos norte-americanos — milhões de pessoas que ninguém esperava encontrar — foram descritos, sob uma perspectiva bíblica, como remanescentes das tribos perdidas de Israel.

Mas, desde o final do século XIX d.C, outra perspectiva surgiu: o estudo científico da humanidade, chamado *antropologia*. Inicialmente, a antropologia era um assunto pitoresco e muito simples, estudado como um hobby por todos os tipos de naturalistas e pseudocientistas. Porém, quando as pessoas começaram a se dar conta do quanto a antropologia poderia ensinar a humanidade sobre si mesma, começaram a levá-la mais a sério. Ela passou a ser uma ciência, a ciência da humanidade como um todo.

No Capítulo 2, exploro a história da antropologia e suas mudanças ao longo do tempo, deixando de ser uma pseudociência e tornando-se um estudo altamente técnico, atualmente, sobre o DNA humano, os fósseis antigos, a evolução da mente e como as culturas mudam com o passar do tempo. No Capítulo 3, há mais detalhes sobre como a antropologia se desenvolveu ao longo do tempo, afetando como ela lida com o aprendizado sobre a humanidade, para começar.

LEMBRE-SE

As perguntas que os antropólogos fizeram (e fazem hoje) são, em parte, um reflexo dos tempos. Por exemplo, hoje em dia muita gente está investigando os efeitos da mudança climática nas populações humanas antigas. Isso não quer dizer que a mudança climática não seja um problema atual, mas que deveríamos ter cuidado ao projetar nossas ansiedades sobre o passado. Conhecendo o potencial das distorções, os antropólogos tomam cuidado ao fazerem suposições. Meu mentor, o professor Ken Ames, ensinou-me uma grande lição, logo cedo no meu trajeto de pós-graduação: *seja o mais cético possível quanto à sua hipótese favorita*. Tento me recordar desse conselho sempre que acredito ter descoberto algo!

Conhecendo as Subáreas da Antropologia

A antropologia tem uma história complexa, pitoresca e, às vezes, cheia de altos e baixos. Como verá no Capítulo 2, a área passou por diversas transformações, e, hoje em dia, há mil e uma formas de fazer antropologia.

Veja, o estudo da humanidade é um empreendimento vasto; assim, os antropólogos dividiram a tarefa em quatro subáreas principais:

» **Antropologia física:** A humanidade como uma espécie biológica.

» **Arqueologia:** O passado profundo da humanidade.

» **Antropologia cultural:** A diversidade atual do comportamento da humanidade.

» **Linguística:** O modo singular de comunicação da humanidade.

Conforme estuda antropologia, tenha em mente que, para compreender de fato a humanidade, os antropólogos precisam saber pelo menos um pouco sobre *cada* uma dessas subáreas. Por exemplo, um arqueólogo que estuda uma civilização antiga precisa saber o que um antropólogo físico tem a dizer sobre os ossos daquelas pessoas, pois eles indicam o que as pessoas comiam ou como praticavam medicina. E, atualmente, os antropólogos culturais não conseguem saber muito sobre uma cultura a menos que tenham um bom conhecimento sobre o idioma dela, exigindo uma certa familiaridade com a antropologia linguística.

Antropologia física

As diferenças físicas entre os grupos de seres humanos são facilmente percebidas; os europeus continentais tendem a ter a pele mais clara e cabelos lisos, e o pessoal da África tem tipicamente a pele mais escura e cabelos mais encaracolados. Essas são diferenças biológicas, e o objetivo da *antropologia física* (às vezes conhecida como *antropologia biológica*) — o estudo da humanidade como uma espécie biológica — é compreender como e por que essas variações na humanidade apareceram. As diferenças físicas entre os seres humanos vivos não são tudo com que a antropologia física se preocupa, mas a compreensão da variação humana (especialmente as diferenças genéticas) no mundo todo e ao longo do tempo é uma parte importante desse campo.

Na Parte 2, resumo as principais descobertas da antropologia física até hoje até sobrar apenas os esqueletos, o essencial. Esse material é tudo o que os antropólogos conhecem atualmente e um pouco sobre o que estão estudando e esperando aprender no futuro. O Capítulo 4 apresenta você à ordem primata, seu lar no reino animal. Os Capítulos 6 e 7 o levam à África, o berço da humanidade, para tratar das evidências fósseis (e um pouco de DNA) da evolução humana.

Como toda antropologia, a antropologia física está envolvida em muitas áreas ao mesmo tempo, do estudo dos fósseis à análise de DNA, documentando e explicando as diferenças a respeito da tolerância ao frio ou ao calor entre os povos do mundo, o estudo das doenças, as genéticas populacionais e dezenas de outros assuntos. O Capítulo 19 leva você ao estudo de vanguarda da antropologia física, focando a magnífica molécula chamada DNA.

Arqueologia

É difícil conhecer alguém sem saber um pouco sobre seu passado, e o mesmo se dá com a humanidade; muito do que fazemos hoje — bom e ruim — baseia-se nos atos e decisões de nossos ancestrais. Para compreendermos a humanidade um pouco mais a fundo, precisamos estudar o passado. É isso o que os arqueólogos fazem.

Porém o passado pode ser nebuloso (isso em um dia bom), pois a história — os registros escritos — não nos leva muito longe (e se você acredita em tudo o que está escrito nos antigos textos históricos, bem, talvez esteja interessado em comprar minha casa com vista para o mar em Minas Gerais). Por mais bem-intencionados que possam ter sido, os historiadores tiveram seus vieses, como todo mundo. E, é claro, os historiadores antigos não escreviam tudo, especialmente se não sabiam sobre a existência de, digamos, todo o hemisfério ocidental (Américas do Norte e do Sul, também chamadas, às vezes, de "Novo Mundo").

Os arqueólogos são as pessoas que tentam preencher as lacunas da história ao estudarem os resquícios materiais das culturas antigas. São eles que ficam animados ao descobrirem um pedacinho antigo de cerâmica, não necessariamente pelo pedacinho em si (embora possa ser bonito), mas pelo que ele pode dizer à humanidade sobre nosso passado.

LEMBRE-SE

Os arqueólogos não se concentram apenas na correção ou no detalhamento dos registros históricos; eles também estudam os aproximados 2,5 milhões de anos da humanidade *antes* da invenção da escrita (o que aconteceu apenas há cerca de 6 mil anos).

O Capítulo 5 diz como os arqueólogos aprendem sobre o passado, da datação por carbono a escavações meticulosas. O Capítulo 7 discorre sobre o espalhamento dos seres humanos modernos saindo da África e indo a todas as partes do globo, e o Capítulo 8 apresenta alguns exemplos interessantes de como a humanidade se adaptou a cada ambiente imaginável, incluindo o Ártico e o Pacífico.

Antropologia cultural

A humanidade tem mais facetas do que apenas de onde viemos, nossas relações com os outros primatas ou como nossas civilizações antigas surgiram ou desapareceram. Também precisamos considerar toda a grande questão de por que as pessoas são diferentes hoje em dia no mundo todo. Por que as vestimentas polinésias tradicionais são diferentes das vestimentas tradicionais no Saara? Por que tantos asiáticos comem usando "pauzinhos", mas outros usam garfo e faca? Por que um homem pode ter diversas mulheres em uma cultura, mas não em outra?

Infelizmente, as respostas do senso comum raramente estão certas — os "pauzinhos" não são um precursor arcaico do garfo e da faca, mas apenas uma forma diferente de levar comida à boca. De modo similar, as formas pelas quais as pessoas encontram parceiros para se casarem na sociedade tradicional indiana (talvez por casamentos arranjados) e a sociedade tradicional alemã são diferentes por causa da história da cultura nessas regiões, e não porque uma é um "avanço" em relação à outra. Os antropólogos culturais estudam, para começar, por que essas variações existem e de que maneira são mantidas como partes de tradições culturais, como elementos da identidade coletiva de determinada sociedade, sua *cultura*.

A Parte 3 trata da antropologia cultural, o estudo das culturas humanas vivas e a grande diversidade em como as pessoas se comportam. De forma geral, esses capítulos mostram os aspectos práticos do que os antropólogos culturais aprenderam sobre as culturas humanas vivas. O Capítulo 11 conta o que a cultura significa para os antropólogos (não, nada a ver com ópera ou com festas formais regadas a vinho e queijos) e como ela é crucial para a sobrevivência humana.

No Capítulo 12, você verá que todas as culturas humanas são basicamente *etnocêntricas*, ou seja, acreditam que as próprias formas de fazer as coisas — de como comem a como se vestem — são adequadas, certas e superiores a quaisquer outras. Tal sentimento de superioridade pode levar (e levou) a tudo, de relações interculturais pobres a limpezas étnicas. Os antropólogos culturais, e o conhecimento e a compreensão que geram enquanto estudam os diversos modos de sermos humanos, suavizam nossas comunicações interculturais; como eles fazem isso também é apresentado no Capítulo 12. Isso ajuda os seres humanos a compreenderem outras perspectivas.

A Parte 3 também explica por que a raça e a etnicidade são questões tão voláteis (Capítulo 14), como a humanidade organiza a identidade (de agrupamentos familiares a categorias de gênero) e fica de olho nas relações interpessoais (Capítulo 15), bem como as características básicas das diversas tradições religiosas e sistemas políticos da humanidade (Capítulo 16).

Linguística

Dependendo da fonte, a humanidade como um todo fala algo em torno de 6 mil idiomas (embora a maioria das pessoas na Terra fale apenas de um a cinco). O Capítulo 13 explica o que é a linguagem e como os antropólogos linguísticos investigam suas mudanças — uma das questões mais fascinantes em toda a antropologia. Ao estabelecerem uma definição clara sobre a linguagem, os antropólogos linguísticos tiveram que comparar a comunicação humana com os sistemas de comunicação de outras coisas vivas. Tudo o que aprenderam — do fascinante estudo de como os seres humanos adquirem o idioma às camadas de significado que parecem estar presentes apenas na comunicação humana — dá à humanidade uma melhor compreensão de como a linguagem é singular e preciosa.

No entanto, tal singularidade está em risco, pois os idiomas se extinguem conforme mais pessoas passam a falar apenas uma das principais línguas utilizadas no mundo todo atualmente.

Decifrando os Métodos da Antropologia

Os métodos antropológicos variam de análises de DNA em laboratório a anotações sobre a linguagem corporal de dada cultura. Cada um desses métodos contribui para uma melhor compreensão das muitas maneiras de sermos humanos. A lista a seguir traz um panorama geral de alguns deles:

>> A evolução é o fundamento da biologia moderna, e os antropólogos físicos — que estudam a humanidade sob uma perspectiva biológica — se baseiam nela. Veja no Capítulo 3 os detalhes sobre o que exatamente a evolução é e não é, e como ela ajuda os antropólogos a estudarem a humanidade.

>> A arqueologia não trata apenas de Indiana Jones se livrando dos bandidos e salvando tesouros inestimáveis. O Capítulo 5 aborda os métodos dos arqueólogos, desde como monitoram o local em que objetos são encontrados à datação deles com o método de carbono-14.

>> Será que os antropólogos culturais realmente recebem bolsas para irem a outros países e estudarem o comportamento humano? Sim, mas há muito mais do que isso. O Capítulo 12 fala sobre os métodos da antropologia cultural, da observação à imersão em uma determinada cultura.

>> A complexidade da linguagem é uma das principais características que nos distinguem dos animais não humanos. O Capítulo 13 mostra como os antropólogos consideram e estudam a linguagem.

Antropologia Aplicada: Usando a Ciência no Cotidiano

A Parte 4 deste livro apresenta as diversas formas pelas quais as lições da antropologia são relevantes no dia a dia. A antropologia não é estudada apenas por professores desalinhados que usam paletós de tweed (embora eu tenha que admitir que, sim, tenho um paletó de tweed). Os antropólogos são empregados por muitas empresas e agências governamentais, levando o que sabem sobre a humanidade para as pautas corporativas, para a diplomacia internacional e outros campos, como *antropólogos aplicados*.

Os antropólogos aplicados ajudam a humanidade a se dar bem, em um sentido literal. O Capítulo 17 mostra como as lições da antropologia são importantes para a compreensão e a evitação de conflitos culturais.

A antropologia também ajuda a humanidade a sobreviver. A humanidade enfrenta desafios enormes, desde a superpopulação à extinção de idiomas e mudanças climáticas (tratadas no Capítulo 18), e as "soluções do senso comum" para esses problemas não são muito eficazes, às vezes porque o que achamos ser "senso comum" não se aplica a uma cultura diferente da nossa. Porém, com uma compreensão mais sutil sobre por que a humanidade é como é, os antropólogos aplicados estão mais bem preparados para implementar as mudanças, especialmente em nível comunitário, do que muitos oficiais de governos que talvez saibam muito sobre política de alto nível, mas pouco sobre tradições e valores culturais nas comunidades menores que governam.

O Capítulo 19 o leva ao laboratório, onde os antropólogos estão analisando o DNA com métodos que ajudarão a descobrir onde estão suas raízes genéticas. Esse capítulo mostra que, em última instância, elas estão no grande continente africano.

Por fim, o Capítulo 20 traz alguns exemplos interessantes de como as descobertas arqueológicas nos ajudam a detalharmos os livros de história. As pessoas comuns do mundo antigo — e, a menos que faça parte da realeza, isso representa seus ancestrais — não escreveram muito, mas a arqueologia lhes deu uma voz. Aqui, descobrirá sobre as vidas dos trabalhadores comuns do Egito Antigo, dos escravizados norte-americanos e dos desaparecidos nórdicos da Groenlândia.

Capítulo **2**

O Espelho da Humanidade: História da Antropologia

E m 1949, o antropólogo Clyde Kluckhohn publicou "Espelho para o Homem", uma introdução ao estudo da *antropologia*, o estudo da humanidade (*antro* significa "da humanidade"; e *logia*, "estudo da"). Desde então, as atitudes mudaram um pouco (a maioria das pessoas usa o termo "humanidade", em vez de "homem"), mas as palavras de Kluckhohn ainda soam verdadeiras: "A antropologia segura um grande espelho ao homem e lhe permite ver a si mesmo em sua variedade infinita."

A antropologia é o espelho de nossa espécie, um lugar para a humanidade ver o próprio reflexo. Mas é você que tem que ir olhar para que as descobertas surjam, com cuidado. Se quiser entender qualquer coisa, precisa ver tudo, inclusive as verrugas. Como espécie, descobrimos repetidas vezes que nossos vieses culturais — nossa forma *etnocêntrica* de achar que nossa cultura é superior a todas as outras — simplesmente estão errados; os seres humanos descobriram novas formas de serem humanos. A antropologia estuda esses muitos caminhos.

O que a humanidade vê no grande espelho da antropologia? Antes de respondermos a essa questão, é necessário compreendermos de onde a antropologia vem. Ela não apareceu do nada e não foi inventada de um dia para o outro: ela foi sendo juntada aos poucos, refinada, reinventada, moldada e, então, reimaginada e reinterpretada de modo que, hoje, é um campo muito diverso, que segura muitos espelhos perante a humanidade.

Em vez de lhe dar a história completa da antropologia — o que exigiria um outro livro —, apresento neste capítulo as principais *ideias* que abriram caminho para a antropologia moderna. Assim como ocorre com qualquer ideia, você perceberá que algumas eram produtos específicos de sua época e que acabaram ficando pelo caminho, enquanto outras são mais duradouras e continuam a fascinar os antropólogos até hoje.

Chegando ao Âmago da Antropologia

Uma passagem muito interessante da *Odisseia*, de Homero, mostra Odisseu e sua equipe espiando figuras distantes em uma ilha em que estão prestes a pisar e ficam imaginando as pessoas que encontrarão. Será que essa turma tem uma agricultura organizada ou será que rouba comida? Venera os deuses e tem leis e assembleias legítimas? Ou será outro tipo de gente, talvez selvagens? Selvagens, é claro, eram as pessoas que não faziam as coisas como os gregos...

Homero escreveu sua obra cerca de 3 mil anos atrás, mas as perguntas que Odisseu fez já eram antigas. *Olha lá: pessoas diferentes de nós! Como serão?*

A antropologia está enraizada na pergunta sobre como é o Outro (com "o" maiúsculo). Mas, dessas raízes, cresceu uma planta grande, uma antropologia que não apenas observa o Outro, mas que mostra como examinar a nós mesmos. Os antropólogos hoje em dia continuam a aprender sobre a espécie humana ao estudarem as pessoas fora da civilização ocidental, mas também esquadrinham a humanidade como uma espécie biológica, investigam como o mundo moderno veio a existir examinando o passado e ficam obcecados com detalhes de características singularmente humanas, como a linguagem. Os antropólogos até mesmo assumiram o estudo da *própria* antropologia, sendo que alguns dizem, com efeito, que o espelho está quebrado e que, para melhor entender a humanidade, eles devem compreender a história da antropologia em si.

Ao examinarem a história de sua própria disciplina, os antropólogos deixaram de *pratear* o espelho — aplicar a camada reflexiva ao vidro — e começaram a colar os "espelhos quebrados" (ideias antropológicas ultrapassadas) para serem mais relevantes nos tempos modernos e, hoje em dia, tentam manter o espelho limpo ao terem muito cuidado com suposições. Visto que a cultura pode mudar muito rapidamente, as perguntas que cada geração de antropólogos faz a si mesma tendem a mudar, então não é fácil manter tal espelho para a humanidade. De fato, alguns diriam que cada geração tem o próprio espelho, e que as perguntas *deveriam* mudar de acordo com a cultura.

Provavelmente, há espaço para cada uma dessas abordagens. Conforme os tempos mudam e aprendemos coisas novas, precisamos fazer novas perguntas. Porém, ao mesmo tempo, tenho certeza de que os tópicos a seguir sempre serão centrais à investigação da humanidade sobre si mesma — para o campo da antropologia:

> **»** **Quais são as coisas em comum entre os seres humanos do mundo todo?** Ou seja, o que todas as culturas humanas fazem?
>
> **»** **Quais são as variações entre os seres humanos do mundo todo?** Quer dizer, que coisas apenas algumas culturas fazem?
>
> **»** **Por que essas coisas em comum e diferentes existem, para começar?** Em outras palavras, por que nem todas as culturas e os comportamentos humanos são iguais?
>
> **»** **Como a humanidade muda ao longo do tempo?** Ainda estamos evoluindo? Se sim, como?
>
> **»** **Por onde a humanidade tem estado e o que isso nos mostra sobre aonde a humanidade está indo?** Ou seja, o que aprendemos sobre nós mesmos hoje a partir do nosso passado?

Para responder a essas e outras perguntas, um fundamento da antropologia é a *abordagem comparativa*, na qual as culturas não são comparadas umas com as outras em termos de qual é a melhor, mas em uma tentativa de entender como e por que são diferentes, assim como compartilham de coisas em comum. Esse método também é conhecido como *relativismo cultural*, uma abordagem que rejeita os julgamentos morais sobre diferentes tipos de humanidade e apenas examina cada relatividade com suas origens e história únicas.

Visto que a humanidade se qualifica como uma das muitas espécies biológicas no reino animal, outro fundamento da antropologia é a *evolução*, a mudança das espécies ao longo do tempo. Como analiso ao longo deste livro, tanto a biologia como a cultura humanas evoluíram ao longo de milhões de anos, e continuam a evoluir. E tem mais, pois a biologia humana afeta a cultura humana e vice-versa. Por exemplo, o cérebro humano ficou maior com o passar do tempo (mudança biológica), levando a uma inteligência aumentada, à linguagem e, depois, à escrita (uma mudança cultural na forma pela qual os humanos se comunicam). Os antropólogos chamam a evolução humana de evolução *biocultural* para ilustrar essa natureza dupla.

LEMBRE-SE

Cuidado com a ideia de que sempre precisa escolher apenas uma resposta para cada pergunta; talvez as respostas a uma pergunta do tipo "ou isso ou aquilo" não sejam as únicas. E, possivelmente, nenhuma resposta estará certa! Esse é o problema da "escolha falsa", e uso isso com frequência, ao pensar: "Espera aí, será que essas são as únicas duas possibilidades? Não há outras?"

Atordoado e Confuso: O que É Ser Humano?

Um grande problema de sermos humanos é que isso nos faz refletir. Uma das maiores perguntas que temos é exatamente o que nós, seres humanos, somos. Como nos encaixamos com o restante do Universo? O filósofo do século XVIII Immanuel Kant escreveu que as três perguntas fundamentais eram: "O que posso saber? O que devo fazer? O que posso esperar?" Assim como a memorável frase de René Descartes, "Penso, logo existo", cada um dos pequenos fragmentos de Kant pode levar a uma vida inteira de introspecção. Se a antropologia é um espelho para a humanidade, a mente humana individual é em si mesma uma sala de espelhos. É uma maravilha que consigamos dar sentido a qualquer coisa!

Para chegarmos a qualquer lugar, precisamos começar com algumas definições. Estes termos aparecem ao longo do livro, então é importante ter uma noção deles o quanto antes.

Em antropologia, *humanidade* se refere à espécie humana, um grupo de formas de vida com as seguintes características:

» *Bipedismo* (caminhar sobre duas pernas).

» Dentes relativamente pequenos para primatas do nosso tamanho.

» Cérebro relativamente grande para primatas do nosso tamanho.

» Uso de linguagem moderna para comunicar ideias.

» Uso de conjuntos complexos de ideias — chamados de cultura (falaremos sobre isso mais tarde) — para sobreviver.

Caminhar sobre duas pernas e ter especificamente dentes pequenos e cérebro grande são todas características *anatômicas*, e são estudadas pelos antropólogos que se concentram na evolução biológica. A sobrevivência pelo uso de uma vasta gama de informações culturais (incluindo instruções para a confecção de um casaco de pele no Ártico ou de um cantil de cerâmica no deserto) são características *comportamentais*. Cada uma exige tipos diferentes de antropologia para serem compreendidas.

LEMBRE-SE

Humanidade é um termo geral, que não especifica se estamos falando sobre homens, mulheres, adultos ou crianças; significa simplesmente nossa espécie — *Homo sapiens sapiens* — como um todo. O termo *humanidade* pode ser aplicado aos seres humanos modernos *(Homo sapiens sapiens)* assim como à maioria dos nossos ancestrais recentes, classificados mais genericamente como *Homo sapiens*, sem o sufixo da subespécie (o segundo *sapiens*). Quando exatamente o *Homo sapiens* evoluiu para *Homo sapiens sapiens* é uma questão complexa, que tem base em quando os seres humanos se tornaram *anatomicamente* modernos e quando se tornaram *comportamentalmente* modernos. Apresento essas perguntas um pouco depois neste capítulo e as investigo detalhadamente no Capítulo 7.

Dois tipos de cultura

Com uma noção básica sobre o que queremos dizer com *humano*, precisamos agora entender um pouco sobre as coisas que são singularmente humanas. Uma coisa importante é a cultura. *Cultura* é o conjunto inteiro de informações que uma mente humana usa para descrever o mundo e qual é o comportamento adequado para viver nele. *Diferenças culturais* são basicamente concepções distintas sobre o que é adequado em determinada situação. Por exemplo, as mulheres na cultura tibetana tradicional frequentemente têm mais de um marido, ao passo que os homens tradicionais do Tajiquistão (um país na Ásia central) em geral têm diversas esposas. Cada cultura, portanto, tem ideias específicas sobre o que é adequado em termos de casamento, e as diferenças entre o que cada uma considera adequado podem ser surpreendentes.

LEMBRE-SE

Os antropólogos em geral usam as palavras *sociedade* e *cultura* indistintamente, como faço neste livro. Falando de forma estrita, uma sociedade pode conter diversas culturas, então é uma unidade maior do que uma única cultura (por exemplo, a sociedade norte-americana atual engloba culturas irlandesas-americanas, hispano-americanas e nipo-americanas, só para mencionar três). A cultura, então, inclui ideias sobre a identidade (por exemplo, o significado da palavra *irmão*), a natureza (o que *selvagem* significa, ao contrário de *domesticado*), relações sociais (como cumprimentar a rainha da Inglaterra, que será diferente de como cumprimentar seu colega do futebol), e assim por diante.

Alguns antropólogos estendem a cultura aos objetos (chamados de *artefatos*) que a humanidade faz ou usa para auxiliar a sobrevivência. Nesse caso, a cultura é tanto a informação armazenada no cérebro (compartilhada em um grupo) como os objetos que esse grupo usa para sobreviver. Por exemplo, os artefatos (também denominados *cultura material*) incluem o distintivo arpão dos inuítes, esculpido a partir de ossos e usado para caçar focas. No entanto, nem todos os artefatos têm um valor óbvio de sobrevivência. Sob uma perspectiva externa, o tambor fabricado de forma especial para que um xamã (curandeiro) do Ártico use durante um ritual de cura não está *diretamente* relacionado com a caça. Porém, na concepção do xamã, esse tambor específico é muito importante. Ele precisa ser feito da maneira correta e emitir o tom certo; de outro modo, a cura estaria em risco. Dessa forma, o tambor é tão importante à sobrevivência quanto o arpão. Perceba que o tambor, a cerimônia de cura e até mesmo o arpão de caça são todas coisas construídas de acordo com a cultura em uma região específica. Assim, são "artefatos culturais".

PAPO DE ESPECIALISTA

A ideia de estender a cultura para que abarque os objetos físicos (artefatos) é que a cultura é o *meio extrassomático de adaptação*. Quer dizer, ao passo que outras formas de vida sobrevivem por meio de adaptações corporais (*somáticas*), a humanidade não depende muito de sua anatomia como de sua cultura, seu meio *extrassomático* de adaptação e sobrevivência. Acredito nessa abordagem e penso ser um conceito útil

Dois tipos de modernidade

O termo *humanidade* é um tanto delicado, porque os antropólogos o usam como referência à nossa espécie biológica, *Homo sapiens sapiens*, assim como a alguns de nossos ancestrais mais recentes na espécie mais geral *Homo sapiens* (sem a subespécie bem específica *sapiens*.) Quando a referência à espécie humana deve ser *Homo sapiens* ou *Homo sapiens sapiens* depende de se estamos falando sobre sermos *anatomicamente* ou *comportamentalmente* modernos.

Modernidade anatômica é ser anatomicamente indistinguível das populações modernas vivas. Esse termo entra em cena apenas quando os antropólogos estão observando ossos de criaturas antigas com aparência humana e perguntando se eram humanas. Falando de forma estrita, se os antropólogos não conseguem distinguir os ossos que estão observando daqueles das populações modernas, então os ossos são de uma pessoa anatomicamente moderna.

Modernidade comportamental significa comportar-se de uma maneira que seja indistinguível das populações modernas vivas. Essa classificação entra em cena apenas quando os antropólogos estão observando a complexidade do comportamento no passado — por exemplo, objetos feitos por antigos proto-humanos. Perguntar se as criaturas que fizeram esses objetos eram comportamentalmente humanas é uma questão difícil, que reexamino no Capítulo 7, mas, por ora, é suficiente saber que as pessoas comportamentalmente modernas empregam o *simbolismo*, o uso de um objeto para representar outro. O sangue, por exemplo, é uma substância comum, mas a humanidade também pode usá-lo — ou suas propriedades, como a cor vermelha — simbolicamente para ativar emoções, memórias e ações em outras pessoas. Essa capacidade singularmente humana para o uso complexo dos símbolos é uma parte grande da modernidade comportamental.

No Capítulo 7, exploro exatamente quando e onde a humanidade se tornou comportamental e anatomicamente moderna.

"Ismos" e a Criação da Antropologia

Como a maioria das disciplinas acadêmicas, a antropologia não foi simplesmente inventada de forma organizada e do dia para a noite; considero-a como um monstro de ideias e perguntas à la Frankenstein, selecionadas de outras disciplinas, remendadas e costuradas em um todo mais ou menos funcional. (Leia mais sobre as diversas subdisciplinas da antropologia no Capítulo 3.)

Mas, mesmo antes de a antropologia existir como um campo acadêmico distinto, seus fundamentos foram lançados por pessoas que faziam outras coisas que, posteriormente, seriam chamadas de antropologia (ou que agiriam como diretrizes para a criação da antropologia). Heródoto, um pensador grego do século VI, descreveu os povos e as antiguidades do Egito, e Júlio César descreveu as pessoas que encontrou na França (os gauleses) e no sul da Inglaterra (os bretões) na década de 50 a.C. E os egípcios antigos escreveram sobre seus vizinhos ao norte (no Oriente Próximo) e ao sul (os núbios do atual Sudão); claramente, as pessoas tinham interesse em outras pessoas há muito tempo. Só que esses relatos eram curiosidades ou passagens escritas como declarações políticas, e eram em grande parte descritivos. Eles mostravam como as coisas *eram* (mais ou menos), mas não entravam em muitos detalhes sobre o *porquê*. Como descrições, eram bem precisos — mas ofereciam poucas explicações sistemáticas sobre a diversidade humana.

Apenas nos séculos XIX e XX d.C. as pessoas passaram a sair sistematicamente dos centros da civilização ocidental (na Europa e na América do Norte) com o objetivo específico de estudar outras pessoas. (Embora haja antropólogos em praticamente todos os países hoje em dia, a disciplina foi uma invenção da Europa e da América do Norte do século XIX a.C.). Em vez de explicar outros povos, os não europeus, com lendas antigas ou com explicações religiosas, os primeiros antropólogos tentavam obter um grau de objetividade usando o método científico. Estava longe de ser perfeito, e algumas coisas deram errado no início da antropologia; mas a semente foi regada e uma nova disciplina começou a crescer.

Colonialismo

A antropologia inicial tem muitas raízes, e algumas foram os esforços da civilização ocidental para compreender melhor as terras e os povos que estava colonizando. Isso não é um revisionismo histórico ou uma depreciação da civilização ocidental — são apenas fatos.

Por exemplo, em 1902, o *Relatório da Comissão Filipina* afirmou: "Desde a chegada dos portugueses às águas orientais, a mente dos malaios parecia um livro fechado aos europeus. Ambas as raças compreenderam mal uma à outra, e não houve confiança. Da ignorância mútua e do medo surgiram o ódio, a opressão e a retaliação... este governo está tentando levantar um novo padrão de relacionamento entre o homem branco e os malaios. O sucesso... dependerá... de nossa compreensão concreta e de nosso entendimento científico dos povos cujos problemas estamos enfrentando."

Os problemas mencionados pelo relatório se referem à questão ocidental de como transformar os malaios em trabalhadores melhores, e a solução era uma compreensão científica daquela gente a ser alcançada por meio da nova ciência da antropologia. Especificamente, tal nova ciência usaria uma de suas principais ferramentas, a etnografia, para ajudar o esforço colonial. A *etnografia* é a observação direta de um grupo de pessoas que vivem perto umas das outras ou juntas, e faz registros do que é observado.

Esse tipo de estudo não surpreende atualmente, mas tenha em mente que, por um bom tempo, o conhecimento sobre o que acontecia em culturas não ocidentais não se baseava em experiências diretas, mas em relatórios superficiais de pessoas de fora. Esses relatórios julgavam — usando a abordagem baseada na Bíblia da civilização ocidental — o que era observado. Era um erro comum, que levou anos para ser corrigido a fim de a antropologia compreender cada cultura em seu próprio contexto singular.

PALAVRAS DURAS PARA A ANTROPOLOGIA INICIAL

Embora os europeus tenham começado a colonizar substancialmente o Novo Mundo e outras "descobertas" no século XVII, a empreitada colonialista não foi totalmente alcançada e apoiada pela industrialização até a chegada do século XIX. As primeiras *etnografias* — documentos descrevendo as culturas não europeias feitos por pessoas que viveram durante algum tempo naquelas culturas — eram em geral pouco mais do que relatórios de inteligência para serem usados na exploração.

Em 1966, Claude Levi-Strauss, um dos principais antropólogos de sua época, escreveu que a antropologia cultural e a etnografia estavam enraizadas em um contexto histórico no qual "... a maior parte da humanidade [foi feita] subserviente ao outro, e durante a qual milhões de seres humanos inocentes tiveram seus recursos saqueados e suas instituições e crenças destruídas, enquanto eles próprios eram implacavelmente mortos, lançados à escravidão e contaminados por doenças a que não conseguiam resistir".

As etnografias colonialistas tinham algumas características distintas:

> **Racismo:** Em especial, a ideia de que as pessoas não ocidentais eram inferiores às ocidentais e, portanto, tinham que ser educadas de acordo com as melhores habilidades do poder colonialista (mas sempre permaneceriam sendo inferiores).

> **Darwinismo social:** Especificamente, a ideia de que as pessoas não ocidentais estavam destinadas a serem ocidentalizadas (nesse caso, deveriam ser ajudadas para tanto, por exemplo, ao banir seus costumes e substituí-los pelos ocidentais) ou condenadas à extinção (nesse caso, não havia muito a ser feito por elas, exceto documentá-las como itens vivos de exibição em museus, antes de se tornarem extintas).

> **Etnocentrismo:** A ideia de que a civilização ocidental estava no pináculo da evolução humana e que todas as outras formas de vida eram inferiores; observe que tal visão não é exclusiva da civilização ocidental — muitas culturas do mundo todo acreditam nela também.

Embora a antropologia inicial estivesse enviesada por seu envolvimento com o colonialismo, com a chegada da década de 1950 muitos antropólogos reconheceram que as etnografias que estavam sendo produzidas sob o paradigma colonialista não eram tão objetivas quanto poderiam ser e começaram a questionar o antigo conceito de raças evidentes; em 1969, a Associação de Antropologia dos Estados Unidos formou um Comitê de Ética. Em meados da década de 1970, diretrizes para uma etnografia ética estavam sendo publicadas, e, hoje em dia, alunos de pós-graduação passam por um treinamento sobre ética e relações humanas antes de fazerem trabalho de campo.

PAPO DE ESPECIALISTA

Pesquisas antropológicas feitas por pesquisadores dos EUA e financiadas pelo governo normalmente exigem uma avaliação e aprovação pelo Conselho de Avaliação Institucional para garantir que a "pesquisa de sujeitos humanos" não prejudique as próprias pessoas que está pesquisando.

Embora os antropólogos ainda devam considerar muitas questões éticas ao realizarem pesquisas em meio a outros seres humanos, estou confiante de que a maioria dos etnógrafos atualmente não trabalhe em prol de esforços colonialistas ou contrários ao interesse do povo que estudam. De fato, minha impressão é a de que a maioria dos etnográficos atuais faz o oposto: eles trabalham em prol do interesse das pessoas que estudam. Essa abordagem tem suas próprias armadilhas, caso o pesquisador glorifique as pessoas que está estudando, de modo que permanecer um observador imparcial e científico seja um desafio constante. Ao mesmo tempo, a maioria dos antropólogos — de uma forma ou de outra — está trabalhando para responder algumas das perguntas básicas que vimos na seção "Chegando ao Âmago da Antropologia", anteriormente neste capítulo.

Antiquarianismo

As raízes da *arqueologia* (o ramo da antropologia que estuda o passado antigo) remontam a um interesse distintivamente não científico pelo passado. Muitas motivações causaram esse interesse *antiquariano* (pré-científico) inicial. Por exemplo, a realeza suméria antiga encomendou escavações que mostrariam suas ligações com heróis da cultura mítica. Em outro exemplo, os comerciantes franceses do século XVI vendiam *raridades* (artigos incomuns, em geral, muito antigos e de funções misteriosas) para as famílias reais em toda a Europa; e os intelectuais ingleses qualificados do século XIX enchiam suas salas de visitas com artefatos, tendo a intenção de demonstrar o alto grau de educação e de interesse pelo esotérico. Ter um "armário de curiosidades", repleto de objetos antigos (cerâmica, machados de pedra e assim por diante) era uma ótima maneira de promover-se socialmente, pois era uma prova de riqueza e do fato de que podia se dar ao luxo de ter tempo para estudar. Foi apenas na década de 1850 que um número considerável de investigadores — que começaram a se autodenominar arqueólogos — começou a documentar cuidadosamente o que escavavam, tratando os artefatos não apenas por seu valor monetário ou social, mas por seu valor científico.

Assim como a etnografia colonialista, a arqueologia antiquariana tinha algumas características distintas:

» **Foco na arqueologia grande e visível:** Em especial, grandes ruínas — como as da cidade murada de Troia, as Pirâmides do Egito ou o Partenon —, que foram relativamente fáceis de serem descobertas e analisadas. (Essa propensão pelo tamanho também levou a um foco nas famílias reais do mundo antigo, pois estavam associadas com esses grandes monumentos, ao passo que as pessoas comuns eram enterradas em outros lugares e basicamente ignoradas pelos arqueólogos até a década de 1960.)

» **Foco no mundo ocidental:** Os primeiros arqueólogos acreditavam em grande parte que o Ocidente estava no pináculo da evolução, e que todas as outras sociedades se tornariam ocidentais ou seriam extintas.

» **Foco no valor monetário:** Muitos buscavam antiguidades não por seu valor de conhecimento, mas como itens que poderiam ser vendidos.

» **Conceito de tempo raso:** Até a década de 1860, muitos acreditavam que a Terra tinha apenas alguns milhares anos, e que a maioria das explicações do mundo antigo estava na Bíblia cristã.

OLE WURM E O HOMEM FORTE DO CIRCO

As raízes da arqueologia científica moderna estão na Europa, onde, da década de 1659 até a de 1850, homens de todos os tipos (sim, por muito tempo, a maioria eram homens) buscava descobrir antiguidades e raridades do mundo antigo e levá-las para casa. Esse grupo variado incluía naturalistas genuínos, como o pré-historiador dinamarquês Ole Wurm, legiões de intelectuais britânicos ricos vagamente interessados e Giovanni Belzoni, charlatão nascido na Itália, homem forte do circo e explorador das pirâmides egípcias.

Wurm (1588–1654) foi um professor dinamarquês de medicina com interesse em, bem, tudo. Ele pagava os alunos para que coletassem objetos e raridades sempre que viajassem para o exterior; assim, juntou uma coleção impressionante de artefatos, esqueletos, fósseis, rochas, estátuas antigas e outras quinquilharias. Trabalhando sob a impressão de que o mundo tinha apenas alguns milhares de anos, Wurm organizou os objetos em seu museu não de acordo com a idade (como fazemos hoje), mas pela semelhança que tinham entre si. Esse foi um começo de organização sistemática dos muitos objetos novos que eram descobertos por exploradores, mas era diferente da arqueologia atual, pois não havia uma compreensão da idade real da Terra e da humanidade.

Aos 25 anos, Belzoni (1778–1823) havia fugido de uma escola monástica em Roma e começou uma carreira que durou 12 anos como o fortão em um circo inglês. Quando viajou para o Egito, em 1815, começou rapidamente uma nova carreira extraordinária como "antiquário". Dentro de poucos anos, havia enviado muitas relíquias egípcias antigas para o Museu Britânico em Londres, incluindo estátuas de muitas toneladas. Em 1818, usou o que alguns chamaram de sua genialidade engenheira para localizar uma passagem para a Grande Pirâmide de Gizé; embora acabasse descobrindo que ela já tinha sido pilhada, suas aventuras dramáticas publicadas foram o suficiente para inflar o público com histórias de caça ao tesouro e relíquias de eras antigas. Embora não fosse acadêmico, credita-se a Belzoni o encorajamento dado ao público para que se interessasse pelo mundo antigo.

Embora a arqueologia tenha começado sem objetivos científicos, no início da década de 1990 as pessoas sabiam que a Terra era muito antiga e que a evolução havia moldado a humanidade há milhões de anos, e os arqueólogos tinham começado a fazer registros muito cuidadosos do que encontravam. Confira mais a respeito dos métodos arqueológicos no Capítulo 3. Por ora, apenas saiba que, embora o estudo tenha começado no antiquarianismo, ele se desenvolveu em uma ciência moderna que revelou muita coisa sobre o passado humano.

Cientificismo

Na década de 1930, a antropologia estava se tornando um campo acadêmico distinto em todo o mundo, com antropólogos tentando — de maneiras diferentes — examinar algumas das questões básicas resumidas na seção anterior deste capítulo, "Chegando ao Âmago da Antropologia". Conjuntos de teorias até chegaram a ser desenvolvidos, cada um sendo uma lente diferente pela qual interpretar as culturas do mundo (que estavam sendo documentadas por etnógrafos). Basicamente, uma abordagem científica era aplicada ao estudo da humanidade. A característica essencial da abordagem científica é a *objetividade* (a ideia de que é possível aprender sobre o Universo de forma imparcial). Por exemplo: em tempos pré-científicos, a humanidade e a Terra eram consideradas de forma muito literal como o centro do Universo, mas séculos de estudo imparcial e objetivo mostram que nem mesmo nossa galáxia está no centro do Universo, e que nossa espécie é apenas uma entre os milhões ou bilhões de espécies na Terra.

Pois bem, como qualquer outra ideia, essa poderia ir longe demais, como ocorre quando as pessoas aplicam inadequadamente os conceitos biológicos às mudanças culturais (resultando no *darwinismo social*, uma ideia errada que examino na Parte 3), mas, basicamente, era um passo na direção da objetividade, ou uma tentativa de filtrar suas próprias preconcepções culturais ao pensar sobre outras culturas ou documentá-las. Era uma tentativa, então, para combater o etnocentrismo.

PAPO DE ESPECIALISTA

Embora alguns atualmente façam adesão à filosofia *pós-moderna*, que basicamente afirma que todo conhecimento é socialmente construído e que nunca conseguimos sair da caixa (estamos desesperadamente presos sob uma casca etnocêntrica), eu não compro essa ideia. Acredito que os seres humanos *conseguem* ser de algum modo objetivos e fazer declarações acuradas sobre o que observam. Por exemplo, tenho bons motivos para acreditar que Plutão existe e que continuará existindo se a humanidade de repente se extinguir. Sob essa perspectiva, não inventamos Plutão, nós o descobrimos.

LEMBRE-SE

Não fique perdido com a hierarquia de terminologia científica com relação às observações. Uma *observação* é algo que você viu ou documentou cuidadosamente de outro modo; uma *hipótese* é uma declaração que propõe a relação entre duas variáveis (por exemplo, o estado *líquido* da variável *água* mudará para o estado *sólido* quando a variável *temperatura* for diminuída suficientemente). Uma *teoria* é uma forma mais complexa de hipótese, e um *fato* é uma afirmação — normalmente baseada em múltiplas hipóteses confirmadas — que representa muitas observações bem documentadas. Observe que uma teoria não é apenas um palpite; normalmente, é uma proposição plausível e bem pesquisada.

A tentativa de acrescentar um pouco de objetividade científica à antropologia levou ao reconhecimento e à adoção de duas perspectivas muito importantes:

> » A perspectiva *êmica* é a da pessoa dentro de uma cultura — é a visão do interno. Por exemplo, é o conceito de um membro do regimento da Nova Guiné sobre o que constitui assassinato, embora um cientista ocidental possa ter uma percepção diferente sobre essa palavra.

> » A perspectiva *ética* é a da pessoa de fora de uma cultura — a visão de um externo. Por exemplo, é a definição de um cientista sobre assassinato que ele deseja usar ao comparar as punições de muitas sociedades diferentes para quando alguém mata outra pessoa.

Embora manter uma perspectiva êmica ou ética em seu campo de trabalho ou em suas observações não seja sempre fácil, os antropólogos se esforçam para terem conhecimento tanto êmico quanto ético. Leia mais sobre essas perspectivas no Capítulo 12.

Holismo

Outra ideia que chegou à antropologia com a ciência foi o conceito de *holismo*, que é o reconhecimento que todas as partes de uma cultura humana são mais ou menos interdependentes (leia isso com cuidado — não é independente, mas *interdependente*). O que aconteceu foi que estudar um único aspecto de uma cultura não estava funcionando para entender uma cultura inteira. Por exemplo, o *parentesco* (como as pessoas consideram suas relações com outros membros da sociedade) pode ser influenciado pela economia, e a economia pode influenciar a religião e a política (ou ser influenciada por elas).

Ao longo do tempo, então, os antropólogos tiveram que reconhecer que as muitas facetas da experiência humana estavam inter-relacionadas. Tal descoberta não tornou os seres humanos mais fáceis de estudar, mas era melhor do que trabalhar sob a impressão de que as sociedades humanas seriam facilmente compreendidas. E, hoje, os antropólogos ainda estão tentando descobrir como compreender as inter-relações das muitas facetas da cultura humana — mas pelo menos não ficam mais iludidos com a ideia de que todas as instituições culturais, por exemplo, entrosam-se perfeitamente com alguma outra instituição, de modo que ambas funcionem em perfeita harmonia. Essa ideia (uma das muitas concepções *funcionalistas* que focavam como cada aspecto da cultura cumpria determinada função, como as partes de uma máquina complexa) simplesmente não reconhecia que as pessoas são contraditórias e que é difícil definir as culturas. Por exemplo, embora sua cultura lhe dê muitas instruções sobre como se comportar, quantos de nós quebram as regras de vez em quando (ou de vez em sempre)? Hoje em dia, pegamos emprestado todos os tipos de comportamentos de outras pessoas e culturas, e, de uma geração à seguinte, muito pode mudar. Tal não uniformidade faz da antropologia cultural um estudo desafiador. Em aritmética, 1 + 1 = 2, mas, em cultura, poucas coisas são tão bem definidas assim.

O holismo não sugere que todas as partes de uma sociedade necessariamente funcionam em perfeita harmonia; todas as culturas parecem ter algum nível de desunião e atrito, e, com o tempo, os antropólogos entenderam esse conceito também.

A Antropologia Hoje

Na década de 1960, os antropólogos não estavam satisfeitos em apenas estudar a humanidade — eles queriam aplicar o que haviam aprendido sobre ela a problemas urgentes do mundo real, como a pobreza. Essa abordagem, chamada *antropologia aplicada*, é uma faceta importante da antropologia atual, moldando os planos de pesquisas (e carreiras inteiras) de alguns antropólogos, e determina como as lições aprendidas pelos antropólogos serão aplicadas.

Hoje, a antropologia é um estudo multidisciplinar que lança mão de evidências de muitos estudos em diversas disciplinas acadêmicas. Ao longo deste livro, descrevo as descobertas de gerações de antropólogos do mundo todo. Tenha em mente que tais descobertas usam todos os tipos de linhas de evidência para detalhar a história humana. Você lê sobre esses outros tipos de evidências e sobre as subáreas da antropologia no Capítulo 3.

Capítulo **3**

Na Verdade, Quatro Espelhos: Estudo da Antropologia

A *antropologia*, o estudo da humanidade feito por seres humanos, não é algo fácil. Como qualquer outra forma de vida, a espécie humana tem muitas facetas fascinantes — de sua biologia à sua linguagem e história profunda —, e a civilização ocidental vem estudando essas facetas de forma sistemática há cerca de 150 anos. E muita coisa mudou nesse período, tanto no mundo como dentro da antropologia, de modo que os antropólogos precisam estudar a história de sua própria disciplina para entenderem o quanto de tudo que já foi feito ainda é importante e o que está desatualizado.

Ainda assim, os antropólogos seguem em frente, acreditando que, com cuidado, diligência, sensibilidade, um pouco de dinheiro para pesquisa e muitos alunos de pós-graduação dispostos a trabalhar por praticamente nada, a humanidade pode, de fato, aprender lições importantes sobre si mesma.

Neste capítulo, descrevo as principais formas pelas quais os antropólogos examinam a humanidade. Normalmente, a carreira de um antropólogo segue apenas uma das subáreas — antropologia física, arqueologia, linguística e antropologia cultural —, mas uma compreensão total de nossa espécie exige a combinação de informações de todos eles (veja a Figura 3-1). Portanto, os antropólogos em geral dizem orgulhosamente que são "antropólogos de quatro campos", concentrando-se em uma faceta da humanidade, mas unindo suas descobertas com todos os outros. Da mesma forma, dividirei a antropologia nessas quatro subáreas — mas, lembre-se, as descobertas nelas têm efeitos nas outras.

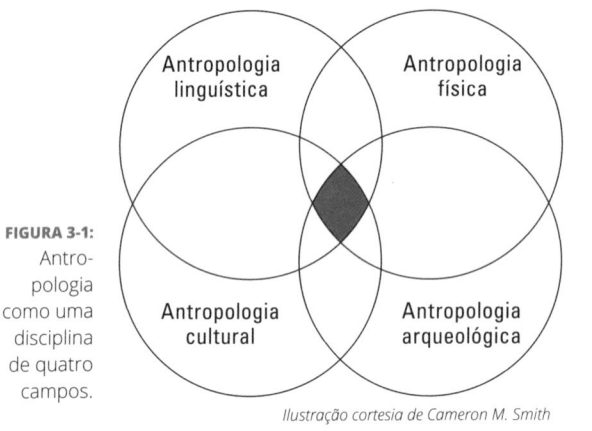

FIGURA 3-1: Antropologia como uma disciplina de quatro campos.

Antropologia linguística

Antropologia física

Antropologia cultural

Antropologia arqueológica

Ilustração cortesia de Cameron M. Smith

Antropologia Física e a Base Evolucionária da Biologia

Uma das grandes contribuições de Charles Darwin para a civilização foi a demonstração de que a humanidade fazia parte de um mundo de coisas vivas, não sendo separada dele. Durante milhares de anos, a civilização ocidental, apoiada pela história bíblica da criação, sustentava que a humanidade era uma criação especial, fundamentalmente diferente de todas as outras coisas vivas. Na época de Darwin, muitos estavam começando a questionar tal avaliação, mas a pressão cultural para seguir a religião dominante impediu que a maioria dissesse isso publicamente. Porém as ideias de Darwin e as muitas outras que decorreram delas estabeleceram o fundamento para um novo estudo: dos seres humanos como criaturas vivas e em evolução, sem qualquer diferença do restante da vida animal. Atualmente, os antropólogos têm montanhas de dados, muitos deles baseados em estudos de DNA — a molécula que molda toda a vida na Terra —, que confirmam a essência das afirmações de Darwin, feitas lá em 1859.

A perspectiva evolucionária permite a existência da disciplina *antropologia física*, o estudo da humanidade como um fenômeno biológico. Quais espécies são mais e menos parecidas? Onde e quando aparecemos? Como eram nossos ancestrais? Podemos aprender sobre o comportamento humano a partir de nossos parentes mais próximos, os chimpanzés e os gorilas? Nossa espécie ainda está evoluindo? Como a genética humana moderna, o crescimento populacional e outras questões atuais se desenrolam sob uma perspectiva biológica? Todas essas questões são investigadas pelos antropólogos físicos.

Então você quer evolução, né?!

O estudo da *evolução* analisa a mudança ao longo do tempo das propriedades de uma espécie viva. Isso se dá porque a evolução é o fundamento de todas as ciências da vida. Muitas formas de vida foram extintas (como os dinossauros), mas cada uma das espécies vivas atualmente (incluindo a humanidade) tem um ancestral evolucionário que volta muito no tempo. Hoje em dia, os antropólogos físicos podem investigar nossos ancestrais para nos dizerem muito sobre nosso passado evolucionário.

LEMBRE-SE

A evolução é geralmente chamada de teoria pelas pessoas fora da comunidade científica, mas, em 2008, a comunidade científica como um todo avançou a evolução para o status de *fato*. A evolução é bem demonstrada e apoiada por uma grande variedade de evidências coletadas por cientistas do mundo todo ao longo dos últimos 150 anos. Ela acontece, sim.

PAPO DE ESPECIALISTA

A evolução, assim como a antropologia, é estudada por cientistas. O método científico que ambas as disciplinas compartilham é um processo relativamente simples de geração de conhecimento, com base em três estágios principais de investigação. Primeiro, os cientistas fazem observações sobre as relações entre as variáveis (como a temperatura do ar e seu efeito na água). Então, formam uma *hipótese*, ou uma afirmação sobre quais efeitos acreditam que as variáveis terão umas nas outras. (Por exemplo, podem levantar a hipótese de que a exposição ao ar frio fará a água congelar.) Para testar a hipótese, realizam experimentos para ver se as previsões estão corretas. Caso ela sobreviva aos testes extensivos, será aceita como um fato; caso os experimentos não consigam produzir os resultados previstos, a hipótese é rejeitada. O segredo aqui é a experimentação. O que importa não é se o cientista é um professor ou um aluno de graduação, mas se os dados apoiam a hipótese. Cada afirmação científica fica inteiramente aberta a questionamentos e escrutínio. A ciência não reconhece nenhuma autoridade; cada afirmação permanece aberta para investigações futuras. Dessa forma, a ciência é a forma mais democrática de geração de conhecimento.

Replicação, variação e seleção

LEMBRE-SE

Até meados de 1800, muitas questões sobre a espécie humana, a idade da Terra e outras investigações básicas eram respondidas pela análise de um único documento: a Bíblia cristã. As pessoas argumentavam que ela continha todas as respostas de que os seres humanos precisavam, então não era necessária uma investigação mais profunda. A idade da Terra? Um arcebispo irlandês calculou que era cerca de 6 mil anos, com base nas cronologias bíblicas. As origens da humanidade? Claramente exposta nas primeiras páginas de Gênesis: Deus criou a humanidade em um momento de inspiração divina. Não importa o que alguém pense sobre a moralidade prescrita pela Bíblia (e muitos cientistas usam as mensagens dela como guia para sua vida moral), fica claro hoje que esses supostos fatos estão simplesmente incorretos, datados de uma época em que pouco era conhecido de forma empírica sobre a idade da Terra, as origens da humanidade ou mesmo sobre nosso planeta não estar no centro do Universo e ser apenas mais um entre muitos. Para a ciência, a interpretação do Universo não poderia ocorrer apenas como interpretações das passagens bíblicas. Novas formas de investigar o mundo precisavam ser inventadas, e uma das coisas que descobriram foi o processo evolucionário.

Sim, o *processo* evolucionário. A evolução é um processo, não uma coisa. Na verdade, é uma única palavra para descrever os *efeitos cumulativos* de três fatos independentes. É importante destacar que tais atributos da evolução podem (e são) ser observados na natureza e no laboratório, diariamente. São eles:

» **Replicação:** O fato de que as formas de vida têm descendentes.

» **Variação:** O fato de que cada descendente é levemente diferente dos pais e irmãos.

» **Seleção:** O fato de que nem todos descendentes sobrevivem, e os que sobrevivem tendem a ser mais bem adaptados ao ambiente.

A Figura 3-2 mostra essas características com mais detalhes.

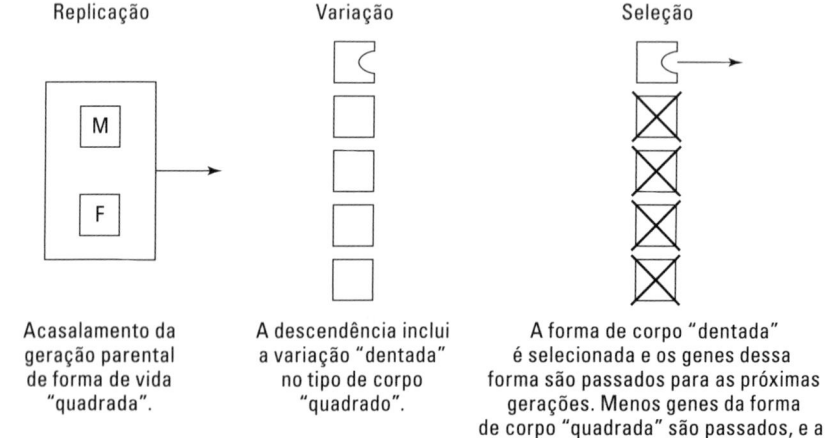

Replicação | Variação | Seleção

FIGURA 3-2:
A evolução como resultado da replicação, da variação e da seleção.

Acasalamento da geração parental de forma de vida "quadrada".

A descendência inclui a variação "dentada" no tipo de corpo "quadrado".

A forma de corpo "dentada" é selecionada e os genes dessa forma são passados para as próximas gerações. Menos genes da forma de corpo "quadrada" são passados, e a espécie muda com o passar do tempo.

Ilustração cortesia de Cameron M. Smith

LEMBRE-SE

Independentemente de suas opiniões pessoais sobre a evolução, os três processos da evolução são indiscutíveis. Seja na forma de filhotes de zebra, alevinos de salmão ou crianças, as formas de vida se replicam. Além disso, nenhuma descendência é um clone; a variação ocorre de modos pequenos e significativos, mas ocorre. E, se não fosse pela seleção, o mundo estaria sob um enxame de todos os mosquitos, besouros e girinos que já nasceram; o fato de que não é isso o que acontece demonstra que nem todas essas criaturas nascidas sobrevivem até a fase adulta. Por fim, é indiscutível que a descendência que está mais bem adaptada ao ambiente tende a passar seus genes para a próxima geração. E é simplesmente o efeito cumulativo desses processos que denominamos evolução.

Quando a replicação ocorre, a variável descendência nasce em um ambiente que basicamente a seleciona *a favor* ou *contra*; se duas libélulas são perseguidas por predadores (como pássaros), aquela com uma estrutura melhor para seu ambiente tem mais chances de sobreviver. Ela foi selecionada *a favor* e, portanto, tem mais chances de passar adiante os genes que a criaram. Agora, os genes que fizeram uma libélula adaptada passam para a próxima geração de libélulas, que serão levemente mais adaptadas do que a geração de seus progenitores. Basicamente, a evolução é assim: a seleção atuando na variável descendência, o que leva à mudança das características do organismo ao longo do tempo.

LEMBRE-SE

São os genes que direcionam a criação da forma de vida que é passada pelo código genético do esperma e dos óvulos. O corpo inteiro, é claro, não é transmitido, mas as instruções para a criação dele são (na incrível molécula DNA).

Tenha em mente que o termo *seleção* deixa a entender que alguém está tomando uma decisão, ou selecionando. Mas, na verdade, ele apenas se refere à probabilidade de sobrevivência de determinada forma de vida. Uma maneira de pensar sobre a seleção com menos insinuações de um "selecionador" deliberado está na frase "o organismo propõe, o ambiente descarta".

LEMBRE-SE

Os grupos de coisas vivas que podem ser cruzados e que têm descendências saudáveis são chamados de membros de uma única *espécie*. Grupos de espécies semelhantes formam outros grupos, criando uma hierarquia de classificação biológica, que analiso no Capítulo 4. Para este capítulo, apenas lembre-se de que *gênero* é o nível acima da espécie. A humanidade está no gênero *Homo* e na espécie *sapiens*, produzindo o nome científico *Homo sapiens*.

Especiação

Às vezes, grupos de coisas vivas vão de um ambiente para outro, como quando as correntes de ar carregam insetos para uma ilha distante, ou quando alguma subpopulação de uma espécie de esquilos acaba cruzando um rio e é cortada de sua população original. Quando isso ocorre, novas *pressões seletivas* (temperaturas diferentes, digamos, na nova região) podem remodelar tanto a população de modo que, caso ela voltasse a ser reunida com a população ancestral, as duas não poderiam cruzar. Esse evento é denominado *especiação*, e é isso o que vem à mente da maioria das pessoas quando elas pensam em evolução: uma forma de vida mudando gradualmente para outra.

Visto que a especiação pode levar muito tempo (de milhares a milhões de anos), é difícil observá-la. Mesmo assim, podemos vê-la nos registros fósseis, nos quais bilhões de anos de vida na Terra deixaram rastros das mudanças ocorridas ao longo do tempo. E esses registros falam claramente, embora haja saltos aqui e ali (porque as forças geológicas destruíram alguns fósseis, por exemplo, ou porque os resquícios de animais e plantas simplesmente não se fossilizaram devido a fatores geoquímicos). Tudo isso diz aos antropólogos que, sim, todas as espécies vivas têm longos históricos evolucionários, incluindo o *Homo sapiens* e todos seus parentes vivos e antigos da ordem primata. É na investigação desse passado evolucionário que entra em cena a antropologia física.

POR QUE SERMOS HUMANOS PODE DIFICULTAR ENTENDERMOS A EVOLUÇÃO

Embora o mundo da biologia aceite amplamente a evolução, o tema pode ser difícil de entender por diversos motivos. Deixando de lado a descaracterização deliberada da evolução por aqueles com um viés religioso, estou falando de como o fato de sermos humanos obscurece nossa visão da evolução.

O que quero dizer com isso é que, embora os seres humanos evoluam, fazemos isso de maneiras profundamente diferente das outras espécies. Durante os últimos 100 mil anos, nossos corpos físicos aparentes não evoluíram tanto assim: os esqueletos humanos modernos são basicamente indistinguíveis daqueles de 100 mil anos atrás. Contudo, a humanidade mudou bastante; a maioria de nós agora vive em cidades enormes e não mais como coletores de alta mobilidade. Agora, nós comemos alimentos produzidos em fazendas, em vez de caçarmos e coletarmos em muitos lugares diferentes. Então, o que mudou e como isso dificulta nossa compreensão da evolução?

Foram nossas mentes que mudaram, e as culturas que carregamos nelas. *Cultura*, realmente, é o conjunto de instruções da mente para definir como é o Universo e o que devemos fazer a respeito. (Leia mais detalhes sobre cultura no Capítulo 11). O ponto crucial é *fazer*: nós, seres humanos, evoluímos *proativamente*, inventando artefatos e práticas culturais para sobrevivermos em novos ambientes, e não *reativamente*, como todas as outras espécies. Outras espécies nem mesmo sabem que estão evoluindo ao longo do tempo. Pense no Ártico, que foi amplamente colonizado há cerca de 1.500 anos por pessoas que inventaram trenós, equipamentos para caçar baleias, embarcações e a casa de neve, ou *iglu*.

Essas invenções propositais nos levam, acredito, a vermos as coisas vivas da mesma forma que vemos nossos artefatos: como produtos finais de algum tipo de propósito. É difícil imaginar que uma árvore não tenha sido criada para algum propósito por alguma mente porque nós mesmos inventamos e criamos coisas para propósitos específicos. Mas a evolução demonstra que essas coisas podem existir sem qualquer plano consciente ou planejador. Pode ser difícil conciliar isso com a tendência de buscar propósitos que a humanidade tem.

Mais facetas da antropologia física

Os princípios evolucionários subjacentes à antropologia física abrangem tudo o que os antropólogos físicos estudam. Nesta seção, resumo alguns dos principais campos da antropologia física; leia ainda sobre mais subáreas e descobertas nos outros capítulos desta parte do livro.

Primatologia

Uma especialidade dos antropólogos físicos é o estudo dos primatas vivos, um campo denominado *primatologia*. (Alguns biólogos também estudam os primatas, mas sem buscar expressamente o que eles ensinam à humanidade sobre si mesma.) A antropologia física primatológica estuda o comportamento, a biologia, a evolução e a anatomia dos primatas. Cada um desses campos se atrela ao outro, de tal modo que os fatos aprendidos pelos antropólogos sobre comportamento informam — e são informados por — aquilo que aprendem sobre biologia, e assim por diante. Por exemplo, não podemos compreender totalmente a anatomia de uma espécie sem sabermos sobre sua evolução, pois as características anatômicas — como uma cauda preênsil ou novos tipos de dentes — não aparecem simplesmente do nada; elas vão se acumulando (ou desaparecendo) conforme as pressões seletivas mudam e modelam o organismo.

Os antropólogos estudam o comportamento primata usando os princípios da *etologia*, o estudo do comportamento animal. Embora as abordagens variem, elas, em geral, enfatizam:

» A observação do animal em seu ambiente natural por longos períodos — por exemplo, ao longo de temporadas e anos, e não apenas algumas semanas.

» A consideração cuidadosa da interação entre comportamento, ambiente e anatomia, levando em conta tudo o que se sabe sobre a espécie.

» A busca e a explicação de semelhanças difundidas de comportamento.

» A busca e a explicação de diferenças de comportamento.

LEMBRE-SE

Quando menciono "comportamento animal", deveria dizer "comportamento animal não humano", pois os seres humanos são, é claro, animais. Porém a linha divisória entre seres humanos e todas as outras formas de vida está tão arraigada na civilização ocidental há tanto tempo, que a expressão "comportamento animal" é difícil de ser mudada. O trabalho feito pelo Centro de Cognição Canina Duke, do neurocientista cognitivo Brian Hare, apaga algumas das divisões, ao destacar o que podemos aprender sobre a cognição humana a partir da cognição canina.

PROJETO DE PESQUISA KOOBI FORA

Logo no segundo ano de minha graduação, tive a sorte de participar de um curso de campo no projeto de pesquisa Koobi Fora, no norte do Quênia. Administrado pelo Museu Nacional do Quênia e localizado em uma área de acidente geográfico chamada Koobi Fora, na margem leste do Lago Turkana (outrora chamado Lago Rudolf), o projeto foi iniciado por Richard Leakey na década de 1960. Posteriormente, passou a ser administrado por sua filha, a Dra. Louise Leakey.

Décadas de pesquisa em Koobi Fora revelaram mais de duzentos fósseis primitivos de hominídeos, datados com algo entre 4 milhões e 700 mil anos. Como aluno, lembro vividamente que me arrastava pelo deserto fumegante quando encontrei lascas de pedra que se soltaram, pela erosão, de uma antiga margem do lago; ao pegar uma, dei-me conta de que ela estava enterrada há mais de um milhão de anos, e a minha carreira foi definida naquele instante.

Atualmente, a Universidade George Washington administra a escola de campo com os Museus Nacionais do Quênia; veja mais informações em `https://anthropology.columbian.gwu.edu/koobi-fora-field-school` [conteúdo em inglês].

Infelizmente, o estudo de muitos primatas em seus habitats naturais está ficando impossível, pois espécies de primatas estão se tornando extintas ou porque os habitats estão reduzidos. (Leia mais sobre os perigos que existem na vida de muitas das espécies de primatas no Capítulo 4.) Por conta disso, primatologistas infelizmente precisam, muitas vezes, recorrer ao estudo da espécie primata em ambientes fechados, como zoológicos (onde comportamentos e biologia diferem daqueles no ambiente natural). Considerando que a humanidade realiza a primatologia comparativa há poucas décadas e que está conseguindo apenas um esboço de compreensão sobre os primatas vivos, tal situação é vergonhosa.

Paleoantropologia

A paleoantropologia (*paleo* significa "antigo") estuda a espécie humana e seus parentes no passado distante, concentrando-se nas primeiras espécies proto--humanas, conhecidas como *hominídeas*. (Confira mais detalhes sobre os hominídeos no Capítulo 6.) A paleoantropologia é extremamente diversa e envolve a descoberta de fósseis humanos antigos, sua escavação (e quaisquer artefatos encontrados com eles, incluindo ferramentas de pedras), a interpretação dos restos esqueletais para compreender a anatomia, e a reconstrução do comportamento hominídeo e das relações evolucionárias. Para realizar tudo isso, a maioria dos antropólogos tem uma formação robusta nos seguintes campos:

» **Evolução:** Pois o fundamento da biologia deve ser compreendido exaustivamente para dar sentido ao registro fóssil.

» **Anatomia esqueletal:** Visto que o *osso fossilizado* (que se tornou pedra por um processo geoquímico) é o ganha-pão da paleoantropologia, entender como os tecidos esqueletais do corpo refletem a vida diária, as doenças, o estresse e outros fatores é crucial para reconstruir os antigos modos de vida.

» **Geologia:** Pois os fósseis são geralmente encontrados em circunstâncias geológicas complexas, como camadas que contêm os fósseis de muitas plantas e animais, talvez extintos há milhões de anos.

» **Arqueologia:** Como os arqueólogos precisam ter muito cuidado para escavar os fósseis, os princípios de registro dos locais de descobertas e o transporte cuidadoso destas ao laboratório são importantes.

Alguns até se especializam dentro dessas divisões; uns paleoantropólogos focam certas partes do esqueleto (como os dentes, os ossos das mãos ou a pélvis); outros se concentram em camadas geológicas específicas (por exemplo, as camadas que representam o tempo antes ou depois de algum evento); e outros se voltam para a *paleoecologia*, reconstruindo ecossistemas antigos inteiros nos quais os hominídeos evoluíram.

Uma das principais contribuições da paleoantropologia para a compreensão humana sobre a humanidade é preencher os elos perdidos da cadeia evolucionária que conectam as pessoas modernas aos nossos ancestrais mais antigos. Infelizmente, o termo *elo perdido* é incorreto, pois não é tão fácil definir as espécies quando as conhecemos apenas a partir de materiais fósseis. Porém os fósseis falam muito sobre a vida antiga, e realmente nos mostram, como espécie, por onde estivemos tanto de forma figurada como literal. (Leia mais sobre fósseis no Capítulo 6.) Hoje em dia, centenas de amostras fósseis carregam certa semelhança com as pessoas modernas e com formas mais antigas parecidas com a humana. Visto que novas espécies não aparecem do nada, os antropólogos presumem, de modo muito sensato, que essas centenas de fósseis tampouco representam os primeiros proto-humanos, que não surgiram e desapareceram, simplesmente. Na realidade, eles representam membros de nossa própria linhagem que foram mudando lentamente com o passar do tempo por meio do processo evolucionário. As amostras de fósseis são mais como diferentes tons de um espectro evolucionário que se conecta em uma corrente, mas a metáfora da corrente pegou, e isso é algo difícil de mudar.

Os fósseis dos primeiros ancestrais humanos estão na África, assim, a maior parte do trabalho de campo é realizado em países com uma infraestrutura bem desenvolvida (por exemplo, estradas e aeroportos), incluindo África do Sul, Quênia, Tanzânia e Etiópia. Normalmente, os projetos modernos são de grande escala, incorporando diversas equipes internacionais de pesquisa que passam meses no campo a cada ano, atuando em projetos que duram muitas décadas. É comum que também treinem alunos africanos, de modo que, cada vez mais, os autores dos relatórios científicos sobre nosso passado são os próprios africanos.

O animal biocultural

Uma coisa que torna a antropologia física especialmente complexa é que a humanidade evolui não apenas como resultado de fatores biológicos, mas também pelos fatores culturais. Por esse motivo, os antropólogos a denominam *evolução biocultural*. A *cultura* — que analiso mais profundamente nos Capítulos 2 e 11 — é basicamente o conjunto de ideias que condicionam como vemos o mundo e agimos nele. Embora os seres humanos sobrevivam pelo uso de sua biologia e de suas informações culturais, outros animais sobrevivem principalmente por meio de sua biologia e pelo uso do instinto, sem essas informações culturais.

Por exemplo: são as informações culturais, e não as instintivas, que nos instruiriam (caso fôssemos seres humanos primitivos) que certos tipos de madeira são melhores do que outros para fazermos uma vara de escavação. Isso não teria se dado *instintivamente*, mas por causa das informações detalhadas sobre as propriedades de diferentes tipos de madeira que nos foram passadas culturalmente — por meio de alguma linguagem — por nossa geração progenitora, por nossos irmãos ou outros de nosso grupo.

A ESPÉCIE HUMANA AINDA EVOLUI?

Uma das perguntas mais feitas aos antropólogos é se a espécie humana ainda está evoluindo. Será que chegamos a um pináculo? Ou nos tornaremos, em um futuro distante, habitantes espaciais com cérebros gigantes e corpos frágeis que usam um único dedo para apertar botões?

A resposta simples é sim, ainda estamos evoluindo; se temos descendência (replicação), se essa descendência não é um clone (variação) e se nem todos os nossos descendentes sobrevivem até a maturação sexual (seleção), então, por definição, a espécie humana está evoluindo. Porém é natural fazer essa pergunta porque — pelo menos nos países desenvolvidos — a humanidade usa remédios e outros meios para eliminar grande parte das pressões que, antigamente, ceifaram muitos dos nossos filhos. Com tantas pressões seletivas derrotadas (pelo menos em curto prazo), concluímos que a evolução genética foi interrompida em países desenvolvidos no último século. Bem, a situação é mais ou menos assim, embora continuemos a mudar geneticamente com o passar do tempo. Mas há outra forma pela qual estamos evoluindo, e muito rapidamente.

O outro "canal" de nossa evolução é a cultura humana, e esse processo é tão importante quanto a evolução genética. A cultura humana pode mudar muito rápido, e as mudanças afetam milhões. Embora mantenhamos o mesmo tamanho e formato de crânio há 100 mil anos, imagine as diferenças (vestimentas, gêneros musicais, conceitos de raça e religião, e diversidade étnica da população, por exemplo) de 1950 a 2020 — algumas grandes mudanças ocorreram no final da década de 1960, como o sucesso do movimento pelos direitos civis, e, nas últimas duas décadas, houve transformações enormes em como acessamos as informações e interagimos socialmente. Se as mudanças são boas ou ruins é outra questão; por ora, a ideia importante é que, sim, a humanidade ainda está evoluindo de forma muito significativa e, às vezes, muito rápida.

Tal diferença parece trivial, mas, na verdade, é muito importante. Por exemplo, considere os seguintes comportamentos culturais e seus possíveis envolvimentos com a evolução biológica de nossa espécie:

» Os primeiros usos de ferramentas de pedra se relacionam com o consumo aumentado de tecidos animais (como carne e órgãos). Mais tecidos animais na dieta só ficavam disponíveis pelo uso de ferramentas de pedra, que eram complexas o bastante de modo que os hominídeos jovens precisariam receber instruções sobre elas; esse é o uso de uma *cultura* cada vez mais complexa para a sobrevivência.

» O uso de vestimentas (em si, um artefato cultural) permite que os corpos humanos sobrevivam em ambientes nos quais não o fariam normalmente. Por exemplo, o corpo humano fica mais bem adequado a ambientes equatoriais, e não ao Ártico, mas a invenção de casacos pesados e outras vestimentas permite que o corpo sobreviva em temperaturas árticas.

Os paleoantropólogos se preocupam em compreender como os fatores evolucionários culturais, não culturais e bioculturais moldaram a humanidade ao longo do tempo.

Considerando que a análise e a compreensão de um único fóssil de crânio levam anos (além do que pode ter sido um enorme período de buscas e escavações), não é de surpreender que a paleoantropologia exija muita paciência. Os caçadores de fósseis podem parecer um tanto malucos quando anunciam novas descobertas... mas, talvez, devamos quebrar o galho deles. É uma empreitada lenta...

Arqueologia: O Estudo de Sociedades Antigas

A *arqueologia* estuda sociedades antigas por meio de seus resquícios materiais, o que talvez você conheça como artefatos. Esses artefatos chegam aos bilhões e estão espalhados por todo o globo, sendo que cada um é uma pequena peça do quebra-cabeça das vidas dos nossos ancestrais. Cada ponta de lança, pedrinha, tubo de argila e fragmento de vidro, todos os tijolos de barro, ossos roídos e espadas em corrosão têm algo a dizer sobre as vidas das sociedades antigas, e o trabalho dos arqueólogos é juntar essas peças.

E fazer isso é um desafio enorme. A arqueologia não é tão difícil assim, tecnicamente falando, nem tão cara (comparada com, digamos, física nuclear ou química), mas exige muito tempo para ser bem-feita. Como os artefatos são muito numerosos, e os arqueólogos estão ávidos para extrair o máximo possível de informações de cada objeto, as escavações e os sítios arqueológicos podem levar anos e até gerações.

A pesquisa arqueológica tem muitos objetivos, mas normalmente adere a alguns princípios comuns:

» Estabelecer *cronologias,* ou sequências de eventos no mundo antigo, para datar *quando* as coisas surgiram (por exemplo, o uso da escrita, a agricultura ou o fogo).

» Estabelecer uma *compreensão espacial* dos eventos registrados, como *onde* ocorreu a primeira escrita, a agricultura ou o uso da roda, e o que isso revela sobre a invenção.

» Entender a *evolução* das culturas antigas ao longo do tempo para melhor compreender por que certas sociedades sobreviveram e outras ruíram, ou para responder a outras grandes perguntas, como o que determinou a mudança de tribos de pequena escala para civilizações de grande escala.

Os arqueólogos estabelecem cronologias ao observarem cuidadosamente a idade dos artefatos recuperados nas escavações. Eles devem realizar as escavações com muita atenção para poderem registrar a posição exata dos artefatos; esse cuidado é crucial para a compreensão da idade dos objetos por muitos motivos (sobre o que você lê com mais detalhes no Capítulo 5).

O registro cuidadoso de onde os artefatos são encontrados é outra forma de obter a compreensão espacial. Se uma tigela de pedra veio de uma caverna no sul do México, não devemos confundi-la com uma encontrada no norte do Peru (ambos locais no hemisfério ocidental, mas compostos de culturas muito diferentes). Essa lógica óbvia se estende aos mínimos detalhes, de modo que os arqueólogos trabalham longas horas recuperando cuidadosamente os artefatos com pincéis e outros instrumentos delicados.

Arqueologia e evolução

A evolução caracteriza-se pela mudança; assim, para entenderem a evolução cultural antiga, os arqueólogos concentram-se no que mudou ao longo do tempo na sociedade antiga que estão investigando.

Por exemplo, há cerca de 10 mil anos, as pessoas do vale do Rio Danúbio, no sul da Europa, eram caçadoras e coletoras (caçadoras-coletoras) que deixaram apenas acampamentos de curta duração para os arqueólogos descobrirem. Mas, há cerca de 7,5 mil anos, passaram a ser um povo sedentário, vivendo por gerações em vilas às margens do rio, algo que nos faz associá--las com um povo agricultor. No entanto, as pessoas dessas vilas, incluindo o fascinante sítio de Lepenski Vir, não eram agricultoras em tempo integral, mas continuavam a caçar e a coletar. Algo, portanto, mudou em sua cultura, e os arqueólogos querem saber o que foi.

EVOLUÇÃO CULTURAL

Combinar os termos *cultural* e *evolução* é o suficiente para deixar alguns antropólogos vermelhos de raiva. Isso porque, durante muito tempo (desde o final da década de 1800 até a década de 1950), a antropologia trabalhava sob um falso conceito a respeito de como a cultura mudava com o passar do tempo, enxertando grosseiramente a evolução darwiniana ao conceito de cultura. Quando tal erro foi corrigido, em meados do século XX, muitos antropólogos também descartaram uma abordagem evolucionária à cultura, algo que deixou muitos arqueólogos — incluindo eu — um tanto enfurecidos.

A ideia equivocada era a de que todas as sociedades humanas estavam em um caminho darwiniano rumo à civilização, e aquelas sem sucesso — por mais triste que isso fosse — estavam apenas sendo desclassificadas ou erradicadas pelas impiedosas forças da natureza. A ideia categorizava, grosso modo, os povos caçadores-coletores (como os aborígenes australianos, a maioria dos nativos norte-americanos e os caçadores polares) como selvagens, seguidos por agricultores de pequena escala (como as tribos do Havaí ou da Nova Guiné) na categoria de bárbaros, que poderiam apenas evoluir — e que, de acordo com a ideia, *deveriam* evoluir — rumo à civilização. O fato de que tal civilização era tipificada pelos homens brancos vitorianos de Londres era uma nuance que poucos vitorianos notavam. Esse equívoco de como a cultura mudava (que todas as culturas estavam no mesmo caminho) foi usado de forma clara e cuidadosa para justificar os esforços coloniais no mundo todo, considerados benéficos; afinal, a civilização estava sendo levada aos selvagens.

Por diversos motivos, essa teoria revelou-se ser uma compreensão falha: o fato é que as sociedades humanas não têm um impulso automático rumo à transformação em homens brancos vitorianos. Porém tal falha não é o suficiente para enterrar de vez o conceito de que as culturas mudam com o tempo por um processo evolucionário.

Os arqueólogos, profundamente preocupados com a mudança das culturas ao longo do tempo, examinaram essas mudanças com muito cuidado e estão muito convencidos de que ela acontece por meio de um processo evolucionário. A cultura não funciona à base de genes — ela é ensinada pela linguagem. Cada sociedade tem a própria maneira de sobreviver, mas os princípios da evolução se aplicam à cultura de formas importantes. Não falo sobre o assunto neste livro, mas, caso esteja interessado, comece com algumas leituras mais avançadas sobre arqueologia, como livros didáticos que abordam a teoria arqueológica.

Explicar como as culturas mudaram com o passar do tempo é uma das questões mais controversas no campo da arqueologia. Muitos modelos foram propostos para tal, incluindo:

- » **Ecologia cultural:** Esta abordagem considera que as mudanças mais importantes na cultura humana remontam a questões *ecológicas*, como suprimentos de água e comida. Certamente, tais fatores são importantes, mas alguns argumentam que a ecologia cultural deixa de lado a importância de fatores como a religião e até mesmo o indivíduo humano, transformando as pessoas em "autômatos" que simplesmente reagem à mudança ambiental.

- » **Pós-modernidade:** A abordagem pós-moderna coloca um alto valor na habilidade de fatores como gênero, ideologia, religião, mito e o indivíduo para mudarem a cultura com o passar do tempo.

- » **Modelos de mudança econômica:** Esta abordagem concentra-se na organização do trabalho e na negociação de desigualdades sociais (quem tem e quem não tem) na sociedade. Ela é interessante e útil para algumas investigações arqueológicas, mas não funciona para períodos nos quais o trabalho primitivo não era organizado como o é no mundo industrial, e as divisões de trabalho e as desigualdades sociais não eram muito proeminentes (como nos muito milhões de anos de sociedades de caçadores-coletores).

Os arqueólogos propuseram dezenas de outras lentes pelas quais vislumbrar e entender a mudança cultural ao longo do tempo, e são fascinantes (até mesmo as malucas!). Mas nenhuma, na minha visão, explicou tudo totalmente, e, de acordo com minha experiência, a maioria dos arqueólogos concorda comigo. A cultura é complexa, as pessoas são complexas, e todos os tipos de eventos que ocorreram no passado moldam a mudança cultural. Digo isto em alguns outros lugares deste livro: modelos de fator único parecem nunca dar em nada.

LEMBRE-SE

A arqueologia lida com a mudança ao longo do tempo pelo fato de como essa mudança é refletida nos artefatos usados por seres humanos primitivos. Assim, seu limite é cerca de 3 milhões de anos atrás, a idade dos primeiros artefatos (conhecidos). É comum que os arqueólogos resmunguem: "Não lidamos com dinossauros!" quando as pessoas lhes perguntam se estão buscando vestígios de um, visto que eles — estudados por paleontólogos — tornaram-se extintos há cerca de 65 milhões de anos.

Mais facetas da arqueologia

Como todos os campos da antropologia, a arqueologia tem suas subáreas; descrevo duas dentre as mais importantes — as que tratam dos períodos pré-histórico e histórico da evolução humana — nas próximas seções.

Arqueologia pré-histórica

Os sistemas primitivos de escrita datam de cerca de 6 mil anos atrás, e o período inteiro entre essa época e a época das primeiras ferramentas de pedra (os primeiros artefatos), há cerca de 3 milhões de anos, é denominado *pré-história*.

A arqueologia pré-histórica estuda esse período com muitas das mesmas preocupações dos arqueólogos que estudam o período histórico. No entanto, alguns aspectos dela são singulares:

>> **Preocupação com ecologia e adaptação:** Ao passo que a maioria dos povos sobre os quais o período histórico tem registros escritos eram agricultores, as pessoas do período pré-histórico eram, em sua maioria, caçadoras e coletoras (anteriormente conhecidos como caçadores-coletores) que se moviam pelo relevo para caçar e coletar alimento; descobrir o que comiam e como conseguiam comida (isto é, adaptavam-se a seus ambientes seletivos) é um foco central da pré-história.

>> **Foco em artefatos de pedra, osso e chifre:** Antes das sociedades agrícolas históricas, os artefatos feitos desses materiais eram os que tinham mais chances de sobreviver à decomposição durante os milênios. A madeira também era importante, mas ela se decompõe rapidamente e pouco dela sobrevive além de poucos milhares de anos.

>> **Preocupação com a organização social igualitária:** Diferentemente das sociedades agrícolas, que classificavam seus membros de acordo com quanto tinham ou não tinham, as sociedades pré-históricas eram, em essência, igualitárias. Uma questão significativa é como as culturas antigas mantiveram esse modo *igualitário* de organização social.

Tenha em mente: há cerca de 6 mil anos, apenas algumas sociedades — portanto, nem todas! — passaram a usar a escrita; muitas permaneceram caçadoras e coletoras, vivendo fora das fronteiras das civilizações crescentes, como os astecas e os maias. Tais povos incluíam os nativos americanos, pessoas que viveram nas Américas por mais de 10 mil anos antes da chegada dos exploradores europeus. Esses exploradores escreveram o que observaram dos nativos americanos, então há documentos que descrevem os povos às margens da história. Mas, é claro, os nativos americanos tinham suas próprias histórias, contadas como tradições orais, então não eram um povo sem história. Hoje em dia, muito de seu passado é contado por meio da arqueologia.

Arqueologia histórica

A arqueologia histórica aproveita o fato de que, há cerca de 6 mil anos, alguns grupos humanos inventaram o idioma e começaram a escrever coisas que contam sobre o passado. De certa forma, como sou principalmente um arqueólogo pré-histórico (trabalhando com culturas que não tinham sistemas de escrita), tenho uma certa inveja dos arqueólogos históricos; eles têm muito mais informações com as quais trabalhar ao iniciarem suas pesquisas. Por outro lado, quando começo a investigar os bilhões de páginas de registros históricos sobre o mundo antigo, percebo que o período histórico apresenta tantos problemas quanto soluções!

A arqueologia histórica procede com muitas das mesmas preocupações e métodos que a arqueologia pré-histórica, mas, em geral, ela aborda duas questões de especial importância.

A história, como diz o ditado, é escrita pelos vencedores, o que é outra forma de dizer que cada história tem (pelo menos) dois lados. O uso da propaganda — a omissão conveniente de fatos inconvenientes dos registros governamentais — e a criação indiscriminada de "fatos" por aqueles que controlam os registros escritos não são novidade; eles ocorreram em todas as civilizações antigas, da Suméria ao Império Inca. A menos que fique satisfeito em simplesmente acreditar no que os registros governamentais lhe dizem sobre seus ilustres (e são sempre ilustres) líderes, a arqueologia histórica é uma boa maneira de testar os registros escritos em comparação com os artefatos do solo. As palavras descrevem as normas; os artefatos mostram o que realmente foi, ou não foi, criado.

De igual modo, os registros históricos do mundo antigo em geral falavam sobre a realeza e suas atividades, as conquistas militares ou as cerimônias e ideias religiosas, mas raramente analisavam as pessoas comuns — os camponeses —, que formavam o grosso da população de todas as civilizações antigas. E, a menos que seja um descendente direto da realeza — e isso significa não ter uma gota de sangue plebeu em suas veias, o que é muito improvável —, a história das pessoas comuns é parcialmente a sua, também. A arqueologia histórica às vezes se concentra nesses ancestrais esquecidos, esclarecendo os livros de história com um panorama mais completo do mundo antigo.

Antropologia Linguística

A antropologia linguística estuda a linguagem, o sistema de comunicação entre indivíduos mais poderoso — e ao mesmo tempo sutil — do reino animal.

A *linguagem* é basicamente um sistema de representação, transmissão e recepção de informações; os seres humanos comunicam essas mensagens pelo som (fala), por gestos (linguagem corporal) e de outras formas visuais, como a escrita. Visto que a linguagem é uma das características mais únicas da humanidade, dedico todo o Capítulo 13 a um exame detalhado sobre o que ela é e o que sabemos sobre sua evolução.

A HIPÓTESE SAPIR-WHORF

Um dos conceitos mais fascinantes e controversos da antropologia linguística é a hipótese Sapir-Whorf, desenvolvida na década de 1930 pelos linguistas Edward Sapir e Benjamin Whorf. Os dois argumentavam que a língua funciona tanto para *criar* a realidade humana como para *refletir* o mundo real.

Em 1940, Whorf escreveu: "Nós dissecamos a natureza junto às linhas estabelecidas por nossas línguas nativas. Não encontramos as categorias e os tipos que isolamos do mundo dos fenômenos lá, encarando cada observador; pelo contrário, o mundo é apresentado em um fluxo caleidoscópico de impressões que precisa ser organizado por nossas mentes — o que é feito em grande parte pelos sistemas linguísticos em nossas mentes. Dividimos a natureza, a organizamos em conceitos e atribuímos significâncias do jeito que fazemos principalmente porque somos partes de um acordo para organizá-la dessa forma — acordo esse que é mantido em toda a nossa comunidade de fala e que está codificado nos padrões da nossa língua. O acordo é, obviamente, implícito e não declarado, mas seus termos são absolutamente obrigatórios; não podemos falar de jeito nenhum senão ao aderirmos à organização e à classificação de dados decretadas pelo acordo."

Em outras palavras, embora exista uma realidade objetiva — pule de um precipício e morrerá, não importa se chama isso de "voar" ou "morrer" —, suas impressões desse mundo são moldadas pelo vocabulário que você tem para descrever tal mundo. Para mim, a lição é que devemos aumentar nosso vocabulário e aprender outros idiomas, ou pelo menos palavras de outras línguas — nunca sabemos quais novidades podemos encontrar no mundo.

A antropologia linguística tradicionalmente se concentra em diversas questões essenciais, cada uma resultante de um novo paradigma de pesquisa desenvolvido ao longo dos últimos sessenta anos. O curioso é que esses interesses não eliminaram os anteriores, mas foram incorporados e complementam os tipos mais antigos de investigações. A lista a seguir detalha algumas dessas questões-chave:

» **Classificação** das linguagens, para identificar quais evoluíram, quando e onde.

» Entender a **estrutura**, as **unidades** e a **gramática** da linguagem.

» Identificação das formas pelas quais a linguagem **constrói e reflete** a identidade, a ideologia e as narrativas.

Outro tópico de considerável interesse é quando, onde e entre quais espécies a linguagem surgiu, e como foi sua evolução subsequente. Essa é uma das grandes questões da antropologia, mas é um tópico tão complexo que o necessário para você saber neste momento é que, no presente, nenhum modelo ou teoria convenceu todos os antropólogos sobre como a linguagem evoluiu. Foram apresentadas algumas teorias convincentes, mas os antropólogos ainda as estão avaliando. Leia mais sobre elas nos Capítulos 7 e 13.

Comunicação animal não humana

Os animais não humanos também se comunicam; isso faz a humanidade lembrar-se de que não somos tão diferentes assim dos outros animais, como muita gente gosta de pensar.

LEMBRE-SE

Embora os chimpanzés e os gorilas tenham aprendido diversas variedades de línguas de sinais básicas e possam usá-las para formar frases básicas — de forma geral, do mesmo tipo que uma criança de três anos consegue —, é importante ter em mente que esses animais não inventaram ou desenvolveram a linguagem sozinhos na selva. Tal fato sugere que a capacidade de fazer algo (aprender uma língua) não indica necessariamente que isso ocorrerá no meio natural.

Porém, a comunicação animal não humana tem suas diferenças da comunicação humana e dos idiomas:

>> **A comunicação não humana é simbolicamente simples.** O grito de um macaco para representar um "gavião" (um predador aéreo) é certamente diferente de seu guincho para uma "cobra" (um predador terrestre), mas "gavião" ou "cobra" são TUDO o que esses sons representam. Por outro lado, os seres humanos podem usar a língua para dizer: "Aquela pessoa é uma cobra", atribuindo as qualidades da serpente a uma pessoa.

>> **As "palavras" não humanas são fonemicamente simples.** Ou seja, embora as palavras humanas sejam construídas a partir de muitos sons (como a palavra *constitucional*), as "palavras" não humanas são geralmente formadas por dois sons ou menos (cada som distinto de uma língua é chamado *fonema*).

>> **A comunicação não humana é gramaticalmente simples.** Embora as frases humanas possam ser construídas a partir de muitas palavras (como: "Quebrei o copo de vidro, que estava na beira da mesa, antes de escorregar em uma casca de banana!"), as "frases" não humanas são muito raras e curtas (normalmente, com no máximo dois sons, um feito após o outro), e as regras gramaticais para sua montagem são simples.

Língua falada

A língua falada, em contraste à comunicação não humana, tem as seguintes características:

>> **É extraordinariamente rápida,** comunicando informações em alta velocidade.

>> **É extraordinariamente densa,** comunicando muitas informações por unidade de tempo.

>> **É extraordinariamente sutil,** com o uso comum de metáforas, o que multiplica radicalmente o significado potencial de cada palavra, frase ou até ideia.

Gestos e linguagem corporal

Além da língua falada, também usamos *gestos*, ou o que Adam Kendon, editor do periódico acadêmico *Gesture*, denominou "ação visível como expressão". Os gestos não são exatamente a mesma coisa que uma palavra; são mais um reforço do que se diz em voz alta. E são muito importantes. Consegue imaginar como usar os gestos errados nas circunstâncias errados pode causar um problemão, não é?!

Os gestos variam muito no mundo todo, mas há alguns padrões comuns; eles são usados globalmente para apontar, indicar um estado de espírito, reforçar ou negar uma declaração verbal (por exemplo, para indicar sarcasmo, talvez pelo uso de "aspas no ar") ou para marcar os pontos de início e término em uma conversa.

Essas são questões fascinantes, considerando que as primeiras línguas provavelmente tinham um forte componente gestual, e há uma grande possibilidade de descobrirmos muito sobre elas ao estudarmos os gestos modernos. A Figura 3–3 mostra alguns gestos educados da Europa do século XVII; o que está no canto superior esquerdo é "adoração", no superior direito é "reconciliação", no canto inferior esquerdo é "impaciência", no inferior direito é "demonstração" e, no meio, a "bênção". É fácil imaginar o uso desses gestos em sua própria comunicação; pense em como a comunicação fica diferente sem eles... como nos e-mails.

Adoração

Reconciliação

Bênção

Impaciência

Demonstração

FIGURA 3-3: Representação do autor sobre os desenhos na obra de John Bulwer sobre os gestos na sociedade europeia.

©*John Wiley & Sons, Inc.*

Antropologia Cultural: O Estudo das Sociedades Vivas

Ao passo que a arqueologia estuda as culturas antigas, a *antropologia cultural* concentra-se nas sociedades vivas. Alguns dos motivos para esse estudo incluem:

» **Uma tentativa de identificar similaridades culturais universais:** Tais semelhanças levam a insights muito importantes sobre o que significa sermos humanos.

» **Uma tentativa de identificar as diferenças culturais no mundo todo:** Essas diferenças ilustram as diversas maneiras que os seres humanos encontraram para sobreviver em todo o globo e, em alguns casos, ao longo do tempo.

» **Uma tentativa de corrigir supostas ideias de senso comum sobre a humanidade:** Esse processo é importante, pois a maioria das culturas do mundo acredita que sua própria forma de viver é a mais adequada e correta para toda a humanidade.

ANTROPOLOGIA CULTURAL: DELATORA EM PROL DAS OPORTUNIDADES IGUAIS

Tentar retificar as avaliações de senso comum do resto do mundo é um tipo de corretivo para a percepção humana em si. A ideia de que a cultura de alguém é a melhor e o modo mais adequado de viver é chamada de *etnocentrismo*, e é usada há séculos e no mundo todo para justificar a discriminação contra outras pessoas que estão fora da cultura da própria pessoa. Tenha em mente que só porque uma prática cultural existe, não significa necessariamente que seja boa para a cultura como um todo; como a escravidão, ela pode beneficiar relativamente alguns à custa de muitos. O livro de Robert G. Edgerton, *Sick Societies* [*Sociedades Doentes*, em tradução livre], demonstra que muitas adaptações culturais humanas são, na verdade, *más adaptações*, de fato ruins para a sociedade. Por exemplo, algumas práticas agrícolas trazem altos lucros em curto prazo, mas esgotam o solo em longo prazo.

A civilização ocidental não tem vergonha de apontar seus próprios problemas óbvios — tais como a discriminação racial ou o fato de que as mulheres ganham significativamente menos do que os homens, desempenhando o mesmo trabalho — e deveria permanecer aberta à possibilidade de que esses problemas sejam possíveis em outras culturas. Assim, a antropologia cultural não é uma disciplina focada em depreciar a civilização ocidental, mas é uma ciência objetiva, que não idealiza *nenhuma* sociedade em detrimento de outra.

Colocando a cultura
na antropologia cultural

Independentemente do fim que pretende alcançar por meio da antropologia cultural, os meios serão um estudo da cultura. A cultura foi definida de muitas formas; apresento uma definição na seção anterior deste capítulo, nomeada "O animal biocultural", e você pode fazer vários cursos de pós--graduação apenas para estudar a teoria da cultura. Falando de forma geral, a cultura abarca tudo, das atitudes com relação aos objetos aos conceitos filosóficos, políticos e religiosos.

Algumas das características importantes da cultura são as seguintes:

>> **A cultura não é genética; ela é aprendida.** Cada nova geração não a recebe nos genes, mas dos pais, irmãos e qualquer outra pessoa na cultura (em grande parte, por meio do idioma).

>> **A cultura é compartilhada entre uma população, mas permite variações internas.** Os indivíduos de uma cultura podem ter as próprias interpretações do conjunto de descrições culturais sobre o Universo e das instruções para viver adequadamente nele. A discrepância é importante, pois reconhece uma característica crucial da humanidade: a *individualidade*, o fato de que os seres humanos tipicamente não têm um único pensamento, mas que são indivíduos com uma boa dose de personalidade individual.

>> **As informações culturais são geralmente simbólicas.** Os *símbolos* — metáforas linguísticas, visuais e gestuais que representam outra coisa — têm uma grande influência na comunicação da cultura de uma geração para a próxima.

Embora as informações culturais estejam no cérebro, os seres humanos também as expressam fisicamente. Os objetos materiais — por exemplo, canoas de alto-mar, totens ou carros esportivos — também são expressões de certas ideias culturais. Até mesmo os artefatos com uma grande aparência utilitária, como canetas, podem carregar informações culturais, e o fazem. Há mais chances de que uma caneta rosa cheia de glitter e com cheiro de chiclete pertença a uma adolescente e não a um funcionário do governo; este provavelmente precisa de uma caneta mais chique para projetar determinada imagem em cerimônias públicas. Os objetos, portanto, constituem a cultura; alguns denominam o estudo de tais itens como o estudo da *cultura material*. Visto que os arqueólogos estudam as culturas antigas por meio de seus artefatos — que são cultura material —, suas grandes conquistas se deram pelos estudos da cultura material.

ANTROPOLOGIA CULTURAL VERSUS SOCIOLOGIA: O EMBATE

É comum que alguns confundam a antropologia cultural com a disciplina relacionada da sociologia, mas observamos pelo menos duas distinções claras entre os dois campos:

- **A antropologia cultural concentra-se nas sociedades não industriais.** Esses grupos são em geral chamados de sociedades *tradicionais*, pois têm muito em comum com as sociedades que existiram antes das enormes mudanças recentes e globais associadas com o globalismo pós-Segunda Guerra Mundial. Por outro lado, a sociologia tende a focar a civilização industrial ou ocidental (especialmente a civilização urbana).

- **A antropologia cultural tende a se basear em entrevistas diretas com os membros das sociedades tradicionais.** Muitas dessas pessoas não sabem ler nem escrever, e os sociólogos tendem a coletar dados com questionários.

Os departamentos acadêmicos de sociologia e antropologia têm conexões próximas e, às vezes, ficam juntos, mas os contextos teóricos são muito diferentes. As raízes da sociologia estão na economia, e as da antropologia, nas humanidades. Embora compartilhem certas semelhanças, o melhor é manter os campos separados.

Tentando explicar por que os seres humanos fazem o que fazem

Os antropólogos culturais inventaram diversos corpos teóricos complexos e fascinantes para explicar a humanidade, além da diversidade e das semelhanças das culturas humanas. Entre eles, temos:

» **Abordagens evolucionárias** (incluindo as abordagens materialistas) que buscam explicações ao procurarem as vantagens adaptativas de várias práticas culturais — como o canibalismo ou a classificação social — no mundo todo. Tais teorias parecem explicar algumas coisas, porém os críticos argumentam que elas ignoram a significância da ação individual, às vezes conhecida como *agência*.

» **Abordagens funcionalistas** que entendem os elementos da cultura no sentido de que cada um funciona de modo integrado para promover o bem-estar da cultura. Os críticos alegam que essas abordagens ignoram a importância do conflito, que está sempre presente na cultura (especialmente aquelas com classificações sociais ou diferenças de classes).

>> **Abordagens pós-modernas** que se concentram nos conflitos, na agência individual e em outros aspectos atípicos da cultura. Os críticos argumentam que tais abordagens, embora deem voz às pessoas comuns de modo admirável, em geral ignoram as realidades físicas, materiais e evolucionárias do fato de que os seres humanos são animais em evolução.

Assim como ocorre com as tentativas de fator único para descrever todas as mudanças culturais, digo com confiança que nenhuma explicação da complexidade da cultura convenceu todos os antropólogos de sua validade; parece que os modelos de fator único nunca deram em nada.

Uma das ferramentas mais importantes para o antropólogo cultural é a etnografia, um documento que descreve determinado aspecto de alguma cultura, escrito por um observador treinado — um antropólogo cultural que geralmente participa, até certo ponto, da cultura que está observando. Veja mais detalhes sobre as etnografias no Capítulo 12.

Observação participante

Os antropólogos culturais coletam seus dados brutos — informações sobre a vida nas sociedades tradicionais — de diversas formas, mas uma das mais importantes é a *observação participante*. O método inclui viver com ou entre as pessoas que observam e até tomar parte das atividades daquelas pessoas, como caçar e coletar ou participar de cerimônias religiosas.

Os primeiros antropólogos não passavam muito tempo pensando sobre como fazer esse trabalho de modo eficaz, e geralmente eram tão deslocados cientificamente das pessoas que estavam estudando que acabavam se desviando, produzindo relatórios imprecisos. Conforme o pêndulo balançou para o outro lado nas últimas décadas, alguns antropólogos ficaram tão envolvidos com as sociedades que estavam investigando que seus próprios relatórios eram pessoais demais e ainda não captavam uma compreensão real. É uma linha tênue sobre a qual os antropólogos culturais devem caminhar se quiserem reivindicar qualquer tipo de objetividade científica.

Hoje em dia, a maioria dos alunos de pós-graduação em antropologia cultural passa muito tempo estudando como realizar a observação participante antes de simplesmente começar a fazê-la. Em geral, eles estudam:

>> Maneiras eficazes e respeitosas para se apresentarem a uma comunidade que querem estudar. (Como você reagiria se, digamos, alguém da Nova Guiné batesse à sua porta e perguntasse se poderia viver com você por alguns meses, só para saciar a própria curiosidade?)

>> Maneiras culturais sensíveis para negociar dificuldades.

» O(s) idioma(s) da região que estudarão.

» Tudo o que já foi escrito, filmado, registrado ou especulado sobre a sociedade que estudarão.

Quando estão de fato fazendo pesquisa de campo, os antropólogos culturais mantêm o foco seguindo as perspectivas êmica e ética.

A perspectiva êmica

Uma perspectiva *êmica* concentra-se em como as pessoas que estão sendo observadas pensam, e não como o antropólogo cultural possa pensar. Por exemplo, para uma compreensão êmica de uma região, o antropólogo pode pedir que um caçador nativo desenhe a própria ideia de como é o local. Essa imagem pode ser muito diferente da que está em um mapa impresso, mas, obviamente, o mapa é irrelevante para a vida do caçador.

A perspectiva ética

Uma perspectiva *ética* se concentra no observador que está sendo um cientista objetivo, capaz de ver padrões que nem mesmo um nativo da cultura em questão percebe. Qualquer um que tenha passado pela experiência de ouvir alguém lhe dizer como está se comportando — mesmo que a pessoa não consiga ver isso por si só — reconhece o benefício dessa perspectiva. Aqui, uma análise de como o caçador se movimenta por sua região foca o mapa derivado de uma imagem de satélite.

Tenha em mente que, cada vez mais, os limites êmicos e éticos se confundem nos trabalhos antropológicos escritos por pessoas da cultura que estão estudando. Elas aplicam a "distância" da perspectiva científica em relação à cultura em questão, mas acrescentam as próprias perspectivas internas também. Isso leva ao debate de quão "ético", exatamente, alguém pode ser com relação à sua própria cultura!

Antropologia aplicada e a cultura global

A *antropologia aplicada* é um tipo de antropologia que aplica o conhecimento sobre a cultura humana a várias questões urgentes do mundo real, como a discriminação contra as mulheres, a implementação de programas de ajuda ao Mundo em Desenvolvimento (outrora conhecido como Terceiro Mundo) ou o trabalho infantil. Durante pelo menos as últimas duas décadas, cerca de metade dos doutores em antropologia cultural não foi para a academia, mas a agências como a ONU para ajudarem a melhorar as comunicações culturalmente sensíveis no mundo todo.

NOTAS DO CAMPO

Meu colega Dr. Evan Davies passou meses com os Baka, da África Central. Sua tese de doutorado, narrando suas experiências, é uma combinação de descrições êmicas e éticas. A seguir, veja uma descrição ética sobre o fenômeno da *fissão social* como um exemplo do que os antropólogos podem aprender com o trabalho de campo:

> Há duas grandes mudanças sazonais em toda a África Central que afetam as estratégias de subsistência dos Baka: a estação de chuvas, que vai aproximadamente de abril a outubro, e a estação de seca, que permanece pelo restante do ano, exceto por alguns breves períodos de chuva durante os meses de inverno. Durante a estação de seca, os animais na floresta se reúnem ao redor de grandes fontes de água (rios e seus afluentes), e são caçados com certa facilidade pelos Baka. Durante esse período, os Baka vivem em vilas semipermanentes próximas às cidades e adentram a floresta nos dias de caça. É comum conseguirem caçar o suficiente durante um dia de atividades para que tenham o bastante para diversos dias. Uma vila com aproximadamente 75 pessoas pode, portanto, passar os meses da estação de seca caçando a cada cinco dias, e o restante do tempo é passado na vila cozinhando, comendo e descansando, reparando suas habitações e ferramentas.

> Com o advento das chuvas, na primavera, os animais caçados pelos Baka têm mais fontes de água disponíveis, então não são mais forçados a frequentar as fontes perenes de água, como precisaram fazer na estação de seca. Como os animais estão mais dispersos pela floresta, os Baka viajam mais longe dentro da floresta e permanecem por períodos mais longos para pegarem caças suficientes para seu alimento.

> Por esse motivo, não é mais vantajoso para esses caçadores-coletores viajar em um único grupo grande, como fazem na estação de seca, quando a caça é abundante. É de maior valia para os membros do grupo se dividirem em grupos menores, concentrando-se na família nuclear, e se espalharem pela floresta o máximo possível, assim como os animais que estão caçando; dessa forma, durante a estação chuvosa, testemunhamos a fissão social entre os Baka.

A Sociedade de Antropologia Aplicada (www.sfaa.net — conteúdo em inglês) divulga que sua missão é promover "... a investigação científica interdisciplinar dos princípios que controlam as relações dos seres humanos uns com os outros, e o encorajamento da aplicação abrangente desses princípios a problemas práticos". Em essência, isso significa aplicar o que os antropólogos aprenderam sobre a cultura humana como um todo — e sobre a cultura em questão especificamente — a declarações e implementações políticas. Com efeito, a antropologia aplicada remedia a solução de burocratas distantes tomando decisões importantíssimas, do alto de seus escritórios, sobre a forma de vida de uma cultura. Assim, essa abordagem de baixo para cima reconhece que simplesmente impor a mudança é menos eficaz e respeitoso do que trabalhar com as pessoas para estimular a mudança que funcione para elas.

Os antropólogos desempenham papéis importantes em todos os tipos de aplicações de seu conhecimento, mas considerações éticas sérias inevitavelmente entram em cena com a pesquisa de seres humanos e a aplicação das informações coletadas. Na década de 1960, o exército dos EUA comissionou antropólogos para estudarem e explicarem como as guerras ocorriam na América Central. Muitos antropólogos levantaram a questão de que tais informações seriam pouco mais que inteligência usada para melhor tramar guerras a favor dos Estados Unidos, e o Projeto Camelot que se seguiu levou a Associação Americana de Antropologia a escrever sua primeira Declaração sobre Ética, em 1967.

Por outro lado, muitos antropólogos têm sido fundamentais ao usarem a antropologia para melhorar a vida humana. Descubra mais a respeito dessas questões na Parte 4 deste livro.

2

Antropologia Física e Arqueologia

NESTA PARTE...

Explore a árvore genealógica primata.

Descubra como os arqueólogos aprendem sobre o passado.

Descubra as origens da humanidade nos registros de fósseis antigos.

Identifique as características distintivas de nossa espécie, *Homo sapiens sapiens*.

Acompanhe as primeiras dispersões dos seres humanos modernos pelo globo.

Entenda quando e onde a agricultura foi inventada.

Observe a evolução das primeiras civilizações da humanidade.

Capítulo **4**

Reunião Familiar Selvagem: Os Primatas

Há milhões de tipos de coisas vivas (alguns estimam que outros milhões ainda não foram descobertos nas selvas e nos oceanos), e compreendê-las é o trabalho dos biólogos há séculos. (Confira o box "Classificação biológica", neste capítulo, para aprender mais sobre esse processo.) Entre essas formas de vida que nadam, saltam e se arrastam, estão os primatas, um grupo com cerca de duzentos tipos de animais que compartilham algumas características anatômicas e comportamentais distintas. Essa é a ordem Primata, nosso lar no mundo biológico.

Para melhor compreender a espécie humana, a antropologia começou a estudar nossos parentes mais próximos: de onde vêm? Há quanto tempo estão vivendo lá? Por que se alimentam da forma que se alimentam? Este capítulo lhe dá um panorama geral a respeito dessa "família" e de como você se encaixa nela.

Macaquices: Origens Primatas

Os primeiros protoprimatas foram identificados a partir de fósseis do *Paleoceno*, uma época há cerca de 65 milhões de anos; a maioria dos antropólogos concorda que a ordem Primata já existia há mais de 60 milhões de anos. O número 65 milhões pode soar familiar como a época da extinção dos dinossauros, e o surgimento dos primatas está relacionado a isso. Os primeiros mamíferos, dos quais os primatas evoluíram, aparecem de alguma forma antes, mas, quando os dinossauros desapareceram, o caminho se abriu para que outras formas de vida florescessem. Muitos outros mamíferos apareceram desses 65 milhões de anos em diante, e entre eles estão os primeiros primatas.

Muitos fósseis dos primatas antigos são encontrados na Europa e na América do Norte, algo um pouco chocante, pois não há populações naturais de primatas nessas áreas — bem, exceto os seres humanos! — atualmente. Isso ocorre porque os continentes estavam dispostos de maneira diferente de como estão hoje.

Além da evidência fóssil das origens dos primatas, atualmente, temos um registro *paleogenômico* (DNA antigo) enorme. Tal evidência corrobora muito o que os fósseis vêm nos dizendo há mais de um século. Ela também nos dá novos elementos fascinantes, como uma cronologia detalhada da evolução de linhagens diferentes. O registro de DNA, por exemplo, diz que os primatas do Novo Mundo (América do Sul e Central) se separaram dos primatas do Velho Mundo há cerca de 35 milhões de anos, o que se encaixa bem com as evidências geológicas da separação continental nessa época.

Os fósseis dos primeiros primatas apresentam duas características principais:

> » **Corpos pequenos,** com média aproximada de peso entre 150 gramas e 3 quilos.

> » **Dentes** indicando uma dieta *insetívora* (consumo de insetos).

Assim, nossos primeiros parentes primatas eram mamíferos pequenos, comiam insetos e eram, de muitos modos, semelhantes aos esquilos. Veja uma reconstituição de um desses primeiros primatas na Figura 4-1. A análise esqueletal sugere que eram *arbóreos* (viviam em árvores), o que é muito comum para os primatas atuais.

FIGURA 4-1: Um primata antigo. Minha reconstituição se baseia em evidências fósseis indicando uma criatura semelhante aos esquilos e adaptada a uma vida *arbórea* (nas árvores).

©John Wiley & Sons, Inc.

PAPO DE ESPECIALISTA

Grande parte das características dos primeiros primatas é estudada a partir de fósseis de seus dentes e crânios (e alguns ossos dos membros). A *fossilização de ossos* é o processo pelo qual os minerais substituem lentamente o conteúdo orgânico dos ossos de um animal morto, resultando em uma réplica de pedra muito detalhada do osso original. Alguns fósseis são tão detalhados que mostram arranhões (nos dentes, por exemplo, causados pela mastigação) ao serem analisados em um microscópio.

Os registros fósseis e genéticos atuais nos permitem reconstruir a evolução da ordem primata. Isso inclui cerca de cinco *radiações adaptativas* (veja o box "Não dá mais para voltar para casa"). Durante aqueles eventos antigos, formas mais velhas de primatas foram extintas e substituídas por novas. As radiações incluem as origens do foco primata na visão como o sentido mais importante (ao contrário do *olfato*, ou cheiro, em muitos mamíferos) e as origens da cauda preênsil, usada para ajudar nas escaladas entre os primatas sul-americanos. Outras radiações ainda estão sendo descobertas.

CLASSIFICAÇÃO BIOLÓGICA

Os cientistas começaram a classificar sistematicamente as coisas vivas na década de 1700, seguindo um sistema criado pelo naturalista sueco Carolus Linnaeus [ou Carlos Lineu], inventor da *Classificação Lineana*. Linnaeus percebeu (obviamente) que muitas formas de vida tinham semelhanças anatômicas e (no caso dos animais) comportamentais a outras formas de vida, e começou a agrupá-las de acordo com isso. Cães e cavalos, por exemplo, compartilhavam a característica de ter pele coberta por pelos e de amamentar seus filhotes; embora cães e cavalos sejam diferentes de muitas outras formas, essas características os deixaram mais semelhantes entre si do que com outras formas de vida, como os peixes. Apesar de suas diferenças, ambos são mamíferos. A semelhança anatômica ainda é a base da identificação da forma de vida, mas os dados genéticos começam a ter um peso cada vez maior.

Os quatro principais níveis da classificação hierárquica usados atualmente são significativos para compreendermos os primatas:

- **A ordem:** Todos os primatas são da ordem Primata, diferentemente dos Canídeos (cães e animais semelhantes), dos Felídeos (todos os gatos, do leão ao Tom) e assim por diante.

- **A família:** A ordem Primata contém diversas famílias de primatas, incluindo a Pongidae (chimpanzés, gorilas e orangotangos), a Hominídea (seres humanos e nossos ancestrais) e a Colobinae (primatas da América do Sul).

- **O gênero:** Diversos gêneros são membros da ordem Primata, incluindo o *Papio* (os babuínos) e o *Homo* (seres humanos e seus ancestrais).

- **A espécie:** Há cerca de duzentas espécies de primatas. Se dois indivíduos são *sexualmente viáveis* (podem cruzar e ter uma descendência saudável e que continue o processo), então são da mesma espécie.

Os seres humanos, assim, são da ordem Primata, da família Hominídea, do gênero *Homo* e da espécie *sapiens*. Designações de subespécies também existem, e todos os seres humanos de hoje são da subespécie *sapiens*. Portanto, os seres humanos são *Homo sapiens sapiens*, ao passo que os chimpanzés da África Central são do gênero *Pan* e da espécie *troglodytes*, são conhecidos como *Pan troglodytes*.

"Símiolar": Espécie Primata

Biologicamente falando, você é um símio. Eu também, e todas as outras pessoas do mundo. É verdade. Esta seção apresenta as características gerais de todos os primatas e depois se concentra nos principais agrupamentos dos primatas, incluindo os símios.

O que tem em um nome?
Características primatas gerais

Conforme os primatas evoluíram, há 65 milhões de anos, desenvolveram características mais distintivas, observadas nas espécies vivas e nos fósseis de seus ancestrais. Hoje, embora os muitos tipos de primatas variem bastante, eles têm alguns traços básicos:

» Grande variação de tamanho corporal, de 100 gramas a 200 quilos. Em média, os primatas têm cerca de 4,5 quilos, tamanho um pouco maior que a maioria dos roedores e um pouco menor que a maioria dos animais com casco.

» Olhos grandes com visão tridimensional, permitindo a percepção aguçada de profundidade.

» Falta de ênfase no focinho. Os primatas focam a visão, e não o olfato, que se desponta no focinho de outros animais.

» Caixa cerebral grande contendo os maiores cérebros — em relação ao tamanho corporal — de todos os animais terrestres.

» Dentes *heterodontes* (diferenciados), indicando uma dieta variada. Por exemplo, os incisivos podem cortar um tipo de comida e os molares podem esmagar outro.

» Unhas em vez de garras, permitindo segurarem galhos com mais sensibilidade.

Atualmente, a ordem Primata contém cerca de 230 espécies vivas (com certa variação, dependendo da fonte). Embora seja possível passar a vida inteira estudando-as em toda a sua diversidade (sem mencionar os registros fósseis dos ancestrais de cada espécie), para a maioria dos propósitos é suficiente reconhecer os quatro subgrupos principais da ordem Primata: os prossímios, os macacos do Velho Mundo, os macacos do Novo Mundo e os símios. Analiso esses subgrupos nas seções seguintes. Veja como se relacionam na Figura 4-2 (veja o box anterior para relembrar a classificação biológica), e a Figura 4-3 mostra a aparência de alguns. Considerando a Figura 4-2, observe que diferentes antropólogos físicos classificam os primatas de formas levemente distintas, e alguns nem mesmo consideram os lóris — mostrados na figura, mas não analisados no texto — como primatas. Embora haja variações assim, a classificação mostrada aqui é usada de forma ampla.

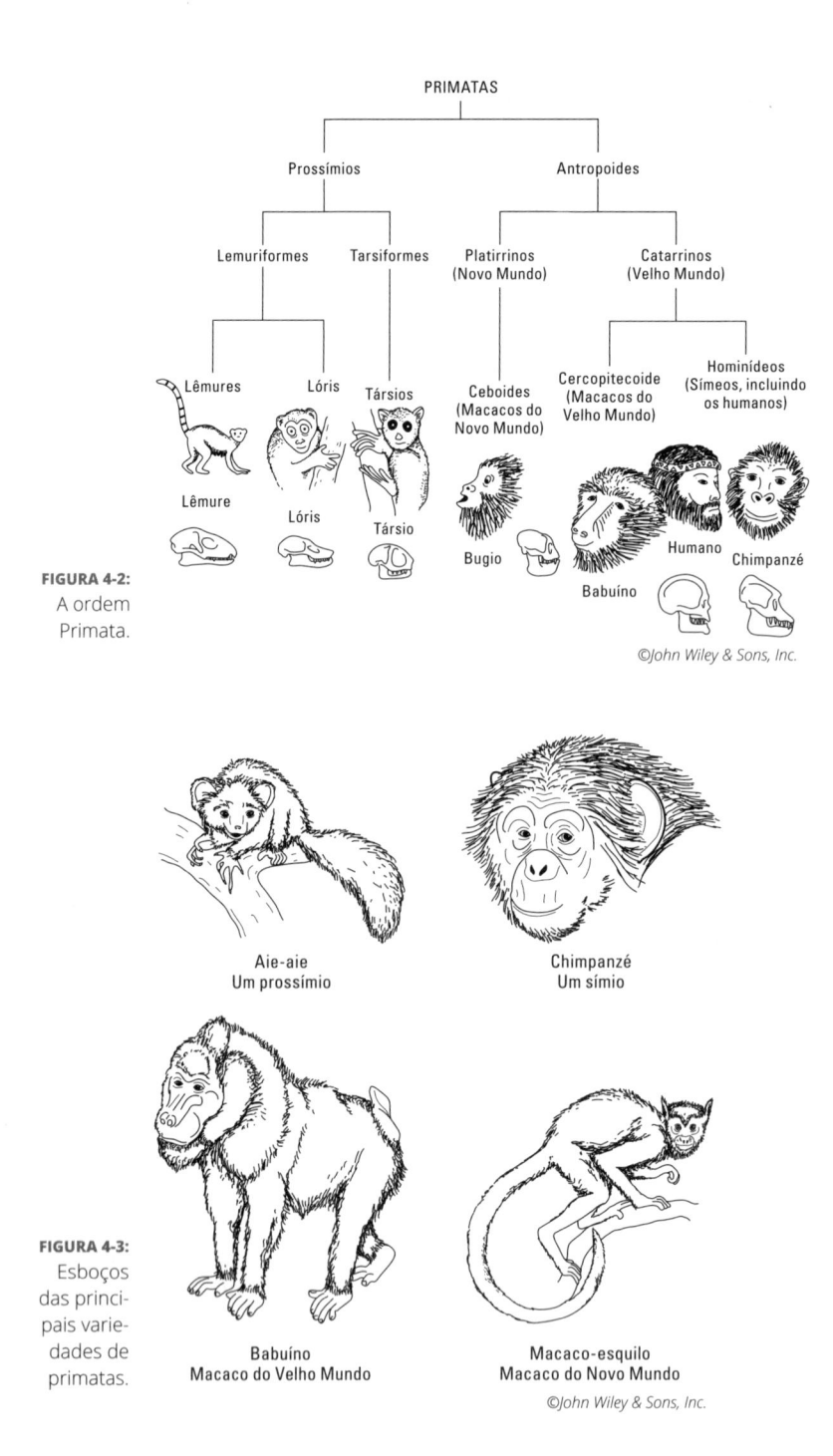

FIGURA 4-2:
A ordem
Primata.

©John Wiley & Sons, Inc.

FIGURA 4-3:
Esboços
das princi-
pais varie-
dades de
primatas.

Aie-aie
Um prossímio

Chimpanzé
Um símio

Babuíno
Macaco do Velho Mundo

Macaco-esquilo
Macaco do Novo Mundo

©John Wiley & Sons, Inc.

A *fórmula dentária* primata é a representação numérica dos vários tipos de dentes na boca, contando incisivos, caninos, pré-molares e molares, e em qual quadrante da boca estão (esquerdo superior, direito superior, esquerdo inferior e direito inferior). Fórmulas dentárias diferentes informam os antropólogos sobre os relacionamentos entre as espécies. Por exemplo, os seres humanos têm dois incisivos, um canino, dois pré-molares e três molares, com uma fórmula dentária de 2.1.2.3, ao passo que os macacos do Novo Mundo (um grupo muito diferente) têm um pré-molar extra, com uma fórmula de 2.1.3.3. A Figura 4-4 compara as fórmulas dentárias de um símio do Velho Mundo e um macaco do Novo Mundo.

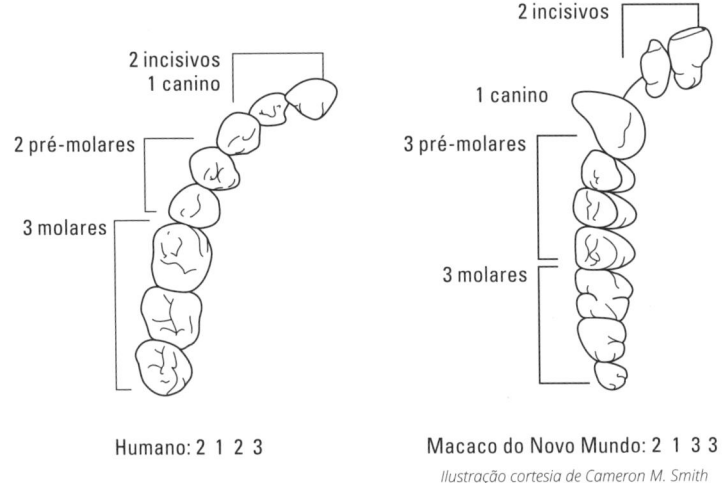

FIGURA 4-4: Comparação da fórmula dentária de um macaco do Novo Mundo e um símio do Velho Mundo (ser humano).

Humano: 2 1 2 3

Macaco do Novo Mundo: 2 1 3 3

Ilustração cortesia de Cameron M. Smith

Embora possamos ler listas de características separadas das espécies, como peso corporal ou dieta, elas sempre estão interconectadas. Portanto, a dieta pode ter efeitos no peso corporal e vice-versa, e compreender exatamente como uma característica afeta outra nem sempre é fácil. De fato, eu diria que, embora a antropologia hoje tenha ótimas listas dessas características e possa descrever muito claramente as espécies primatas, um antropólogo de campo nem sempre precisa de uma boa explicação sobre como as características interagem. Isso não quer dizer que a antropologia nunca as consegue entender, mas, no momento, eu diria que os antropólogos estão apenas trabalhando nas interações das características anatômicas e comportamentais.

Virando símio (e prossímio): Subgrupos primatas

Todos os primatas têm as características que menciono na seção anterior, mas até mesmo uma olhadinha rápida neles revela algumas divisões claras. As próximas seções descrevem os quatro tipos principais de primatas.

Esquilos-gatos: Os prossímios

Uma das principais divisões na ordem Primata é entre os *Antropoides* (símios e macacos parecidos com pessoas) e os Prossímios (que são bem diferentes das pessoas, embora sejam claramente primatas). Babuínos, chimpanzés e gorilas — todos Antropoides — são obviamente similares aos seres humanos, mas uma conexão deles com, digamos, o lêmure-de-cauda-anelada (um prossímio de Madagascar parecido com um gato e que tem uma cauda longa e listrada) ou com o minúsculo társio, com seus olhos de insetos e parecido com um musaranho que cabe na palma de sua mão, é um pouco menos evidente. Ainda assim, esses animais são primatas — embora pareçam um cruzamento entre esquilos e gatos — e tipicamente têm os seguintes traços distintivos:

» Focinhos relativamente longos (para primatas) em algumas espécies, embora também possam ter olhos muito grandes.

» Fórmula dentária de 2.1.3.3.

» Tamanho corporal pequeno em comparação com outros primatas; variam do tamanho de um camundongo ao de um gato, tendo em média cinco quilos.

» Alguns são noturnos e têm uma dieta que favorece insetos, mas inclui seiva de árvores, larvas, frutas, flores e folhas.

LEMBRE-SE

Os animais noturnos são mais ativos à noite, ao passo que as espécies diurnas são mais ativas com a luz solar. Sobreviver na escuridão ou na luz tem efeitos sobre quais alimentos são consumidos pelos animais, como evitam predadores, como se movem em seu ambiente e assim por diante.

Provavelmente, o primata mais estranho é o aie-aie, de Madagascar. Com o tamanho aproximado de um gato e orelhas enormes sem pelos, o aie-aie escala as árvores sob a luz do luar em busca de larvas nas cascas. Quando escuta o petisco se contorcendo, usa seu dedo fino e alongado para tirar a refeição da casca das árvores. Até mesmo os livros didáticos mais resumidos de primatologia não conseguem deixar de se maravilharem com essa criatura, chamada por um autor de o primata mais "improvável"; outro disse que o aie-aie, embora claramente um primata, apresentava a especialização mais extrema de anatomia na ordem. Isso quer dizer que, embora a maioria dos primatas seja de algum modo genérica em sua dieta (muitos têm uma dieta variada e onívora), o aie-aie é bem especializado e inflexível. Infelizmente, isso pode ser desastroso se a espécie da presa em si for extinta ou diminuir de alguma forma.

NÃO DÁ MAIS PARA VOLTAR PARA CASA

Uma *radiação adaptativa* é a adaptação de uma espécie a um novo ambiente. Quando novos ambientes despontam — por exemplo, quando uma ponte de terra conecta dois continentes ou ilhas anteriormente separados —, as formas de vida normalmente migram para lá. Caso sobrevivam, os colonos se adaptam às novas condições ecológicas e, ao longo do tempo evolucionário, passam a estar adaptados a elas. Quando os colonos são muito diferentes de sua população ancestral (aqueles que não cruzaram a ponte, por exemplo), de modo que não podem mais cruzar com as formas ancestrais, então ocorreu a *especiação*.

Então, se os prossímios são tão estranhos, por que são considerados primatas? Bem, em geral, eles têm unhas no lugar de garras, focam a visão em vez do olfato como especialidade sensorial, seus punhos e tornozelos são relativamente móveis e vivem principalmente nas árvores. Por todos esses motivos (assim como pelas conexões com o restante dos primatas mostradas nos dados genéticos), os prossímios são, de fato, parentes (embora alguns sejam muito estranhos; é claro, poderiam dizer o mesmo sobre nós). Visto que são muito parecidos com os primatas primitivos, compreender como são e o que podem revelar sobre as origens primatas é importante; infelizmente, estão em extinção.

LEMBRE-SE

Muitos dos prossímios vivem na ilha de Madagascar, ao leste da África, onde ficaram isolados, sob uma visão evolucionária, por milhões de anos. Hoje em dia, há quase 50 espécies conhecidas (duas novas espécies foram descobertas em 2005) e, infelizmente, ainda correm risco de extinção. Os seres humanos pisaram na ilha há apenas 1.500 anos e, desde então, muitas espécies prossímias foram extintas, devido ao desmatamento. Acompanhe essas questões em `www.wildmadagascar.org` [conteúdo em inglês].

Os macacos do Velho Mundo

Os macacos do Velho Mundo, membros da *parvordem* (uma grande divisão dentro de uma ordem) Catarrino (que significa nariz estreito) são distintos dos macacos do Novo Mundo porque vivem em um continente diferente, distintos dos símios porque estes geralmente são maiores, e diferentes do prossímios porque são geralmente maiores e passaram por mais adaptações ecológicas do que eles. Eles também têm as seguintes características anatômicas distintivas:

> » Nariz estreito com as narinas para baixo (diferente dos macacos do Novo Mundo, de narizes largos e cujas narinas ficam para frente).

> » Fórmula dentária de 2.1.2.3 (um pré-molar a menos do que os macacos do Novo Mundo), sendo que algumas espécies têm molares no formato de facas, para cortarem a vegetação.

> » Falta de uma cauda preênsil (veja mais detalhes sobre isso na próxima seção).

> » Estilos de vida arbóreos e terrestres.

Os macacos do Velho Mundo dividem-se em pelo menos dois grupos principais: as subfamílias *Cercopithecinae* (incluindo o babuíno mandril, terrestre e colorido) e *Colobinae*, que inclui o macaco probóscide de nariz grande, e o macaco colobus, com seu estômago grande e complexo para digerir as folhas devoradas. Os macacos do Velho Mundo vivem em habitats diversos, das secas savanas africanas às montanhas nevadas do Japão. Os macacos pata, que vivem na África e estão distribuídos ao longo do sul do Saara, são sobreviventes perfeitos, pois consomem frutas, ovos de pássaros, raízes e folhas; também conseguem correr a 54,7 km/h, o que faz deles os primatas mais rápidos do mundo. Os macacos japoneses das neves passam as horas do inverno mergulhados em fontes termais

Os macacos do Novo Mundo

O Novo Mundo (América do Sul) é lar dos primatas, também; são membros da parvordem Platyrrhini, que significa "nariz largo", comparados com seus colegas do Velho Mundo, analisados na última seção. Logo após a origem dos primatas, há cerca de 40 milhões de anos, a América do Sul já estava se distanciando de sua ligação com a África, e com ela (talvez flutuando até lá sobre pedaços de vegetação, por puro acidente) estavam os macacos do Novo Mundo. Eles sobrevivem até hoje e possuem as seguintes características distintivas:

> » Nariz largo (comparados com os macacos do Velho Mundo).

> » Fórmula dentária de 2.1.3.3 (um pré-molar extra).

> » A maioria tem uma cauda preênsil usada para segurar galhos.

> » Estilo de vida completamente arbóreo.

Os macacos do Novo Mundo incluem os barulhentos bugios (que assustam os turistas, pois o som de seus gritos se parece com um jaguar de Hollywood); o macaco-aranha, comedor de frutas (que tem uma cauda preênsil muito útil); e os pequeninos e estranhos saguis, que vivem no topo das árvores sob uma dieta de insetos, frutas e folhas. De forma geral, os macacos do Novo Mundo são um pouco menores do que os do Velho Mundo, e a maioria das espécies pesa uma média de sete quilos.

Nossa turma: Os símios

O grupo mais parecido com os seres humanos — os símios — é cientificamente conhecido como primatas Hominóideos, ou "como os seres humanos". As evidências fósseis estabelecem as origens desse grupo há cerca de 30 milhões de anos, em meados do período Oligoceno, na África. Há cerca de 6 milhões de anos, um novo grupo apareceu no grupo dos Hominóideos — os Hominídeos; esses são os símios que caminham eretos, e um deles acabou evoluindo para o gênero *Homo*, que evoluiu para *Homo sapiens sapiens*: os seres humanos. Assim, as origens dos seres humanos modernos são localizadas, pelas evidências fósseis, na África, entre 6 e 30 milhões de anos atrás, na evolução do grupo Hominóideo. Lembre-se, não somos os únicos membros do grupo, e as espécies vizinhas nossas, como os chimpanzés e os gorilas, também sobreviveram esse tempo todo. (**Nota:** essa classificação é uma área cinzenta. Apenas recentemente alguns antropólogos incluíram os chimpanzés e os gorilas na mesma família dos seres humanos, como faço aqui; anteriormente, Hominóideos reservava-se apenas aos primatas bípedes.) As principais características anatômicas dos Hominóideos são:

» Fórmula dentária de 2.1.2.3.

» Falta de cauda.

» Estilos de vida arbóreos e terrestres.

» Braços relativamente longos (mesmo com um estilo de vida terrestre) devido às origens de se balançarem nas árvores.

» Molares simples para esmagar, em vez dos molares parecidos com tesouras dos Macacos do Velho Mundo.

» Tamanho corporal relativamente grande, com média superior a dez quilos.

Os Hominóideos se dividem em duas famílias principais, que os separa em gibões do sul da Ásia e os símios africanos.

» Hylobatidae contém os gibões do sul da Ásia, que se deslocam pela floresta como o Tarzan e possuem vocalizações complexas (também como ele). São os mais leves dos Hominóideos e os menos parecidos com os seres humanos: passam muito tempo nas árvores, seus cérebros são relativamente pequenos e sobrevivem com uma dieta que, embora tenha certa variação, é basicamente composta de frutas.

» Muito mais parecidos com os seres humanos são os membros dos *Hominídeos*, o grupo que contém o chimpanzé, o gorila (de acordo com evidências esqueletais e de DNA) e os próprios seres humanos. De modo geral, esses primatas são grandes (média de quarenta quilos), podem viver grande parte da vida no solo e suas dietas são generalizadas,

> em vez de especializadas. Entre eles, está o *Homo sapiens sapiens,* um primata relativamente grande (com média de setenta quilos) que possui um cérebro grande comparado com o tamanho corporal e usa comportamentos e ferramentas extremamente complexos para se adaptar e sobreviver. Isso deve lhe soar familiar, visto que é um deles.

LEMBRE-SE

Ao pensar no passado, nos registros fósseis e nos diversos primatas individuais que se encontram em seu próprio passado (voltando aos primeiros primatas, há mais de 60 milhões de anos), lembre-se de que muitas especiações e extinções ocorreram. De modo geral, a maioria das espécies (definidas no box "Classificações biológicas", anteriormente neste capítulo) sobrevive apenas cerca de 4 milhões de anos; a maioria dos gêneros sobrevive por cerca de 20 milhões de anos. Nossa espécie, *Homo sapiens sapiens*, existe há cerca de 100 mil anos. Porém, como analiso em todo este livro, a humanidade é tão diferente da maioria das outras formas de vida — por muitíssimas razões —, que essa escala natural de tempo não se aplica necessariamente a ela. A humanidade inventou muitas formas para evitar virar presa das circunstâncias que causam a extinção de outras espécies (e, ao mesmo tempo, inventou muitos meios de cometer suicídio, como as armas nucleares e biológicas).

Nada de Bananas: Subsistência Primata

As seções anteriores lhe deram uma boa ideia sobre as origens e os grupos principais dos primatas; agora, vamos ver alguns detalhes ou características para elucidar como a humanidade se encaixa como uma das muitas espécies primatas. Começo com a subsistência; as seguintes seções falam sobre locomoção, grupos sociais e comportamento.

Subsistência se refere a como um organismo supre suas necessidades de comida, água e nutrientes. Todos os tipos de subsistência evoluíram na natureza, incluindo o *carnívoro* (consumo de presas) e *herbívoro* (consumo de plantas). A maioria dos primatas é basicamente *onívora*, ou seja, eles consomem uma grande variedade de alimentos.

LEMBRE-SE

Muitos antropólogos acreditam que o fator mais importante que leva à diversidade de comportamentos de subsistência entre os primatas seja a *disponibilidade e distribuição de alimentos*; ou seja, qual é a distribuição dos alimentos no espaço e como isso varia com o tempo. Visto que, como qualquer espécie, os primatas precisam comer, a extensão na qual seus alimentos estão disponíveis de estação a estação tem efeitos importantes em seus comportamentos e anatomias. Algumas reações primatas comuns às alterações sazonais na dieta incluem a mudança para diferentes fontes de alimentos, aumentando o tempo gasto na busca por comida e a divisão do grupo social, espalhando-se de acordo com a demanda de recursos. Por exemplo, estudos demonstram que, em tempos de vacas magras, os *társios espectrais* (primatas minúsculos, de olhos gigantes e fofíssimos do sul da Ásia) passam mais tempo viajando em busca de comida do que em tempos de vacas gordas. Tal mudança afeta todos os tipos de comportamento, incluindo os conflitos por disputas territoriais.

As próximas seções dão mais detalhes sobre as dietas processadas pelos primatas.

Come de tudo: Os onívoros

Embora as seções seguintes mostrem certas exceções, a maioria dos primatas é onívora, comendo uma variedade de alimentos, que vão de ovos de pássaros a folhas, sementes e até mato, insetos, seiva de árvore e flores. Esse é um contraste direto com, digamos, os crocodilos, que comem carne (peixe e qualquer vertebrado que caia na água), ou as zebras, que comem apenas vegetação (pasto e arbustos). Esses animais são *especialistas*; os primatas, de modo geral, são *generalistas*. Os chimpanzés, por exemplo, comem muitas frutas, incluem larvas em seus lanchinhos e ocasionalmente caçam outros macacos pequenos; alguns macacos saboreiam ovos de pássaros; e os gorilas vivem em uma enorme tigela de salada, consumindo qualquer vegetação disponível. Tal diversidade dietética se reflete na natureza de nossas bocas versáteis.

A boca de um primata comum reflete em seus dentes a tendência da ordem para serem onívoros. Temos diversos tipos de dentes:

>> **Incisivos** são finos e no formato de lâminas, na parte frontal da boca, para cortar e retalhar.

>> **Caninos** são pontudos e cônicos, usados para furar e esmagar de leve; muitas espécies primatas os usam para se defender e ameaçar, então são muito maiores do que em nossa espécie.

>> **Pré-molares** são tanto pontudos como serrilhados, imediatamente antes dos molares, e esmagam de leve.

>> **Molares** são robustos e planos, na parte de trás da boca, que fazem o trabalho pesado de esmagamento.

Essa boca multitalentosa processa praticamente qualquer alimento, então os primatas em geral entram na categoria de *heterodontes* (dentes diferentes), e não na de *homodontes* (dentes iguais). Os cães e os gatos são homodontes — ambos carnívoros (pelo menos evolucionariamente) —, e os onívoros, como as pessoas e os porcos, são heterodontes.

PAPO DE
ESPECIALISTA

Tecnicamente falando, homodontia significa que todos os dentes têm a mesma forma, como é o caso dos crocodilos. Visto que os cães e os gatos possuem diferenças entre os incisivos e os molares, por exemplo, são tecnicamente heterodontes. No entanto, relativamente falando, todos os seus dentes são para processar uma dieta carnívora, então, comparados com os primatas (que comem uma dieta mais variada), eles são considerados homodontes.

PAPO DE
ESPECIALISTA

Um antropólogo treinado descobre muitíssimas coisas a partir de um único fóssil dental. Sob o microscópio, arranhões e polimentos, denominados *microdesgastes dentários*, revelam como as mandíbulas funcionavam e até se a dieta era úmida ou seca. Saber isso, por sua vez, diz algo sobre as condições gerais nas quais o animal sobreviveu. Extrapolações como essas são usadas para reconstruir as vidas das espécies antigas.

Comedores de inseto: Os insetívoros

Os *insetívoros* têm uma dieta carregada de insetos; foi assim que os primatas começaram: pequenos mamíferos comendo pequenos insetos. Hoje, muitos primatas comem só poucos insetos — como os chimpanzés que pegam cupins com gravetos —, mas poucos concentram sua dieta neles, e mesmo aqueles que o fazem ainda consomem outros alimentos, como seiva de árvore e folhas. Porém, para os lêmures-camundongo e outros prossímios, os insetos compõem quase metade da dieta. As características desses insetívoros incluem:

» Em geral, tamanho muito pequeno, normalmente abaixo de cem gramas.

» Estilo de vida noturno.

» Dentes afiados para processar os corpos dos insetos.

» Estilo de vida arbóreo.

» Trato digestivo curto e simples.

Os primatas insetívoros incluem o *bebê do arbusto*, ou *gálago* africano, um prossímio que também come seiva de árvore. Ele tem orelhas enormes e as usa, diferentemente da maioria dos primatas, em vez da visão para localizar fontes de alimento. Pesando até cinco quilos, consegue pular até quatro metros de uma só vez.

Comedores de folhas: Os folívoros

Os primatas *folívoros* focam o consumo de folhas, mas ainda incluem muita variedade em suas dietas — frutas e sementes, se disponíveis. O bugio vermelho da América do Sul consome cerca de duzentas espécies diferentes de plantas e aparentemente prefere as folhas mais novas. Os primatas mais folívoros são caracterizados pelos seguintes traços:

» Tamanho médio em geral (ou grande, se comparados com os insetívoros), com média de cinco quilos.

» Estilo de vida noturno.

» Mistura de dentes afiados e planos para processar a vegetação (cortando com os incisivos, retalhando com os pré-molares e esmagando com os molares).

» Um trato digestivo longo e complexo para processar a vegetação.

As folhas são de difícil digestão, então o intestino dos folívoros é maior e mais complexo do que o de muitos outros primatas; basicamente, as folhas são fermentadas no estômago dos primatas. E, visto que elas não têm muito conteúdo calórico (comparadas com muitos outros alimentos), os folívoros as consomem em grande quantidade. (São necessárias muitas folhas para alcançar 450 gramas, quantidade consumida diariamente por alguns lêmures cativos.) A forma como o alimento está disperso nas árvores, a estação atual e a movimentação dos animais estão conectadas de maneiras complexas.

PAPO DE ESPECIALISTA

Os primatas folívoros possuem vísceras muito especializadas e sensíveis para sua dieta singular. Os zoológicos em geral têm dificuldades de mantê-los saudáveis porque não podem lhes fornecer os tipos adequados de folhas. Programas especiais de alimentação precisam ser estabelecidos para cuidar bem dos folívoros, para que seus cuidadores percebam que não estão apenas alimentando o primata, mas também a colônia bacterial em seu intestino, que fermenta as folhas.

Comedores de frutas: Os frugívoros

Os *frugívoros* se concentram nas frutas, mas comem outras coisas também. Entre a maioria dos primatas frugívoros estão os símios, e, dentre eles, os orangotangos são os mais obcecados, devorando grandes quantidades de duriões crocantes, bem como as folhas, frutos e sementes de quase quatrocentas outras espécies. Os frugívoros têm uma queda por doces, então buscam as plantas mais docinhas. Eles apresentam as seguintes características:

» Tamanho grande em geral (se comparados com a maioria dos primatas), com média de dez quilos.

» Estilo de vida diurno, ativos na maior parte do dia.

» Mistura de dentes afiados e planos para processar a vegetação (mas às vezes com grandes incisivos para abrir frutas de casca dura).

Uma das características mais impressionantes dos frugívoros é sua boa memória. Eles são muito bons para se lembrarem exatamente de onde há boas frutas anualmente e, assim, passam menos tempo caçando e coletando em busca de alimento do que outros primatas. Tal habilidade tem efeitos importantes em variáveis como a complexidade das interações sociais, pois eles passam mais tempo sentados, se asseando e alimentando juntos do que viajando em busca de alimentos.

De Galho em Galho: Locomoção Primata

É fascinante como os primatas se *locomovem*, e isso nos diz muito sobre como vivem. Alguns pulam de galho em galho, outros se balançam como trapezistas e, é claro, os seres humanos caminham sobre as duas pernas (a menos que seja um pirata ou algo do tipo). Analiso os principais tipos de locomoção nas próximas seções; estão ilustrados na Figura 4-5.

Quadrupedalismo arbóreo
(Macaco-aranha)

Braquiação
(Gibão)

Agarramento e saltos
verticais
(Lêmure)

FIGURA 4-5: Principais tipos de locomoção.

Quadrupedalismo terrestre
(Gorila)

Bipedalismo
(Humano)

Ilustração cortesia de Cameron M. Smith

Sai da frente, Tarzan: Os braquiadores

Braquiação é o balanço de um ponto de apoio (como um galho) para outro, e os gibões são a espécie mais rápida nisso. Os gibões do sul da Ásia podem se movimentar assim pelas copas das árvores a mais de 48 km/h, cerca de dez vezes mais rápidos que a caminhada da maioria dos seres humanos. Os braquiadores mais lentos são os orangotangos, grandes e pesados, que se penduram, esticam e movimentam seu peso corporal, em vez de realmente "voarem" pelas copas, como os gibões. Os braquiadores têm diversas características anatômicas principais:

» **Braços longos:** Quanto maior o músculo, maior sua força, então a evolução selecionou braços mais longos e fortes ao longo do tempo.

» **Pernas curtas e relativamente fracas:** Esses animais não passam muito tempo no chão e realmente preferem se pendurar pelas mãos.

» **Mãos muito fortes:** Esses primatas têm dedos longos e fortes, mas polegares muito pequenos; os polegares atrapalhariam a forma da ação de gancho usada para se agarrarem aos galhos e cipós.

Detonadores de insetos: Agarradores e saltadores verticais

Os agarradores e saltadores verticais (ASVs) fazem exatamente isso: abraçam forte o tronco de uma árvore com suas espinhas na vertical até estarem prontos para se movimentarem e, então, giram a cintura e empurram com as pernas, saltando em direção do alvo, em geral um inseto, iguaria suculenta que compõe grande parte de sua dieta. Os ASVs incluem os társios e os lêmures, ambos membros do grupo prossímio analisado anteriormente neste capítulo. Suas características anatômicas incluem:

» Braços curtos e fracos, pois sua impulsão vem das pernas.

» Pernas fortes para saltos poderosos.

Nas árvores: Quadrúpedes arbóreos

Mover-se de forma *quadrúpede* significa usar os quatro membros para se locomover, e é isso o que muitas espécies de macacos fazem. O ato envolve usar tanto mãos como pés para se agarrar a galhos relativamente horizontais, sobre os quais caminham habilmente, em uma atitude aparentemente desafiadora. Mas a evolução moldou seus instintos e habilidades, e, embora acidentes aconteçam, são raros e não acabaram com esse tipo de locomoção. Os quadrúpedes arbóreos têm as seguintes características anatômicas:

» Braços e pernas fortes.

» Peso corporal relativamente baixo (para a maioria).

» Dedão do pé divergente, de modo que os pés são muito parecidos com as mãos, com o dedão saindo para o lado; isso permite que os pés sejam usados como mãos, para se agarrarem aos galhos.

» Cauda proeminente (na maioria das espécies) usada para dar equilíbrio; um tipo de primata, o macaco-aranha, tem uma *cauda preênsil*, que, cuidadosamente controlada, enrola-se em objetos e os segura, como se fosse um tipo de mão.

Atenção, soldados: Quadrúpedes terrestres

Os *quadrúpedes terrestres* se movimentam usando os quatro membros, mas no solo, em vez de nas habituais árvores. Entre eles, estão os babuínos, que vivem em grandes e complexos grupos (*bandos*) sociais e podem assustar os seres humanos. Um bando da África do Sul desgostava particularmente de certo oficial britânico no início do século passado e regularmente arremessava coisas nele — e apenas nele — sempre que o viam marchando com as próprias tropas (ou bando)! Os quadrúpedes terrestres possuem os seguintes atributos:

» Braços e pernas moderadamente fortes.

» Falta de massa corporal superior ou inferior para braquiação ou para se agarrarem e saltarem.

» Pés, mãos e traseiro calejados por passarem muito tempo no solo.

Tecnicamente, os chimpanzés e os gorilas bagunçam um pouquinho as coisas: passam muito tempo no solo, então oficialmente são quadrúpedes terrestres, mas têm corpos de quadrúpedes arbóreos, pois apenas recentemente (no tempo evolucionário) desceram das árvores de forma substancial. Possuem uma característica distintiva importante: nós dos dedos extremamente fortes e entrelaçados, que lhes permitem suportar seu grande peso com as articulações das mãos, pressionando-as no chão.

Outros primatas também misturam os estilos de locomoção. Os bonobos, um tipo de chimpanzé do oeste africano, são quadrúpedes terrestres, mas também passam um tempo em braquiação e até caminhando sobre duas pernas. É uma forma diferente da dos seres humanos, no entanto, pois os bonobos só fazem isso de vez em quando, algo chamado de locomoção *oportunista*. Os seres humanos caminham *habitualmente*, o que significa que sua anatomia está adaptada a esse tipo de locomoção.

GRANDES MULHERES ESTUDANDO SÍMIOS

Uma grande parte do que a antropologia sabe atualmente sobre os símios veio de longos estudos de campo realizados por algumas mulheres fabulosas.

Jane Goodall começou como aluna da antropóloga Louis Leakey, que a encorajou a estudar os chimpanzés para melhor compreender a humanidade. Foi o que ela fez e, por 45 anos, observou esses primatas em grande detalhe em uma estação de pesquisa em Gombe, Tanzânia. Recentemente, Goodall deixou de estudar os chimpanzés e passou a defender a proteção de seus habitats; como outros símios, o chimpanzé está em extinção.

Outro grande símio, o orangotango de Bornéu, foi estudado durante mais de trinta anos por Biruté Galdikas, da Universidade Simon Fraser, no Canadá. Como Goodall, atualmente Galdikas defende vigorosamente a proteção do habitat dos orangotangos, que está sendo desmatado em uma taxa alarmante; alguns estimam que eles estarão extintos em dez anos. Dian Fossey (que, como Galdikas e Goodall, também foi inspirada por Louis Leakey) estudou os gorilas por quase três décadas, mas foi assassinada em circunstâncias misteriosas em 1985, e hoje o gorila também está entrando em extinção devido ao desmatamento de seu habitat, bem como às ameaças do vírus Ebola. Para saber mais sobre a extinção dos primatas, veja a seção "Primatas Hoje (Mas até Quando?)", mais adiante neste capítulo.

Uma das coisas mais importantes que essas mulheres fizeram foi estudar os símios em seu habitat natural — e não em zoológicos; é fácil de imaginar como o comportamento deles seria diferente. Lembre-se, no entanto, de que mesmo a presença do observador afeta o comportamento símio, então, em vez de dizer que estão observando símios *selvagens*, os antropólogos dizem que estudam símios *habituados*, que estão acostumados a ver observadores humanos. Exatamente quais efeitos o observador causa no comportamento símio em ambientes fora do zoológico é tema de debate, mas é muito provável que seja um comportamento mais "natural" do que no zoológico.

Grupo de um: Bípedes

Embora muitos primatas fiquem eretos ocasionalmente para caminhar sobre os dois pés (e um gorila do oeste da África foi até mesmo observado usando um galho para ajudá-lo a cruzar uma área pantanosa), isso só acontece de vez em quando, e não habitualmente. Dos primatas vivos, apenas o *Homo sapiens sapiens* caminha sobre as duas pernas; analiso por que essa é uma questão fascinante no Capítulo 6. Por ora, dê uma olhada nas principais características anatômicas dos primatas bípedes:

» Pernas relativamente longas e fortes.

» Coluna vertebral em formato de *S* que age como uma mola para absorver impactos.

» Pélvis larga que mantém as coxas separadas, ajudando no equilíbrio.

» Dedão do pé paralelo e alinhado com os outros dedos (e não divergente, como o dos outros primatas, usado para se agarrar aos galhos).

» Coxas com angulação interior em direção dos joelhos, o que também ajuda o equilíbrio.

» Arcos laterais e transversais nos pés, de modo que não temos pé chato, mas somos apoiados por três pontos de contato (o calcanhar, o dedão e os outros dedos dos pés) em uma estrutura estável, como um tripé.

LEMBRE-SE

Os seres humanos não são a única espécie que desenvolveu o bipedalismo; os cangurus são outra, e, com o tempo suficiente e as circunstâncias certas, o bipedalismo poderia facilmente evoluir novamente, talvez nos suricatos africanos, que passam muito tempo em pé sobre as pernas traseiras. Mas, entre os primatas, os seres humanos são os únicos bípedes habituais *vivos*. Como o Capítulo 6 mostra, porém, outros primatas desenvolveram o bipedalismo e costumavam ser bem numerosos entre 2 a 6 milhões de anos atrás.

Maria Vai com as Outras: Grupos Sociais e Comportamentos Primatas

Os primatas são criaturas muito sociais, e, embora outros mamíferos sociais (como as zebras) vivam em grupos, os grupos sociais primatas são extremamente complexos, com posições hierárquicas e códigos de conduta elaborados. O antropólogo Franz de Waal chegou até a intitular um livro sobre o comportamento dos chimpanzés de *Chimpanzee Politics* [*Política dos Chimpanzés*, em tradução livre]. Os grupos primatas são em geral (mas nem sempre) bem grandes; os bandos de babuínos podem ter até trezentos membros.

LEMBRE-SE

Tenha em mente que o comportamento social pode depender do tamanho do grupo, que, por sua vez, pode depender de variáveis como se a espécie é noturna ou diurna, que tipo de alimento consomem, como é seu ambiente local e assim por diante. A interação complexa entre essas variáveis está, acredito, apenas começando a ser compreendida pelos antropólogos, que passaram grande parte das últimas décadas apenas observando, entendendo e então descrevendo (em vez de explicarem exaustivamente) a variedade dos comportamentos sociais primatas.

Os primatas vivem em grupos grandes e complexos por três motivos principais:

» **Proteção contra predadores (proteção em escala):** Os predadores podem ser espantados por grupos grandes, barulhentos e perigosos de primatas (como os bandos de babuínos), e, em um grupo grande, um membro individual tem menos chances de virar almoço de uma grande serpente ou águia.

» **Maior acesso à comida:** Grupos maiores que habitam áreas em que a comida está distribuída desigualmente na floresta têm mais chances de encontrar locais com alimentos porque há mais olhos procurando.

» **Criação da descendência:** Os primatas não se reproduzem com um vasto número de crias (como peixes ou rãs), mas com uma descendência relativamente pequena, que exige muito cuidado, tanto para protegê-la dos predadores como para ensinar os bebês a se socializarem.

A lista a seguir descreve os quatro tipos principais de grupos sociais primatas:

» **Solitários:** Este tipo de organização social é denominado *essencial*. Apenas os primatas noturnos (como alguns dos prossímios analisados anteriormente neste capítulo) e o orangotango evoluíram o noyau, no qual os machos vagam sozinhos e permanecem com as parceiras apenas para se acasalar. As fêmeas também são solitárias, a menos que tenham filhotes, que carregam consigo.

» **Famílias:** Os seres humanos adoram tanto famílias (ou a ideia de família), que assistimos aos Simpsons — Marge, Homer, Bart, Lisa e Maggie — há 20 anos (e eles são apenas uma das zilhões de famílias ficcionais mostradas na TV nos últimos 50 anos); é provável que estejamos contando histórias sobre famílias humanas até onde nossa memória alcança. Na ordem Primata, as famílias *monogâmicas* de um macho e uma fêmea unidos com seus filhotes aparecem entre alguns gibões e outros tipos, mas a monogamia é bastante rara na ordem Primata fora da espécie humana.

» **Bandos:** São grupos com vários machos e fêmeas sem relacionamentos de longo prazo entre si; cada macho e fêmea têm diversos parceiros(as). Essa situação é a mais comum entre os primatas semiterrestres, cujos grupos podem ter até algumas centenas de integrantes. Esse número elevado os protege dos grandes predadores terrestres, como leopardos e leões, e os ajuda a encontrar comida ao enviarem exploradores em jornadas de reconhecimento.

» **Haréns:** Os grupos que contêm apenas um macho, diversas fêmeas e suas crias são conhecidos como *polígamos*, ou *haréns*. Os gorilas vivem assim; com pelos brancos no dorso, os machos dominantes tipicamente expulsam os mais jovens que começam a se despontar. Às vezes os toleram por um tempo, mas, no fim, os jovens normalmente precisam ir embora. Quando isso ocorre, precisam encontrar outro grupo, derrotar seu líder e sobreviver para ser o novo macho dominante. Não é uma vida fácil.

Quando pensamos que estamos entendendo as características e comportamentos primatas, outra situação incomum aparece. Nesse caso, é a *poliandria*, o padrão social entre os primatas não humanos no qual uma única fêmea tem diversos parceiros. Essa tendência é encontrada apenas entre as diferentes espécies de saguis, que são animais minúsculos, noturnos e comedores de insetos.

ESTÁ ME AMEAÇANDO?

O comportamento social primata não é só feito de doçuras e meiguices. Como muitos animais, eles se ameaçam com frequência, mas é raro chegarem às vias de fato; é arriscado demais. Uma tática melhor é blefar, e isso ocorre muito: os chimpanzés gritam, arremessam galhos, batem no chão e expões os dentes, tudo em um esforço de intimidar — e funciona. Ao longo dos éons, a concorrência intensa entre os primatas favoreceu aqueles com caninos grandes e intimidantes; os dentes dos babuínos parecem facas e são muito assustadores. Entre os seres humanos, a maioria das ameaças e demonstrações de habilidade são realizadas verbalmente ou com objetos que mostram nossa posição, e, assim, a pressão por caninos especialmente grandes desapareceu. Tal padrão parece remontar a pelo menos 2 milhões de anos, quando as evidências fósseis indicam que os caninos dos nossos ancestrais antigos não eram tão grandes quanto os da maioria das espécies primatas.

Primatas Hoje (Mas até Quando?)

Os primatas vivos — algo entre 233 e 290 espécies, dependendo da fonte — estão amplamente distribuídos da América do Sul à África e ao Japão. (A Figura 4-6 mostra essa distribuição.) A maioria é encontrada nos trópicos ou semitrópicos (até 2.400 km ao norte ou ao sul do equador). Novas espécies ainda aparecem ocasionalmente — por exemplo, os macacos *titi* [*sauá* ou *guigó*], com costeletas, na América do Sul (descobertos em 2002), e duas novas espécies de lêmures, descobertas em 2005, em Madagascar. Algumas espécies estão crescendo em áreas selvagens, mas o desenvolvimento está reduzindo e fragmentando constantemente essas regiões.

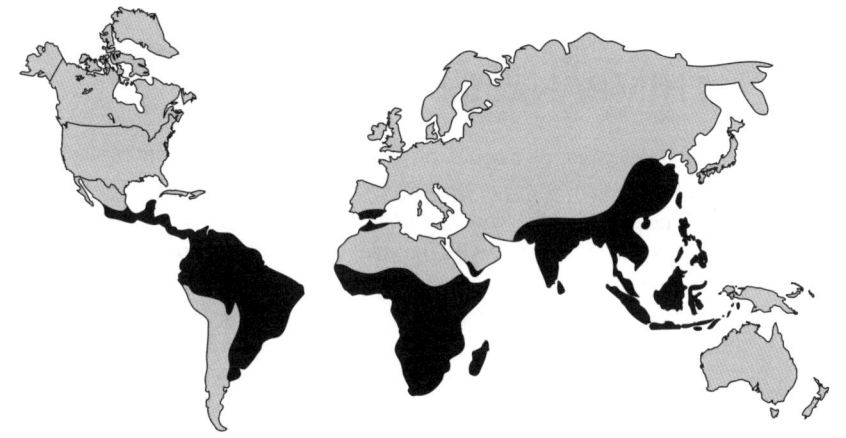

FIGURA 4-6: Distribuição global dos primatas atualmente.

Ilustração cortesia de Cameron M. Smith

Em 1996, a União Mundial de Conservação relatou as muitas ameaças às espécies primatas e, em 2013, revelou que cerca da metade das mais de duzentas espécies primatas estava sob ameaça severa. A situação não melhorou nada desde aquele relatório. Em outubro de 2007, a Sociedade Internacional de Primatologia e a Conservação Internacional copublicaram uma lista das 25 espécies primatas mais ameaçadas e em perigo. Surpreendentemente, esses grupos incluem chimpanzés, gorilas, orangotangos e alguns tipos de gibões; basicamente, com exceção dos seres humanos, *todos os grandes símios estão enfrentando a extinção*. Talvez devêssemos estar mais envergonhados do que surpresos; os conservacionistas vêm nos dizendo há 30 anos que essas e outras espécies estavam com problemas. Mas nem apontar que compartilhamos pelo menos 95% de nosso DNA com a maioria dessas espécies reduziu as ameaças aos nossos parentes vivos mais próximos. Essas ameaças incluem:

» Destruição do habitat pela extração de madeira, especialmente no sudeste da Ásia e em Bornéu, lar do orangotango.

» Destruição do habitat pela agricultura, especialmente no Congo, onde as fazendas estão invadindo o habitat dos gorilas.

» Caça ilegal, a maioria pela carne, sendo que algumas são vendidas por preços exorbitantes no mercado africano de carne de caça.

Qualquer antropólogo sensato hoje em dia dirá que, para as espécies ameaçadas e em extinção, neste momento as prioridades de pesquisa devem incluir esforços de conservação. Se as espécies não forem preservadas, como aprenderemos sobre nossa espécie a partir delas? E se os seres humanos deixarem nossos parentes mais próximos se extinguirem sem uma luta real, o que isso dirá sobre nós?

CHIMPANZÉS E PESSOAS

Um dos motivos pelos quais as pessoas podem se sentir ambivalentes quanto ao destino dos chimpanzés — e, por extensão, dos outros primatas em extinção — é que por um longo tempo a civilização ocidental os vê com suspeição, ódio, medo e nojo. Esculturas medievais retratam os chimpanzés como gárgulas no formato de demônios alados; na era vitoriana, os chimpanzés capturados causaram aversão em muitos londrinos, que acreditavam que aqueles primatas eram uma espécie presa no tempo, um retorno a um passado repugnante e primordial. É claro, os vitorianos estavam errados: os chimpanzés estão aqui no presente e vêm evoluindo pelo mesmo tempo que nós. O fato de não terem desenvolvido os tipos de linguagem e cultura que os seres humanos modernos evoluíram é irrelevante; cada espécie se adapta de sua própria maneira, e comparações desse tipo entre espécies não fazem nenhum sentido. Hoje em dia, apesar de sabermos que a maior parte do nosso DNA é idêntico ao dos chimpanzés, eles ainda são vestidos para aparecerem em comerciais e filmes, basicamente com uma aparência cômica de quase humanos. Porém alguns cientistas sentem que, devido às semelhanças genéticas e anatômicas dos chimpanzés com a humanidade, o gênero dos primatas — *Pan* — deveria ser eliminado, trazendo os chimpanzés ao nosso gênero, *Homo*.

NESTE CAPÍTULO

» **Descobrindo por que os arqueólogos cavam tão lenta e cuidadosamente**

» **Definindo a idade de um artefato**

» **Monitorando onde os artefatos são encontrados**

» **Classificando artefatos**

» **Familiarizando-se com os diversos tipos de artefatos do mundo antigo**

Capítulo **5**

Minha Carreira em Ruínas: Aprendendo sobre o Passado

A humanidade, como qualquer outra forma de vida, simplesmente não apareceu do nada. Nossa espécie evoluiu a partir de formas primitivas de vida durante vastos períodos. Do mesmo modo que você pergunta a um novo conhecido de onde ele é, há quanto tempo vive em certa cidade ou sobre sua família, os antropólogos reconhecem que as coisas no mundo hoje têm raízes — um passado — e que é importante as conhecer para entender o presente. Para aprender sobre o passado humano, os antropólogos inventaram um campo de estudo especializado, a *arqueologia*: o estudo (*-ologia*) do antigo (*arque-*).

A arqueologia é uma das quatro subdivisões principais do campo da antropologia. Os arqueólogos, portanto, são antropólogos, mesmo se a humanidade que estudam é antiga. O Capítulo 3 apresenta esses quatro campos da antropologia.

O arqueólogo favorito de todos é, obviamente, Indiana Jones; seja em seu paletó no escritório da universidade ou abrindo caminho nas matas com tesouros sobre os braços, todos pensam: "Olha aí, isso é arqueologia." Mas a verdade é que a arqueologia é algo lento e meticuloso — tão lento que, com exceção dos profissionais, acompanhar as escavações de campo ou as análises laboratoriais é algo Chato, com C maiúsculo.

Sobre o que trata a arqueologia exatamente, então? Por que os arqueólogos ficam retirando a terra de um vaso quebrado de mil anos de forma tão lenta e meticulosa? Por que ficam tão animados quando encontram montes de lixo antigo ou até mesmo latrinas primitivas? Como pode algo tão fascinante quanto investigar o histórico familiar de nossa espécie ser transformado em algo tão chato, como peneirar terra em um filtro de malha? A resposta, é claro, é que isso *não* é chato; é apenas mais lento do que um sucesso de Hollywood.

Neste capítulo, você descobrirá por que os arqueólogos são obcecados por saber a idade e a origem dos artefatos, e verá como pensam e classificam o que descobrem, para reconstruir o passado da humanidade a partir de milhões de artefatos — como lascas de pedra, vidro e cerâmica — perdidos ou descartados por nossos ancestrais. Todas essas informações lhe darão bom apreço por compreender como os arqueólogos juntam as peças do passado humano.

O que, Onde e Idade: Tudo o que Precisa Saber

Chegando ao término da banca de quatro horas do meu doutorado, tive um insight. Foi algo que eu vinha estudando havia anos, que, por fim, se cristalizou em uma única frase. Tudo o que fiz, ao longo dos oito anos de pesquisa do doutorado e dos cinco do mestrado, foi documentar *quantos (de certos tipos de artefatos) foram encontrados em determinados lugares, em momentos específicos*. Era isso! Claro, eu tinha analisado o que foi encontrado e onde foi encontrado para tentar responder questões sobre como as pessoas viviam no passado, mas o objetivo mais importante para os arqueólogos era saber *quais tipos de artefatos* (objetos feitos por povos primitivos) *foram encontrados em certos lugares e em determinado momento*. Essa é a essência da arqueologia.

LEMBRE-SE

Artefatos são objetos usados ou feitos por seres humanos; *fósseis* são resquícios de ossos antigos, descritos em mais detalhes no Capítulo 6. Os artefatos são geralmente alocados a períodos de tempo da mesma forma que os fósseis, mas, como descobrirá neste capítulo, algumas técnicas de datação para artefatos não funcionam para os fósseis.

A significância do onde

Os arqueólogos precisam cavar cuidadosamente se quiserem uma boa representação do que as pessoas faziam no mundo antigo. Precisam manter o controle de onde encontram os artefatos. Por que o *onde* é tão importante? Porque os seres humanos fazem tarefas diferentes em lugares distintos. Eles usam alguns lugares para rituais (como igrejas), alguns para o comércio (mercados e shoppings), outros para privacidade (casa e suas respectivas áreas) e assim por diante. E, como fazem e usam tantos objetos para sobreviverem, esses objetos tendem a refletir o que acontece em cada um desses espaços. Caso uma calamidade terrível destruísse minha casa neste instante, o arqueólogo de 5000 d.C. encontraria meu computador perto da janela, meu equipamento de mergulho no armário, meus alimentos na cozinha etc. Uma escavação cuidadosa revelaria muito sobre minha vida, mas, caso ela fosse feita de qualquer jeito, poderia misturar as coisas do meu apartamento com itens do meu vizinho (dificultando a separação entre nós); também poderia misturar meus livros de receita com minha biblioteca de pesquisa, embora os dois tipos de livros tenham propósitos muito diferentes em minha vida. Não pesquiso sobre culinária, mas sobre o mundo antigo, e isso se reflete no fato de que mantenho tipos diferentes de livros em lugares distintos.

LEMBRE-SE

Os lugares nos quais os arqueólogos encontram artefatos são os *sítios arqueológicos*. Um sítio pode ser simples, como lascas de pedra espalhadas ao redor dos resquícios de um acampamento — onde um caçador afiou uma ferramenta de pedra e fez um lanche há 9 mil anos —, ou complexos, como a cidade inteira de Tenochtitlán, a capital asteca que está agora quase toda enterrada sobre a Cidade do México.

A significância do quando

O *quando* é importante porque a humanidade mudou ao longo do tempo: nossos corpos mudaram, assim como nossos comportamentos e as coisas que fazemos. E, visto que os seres humanos sobrevivem pelo uso de artefatos como lanças ou trenós, esses objetos revelam o que os povos primitivos faziam ao longo do tempo. Por exemplo, os consumidores costumavam obter músicas em discos de vinil, depois em fitas cassete, então vieram os CDs e, hoje, temos os smartphones. A mudança nesses artefatos que carregam música algum dia dirá muito a um futuro arqueólogo sobre como nossa sociedade mudou com o passar do tempo. Da mesma forma, os arqueólogos contemporâneos investigam como os artefatos de culturas antigas mudaram com o tempo.

A significância dos artefatos

Então, como os arqueólogos recompõem os artefatos que refletem vidas antigas? Com muito cuidado. A arqueologia estuda três tipos principais de traços de vida no passado:

> » **Artefatos** são itens que a humanidade movimentou, usou ou criou. (Nesse contexto, o termo *humanidade* se aplica aos seres humanos modernos assim como aos nossos ancestrais, há cerca de 2 milhões de anos.)

> » **Características** são traços de atividade humana que não são facilmente transportados a um laboratório, como manchas no chão deixadas por um poste de madeira.

> » **Sítios** são agrupamentos de artefatos e/ou características que variam de tamanho, indo da habitação em uma caverna do tamanho de uma garagem para dois carros até toda a cidade antiga de Babilônia.

PAPO DE
ESPECIALISTA

Os arqueólogos também estudam uma vasta gama de outros temas relacionados com a vida no mundo antigo; por exemplo, a *arqueozoologia* estuda os ossos animais (como os resquícios de refeições primitivas) e a *arqueobotânica* estuda resquícios antigos de plantas (como amostras do núcleo de pólen primitivo) para ver como a flora e, portanto, os climas antigos mudaram ao longo do tempo. Essas profissões são subáreas especiais da arqueologia e, na maioria dos sítios arqueológicos, os escavadores coletam e documentam material de ossos e plantas além dos artefatos e características.

Os artefatos, então, são itens concretos que as pessoas usavam no passado. Os arqueólogos os escavam cuidadosamente para evitar quebrá-los e anotam exatamente de onde vieram. Os artefatos são então ensacados, recebem um número catalográfico e são transportados ao laboratório para análises futuras. Exemplos de artefatos incluem ferramentas de madeira, como pontas de flecha ou machados; esses são muito comuns, pois a humanidade usa a pedra há milhões de anos e ela não se deteriora rápido. Os arqueólogos documentam as características do campo usando desenhos e fotos, mas é quase impossível levá-las ao laboratório. De fato, após documentarem as características, eles normalmente seguem com a escavação por cima delas. Exemplos de características incluem *piso de fogo* — montes de cinzas, pedras queimadas e, talvez, ossos tostados ou outros resquícios da cozinha antiga.

Ao manterem um controle cuidadoso de onde os artefatos e as características são encontrados em sítios arqueológicos, os arqueólogos conseguem identificar padrões de vida no mundo antigo. Quando comparam o refugo de alimentos (como ossos descartados de cortes de carne) associados às casas de donos de escravizados, por exemplo, com o refugo de comida associado às habitações destes, os arqueólogos reconstroem a diferença entre as dietas daquelas pessoas. É claro, as circunstâncias mudam com o tempo, então eles também precisam monitorar a idade de certos artefatos e características.

A PREMISSA DE POMPEIA E O ESTUDO DA TAFONOMIA

As primeiras centenas de anos da arqueologia lidaram principalmente com a documentação de traços óbvios da vida humana, como o Partenon ou os templos maias. Mas, conforme ficou claro que a humanidade tinha uma vasta história de 2 milhões de anos, os arqueólogos começaram a buscar (e encontrar) traços menos visíveis da humanidade pré-histórica. Ao cavarem cuidadosamente, os pré-historiadores encontraram antigos acampamentos e até moradias em cavernas. Muitas vezes, eles encontram esses sítios em camadas, uma sobre a outra, conforme um grupo de caça saía dali e outro acampava no mesmo local. Ao estudarem como os artefatos mudaram ao longo do tempo, pensaram os arqueólogos, poderiam entender como o comportamento humano também mudou.

Tal conclusão estava teoricamente correta, mas os pesquisadores começaram a descobrir algumas complicações. Em alguns sítios, por exemplo, roedores ou água corrente haviam prejudicado os resquícios dos acampamentos antigos, movendo os artefatos *depois* que estes foram deixados pelos primitivos, mas *antes* que os arqueólogos os escavassem. Esse desvio foi um problema, pois, se os artefatos fossem movidos verticalmente, por exemplo, de uma camada para outra, os arqueólogos os atribuiriam a períodos diferentes de tempo. A *premissa de Pompeia* — a ideia de que os sítios arqueológicos eram reflexos perfeitos e inalterados do passado (como na cidade romana de Pompeia, bem preservada e enterrada sob cinzas que prenderam os corpos das pessoas que estavam fugindo em 79 d.C) — foi rejeitada. Agora, os arqueólogos tinham que provar que seus sítios estavam bem preservados e inalterados, em vez de simplesmente presumir isso.

Para estabelecer tal evidência, eles começaram um novo campo de pesquisa: o estudo da *tafonomia*, ou como os sítios arqueológicos foram formados no passado e transformados pela água, pelo vento, por atividades dos roedores, pela ação do congelamento no solo e por todos os outros fatores concebíveis. Apenas depois de compreenderem como um sítio arqueológico foi formado e transformado antes da chegada dos escavadores é que os arqueólogos podem realmente aprender sobre o passado. Muitos sítios foram transformados tão severamente que os arqueólogos os deixam de lado, favorecendo aqueles que ficaram mais inalterados.

Controlando o Tempo

O arqueólogo Sir Mortimer Wheeler disse certa vez que a *cronologia* — o estudo do tempo — é a espinha dorsal da arqueologia. Não é o esqueleto todo, mas nada menos que a espinha dorsal. Ele estava certo. Uma pilha de artefatos escavados de qualquer jeito em uma caverna — onde 10 mil anos de ocupação contínua deixaram para trás centenas de milhares de artefatos e características — seria de pouco uso para qualquer um; sem saberem se certos artefatos vieram das camadas mais antigas ou das mais recentes, os arqueólogos não podem entender como a sociedade antiga mudou ao longo do tempo. Então, o estudo do tempo é a base da arqueologia, e os arqueólogos mantêm registros sobre ele com diversos métodos.

Quanto mais profundo, mais antigo: Estratigrafia

Quase todos os locais nos quais os povos antigos viveram foram cobertos por algum tipo de camada geológica. Por exemplo, a cidade de Pompeia foi enterrada por dezenas de metros de cinzas vulcânicas; a vila de nativos norte-americanos de Ozette, na costa noroeste do Pacífico nos EUA, foi soterrada por um deslizamento de lama; e os resquícios da civilização harapeana foram soterrados por sedimentos deixados por transbordamentos do rio Indus ao longo de milhares de anos.

Esse processo constante de soterramento é muito útil para os arqueólogos, porque ele preserva os sítios arqueológicos. Há dois princípios que ajudam a entender por que ele é tão importante:

» **Uniformitarismo:** Indica que os fenômenos geológicos que soterram locais hoje (como deslizamentos ou cinzas vulcânicas) operavam da mesma forma no passado. As leis da física não mudaram significativamente desde a formação da Terra.

» **Superposição:** Mostra que, sendo todos os outros fatores iguais, os itens encontrados em locais mais profundos em uma série de camadas geológicas foram *depositados* (postos naquela camada) antes dos itens encontrados mais superficialmente na série de camadas, simplesmente porque elas vão se acumulando com o tempo. Esse acúmulo é chamado de *sequências estratigráficas,* e suas camadas individuais são os *estratos*.

Basicamente, o princípio da superposição diz que, quanto mais profundo, mais antigo. Lembre-se, no entanto, de que nem todos os sítios arqueológicos são imaculados; saqueadores de túmulos, roedores escavadores e até minhocas e outros fatores podem mover — e de fato o fazem — os artefatos de uma camada para oura. (Veja o box "A premissa de Pompeia e o estudo da tafonomia" para obter mais informações.) Mesmo assim, os arqueólogos são treinados para identificar os sinais de tais alterações e em geral concentram seus estudos nos sítios inalterados, nos quais mais profundo realmente significa mais antigo. Considerando que (interrompa-me se já ouviu esta) o comportamento humano mudou ao longo do tempo e que a mudança é de grande interesse aos arqueólogos, perceba como é importante compreender a estratificação. A Figura 5-1 mostra os arqueólogos examinando a estratigrafia em um sítio no Pacífico Norte.

FIGURA 5-1: Arqueólogos examinando a estratigrafia em um sítio na parte mais baixa do rio Columbia, Washington (EUA).

Foto cortesia de Cameron M. Smith

Antes ou depois? Datação relativa

Embora atualmente os arqueólogos datem os artefatos e as características com uma ampla variedade de métodos (que analiso mais à frente), durante um bom tempo era possível fazer apenas a *datação relativa*, ou seja, identificar se os artefatos ou características eram mais antigos ou mais recentes do que outros. Isso acontecia porque os arqueólogos não tinham os métodos técnicos para datar os artefatos de maneira individual; tudo o que podiam fazer era identificar se os artefatos vinham de estratos mais baixos ou mais altos em uma sequência estratigráfica. Lembre-se de que, em uma sequência estratigráfica inalterada, os estratos mais baixos são mais antigos e os mais altos são mais recentes.

A datação relativa permitiu que os arqueólogos esboçassem sequências básicas, mas não que as datassem muito precisamente. Por exemplo, o pré-historiador dinamarquês do século XIX Christian Thompsen observou que, nos estratos pré-históricos da Europa, ferramentas de pedra foram encontradas no estrato mais baixo (mais antigo), as ferramentas de bronze acima delas e, ainda mais acima, as ferramentas de ferro. Ele elaborou o *sistema de três idades*, segundo o qual o mundo antigo foi dividido em Idade da Pedra, Idade do Bronze e Idade do Ferro. Tal divisão foi muito útil, mas era incompleta: ninguém sabia dizer por quanto tempo exatamente durou a Idade da Pedra, por exemplo; os pré-historiadores sabiam apenas que ela vinha primeiro, pois era a mais baixa nos estratos.

LEMBRE-SE

Os pré-historiadores europeus ainda usam as três idades até certo ponto, mas tais designações servem mais para discussões gerais do que para uma compreensão detalhada do assunto. Por exemplo, idades subsequentes continuaram a usar a pedra, e, embora a Idade do Ferro tenha começado no sudeste europeu há cerca de 2,5 mil anos, levou séculos até chegar ao norte do continente. E, ainda, essas idades focam as matérias-primas a partir das quais os artefatos eram feitos, mas não refletem outros aspectos importantes da vida antiga, como a subsistência, o simbolismo ou a religião. Assim, embora sejam uma parte da história, elas não contam tudo.

Absolutamente 6.344 anos (mais ou menos): Datação radiométrica absoluta

Na década de 1950, os métodos para datação de artefatos individuais com base no decaimento radioativo começaram a fornecer datas precisas para períodos como as idades de Thompson (veja a seção anterior). Tais datas são denominadas *absolutas* pois especificam quando certo evento ocorreu (como a morte de uma árvore ou de um animal, ou a solidificação da lava em rocha), em oposição às datas *relativas* de arqueólogos anteriores, que apenas indicavam que um item era mais antigo ou mais recente do que determinado evento.

A datação *radiométrica* baseia-se no decaimento de certos elementos contidos nos artefatos e nas características. Diversos métodos radiométricos podem datar vários materiais com alcances diferentes de tempo. A lista a seguir mostra duas das técnicas mais importantes para a arqueologia:

>> **Datação por radiocarbono:** Calcula a idade dos resquícios da maior parte das coisas vivas, incluindo ossos, matéria vegetal e madeira; é útil para cerca de até 50 mil anos atrás.

>> **Datação K-Ar:** Calcula a idade de rochas basálticas começando há cerca de 100 mil anos e chegando a bilhões de anos atrás; é especialmente importante para a datação dos primeiros sítios hominídeos, como a Garganta de Olduvai.

O método mais comumente usado na arqueologia é o de *datação por radiocarbono* ou *datação por carbono 14* (também conhecida como *datação 14C*).

Datação por radiocarbono

Ao mensurarem quanto carbono há nos resquícios de algo que já foi vivo, os cientistas sabem quanto tempo se passou desde que o 14C original começou a decair — ou seja, quando a coisa viva morreu. Todas as coisas vivas ingerem o elemento carbono na forma do isótopo de carbono 14 (14C), que flutua livremente na atmosfera e está presente em todos os alimentos. Quando uma forma de vida para de ingerir o 14C (quando ela morre, sabe?), ela deixa de receber 14C novo no corpo, e o 14C que estava nele começa a decair radioativamente para 14N (isótopo de nitrogênio 14). É importante frisar que o 14C decai para 14N em uma taxa conhecida e bem estável: após cerca de 5.600 anos, apenas metade do 14C original permanece, pois o resto decaiu para 14N.

PAPO DE ESPECIALISTA

Os arqueólogos marcam a passagem do tempo de muitas formas. *AP* significa *antes do presente*, que representa "anos atrás". *Antes de Cristo, a.C.*, tem uso mais comum na Europa e em outras áreas com registros históricos de milhares de anos, até aproximadamente o tempo de Cristo. Então, para não favorecer a religião cristã, alguns arqueólogos dizem *AEC* (*Antes da Era Comum*). Mas essa designação ainda aponta o tempo de Cristo e, na minha opinião, é um pouco exagerada. Só porque uso o termo *a.C.* não significa que estou promovendo uma religião. Outros termos comuns são *kya* (milhares de anos atrás) e *mya* (milhões de anos atrás).

Datação K-Ar

Outro tipo de datação radiométrica funciona com objetos que nunca viveram, como a lava. A rocha chamada basalto é, basicamente, lava resfriada. Enquanto líquida, a lava contém potássio (K), que começa a decair em argônio (Ar) quando a rocha se resfria e endurece. Assim, a datação K-Ar mensura quanto argônio um objeto tem em relação ao potássio, indicando há quanto tempo a lava esfriou (porque o argônio consegue escapar da lava líquida por bolhas de gás até que a lava esfrie e o prenda na rocha).

A datação de camadas de rocha permite que os sedimentos entre elas sejam *escalonados* em idade. Por exemplo, se um fluxo de lava se solidificou há 2,2 milhões de anos, e, depois, um lago se formou sobre ele e depositou muitas camadas de lodo antes de secar e é coberto por outro fluxo de lava há 1,7 milhão de anos, os geólogos poderiam dizer sensatamente que as camadas de lodo escalonadas entre as lavas foram depositadas entre 2,2 milhões e 1,7 milhão de anos atrás. Os artefatos ou os fósseis encontrados no estrato de lodo, por exemplo, de um bando de hominídeos que acampou nas margens do lago seriam datados ao mesmo período geral.

Problemas com a datação radiométrica

Um probleminha com as datas radiométricas: embora as taxas de decaimento radioativo sejam bem conhecidas e estáveis, a observação em laboratório revela que o decaimento é um pouco mais rápido em alguns momentos do que em outros (que têm um nome bem técnico, *wiggles* — *oscilações*). Por causa dessa discrepância, uma data de, digamos, 6.344 anos desde que um pedaço de madeira parou de captar 14C tem um erro fatorial. Portanto, uma data radiométrica de 6.344 anos pode ser seguida por "+/- 650 anos". Tal variação é o porquê de o título desta seção ser "Absolutamente 6.344 anos (mais ou menos)".

A necessidade de um fator de erro não significa que os métodos radiométricos não funcionam, apenas que os arqueólogos precisam obter diversas datações da mesma amostra para terem certeza de que apontam para o mesmo período temporal. A melhor forma de garantir que a datação seja boa é pegar várias datações por 14C e confirmá-las por meio de médias independentes, como a datação relativa ou outros métodos radiométricos, para ter certeza de que está tudo em ordem. Ainda assim, não dá para escapar do fato de que as datas radiométricas sempre vêm com uma margem de erro. A questão de que essas (e algumas outras) correções e ajustes precisam ser considerados com as datas radiométricas não compromete seu uso. Elas são cruciais para dar aos arqueólogos uma melhor compreensão do passado, e cada método continua a ser refinado. Por exemplo, os laboratórios em geral datam itens de uma idade conhecida, como do osso de um enterro em determinada data, para terem certeza de que o método e o equipamento estão funcionando.

Além das oscilações (wiggles), os arqueólogos precisam estar cientes sobre o *efeito reservatório*, no qual algumas amostras (por exemplo, ossos de animais marinhos) são ricas em carbono mais antigo e, dessa forma, são "datadas mais velhas" do que realmente são. Mas tais questões não são um obstáculo para a datação por carbono. De fato, há periódicos científicos inteiros para os cientistas de radiocarbono nos quais compartilham os métodos de aumento de acurácia da datação por 14C. É um método comprovado e está em um processo de melhoria contínua.

Muita gente, ao ouvir sobre os fatores de erros associados com a datação radiométrica, acha que não deveria confiar nos métodos. Porém a certeza das datas tem muitas fontes. Uma forma é enviar suas amostras de radiocarbono para diferentes laboratórios; posso enviá-las para os laboratórios em Camberra, na Austrália; em Davis, na Califórnia; ou em Oxford, na Inglaterra. Por cerca de US$500 por amostra, cada laboratório me envia sua datação por radiocarbono dela. Agora, lembre-se de que não disse a eles a data que espero obter (o material poderia ser datado com 500, 5 mil ou 50 mil anos), tampouco informei que estou enviando amostras a outros laboratórios, assim não haverá nenhuma conspiração para me enviarem a mesma data. O que acontece? Normalmente — salvo algum tipo de contaminação ou outro problema —, as datações retornam praticamente iguais, e sei que o método é seguro.

Não se preocupe — a datação radiométrica é muito segura. E os próprios arqueólogos são os primeiros a apontar quaisquer problemas com o método; seus estudos exigem uma boa compreensão sobre a passagem do tempo. Alguns avanços recentes na datação por radiocarbono permitiram certos resultados espetaculares. Por exemplo, uma cronologia altamente detalhada do Stonehenge (na Inglaterra) está agora disponível devido a uma longa campanha de datação 14C e suas melhorias; tal cronologia mostra que Stonehenge foi construído em muitas fases, entre 5 mil e 3,6 mil anos atrás. Algumas das datas são provenientes da descoberta recente de resquícios humanos que foram queimados perto do local há mais de 3 mil anos.

Atualizações à datação por radiocarbono também foram usadas recentemente para nos dar uma visão melhor sobre o assentamento na Europa feito pelos seres humanos modernos; agora, sabemos que isso ocorreu cerca de 10 mil anos antes do que imaginávamos há apenas uma década. Isso significa que o assentamento aconteceu durante climas frios e primitivos de cerca de 40 mil anos atrás, uma "onda de frio" que os seres humanos modernos conseguiram suportar, mas os neandertais, não. É só uma teoria ainda, mas vemos que "apenas" retroceder as datas devido a uma melhor compreensão da datação por radiocarbono pode mudar nossa compreensão sobre eventos importantes do passado.

Preservando o Local: Como Monitorar Onde os Artefatos São Encontrados

A seção anterior analisou como os arqueólogos mantêm o controle do tempo, a espinha dorsal da arqueologia; agora, você precisa entender como eles mantêm o controle de onde os artefatos vêm. Juntas, essas duas variáveis dizem aos arqueólogos muito do que precisam saber: *quanto de algum tipo de artefato é encontrado em determinados locais em momentos específicos?*

Esteja lá: Proveniência

Praticamente todo ano chega uma pessoa bem-intencionada ao meu escritório com artefatos que ela encontrou ao ar livre — pontas de flecha de pedra, pedaços de cerâmica e assim por diante — querendo saber o que as peças representam, qual sua idade e quem as usou no mundo antigo. Minha primeira reação é sempre perguntar de onde os artefatos vieram, mas, infelizmente, a resposta é normalmente vaga demais. Como falei antes no capítulo, é de vital importância saber de qual camada um item veio, pois as camadas vão se empilhando com o tempo; alguns centímetros podem significar uma diferença de milhares de anos. Caso o item tenha sido cavado do chão, sem um registro cuidadoso dos diversos estratos, não tenho como saber se ele veio de camadas com 10 mil anos ou com mil. E de onde ele veio do sítio horizontalmente também é crucial: se o local era um cemitério, por exemplo, preciso saber se veio de um enterro camponês ou de um da realeza. Tal distinção diria aos arqueólogos sobre as diferenças entre as vidas dos camponeses e da realeza. Por mais bem-intencionados que meus visitantes sejam, geralmente preciso dizer-lhes que, sem essas informações detalhadas, o item é apenas uma raridade que não nos conta muito, diferente do que aconteceria se tivéssemos registros precisos.

Quando a importância do local começou a ser captada pelos arqueólogos, no final do século XIX, eles inventaram métodos para manter um controle rígido da *proveniência*, que é um registro preciso de onde os artefatos são encontrados. Os arqueólogos mensuram a proveniência em duas dimensões: vertical (indicando o tempo, basicamente) e horizontal. A proveniência é controlada em relação a um *dado*, ou um ponto conhecido estabelecido no início da escavação. O dado é normalmente um ponto conhecido e imóvel, como o *ponto de referência* de um topógrafo (como uma viga de metal atravessada em uma rocha, de modo que não se moverá com o tempo), que tem uma elevação, uma latitude e uma longitude conhecidas.

Seja quadrado: Grades no sítio

Saber exatamente de onde um artefato vem permite que os arqueólogos criem mapas tridimensionais precisos da distribuição dos artefatos e das características em um sítio arqueológico. Esse mapeamento é bem fácil; a arqueologia pode levar um tempão, mas não é tão difícil assim, tecnicamente. Em essência, os arqueólogos escavam buracos quadrados e valas regulares, não porque tenham uma aparência melhor do que buracos abertos com pás, mas porque, ao esquematizarem um dado — e a partir dele uma *grade do sítio* (uma grade de pontos de referência e de linhas superimpostas no sítio) —, eles conseguem controlar melhor onde exatamente os artefatos foram encontrados, centímetro a centímetro. (**Nota:** como a maioria dos cientistas, os arqueólogos usam o sistema métrico [centímetros, metros, gramas e quilogramas] para todas as mensurações; apenas os registros mais antigos usam o sistema imperial em suas descobertas [pés, polegadas, libras e onças].) A Figura 5-2 mostra escavadores trabalhando com uma grade no sítio.

FIGURA 5-2: Uma grade usada no sítio arqueológico em um túmulo ao norte do Quênia.

Foto cortesia de Cameron M. Smith

PAPO DE
ESPECIALISTA

Como os arqueólogos encontram os sítios, para começar? Muitos são descobertos acidentalmente pelo tipo de pessoas bem-intencionadas e interessadas que trazem relíquias fascinantes ao meu escritório. Após a descoberta inicial, porém, a pessoa precisa colocar a grade e escavar cuidadosamente. Às vezes, os arqueólogos encontram sítios indo ao campo com uma pergunta de pesquisa em mente. Por exemplo: "Onde a agricultura foi praticada primeiramente?" É uma baita pergunta, mas ainda permite que os escavadores limitem o campo ao eliminarem algumas possibilidades. Muitas vezes, os arqueólogos encontram sítios procurando sistematicamente em grandes áreas de modo a responder certas perguntas específicas, e, depois, escavam com o cuidado descrito neste capítulo.

Seleção de Tipos: Como os Arqueólogos Classificam Suas Descobertas

Depois que os arqueólogos escavam os artefatos de modo lento, entediante e delicado a partir dos sítios com ferramentas como pincéis, escovas de dente e, quando apropriado, até mesmo palitinhos, os artefatos são enviados ao laboratório para limpeza, preservação e estudos mais aprofundados. Visto que os arqueólogos tentam reconstruir mundos e formas de vida antigos apenas com fragmentos, são muito cuidadosos para extraírem os mínimos vestígios de informações de qualquer descoberta. Pessoalmente, perdi a conta de quantas centenas de horas passei prescrutando um microscópio para documentar as lascas, os arranhões e os polimentos, todos minúsculos, encontrados nas pontas de ferramentas antigas de pedra, de modo a me dizerem exatamente para que eram usadas.

Tipos de tipos: A teoria da classificação

Uma das primeiras tarefas é *classificar* os artefatos — ou seja, ordená-los em tipos que reflitam algo de interesse. Os arqueólogos classificam os objetos de acordo com seu *paradigma de pesquisa*, ou estrutura de pesquisa; o paradigma de pesquisa depende das perguntas que o arqueólogo está tentando responder. No centro da teoria de classificação está o fato de que podemos classificar praticamente qualquer objeto de muitas formas diferentes. Uma jarra grega de vinho pode ser classificada como "grande", caso seu interesse esteja na história do volume das jarras gregas de vinho (talvez porque lhe digam algo sobre o consumo de vinho na Grécia Antiga). Mas, se seu interesse estiver na evolução das pinturas nas jarras gregas, talvez classifique a mesma jarra como "decorada com desenhos de animais", em contraste à jarra "decorada com figuras humanas"; nesse caso, o volume é irrelevante. Caso seu interesse esteja na evolução do tamanho de projéteis ao longo do tempo, você se concentra no tamanho, e não em outras variáveis, como a cor da pedra usada para fazer as pontas de flecha.

A ILUSÃO DAS FERRAMENTAS TERMINADAS

No momento em que você pega um artefato como uma ferramenta de pedra, é fácil começar a imaginar qual era seu propósito. Às vezes, é óbvio: ela encaixa bem na mão e parece ter o tamanho e o peso certos para determinada tarefa que você imagina, como cortar madeira ou abater um animal.

Mas é preciso recordar que as aparências podem enganar; e, se o item que estiver vendo não for, afinal, uma ferramenta pronta, mas um pedaço de rocha que foi apenas lascado algumas vezes sem estar terminado? Ou se, talvez, o item tenha sido usado a ponto de perder o fio, de modo que não é possível entender de fato sua função original?

O arqueólogo Harold Dibble destacou esse conceito em um famoso estudo de ferramentas da Europa da Idade da Pedra. Ele demonstrou que, conforme as facas grandes eram afiadas, seus formatos mudavam drasticamente com o passar do tempo (seu *tempo de uso*); o que a maioria das pessoas considerava dois tipos diferentes de ferramentas eram, na verdade, partes do mesmo tipo que mudou de forma ao longo de seu tempo de uso. Algo no que se pensar.

LEMBRE-SE

Só porque as perguntas da pesquisa diferem entre os arqueólogos, não significa que eles não usem qualquer padronização; para possibilitar as comparações em vários sítios, por exemplo, arqueólogos de diversas regiões padronizam, até certo ponto, suas classes e mensurações de artefatos. E, em alguns casos, padrões mundiais são aceitos. Essa padronização global acontece especialmente com muitos tipos de cerâmica e de ferramentas de pedra, pois diferentes culturas no mundo todo elaboraram os mesmos métodos, ao longo do tempo, para fazer os mesmos tipos de ferramentas (como espátulas de pedra ou jarras de cerâmica).

Desenterrando os tipos mais comuns de artefatos

Felizmente para os arqueólogos, as pessoas do mundo antigo deixaram traços de suas passagens ao redor do globo. De pilhas enormes de lixo a bibliotecas inteiras, campos de batalha antigos, campos de caça e habitações em cavernas, todos enterrados, traços de nossos ancestrais estão em praticamente todos os lugares que olharmos. É claro, nem tudo sobreviveu aos éons; itens frágeis, como rolos de papiro ou caixas de madeira, normalmente não são preservados. Assim, se os arqueólogos estão tentando reconstruir um quebra-cabeça sobre a vida no passado, lembre-se de que, na maioria dos casos, eles nem mesmo estão equipados com todas as peças logo no começo.

Mas muitas peças permanecem — peças suficientes para contar muito sobre o passado humano. Elas incluem itens feitos a partir dos três materiais mais comuns usados no mundo antigo: pedra, osso e/ou chifre e cerâmica. As próximas seções tratam de cada um desses materiais com mais detalhes.

PAPO DE ESPECIALISTA

A natureza da composição de um artefato e o ambiente determinam sua preservação. Navios de madeira que afundaram no Mediterrâneo, por exemplo, foram consumidos por carunchos, de modo que apenas os lastros de pedra e a carga permaneceram. Por outro lado, em alguns *sítios molhados* em que o oxigênio é tão escasso que nem as bactérias sobrevivem, até mesmo tecidos delicados podem sobreviver por milhares de anos. Nos pântanos (zonas alagadas) do norte da Europa, por exemplo, corpos com mais de 2 mil anos aparecem a cada poucos anos. Minha esperança pessoal é encontrar um neandertal congelado em algum lugar na tundra siberiana!

Pedra

Os seres humanos e seus ancestrais primitivos transformaram pedras em ferramentas durante milhões de anos. Tipos diferentes de pedras contêm propriedades distintas, e nossa espécie há muito tempo conhece e explora as diversas propriedades dos tipos básicos de rochas:

» **Rochas ígneas** (de origem vulcânica) variam de ásperas (como as pomes) a muito afiadas (como as *obsidianas,* ou vidro vulcânico).

» **Rochas sedimentares** (pedaços de outras rochas concretadas em novas formas) incluem o arenito (bom para raspar ou esfregar) e o sílex (uma pedra densa que pode ser tão afiada quanto a obsidiana, mas muito menos quebradiça).

» **Rochas metamórficas** (qualquer tipo de rocha que foi alterada por calor ou pressão) incluem o quartzo (arenito comprimido), extremamente duro e denso.

O domínio das técnicas mais avançadas de confecção de ferramentas de pedra leva anos; o processo normalmente passa por três estágios principais:

» **Seleção do núcleo,** na qual o ferramenteiro escolhe um pedaço ou bloco de pedra (o núcleo) devido a suas propriedades.

» **Redução inicial,** na qual o ferramenteiro usa um martelo de pedra para quebrar partes indesejadas do núcleo ou lasca a pedra que planeja trabalhar mais.

» **Redução secundária,** na qual o ferramenteiro continua a moldar o núcleo na ferramenta desejada ou a refinar as lascas cortadas durante a redução inicial; isso pode ser feito pelo *lascamento por pressão* ou usando um osso ou ponta de chifre para tirar lascas finas dos cantos da pedra e fazer algo como uma ponta de flecha.

Esses métodos básicos moldaram pedras em uma vasta gama de artefatos; os mais comuns no mundo antigo incluíam:

> » **Blindagem de projéteis** (como pontas de flecha), que eram afixadas a projéteis (como flechas) e usadas para caçar animais a distância.

> » **Implementos de corte** (de ferramentas com o tamanho de lâminas de barbear a machadinhas) usados para trabalhos mais pesados, como raspar madeiras ou abater animais muito grandes.

> » **Implementos de raspagem** usados para trabalhar a madeira ou até mesmo remover tecidos indesejados de peles de animais.

> » **Implementos de perfuração,** como brocas, que eram geralmente inseridas em um *punho* (uma maçaneta) e usados para fazer pequenos buracos em ossos, madeiras e outras matérias densas.

Tais ferramentas tinham muitas variações; na costa noroeste do Pacífico dos EUA, a ardósia era transformada em punhais por raspagem ou quebrada em lâminas que eram alocadas em coletes de couro como armadura corporal.

As primeiras ferramentas de pedra datam de mais de 2,5 milhões de anos, mas algumas muito complexas, como machadinhas simétricas, não foram criadas até cerca de 1,8 milhão de anos atrás. Os primeiros traços, como os primeiros fósseis de hominídeos, foram todos encontrados na África.

PAPO DE ESPECIALISTA

Ferramentas de pedra revelam informações sobre atividades primitivas, como se as pessoas estavam trabalhando a madeira ou abatendo animais, em determinado acampamento. Mas elas também nos dizem sobre as movimentações humanas antigas. A *análise de fonte* identifica o afloramento da rocha a partir do qual determinada ferramenta se originou com base nas impressões digitais químicas. No local em que trabalho, no noroeste do Pacífico dos EUA, descobrimos que as obsidianas de algumas vilas da parte baixa do rio Columbia vieram de desfloramentos do sul de Oregon, a centenas de quilômetros. Na Europa, os arqueólogos usaram a análise de fonte para identificarem que os neandertais normalmente não moviam suas pedras mais de 20 quilômetros para longe dos locais das pedreiras.

Osso e chifre

Ossos e chifres eram o plástico do mundo antigo. Podiam ser raspados ou esfregados até ganhar formatos — como pontas farpadas de arpões — que não quebravam tão facilmente quanto a pedra. Os ferramenteiros geralmente os mergulhavam na água ou em outro líquido antes de trabalhá-los; os ossos eram manipulados em geral pelos seguintes métodos:

> » **Sulco e lasca:** Os trabalhadores faziam dois sulcos paralelos em um pedaço denso de osso ou chifre e, depois, arrancavam a lasca entre eles para outros trabalhos.

> » **Raspagem:** Os ferramenteiros usavam qualquer material — da pele de tubarão parecida com uma lixa às pedras-pomes ásperas — para amolar uma ponta ou o corte. Facas de chifre, boas para abater grandes animais, eram feitas assim.

» **Serragem:** Esta técnica era mais difícil com lâminas de pedra, mas muito mais fácil com as de metal (para as culturas que o possuíam).

Com esses métodos básicos, ossos e chifres tornavam-se uma grande variedade de artefatos impressionantes e eficientes, incluindo:

» **Óculos de neve** (consistindo em uma placa de osso com dois pequenos cortes de abertura para a visão) feitos por povos do Ártico para permitir a visão, mas prevenir a cegueira da neve (causada pelo reflexo do Sol na neve).

» **Anzóis** para captura de todos os tamanhos de peixes.

» **Agulhas** para costurarem tudo, desde tendas de peles a roupas.

As ferramentas de osso e chifre mais primitivas, incluindo implementos de escavação, datam de mais de um milhão de anos, mas os trabalhos mais complexos com esses materiais são muito mais recentes, começando há cerca de 100 mil anos.

Cerâmica

Cerâmica é argila aquecida de modo que os minerais são recristalizados; isso era comum em todas as culturas que praticavam a agricultura, pois a cerâmica pode ser reaquecida sem quebrar para aquecer alimentos. Os não agrícolas também a esquentavam em tabletes sólidos e alguns recipientes pequenos, mas o uso em larga escala de fato se originou com os povos agrícolas.

Basicamente, as pessoas formam a cerâmica em três estágios:

» **Preparação da argila,** como a remoção de pedaços secos ou a adição de materiais como areia ou palha, o que mantém o formato da argila.

» **Modelação do item,** em geral, com porções de argila misturadas, com cilindros enrolados e amontoados para fazer um vasilhame ou com o uso de uma roda de oleiro, dando utilidade ao item.

» **Queima do item formado** para tirar a água e endurecê-lo, o que necessita temperaturas de 1.000°C, muito mais quente que uma fogueira de acampamento, e exige um preparo especial (como o uso de uma *fornalha*, um local em que o fogo é cuidadosamente controlado).

Dezenas de variações desses estágios de fabricação existem em todas as culturas.

Embora estatuetas de argila assada sejam datadas com mais de 20 mil anos, o primeiro uso substancial da argila para recipientes ocorre ao redor de 10 mil anos atrás, com a invenção do estilo de vida agrícola.

Bilhões de vasilhames de cerâmica eram usados no mundo antigo; nos tempos romanos, *ânforas* (jarras de armazenamento do tamanho de garrafas a barris) eram tão comuns quanto as jarras e garrafas o são hoje. Após a cerâmica se quebrar em pedacinhos de cerca de três centímetros, quase nada no mundo natural a quebra mais que isso. Muitos arqueólogos passaram carreiras inteiras juntando pecinhas de cerâmica antiga para entender o comércio, a preparação e o armazenamento de alimentos e outros aspectos da vida no mundo antigo.

Na Figura 5-3, estão algumas das muitas formas pelas quais as pessoas trabalhavam com várias matérias-primas no mundo antigo. Cada uma delas é de grande interesse para os arqueólogos, pois os menores fragmentos ou traços de atividade somados nos contam muito sobre as pessoas do passado.

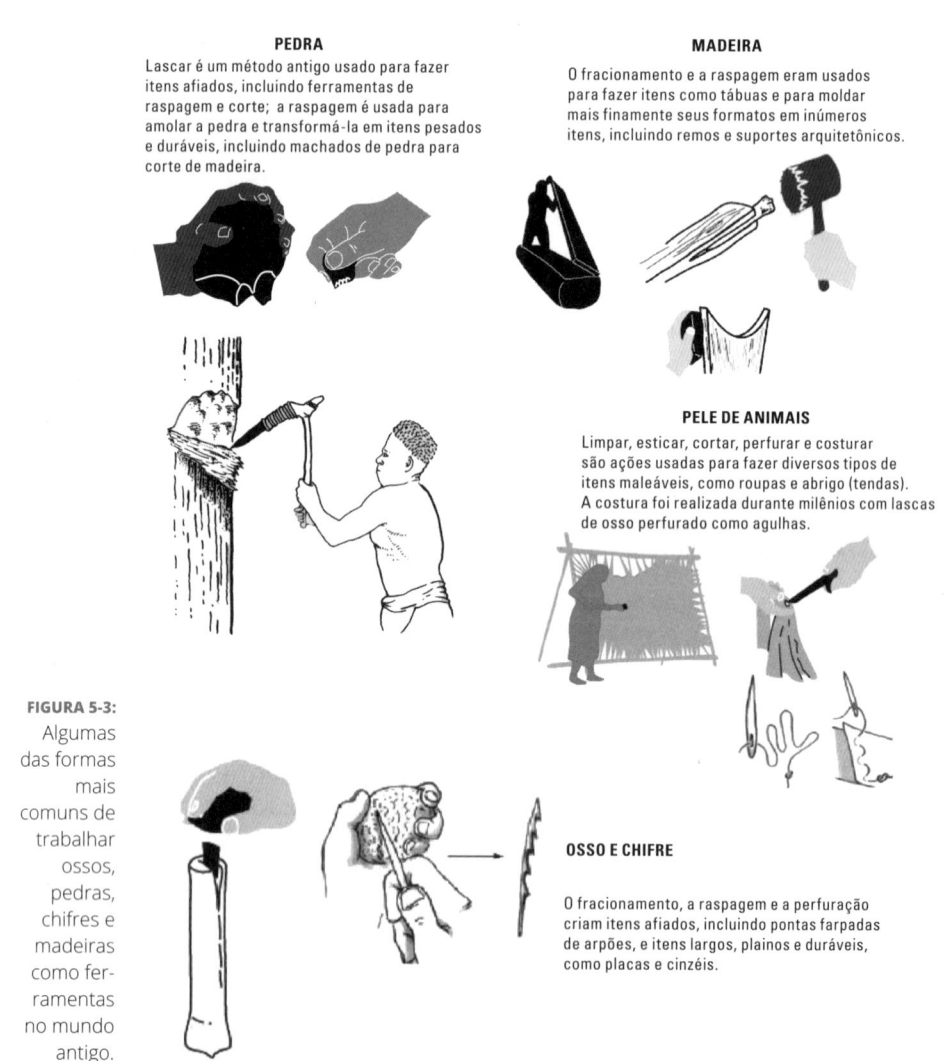

PEDRA

Lascar é um método antigo usado para fazer itens afiados, incluindo ferramentas de raspagem e corte; a raspagem é usada para amolar a pedra e transformá-la em itens pesados e duráveis, incluindo machados de pedra para corte de madeira.

MADEIRA

O fracionamento e a raspagem eram usados para fazer itens como tábuas e para moldar mais finamente seus formatos em inúmeros itens, incluindo remos e suportes arquitetônicos.

PELE DE ANIMAIS

Limpar, esticar, cortar, perfurar e costurar são ações usadas para fazer diversos tipos de itens maleáveis, como roupas e abrigo (tendas). A costura foi realizada durante milênios com lascas de osso perfurado como agulhas.

OSSO E CHIFRE

O fracionamento, a raspagem e a perfuração criam itens afiados, incluindo pontas farpadas de arpões, e itens largos, plainos e duráveis, como placas e cinzéis.

FIGURA 5-3: Algumas das formas mais comuns de trabalhar ossos, pedras, chifres e madeiras como ferramentas no mundo antigo.

Ilustração cortesia de Cameron M. Smith

Capítulo **6**

Ossos da Discórdia: Evidência Fóssil da Evolução Humana

Quando Darwin publicou o livro *Origem das Espécies*, em 1859, apenas alguns fósseis humanos primitivos tinham sido descobertos e ninguém realmente sabia o que fazer com eles. (Aqui, uso o termo *humano* vagamente — explico daqui a pouco.) Um século e meio depois, os antropólogos têm uma coleção de centenas de fósseis humanos primitivos, assim como a teoria da evolução de Darwin para compreendê-los. Então, o que eles nos dizem?

Em resumo, eles contam a história da evolução humana, ou, pelo menos, partes dela. Contam como nossos ancestrais se movimentavam por suas regiões, como caçavam ou procuravam alimentos e os processavam com ferramentas de pedra, e como vieram a controlar o fogo e atravessar grandes trechos sobre a água — tudo isso portando cérebros cada vez maiores.

Com razão, esses fósseis são normalmente mantidos em cofres altamente protegidos em seus países de origem. São janelas inestimáveis que se abrem para o passado distante de nossa espécie. Neste capítulo, você descobrirá o que os fósseis humanos primitivos revelam sobre o passado humano.

Grande África: Primeiros Hominídeos

LEMBRE-SE

Uma das principais descobertas da antropologia é a de que as raízes da espécie humana estão na África; volte longe o suficiente na árvore genealógica e seus ancestrais — sejam eles asiáticos, esquimós ou brasileiros —, todos, originam-se no grande continente africano. É lá que os antropólogos encontram fósseis dos seres humanos primitivos vez após vez, de modo que, hoje, nenhum antropólogo que se preze duvida que a evolução hominídea primitiva tenha ocorrido exclusivamente na África. (Para saber mais sobre o que é um fóssil, veja o Capítulo 4.)

O *hominídeo* é um primata grande que caminha ereto. Atualmente, o *Homo sapiens sapiens* (ou seja, você, eu e todos que conhecemos) é a única espécie hominídea viva, mas as seções seguintes descrevem as muitas outras que vieram antes de nós. Comparados com o restante dos primatas, o traço mais distintivo dos hominídeos (vivos e extintos) é que este caminha (ou passou a caminhar) ereto.

PAPO DE ESPECIALISTA

Outra característica dos hominídeos é que eles geralmente têm um dente canino menor do que os dos outros primatas. Tal fato é interessante, pois os primatas com caninos grandes normalmente os usam em demonstrações de ameaça para intimidar outros. O comportamento social pode ter sido um pouco diferente nos hominídeos primitivos, com os caninos menores talvez refletindo uma menor competição inter-hominídea. Infelizmente, os antropólogos não conseguem ter certeza sobre isso, embora o argumento seja muito bom.

Os primeiros fósseis apresentando anatomia bípede incluem materiais espetaculares de Chade, datados com cerca de 7 milhões de anos. Descobertos em 2001 e só recentemente descritos na literatura científica, os ossos da perna indicam um bipedalismo total não muito tempo depois da separação dessa linhagem da linhagem dos chimpanzés. Esse material é do gênero *Sahelanthropus*, um hominídeo muito primitivo descoberto nos desertos de Sahel, em Chade. Não é apenas a data que nos impressiona muito, considerando que achávamos que o bipedalismo tinha cerca de 3 milhões de anos há diversas gerações acadêmicas, como também novas evidências mostram que o ambiente do *Sahelanthropus* era de uma floresta mista, e não só de uma savana aberta.

Outras evidências primitivas do bipedalismo incluem:

- » **Fósseis de fêmures de Tungen Hills, Quênia,** datados com cerca de 6 milhões de anos.

- » **Pegadas preservadas em cinzas vulcânicas em Laetoli, Tanzânia,** datadas com um pouco menos de 4 milhões de anos.

- » **Ossos pélvicos, da coxa, da panturrilha e do pé de vários primatas grandes,** datados com um pouco mais de 3 milhões de anos e incluindo o exemplar Lucy (mais sobre ela daqui a pouco), da Etiópia.

Claramente, alguns primatas grandes caminhavam eretos após cerca de 6 milhões de anos atrás na mesma área geral (África) onde posteriormente vemos evidências de nossa própria linhagem, *Homo*.

Então, o que aconteceu? Por que nossos ancestrais primatas evoluíram uma nova maneira de se locomover? Continue lendo!

Me Passe a Resposta: Os Enigmas do Bipedalismo

Há mais de 30 anos, quando eu era aluno de graduação na Universidade de Londres, aprendi uma história muito simples sobre as origens do bipedalismo: há cerca de 3 milhões de anos, os hominídeos primitivos mudaram-se para um ecossistema de savana e se adaptaram a ele em parte ao começarem a caminhar eretos (as características anatômicas do bipedalismo são mostradas na Figura 6-1). Desde então, mais do que dobramos a data para a origem do caminhar ereto e estabelecemos suas origens não a uma savana, mas a ambientes mais florestais. Ainda assim, há muito o que queremos saber. Comecemos com o que podemos dizer com confiança, baseados nas evidências mais recentes:

- » O bipedalismo tem origens há mais de 5 milhões de anos.

- » Ele originou-se em ambientes florestais, não em uma savana (embora hominídeos posteriores tenham se mudado para a savana, há cerca de 3 milhões de anos).

- » As vantagens do bipedalismo aparentemente eram maiores que as desvantagens.

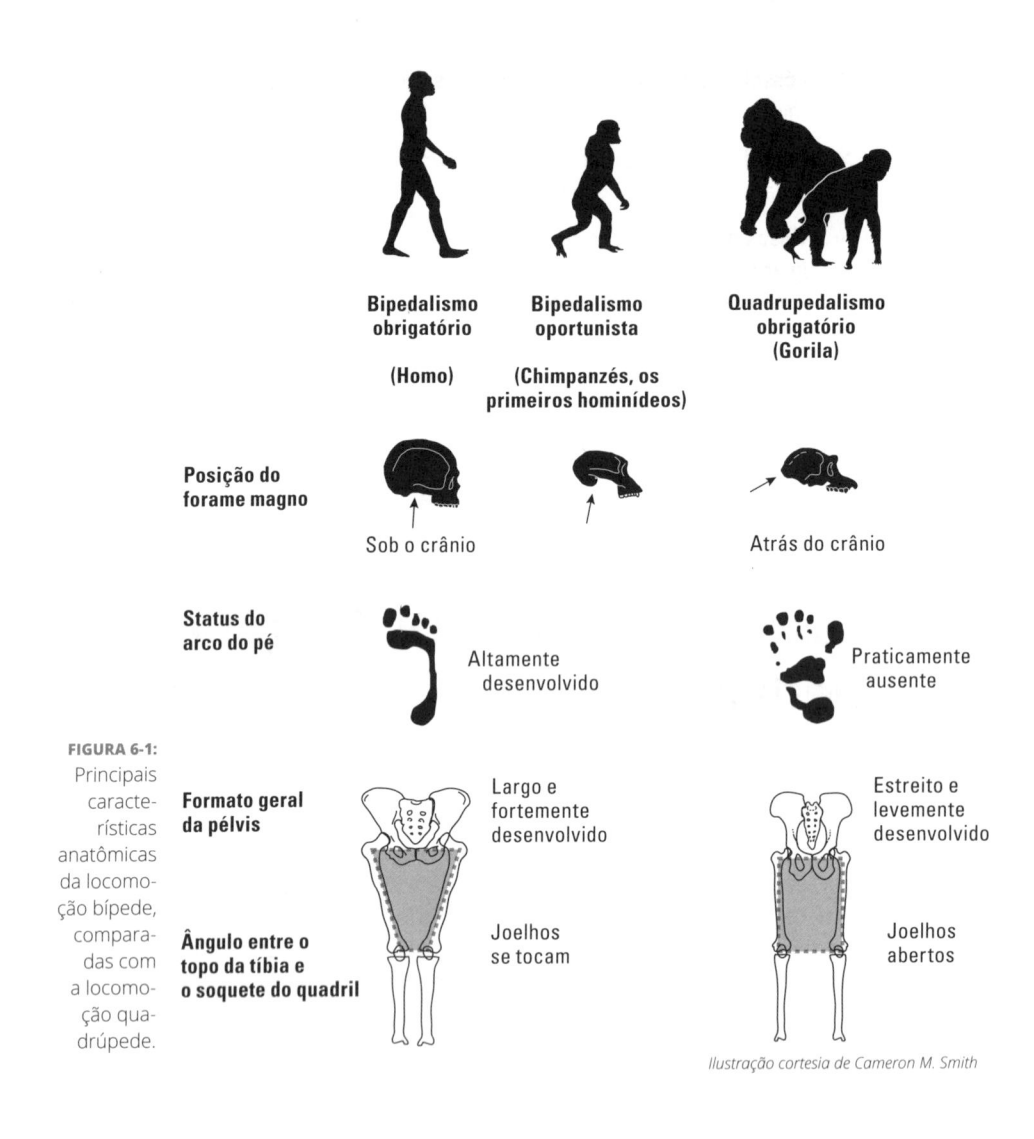

FIGURA 6-1:
Principais características anatômicas da locomoção bípede, comparadas com a locomoção quadrúpede.

Bipedalismo obrigatório

(Homo)

Bipedalismo oportunista

(Chimpanzés, os primeiros hominídeos)

Quadrupedalismo obrigatório
(Gorila)

Posição do forame magno

Sob o crânio

Atrás do crânio

Status do arco do pé

Altamente desenvolvido

Praticamente ausente

Formato geral da pélvis

Largo e fortemente desenvolvido

Estreito e levemente desenvolvido

Ângulo entre o topo da tíbia e o soquete do quadril

Joelhos se tocam

Joelhos abertos

Ilustração cortesia de Cameron M. Smith

Para ver um sentido nesses fatos, não pense nos hominídeos primitivos como atores em um palco com o ambiente de fundo, mas como membros totalmente envolvidos com os ecossistemas antigos. Nas seções a seguir, explico como as vantagens do bipedalismo superaram suas desvantagens aos seres humanos primitivos, e lhe dou um panorama da complexidade da evolução hominídea primitiva.

Caminhando ereto: Prós e contras

A maioria dos antropólogos reconhece as seguintes vantagens prováveis do bipedalismo para o fato de os primatas serem os possíveis predecessores imediatos dos bípedes habituais:

- » **Eficiência:** Caminhar bipedalmente é eficiente para animais com o tamanho do hominídeo primitivo.

- » **Capacidade de carregar:** O movimento bípede também permitiria que as mãos ficassem livres para carregar objetos.

- » **Exploração melhorada:** Caminhar bipedalmente permitiria aos hominídeos ver por cima de vegetações altas.

- » **Esfriamento corporal:** Mudar para o bipedalismo permitiria um esfriamento mais eficiente do corpo na África tropical e subtropical.

É muito fácil vermos qualquer característica anatômica e dizermos: "Bem, dá pra ver por que isso seria útil", mas lembre-se de que toda adaptação evolucionária envolve abrir mão de algo. A maioria dos antropólogos também concordaria que o bipedalismo tem desvantagens:

- » **Habilidade de escalada:** A anatomia bípede faria os hominídeos serem escaladores menos hábeis (como dificultar escaparem de um predador).

- » **Velocidade e agilidade:** A anatomia bípede tornaria os hominídeos mais lentos e menos ágeis do que *quadrúpedes* do mesmo tamanho (animais que se movem sobre os quatro membros).

Tenha em mente que qualquer teoria que se proponha a explicar as origens do bipedalismo precisa apresentar os prós e os contras. Tenha cuidado com qualquer teoria que tente explicar muito com apenas um fator, como a hipótese do símio aquático. A evolução é complexa, e fatores únicos não representam tudo.

As complexidades da evolução hominídea

Esclarecer o que estava envolvido na evolução hominídea primitiva preocupou centenas de antropólogos por décadas. Hoje, acredito que a antropologia tenha uma noção muito boa sobre alguns dos fatores mais importantes envolvidos, e apresento um esboço deles nesta seção.

Níveis tróficos

A evolução hominídea primitiva não aconteceu em um vácuo — nossos ancestrais viveram como membros ativos de ecossistemas africanos. Mudanças ambientais que afetaram outras espécies acabaram afetando os hominídeos primitivos e vice-versa.

PAPO DE ESPECIALISTA

A época geológica *Plioceno*, há cerca de 5 milhões a 1,8 milhão de anos, é especialmente importante para os estudos dos hominídeos primitivos, pois é o período no qual o bipedalismo decolou como uma adaptação hominídea. O Plioceno foi marcado pelo esfriamento global e por mudanças muito severas na África. O Pleistoceno começa há cerca de 1,8 milhão de anos e é um período marcado pelas eras de gelo (que se encerraram há cerca de 10 mil anos). Muitos antropólogos denominam a arqueologia dos hominídeos primitivos de *arqueologia do Plio-Pleistoceno*.

Uma grande mudança climática global teve início há cerca de 2 milhões de anos, quando o frio começou a fragmentar as vastas e fumegantes florestas que dominavam na África (e não no equador, como hoje). Conforme algumas daquelas florestas foram substituídas por campinas abertas, muitas espécies símias de florestas densas foram extintas, pois não conseguiram se adaptar às mudanças ambientais; porém, os ancestrais dos atuais gnus, zebras e outras espécies de savana começaram a proliferar. Alguma forma de hominídeo também proliferou — ou pelo menos sobreviveu — conforme saiu da floresta fragmentada para as savanas mais abertas. Lá, as espécies interagiam no clássico ecossistema de savana com vários níveis *tróficos* (de nutrição):

>> **Biomassa primária:** Consiste em gramas, raízes, sementes e outras matérias de plantas.

>> **Herbívoro:** Subsiste principalmente consumindo biomassa primária; inclui espécies de rebanhos de pasto, como zebra, gazela e elefante.

>> **Carnívoro:** Subsiste principalmente consumindo herbívoros; inclui os grandes felinos, como leão, leopardo e guepardo.

>> **Carniceiro:** Subsiste principalmente consumindo os restos deixados pelos carnívoros; inclui hienas, raposas e urubus.

Como qualquer planta ou animal, todos os hominídeos primitivos se encaixavam em algum lugar dessa hierarquia, ela própria passível de mudanças. Por exemplo, considere que, com o passar do tempo, um tipo de hominídeo primitivo — o *Homo* primitivo (nosso primeiro parente desse período) — subiu a "escada" trófica, competindo diretamente primeiro com outros carniceiros (por restos deixados pelos carnívoros), mas posteriormente passando a competir diretamente com os grandes felinos (por espécies de presas como zebras e gnus). Para consegui-las, grupos de hominídeos tinham que ser ágeis, numerosos, inteligentes e — presumo — muito proativos. Não dá para espantar uma leoa com seus filhotes de uma presa recém-abatida a não ser com um comprometimento total!

A HIPÓTESE DO SÍMIO AQUÁTICO

Infelizmente, preciso afastar o mito comum de que a hipótese do símio aquático (HSA) é uma teoria científica legítima sobre a origem do bipedalismo.

Em resumo, os apoiadores da HSA sugerem que os hominídeos primitivos desenvolveram o bipedalismo ao passarem muito tempo na água. Para respirar, eles teriam que manter a cabeça acima da água, o que era feito erguendo-se sobre as duas pernas. Os problemas com a HSA são muitos, mas podemos resumi-los ao fato de que as evidências de seus apoiadores costumam envolver listas de características anatômicas humanas que são similares às dos mamíferos aquáticos (como as baleias). Mas os biólogos e os antropólogos físicos que revisaram essas listas encontraram poucas evidências convincentes; as semelhanças são triviais ou equivocadas e podem ser mais bem explicadas por outras hipóteses do que pela HSA.

A HSA é bem conhecida, pois, em geral, é apresentada como uma alternativa inovadora à antropologia tradicional. É uma alternativa, certo, mas a teoria dos alienígenas espaciais sugerindo que os ETs foram os responsáveis pelo bipedalismo também é. Possível, porém com pouquíssimas evidências para tanto.

Minha própria experiência com a HSA ocorreu durante meu trabalho na Estação de Pesquisa Leakey, no Quênia, nas margens do lago Turkana. As margens pelas quais caminhávamos para pescar não eram um bom local para bípedes (incluindo eu), pois o lago era o lar de milhares de crocodilos do Nilo. Não consigo imaginar como os hominídeos primitivos, pequenos e leves, poderiam ter sobrevivido aos ataques dos crocodilos de tocaia nas águas turvas. Aquela área era um lugar espetacularmente perigoso, muito mais até mesmo do que uma savana aberta.

Fatores e interações

Considerando que a evolução do hominídeo primitivo fez parte de uma evolução maior do ecossistema, podemos ter certeza de que foi muito complexa; modelos de fator único que explicam praticamente tudo parecem nunca dar em nada.

Tendo dito isso, acredito que a antropologia identificou alguns fatores muito importantes da evolução hominídea primitiva, mas como eles interagiam — como um pode ter promovido outro, mas atenuado outros — ainda é pouco compreendido (um esboço deles é apresentado na Figura 6-2). Todos os fatores a seguir são importantes na evolução hominídea primitiva:

» **Territorialidade:** Como os animais monitoram e percebem seus territórios; chimpanzés ocasionalmente fazem patrulhas, atacando intrusos, e, presumivelmente, os hominídeos primitivos tinham preocupações parecidas.

» **Comportamento sexual:** A atividade sexual era sazonal? Se sim, qual era a época de acasalamento e como isso afetou o comportamento e a ecologia hominídea?

» **Comportamento de criação da prole:** Por quanto tempo a prole tinha que ser protegida? Os machos eram expulsos do grupo quando se tornavam uma ameaça ao macho alfa, como na sociedade dos gorilas?

» **Distribuição de recursos:** Como a comida, a água e outros recursos da espécie (tanto dos hominídeos como dos animais com os quais interagiam) estavam distribuídos na região? Apareciam e desapareciam de modo sazonal? Como esse ciclo afeta a territorialidade?

» **Uso de ferramentas:** A espécie usava ferramentas, como lascas afiadas de pedra usadas pelos hominídeos primitivos ou varas de sondagem que os chimpanzés usam para investigar montes de cupim? E, se sim, que efeito tais ferramentas têm no modo de subsistência? Por exemplo, encontrar boas pedras para a confecção de ferramentas pode ser algo incluído nas decisões de viagens ou até mesmo no comportamento territorial.

» **Modo de subsistência:** A espécie tinha uma dieta geral ou restrita? O que a constituía e como essa composição afetou a territorialidade e/ou a competição com outros animais, incluindo, talvez, outros grupos de hominídeos?

» **Comportamento social:** Todos os primatas têm interações sociais complexas; quais eram essas interações para os hominídeos primitivos? Os antropólogos podem traçar paralelos úteis com os chimpanzés e gorilas modernos, ou tal comparação é inapropriada?

» **Comunicação e linguagem:** Primatas lidam com a intensidade das interações sociais pela comunicação, do asseio físico a posturas corporais, por vocalizações e — entre seres humanos e alguns de nossos ancestrais — pela linguagem. Assim, qual era a natureza da comunicação entre os hominídeos primitivos?

» **Anatomia:** Quais limites a anatomia impunha no comportamento relacionado com a subsistência, o uso de ferramentas, o comportamento sexual ou qualquer outro fator? Ao mesmo tempo, quais opções eram permitidas pela anatomia do hominídeo primitivo?

USO DE FERRAMENTAS

* Encontrar pedras adequadas
* Ensinar a fabricação aos jovens

MODO DE SUBSISTÊNCIA

* Caça e coleta passiva
* Carniçaria confrontante

ANATOMIA E LOCOMOÇÃO

* Modo de andar/Distância por dia
* Necessidades calóricas, de água e nutrientes

COMPORTAMENTO SOCIAL

* Tamanho do grupo
* Idade do grupo/Estrutura sexual

COMUNICAÇÃO

* Natureza da comunicação
(Gestual, vocal)

* Complexidade gramática
* Inovação conceitual (?)

FIGURA 6-2: Principais fatores envolvidos na evolução hominídea primitiva.

Ilustração cortesia de Cameron M. Smith

Embora certamente houvesse outros fatores envolvidos na evolução hominídea primitiva, a lista anterior é um resumo excelente dos mais importantes e nos dá muito sobre o que pensarmos.

Claramente, a evolução hominídea não foi uma questão simples e não pode ser reconstruída facilmente. Mas os antropólogos e os arqueólogos são engenhosos na habilidade de extrair o máximo possível de qualquer fragmento que possa revelar algo sobre o passado. Nas próximas seções, mostro exatamente o que os fósseis têm a dizer sobre a evolução hominídea primitiva.

Tudo Igual do Pescoço para Baixo: Os Australopitecos

Por anos, os paleoantropólogos ficaram obcecados por encontrar e interpretar os fósseis e (às vezes) as ferramentas de pedras usadas por esses hominídeos. Muitas das descobertas fósseis foram do gênero *Australopiteco* (*austral* fazendo alusão à África do Sul, onde foram encontrados primeiramente; e *pitecos*, à natureza, semelhante à dos símios). Como grupo, são referidos como australopitecos.

Descobertas fósseis deixaram claro que, entre cerca de 4 milhões e 1 milhão de anos atrás, havia dois grupos principais de hominídeos africanos — os *robustos* e os *graciosos*. De muitas maneiras, essas criaturas eram semelhantes aos seres humanos: caminhavam sobre duas pernas, provavelmente viviam em grupos sociais de tamanho praticamente igual ao dos chimpanzés ou gorilas, provavelmente tinham algumas vocalizações complexas (embora a antropologia não tenha uma boa evidência para apoiar a existência da linguagem moderna tão antigamente assim) e viviam de modo que diríamos ser semelhante a outros primatas de hoje, ou mesmo a outros mamíferos sociais, como lobos ou grandes felinos. As seções a seguir descrevem esses dois grupos com mais detalhes.

LEMBRE-SE

Tenha em mente que, embora haja alguns fósseis hominídeos pré-australopitecos, a época dos australopitecos é quando o registro fóssil realmente fica rico e bem conhecido, então me concentro neles neste livro.

Diferenças e semelhanças básicas

Os australopitecos robustos e graciosos compartilham entre si as seguintes características anatômicas:

» **Locomoção bípede:** Caminhar habitualmente sobre duas pernas.

» **Encefalização:** Ter cérebro *levemente* maior do que o esperado para seu tamanho corporal, em comparação a outros primatas, como o chimpanzé.

» **Redução do canino:** Ter dentes caninos menores do que outros primatas.

» **Grau moderado de dimorfismo sexual:** Tamanhos corporais diferentes para machos e fêmeas; isso é comum em primatas não humanos — os gorilas machos podem ser 50% maiores do que as fêmeas —, mas é menos pronunciado em seres humanos, sendo os homens apenas 10% maiores que as mulheres.

» **Tamanho corporal moderado:** Ficando entre cerca de 1,2m a aproximadamente 1,4m e pesando de 30kg a cerca de 45kg.

Para alguns antropólogos, as reais diferenças nos robustos e nos graciosos são suas cabeças — ou seja, como suas dietas se refletem em seus dentes. Nas próximas seções, explico por que alguns antropólogos dizem que os australopitecos eram todos iguais do pescoço para baixo.

Em outras palavras, os australopitecos eram um pouco maiores que os chimpanzés, mas menores que os seres humanos modernos, tinham cérebros grandes (mais sobre isso em instantes), dentes menores e mais parecidos com os dos seres humanos do que outros primatas e caminhavam eretos. Essas criaturas são as denominadas homem-macaco por Hollywood (claro, as coisas ficariam muito chatas rapidamente sem alguma mulher-macaco), e, de certa forma, Hollywood acertou. Boas evidências mostram que os australopitecos graciosos eram ancestrais diretos dos primeiros membros do gênero *Homo*, o originador de todos os seres humanos atuais. A Figura 6-3 mostra o crânio (caixa cerebral e face) das principais espécies hominídeas primitivas (e algumas outras analisadas nos Capítulos 7 e 8), incluindo ossos faciais e dentes, além do tamanho relativo de seus cérebros. A Figura 6-4 mostra como essas espécies estavam relacionadas e quando existiram. Em ambas as figuras, vemos semelhanças e diferenças que analiso nas próximas seções.

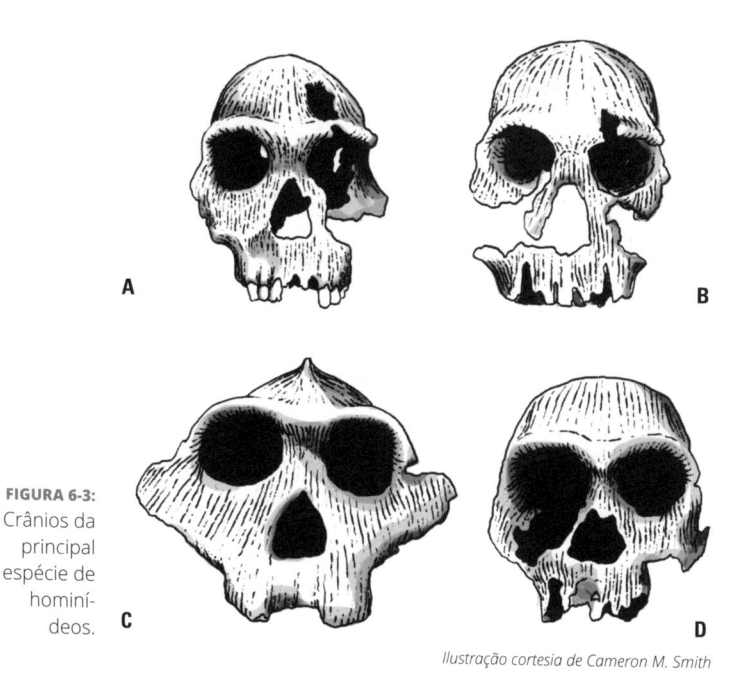

FIGURA 6-3: Crânios da principal espécie de hominídeos.

Ilustração cortesia de Cameron M. Smith

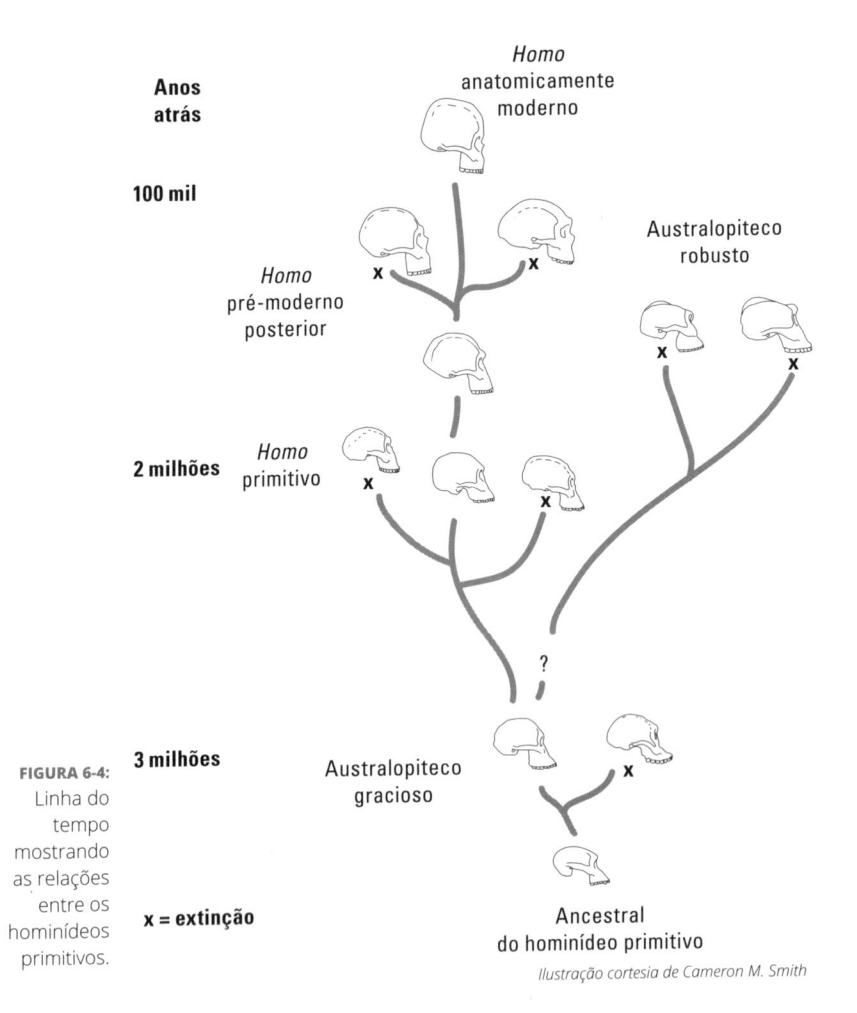

FIGURA 6-4: Linha do tempo mostrando as relações entre os hominídeos primitivos.

Anos atrás

Homo anatomicamente moderno

100 mil

Homo pré-moderno posterior

Australopiteco robusto

2 milhões — *Homo* primitivo

3 milhões

Australopiteco gracioso

?

x = extinção

Ancestral do hominídeo primitivo

Ilustração cortesia de Cameron M. Smith

Uma forma de pensarmos sobre os australopitecos robustos e graciosos é a mesma em que pensamos sobre os leões e os guepardos; ambos têm basicamente o mesmo plano corporal, vivem em ambientes semelhantes, podem ir atrás de fontes parecidas de alimentos e têm um ancestral evolucionário comum, mas cada um desenvolveu sua própria maneira de vida, divergindo evolucionariamente para se tornar um animal diferente. As evidências sugerem a mesma coisa sobre os australopitecos.

LEMBRE-SE

Classificar materiais fósseis significa decidir a qual grupo biológico pertencem; em geral, os antropólogos fazem isso com base no formato, que revela muito sobre o animal. Por exemplo, ninguém classificará um crânio de peixe na categoria de coelhos. Mas, quando o assunto são nossos ancestrais — os hominídeos primitivos —, as coisas não são tão simples; a antropologia pode levar para o lado pessoal (os antropólogos são seres humanos, é claro), e as coisas se complicam. Lembre-se de que alguns antropólogos são *agrupadores* [*lumpers*] (ignoram os detalhes para se concentrar em padrões comuns e alocar novas descobertas em grupos existentes), enquanto outros são *divisores* [*splitters*], que se concentram nos detalhes e tendem a criar novos grupos em vez de alocar novos fósseis aos antigos. Pessoalmente, sou um agrupador, e pode ter certeza de que essa tendência afetou minhas interpretações dos materiais. Mesmo assim, em uma escala ampla, a maioria dos antropólogos concordaria com a essência da narrativa sobre a evolução do hominídeo primitivo que apresento neste livro.

O esmagador: Australopitecos robustos

Os *robustos* eram um tipo bem encorpado de australopiteco. Suas características anatômicas incluíam:

> » **Molares enormes e chatos** para processar uma dieta relativamente seca (veja mais sobre essa dieta mais à frente nesta seção).

> » **Estrutura facial extremamente forte e sustentada** para absorver o enorme impacto da mastigação.

> » **Crista sagital,** ou um osso proeminente acima do crânio — como um moicano —, que servia como um ponto de fixação para músculos enormes de mastigação.

> » **Volume cerebral moderado,** com cerca de 550cm³ (cerca de 1,5 latinha de refrigerante).

Os robustos, portanto, tinham as cabeças robustas (os molares deles eram quatro vezes maiores que os seus), e isso estava relacionado com enormes pressões de mastigação. O que mastigavam? Análises do desgaste microscópico nos fósseis de seus dentes indicam uma dieta muito semelhante à dos rinocerontes modernos (sim, os próprios), que subsistem com dentes chatos que são arranhados e desgastados por pó que se adere às folhas. O robusto, então, é evidência de um hominídeo vegetariano, cujos dentes enormes não eram usados para cravar a carne das presas, mas para cortar, esmagar e moer folhas e outras matérias vegetais.

Os robustos primitivos (*Australopithecus aethiopicus*) são conhecidos como tendo vivido há cerca de 2,5 milhões de anos, e os mais recentes, há cerca de 1 milhão de anos. Eles são diversamente classificados como *Australopithecus robustus* ou *Australopithecus boisei*, e alguns os classificam em um gênero diferente: *Paranthropus*. Porém, como sou agrupador, coloco todos eles no grupo genérico "australopiteco robusto".

Alguns exemplares interessantes de robustos incluem:

>> **O Crânio Negro,** um robusto de 2,5 milhões de anos atrás do norte do Quênia.

>> **Hominídeo 5 de Olduvai,** um robusto posterior (cerca de 1,7 milhão de anos) descoberto em 1959 por Mary Leakey na Garganta de Olduvai, Tanzânia.

>> **Mandíbula de Peninj,** a mandíbula inferior de um robusto datada com 1,5 milhão de anos — um dos últimos robustos conhecidos.

Após 1 milhão de anos, nenhum outro fóssil robusto aparece; de fato, parece que foram extintos. Isso não é incomum; a maioria das espécies é extinta após alguns milhões de anos (a média é de 4 milhões de anos) por inúmeros motivos. Um deles é que a espécie fica especializada demais em uma fonte de alimentos que, de repente, acaba se extinguindo também. Sem conseguir reagir rapidamente a tal mudança na fonte de alimentação (biologicamente, é claro; eles não podem *forçar* seus corpos a se adaptar), a espécie morre. Esse cenário pode muito bem ter sido o caso com os robustos — eles tinham uma dieta bem especializada. Seja como for, após 1 milhão de anos, os robustos desaparecem, e nenhuma espécie posterior, incluindo a *Homo*, carrega qualquer traço deles. Um último traço é mostrado em minha reconstrução de um robusto, na Figura 6-5.

FIGURA 6-5: Minha reconstrução de um australopitecino robusto.

Ilustração cortesia de Cameron M. Smith

O onívoro: Australopitecos graciosos

Os *graciosos* eram um tipo leve de australopiteco. Entre suas características anatômicas estão:

» **Tamanho dental moderado,** menor que os dentes enormes dos robustos, mas maiores que os dos seres humanos modernos.

» **Estrutura facial de tamanho moderado,** que absorve mais impacto que os crânios dos seres humanos modernos, mas muito menos que os dos robustos, ou mesmo dos chimpanzés ou gorilas.

» **Falta de crista sagital,** significando que eles não têm o enorme osso proeminente para os gigantescos músculos de mastigação.

» **Tamanho cerebral moderado,** com cerca de 480cm^3 (praticamente, uma latinha de refrigerante).

Os graciosos, portanto, parecem ser intermediários entre as características dos chimpanzés e gorilas (nossos parentes vivos mais próximos) e os seres humanos modernos. Eles não têm os enormes dentes de trituração dos robustos (e o desgaste microscópico de seus dentes indica uma dieta onívora, ou variada), mas não são como os chimpanzés ou gorilas, tampouco; comparados a estes, os graciosos são muito mais parecidos com os seres humanos.

Por esses motivos, muitos chamaram os graciosos de *elo perdido* entre o *Homo* e o restante da ordem primata. Embora alguns antropólogos digam que as origens do *Homo* ainda são desconhecidas, muitos (talvez a maioria) acreditam que os graciosos são os ancestrais imediatos do *Homo*. Concordo com essa teoria, embora a ciência sempre permita espaço para novas descobertas e reinterpretações dos materiais disponíveis.

Os graciosos primitivos são conhecidos como sendo de cerca de 4 milhões de anos atrás, e os mais recentes, de 2 milhões de anos atrás. São um pouco mais conhecidos do que os robustos, e seu grupo contém variações internas significativas sobre as quais não tenho espaço para analisar aqui. Como um agrupador, coloco todos eles no grupo genérico "australopiteco gracioso"; tal classificação não é enganosa para meus propósitos aqui. Alguns exemplares e espécies de graciosos incluem:

» *Australopithecus ramidus.* O australopitecino mais primitivo conhecido — robusto ou gracioso —, com cerca de 4 a 5 milhões de anos.

» *Australopithecus afarensis.* O exemplar mais famoso é Lucy, o crânio parcial de 3,2 milhões de anos descoberto na Etiópia em 1972 por paleoantropólogos que escutavam a música dos Beatles "Lucy in the

Sky With Diamonds". (Lucy é, na verdade, apenas uma dos 33 indivíduos conhecidos da *Australopithecus afarensis*, mas é a mais famosa.)

» *Australopithecus africanus,* espécie muito conhecida encontrada na África, do sul a leste, e datada com entre 3 e 2 milhões de anos; destaca-se o Bebê de Taung, descoberto na África do Sul, tinha[3] poucos anos quando morreu, e as marcas no crânio sugerem ter sido morto e arrebatado por uma grande ave de rapina.

» *Australopithecus sediba,* de pequenos hominídeos da África do Sul, e apenas bem conhecida nos últimos 15 anos. Essa espécie tem características tão semelhantes aos primeiros membros do gênero *Homo*, que muitos a descrevem como uma clara ligação fóssil entre nossa linhagem *(Homo)* e o restante da ordem primata — o verdadeiro "elo perdido".

Após cerca de 1 milhão de anos, os fósseis graciosos desaparecem; são encontrados apenas robustos e membros de um novo grupo, *Homo* (sobre o qual pode ler na próxima seção). Embora o desaparecimento dos robustos estivesse completo — nenhum hominídeo posterior tinha características deles —, não é o que acontece aqui. Os primeiros membros do gênero *Homo* tinham características dos últimos graciosos. Tal evidência sugere fortemente que os graciosos não são apenas um elo com os outros primatas, mas também com as origens de nossa própria linhagem, também. Os australopitecos graciosos, portanto, são um elo perdido, e a espécie recém-descrita, *A. sediba*, é a que melhor representa essa transição evolucionária.

O Espelho Quebrado: *Homo* Primitivo

Há cerca de 2 milhões de anos, a savana era o lar de pelo menos dois tipos de hominídeos: o australopiteco robusto e membros de um novo grupo biológico, o gênero *Homo*. Essa criatura, na raiz de cada pessoa hoje, também teve origem na África. Ao observar os fósseis do *Homo* primitivo, sinto que estou olhando em um espelho antigo e quebrado: *Este sou eu, né?!*

Características do *Homo* primitivo

O *Homo* primitivo possuía algumas características anatômicas muito distintivas:

» **Cérebro muito grande,** com cerca de $700cm^3$ (cerca de duas latinhas de refrigerante), comparados com as cerca de quatro latinhas de refrigerante para os seres humanos modernos e cerca de uma para os chimpanzés e gorilas.

» **Estrutura facial relativamente leve,** absorvendo menos impacto de mastigação do que qualquer australopitecino.

> » **Ausência de crista sagital,** também indicando uma falta de ênfase em mastigação pesada.

> » **Mão totalmente moderna** com polegar opositor, criando uma extrema destreza relativa.

Em contraste com os australopitecos, porém, as características distintivas do *Homo* primitivo não são apenas anatômicas; elas também incluem os primeiros traços comportamentais importantes que continuaram ao longo da linhagem até hoje. Um desses traços é o uso maior de ferramentas, como as de pedra, utilizadas cada vez mais após 2 milhões de anos atrás; há cerca de 1,8 milhão de anos, começamos a questionar como o *Homo* sobrevivia sem ferramentas. O *Homo* primitivo também dava uma grande ênfase aos tecidos animais na dieta, fato indicado por um aumento no número de ossos animais com marcas de ferramentas de abate e/ou martelos de pedra usados para obter o nutriente tutano.

Assim, o *Homo* primitivo era, realmente, uma criatura bem nova. Tinha um cérebro quase duas vezes maior que o dos australopitecos graciosos, uma constituição mais leve (embora, talvez, um pouco mais alta) do que qualquer australopitecino e alguns comportamentos novos e radicais. Embora os australopitecos possam ter feito uso de algumas ferramentas simples feitas de galhos, ossos, chifres e até pedaços de pedra, é com o *Homo* primitivo que a ferramenta deixa de ser uma parte da vida para ser uma necessidade dela.

Por exemplo, considere que o tecido cerebral é extremamente exigente sob uma perspectiva calórica, consumindo mais de 20 vezes a quantidade de calorias do que os tecidos musculares. Ele tem sua utilidade (como aumentar o potencial para a inteligência), mas sua fome enorme por calorias precisa ser alimentada! E, de todos os alimentos na savana hominídea, a maior parte das calorias vinha dos corpos de outros animais — da gordura, do sangue e da carne. O *Homo* primitivo caçava e coletava qualquer tipo de comida que pudesse encontrar, mas também começou a consumir mais tecidos animais do que qualquer outro hominídeo, e isso só foi possível com as ferramentas criadas para abater aqueles animais e obter suas calorias.

As primeiras amostras do *Homo* têm cerca de 2,5 milhões de idade, e as mais recentes, ao redor de 1,5 milhão. Nunca devemos depender apenas de uma amostra fóssil para chegar a conclusões radicais, mas temos um registro fóssil considerável para o *Homo* primitivo; descobertas recentes demonstraram que provavelmente existiram diversas variedades do *Homo* primitivo, incluindo *Homo habilis*, *Homo rudolfensis* e *Homo ergaster*. Sendo eu um "agrupador", nesta introdução sobre os hominídeos primitivos, eu os coloco todos no grupo genérico "*Homo* primitivo".

Algumas amostras interessantes do *Homo* primitivo (os números de catálogo estão incluídos para que você possa encontrá-los facilmente na internet ou em outros textos) incluem:

>> Crânio 1470, uma linda amostra do crânio e da face preservada do *Homo* primitivo, que alguns atribuem ao *H. rudolfensis*, e outros, ao *H. habilis*.

>> Crânio 1813, outro crânio completo e bem preservado com face e muitos dentes; é tão semelhante tanto aos graciosos posteriores quanto ao *Homo* primitivo, que, desde quando estudo o assunto, ninguém tomou uma decisão final sobre a qual espécie pertence.

Após 1,8 milhão de anos atrás, o *Homo* primitivo evoluiu para *Homo erectus*, uma espécie que analiso posteriormente neste capítulo. A Figura 6-6 mostra minha reconstrução (e o crânio fóssil original) de um membro do *Homo* primitivo.

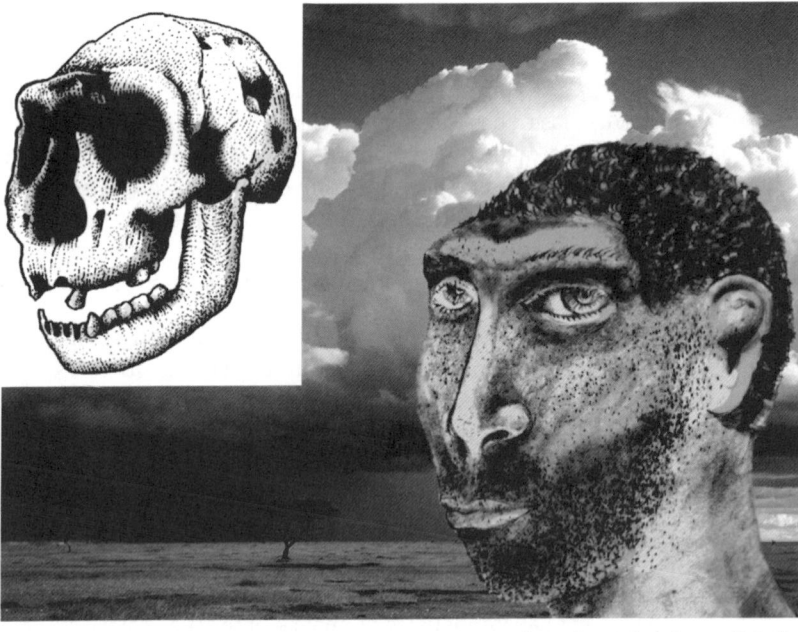

FIGURA 6-6: Minha reconstrução em desenho da amostra WT15000, "Menino de Turkana", membro primitivo do gênero *Homo*.

Ilustração cortesia de Cameron M. Smith

Dálmatas e fumaça de charuto: Descobertas na Garganta de Olduvai

Fumando charutos, sorvendo uísque e arrebanhando seus dálmatas diariamente e por décadas, Mary Leakey foi uma força da natureza dedicada a compreender a vida dos seres humanos primitivos. Com o marido, Louis, ela fez descobertas incríveis sobre a vida do *Homo* primitivo na Garganta de Olduvai, Tanzânia, onde camadas geológicas preservaram um longo registro de evolução humana desde mais de 2 milhões de anos atrás até hoje. As descobertas de Leakey incluem:

> » Muitos resquícios de ferramentas de pedras e pedaços de fósseis de ossos; as pedras incluem ferramentas e restos de suas fabricações, e os ossos às vezes carregam cortes e arranhões feitos por ferramentas de abate.

> » Muitos fósseis hominídeos, incluindo os resquícios dos australopitecos robustos e do *Homo* primitivo; na verdade, os Leakey demonstraram que essas duas espécies viveram na mesma área no mesmo tempo, mas, como buscavam tipos diferentes de alimentos, argumentam alguns, houve pouco atrito entre eles.

Tchau, África: Dispersão do *Homo* primitivo

Não muito tempo atrás, o consenso geral era o de que os hominídeos saíram da África pela primeira vez ao redor de 1 milhão de anos atrás na forma do *Homo erectus*, o hominídeo para o qual o Homo primitivo evoluiu há cerca de 1,8 milhão de anos. Porém descobertas recentes mostram que o *Homo* saiu há quase 2 milhões de anos, ou ainda antes.

> » O sítio de 1,8 milhão de anos em Dmanisi, margem leste do Mar Negro, revelou ferramentas de pedra (do tipo oldovaiense; veja a próxima seção) e fósseis espetaculares de um hominídeo novo à ciência que certamente está dentro do Homo, mas de uma espécie ainda em debate; alguns dizem que é a *H. rudolfensis* posterior, outros, que é a *H. erectus* primitiva; para nossos propósitos, o importante é que está no gênero *Homo*, e não no *Australopiteco*.

> » Um estudo de 2015 determinou que os resquícios fósseis do *Homo* primitivo estão agora confirmados no sítio de Gongwangling, China, datando com 1,63 milhão de anos. É uma idade parecida de alguns materiais fósseis atribuídos ao *Homo* de Java.

Hora das ferramentas: A anatomia se desassocia do comportamento

Após iniciarmos o estudo do *Homo*, adentramos no mundo das *ferramentas*, artefatos feitos ou usados pelos hominídeos. Como a pedra se deteriora mais lentamente que o osso, a madeira ou o chifre, usados para outras ferramentas, as ferramentas primitivas mais conhecidas são as de pedra. Assim, os arqueólogos passaram muito tempo as classificando e estudando. Para os estudos dos hominídeos primitivos, há dois tipos de ferramentas mais importantes para lembrar. As ferramentas *oldovaienses* são datadas de cerca de 2,5 milhões de anos atrás e persistem até cerca de 1,6 milhão de anos atrás; são em grande parte assimétricas e consistem em pedras ou lascas danificadas (em geral, de cutelos ou lascas de corte). Mas, há cerca de 1,6 milhão de anos, os hominídeos inventaram e/ou aprenderam a aplicar o conceito de simetria a suas ferramentas, e machadinhas cuidadosamente esculpidas, normalmente no formato de gota, são comuns.

Anteriormente, mencionei que os primeiros fósseis do *Homo* fora da África estão na Europa Oriental, na China e em Java. Ferramentas de pedra assimétricas, semelhante às oldovaienses e datando de mais de 2 milhões de anos, foram encontradas fora da África, no sítio de Shangchen, na China; no entanto, fósseis hominídeos não foram encontrados junto a elas, e não está claro qual hominídeo as fez. Presumimos que seja o *Homo*, pois é o hominídeo primitivo que mais depende delas para a sobrevivência. Porém teremos que esperar e ver quais outros materiais fósseis aparecem!

NINGUÉM SEGURA ESTA MULHER: A VIDA DE MARY LEAKEY

Mary Douglas Nicol nasceu em Londres, Inglaterra, em 1913. Casou-se com Louis S. B. Leakey em 1937 e, logo depois, deu início à pesquisa sobre as origens primitivas humanas na África. Em 1949, descobriu os restos fósseis quase completos do *Proconsul africanus*, uma importante espécie primata extinta com mais de 20 milhões de anos.

Na década de 1950, os Leakey começaram suas escavações na Garganta de Olduvai, na Tanzânia, onde trabalharam por décadas. Em 1959, Mary descobriu o fóssil lindamente preservado de um hominídeo primitivo extinto, *Australopithecus boisei* (parte do seu nome é uma homenagem à Boise State University, que participou na escavação). Infelizmente, o crânio fóssil foi esmagado durante a noite pelo gado que passava na região, e Leakey teve que passar semanas juntando tudo de novo. A descoberta foi tão espetacular, que a National Geographic Society se interessou e começou a patrocinar as escavações de Leakey e a dar publicidade às suas descobertas.

Escavações e grandes descobertas continuaram ao longo da década de 1960. Mary escavou os fósseis de ossos e ferramentas de pedra do *Homo* primitivo, encontrando evidências de que às vezes os hominídeos abatiam outros animais, e, em outras, de que os animais mordiam os ossos dos hominídeos. No início da década de 1970, diversos métodos permitiram uma datação mais precisa das camadas em Olduvai, que tem sítios datados com mais de 2 milhões de anos. As escavações ainda continuam lá até hoje.

Embora Louis Leakey tenha falecido em 1972, Mary Leakey continuou trabalhando. Sua descoberta mais espetacular ocorreu em 1976, quando encontrou uma trilha de pegadas fossilizadas em Laetoli, Tanzânia. Datadas com mais de 4 milhões de anos, as pegadas provaram que os hominídeos primitivos caminhavam da forma mais moderna possível naquela época.

Posteriormente, Mary Leakey concentrou sua pesquisa nas artes em rocha da África, compilando registros detalhados de milhares de sítios ao longo do continente. Ela morreu em dezembro de 1996, tendo passado quase um século dando à humanidade um vislumbre de suas raízes.

Seja quando for que o *Homo* tenha saído da África, é importante entendermos que, com o gênero *Homo*, o comportamento hominídeo começou a se desassociar de sua anatomia; ou seja, o corpo não era mais o fator que realmente definia os limites de comportamento para a espécie. Com as ferramentas, os hominídeos conseguiam fazer coisas que o corpo por si só não. Por exemplo, conseguiam usar ferramentas de pedra para esmagar ossos e extrair o tutano — os ossos frescos são extremamente difíceis de quebrar com qualquer outra coisa diferente de um pesado martelo de pedra — ou abrir o couro das carcaças torradas ao sol de animais mortos. (Vamos almoçar?)

Assim, para o *Homo* primitivo e cada vez mais para todos os seres humanos, as ferramentas assumem um papel muito importante de substituição das características corporais de outras espécies, como as mandíbulas das hienas que destroçam ossos e os dentes afiados e cortantes dos grandes felinos. E, com o passar do tempo, as ferramentas do *Homo* se tornaram cada vez mais complexas, chegando a incluir artefatos feitos a partir de diversas matérias-primas, como ossos e madeiras amarrados ou colados, e aumentando o alcance comportamental dos hominídeos. E tudo isso começou com as ferramentas de pedra — simples lascas de pedra.

O Viajante: Realizações do *Homo erectus*

Em minhas aulas, geralmente me refiro ao mundo do *Homo erectus* como sendo obscuro, porque, embora a espécie tenha alguma semelhança com os seres humanos modernos e tenha sido definitivamente mais parecida com eles do que qualquer outro símio, muitas facetas de sua vida têm sido um mistério há muito tempo. Mas, hoje, os arqueólogos sabem mais coisas sobre o *H. erectus* do que há 20 anos, então também digo que novas luzes vêm iluminando o assunto. Nesta seção, faço um resumo do que os arqueólogos descobriram sobre esse fascinante hominídeo primitivo.

Características do *Homo erectus*

Há cerca de 1,8 milhão de anos — muito depois da aparição do *Homo* primitivo, ao redor de 2,5 milhões de anos atrás —, havia dois hominídeos principais em cena: o australopiteco robusto e o *Homo erectus*. Quando descobertos, no final do século XIX, os fósseis do *H. erectus* foram considerados representações dos primeiros primatas bípedes, mas isso estava bem errado; evidências agora colocam os bipedalismo há perto de 6 milhões de anos. Mesmo assim, o nome *Homo erectus* (referindo-se a ficar ereto sobre as duas pernas) pegou. Como seu ancestral *Homo* primitivo, o *Homo erectus* possuía algumas características anatômicas bem distintivas:

>> **Cérebro muito grande:** Cerca de $1.000cm^3$ — quase três latinhas de refrigerante, comparadas às cerca de quatro para o cérebro humano moderno.

» **Dentes muito pequenos:** Comparados com qualquer hominídeo até agora, indicam muito menos pressão de mastigação, pois o *Homo erectus* comumente processava os alimentos com ferramentas, e não apenas com a boca.

» **Tamanho corporal grande:** O exemplar Menino de Turkana, um adolescente medindo 1,60m quando morto, teria cerca de 1,80m quando adulto.

Como o *Homo* primitivo, no entanto, as adaptações do *H. erectus* não foram só anatômicas; incluíam algumas características comportamentais importantes:

» **Dependência anda maior de ferramentas:** Os antropólogos mal podem imaginar o *H. erectus* sobrevivendo sem ferramentas há cerca de 1,8 milhão de anos.

» **Ferramentas de pedra mais complexas:** Incluíam machadinhas simétricas e de múltiplo propósito usadas para abater grandes animais e trabalhar a madeira.

» **Ampla distribuição geográfica:** O *H. erectus* migrou para as montanhas geladas do nordeste da Ásia, sobreviveu nas selvas do sul da Ásia e caçou nas florestas do centro da Europa.

Em resumo, o *Homo erectus* continuou todas as tendências vistas desde as origens do gênero *Homo*; portanto, a sociedade e mesmo a comunicação se tornaram, presumivelmente, mais complexas. Analiso a evolução da linguagem no Capítulo 13; por ora, lembre-se de que o *Homo erectus* não tinha o que consideramos uma linguagem totalmente moderna. Isso não quer dizer que eram brutos burros que andavam arrastando as mãos no chão. As próximas seções analisam algumas de suas realizações.

Carniceiro é coisa do passado, agora a moda é a caça de emboscada

O *Homo erectus* provavelmente começou como carniceiro confrontante, como seu ancestral, o *Homo* primitivo. Os *carniceiros confrontantes* (como as hienas) confrontam os grandes felinos e os expulsam para longe das carcaças, que podem então comer. Agora, imagine um bando de *H. erectus* inteligentes, confrontantes e com 1,80m de altura, e terá um vislumbre de como sobreviviam. Posteriormente, no entanto, o *H. erectus* começou a competir diretamente com os carnívoros do topo, como o leão e, talvez com mais frequência, o guepardo, levemente menos intimidante. Descobertas como as lanças de 400 mil anos em Schoeningen, Alemanha, ajudam a ilustrar tal progressão. Esses artefatos, chegando a 1,80m de comprimento e moldados com uma ponta afiada, mostram que o *H. erectus* estava apostando tudo o que tinha, e não saía para caçar de forma hesitante; tais ferramentas são evidências da predação por emboscada, atacando espécies como cavalos e rinocerontes lanosos, com a ferocidade de um grande felino.

O uso do fogo

Temos evidências sólidas de que, há cerca de 800 mil anos, o *H. erectus* controlava o fogo. No sítio de Gesher Benot Ya'aqov, em Israel, escavações recentes revelaram os resquícios carbonizados de até seis espécies de combustível de madeira, capim de cabra e ferramentas de pedra desfiguradas pela exposição ao calor da fogueira. Ali perto, no sítio da Caverna de Qesem (também em Israel), evidências do uso controlado do fogo datam de 400 mil anos atrás, incluindo fragmentos de cinzas de madeira.

Datas mais recentes, de cerca de 300 mil anos atrás, mostram que o *H. erectus* claramente controlava o fogo no leste da Ásia (Caverna de Zhoukoutien, perto de Pequim) e na Espanha (Torralba e Ambrona). Em ambos os sítios, há fragmentos queimados que parecem ser fogueiras para cozinhar alimento animal. De modo similar, fragmentos de terra queimada e de cinzas foram encontrados em Bilzingsleben, Alemanha, datando de 300 mil anos; aqui, parece que os fragmentos estavam dentro de cabanas simples de madeira.

O fogo teria sido útil para os hominídeos por diversos motivos. Ele forneceria proteção contra animais sem fogo (como os grandes felinos). Também oferecia diversos benefícios de processamento de alimentos, como a prevenção da desidratação, o extermínio de bactérias perigosas e a quebra das proteínas, o que aumenta a digestibilidade. O fogo também podia manter os hominídeos aquecidos durante a noite. Mas cada benefício evolucionário tem um custo; caso ficasse dependente do fogo para sobreviver, também teria que o alimentar constantemente e sempre estar buscando lascas de pedra (para fazer fagulhas), gravetos etc.

Simetria, embarcações e a "cultura dos quinze minutos"

O *H. erectus* também fazia ferramentas simétricas de pedra; caso isso não o impressione, tente fazer uma! Os seres humanos modernos precisam de meses para dominar tal habilidade, e nem todos são bons nisso. Mas o *H. erectus* produzia rapidamente essas ferramentas e aos montes (muitos milhares de machadinhas simétricas estão espalhadas nas antigas margens do lago no sítio Olorgesailie, no Quênia, datando de mais de 800 mil anos), usando-as para uma variedade de tarefas, que iam de cavar a abater e trabalhar a madeira. Essa prática também revela que o *H. erectus* era capaz de certo grau de abstração — ela impunha o conceito de uma forma simétrica em um pedaço de pedra. Tal ato não é o simbolismo totalmente desenvolvido e presente nos seres humanos modernos, mas tampouco é pouca coisa. Os Capítulos 7 e 13 analisam com mais detalhes a significância dos símbolos.

Escavações recentes revelaram que o *H. erectus* chegou à Ilha das Flores, na Indonésia, há cerca de 800 mil anos. (**Nota:** essas *não são* o "Homem de Flores" ou os fósseis de "Hobbit", que são de uma espécie diferente, datada de apenas 18 mil anos.) A reconstituição dos níveis do mar daquela época indica que algum tipo de embarcação teria sido necessário para tal viagem de até 32km em mar aberto. É um desenvolvimento tão inesperado e distante do que conhecíamos e pensávamos sobre o *H. erectus*, que ainda não digeri totalmente sua significância. Acredite, é algo inacreditável!

Por fim, o sítio Boxgrove, no sul da Inglaterra, revelou que as ferramentas de pedra do *H. erectus* talvez levassem horas para serem feitas (e não apenas alguns minutos, como pensavam alguns arqueólogos), e que os arqueólogos podem estar subestimando suas habilidades. Essa descoberta parece contrariar o consenso comum de que o *H. erectus* tinha um período de atenção relativamente curto — o que um arqueólogo denominou de *cultura dos 15 minutos.*

LEMBRE-SE

A subestimação das habilidades dos povos primitivos não seria um equívoco novo na arqueologia. Na minha opinião e experiência, a arqueologia subestima consistentemente quanto tempo atrás os eventos aconteceram pela primeira vez, assim como até onde as pessoas viajaram no mundo antigo. Nós, arqueólogos, estamos sempre empurrando as datas mais para trás com relação à primeira ocorrência de algum desenvolvimento (como a roda, a escrita, as ferramentas de pedra e assim por diante) e nos surpreendendo com a distância percorrida nas viagens primitivas, seja a pé ou por água.

Capítulo **7**

Lar Doce Lar: *Homo sapiens sapiens*, Nossa Espécie Biológica

Ser de fato humano, afinal, é um prazer relativamente recente (e às vezes incômodo). Também é um prazer complicado; para entendermos o que os seres humanos são, é preciso reconhecermos a diferença entre sermos modernos anatômica e comportamentalmente, algo sobre o qual os antropólogos físicos e os arqueólogos baseiam toda uma carreira. Nos últimos cem anos, eles viraram pelo avesso ideias amplamente aceitas sobre o que os seres humanos são como espécie. Como? Bem, eles mostraram que os seres humanos não descenderam dos neandertais europeus, como os primeiros antropólogos achavam, mas dos africanos, há 100 mil anos. E também mostraram que a arte rupestre não é apenas uma decoração rústica; são os marcos de uma mente humana nova, espetacular e essencialmente moderna. Essas e outras descobertas nos ajudam a entendermos quem são os seres humanos — o que exatamente define o *Homo sapiens sapiens*.

Visto que a antropologia é o estudo da humanidade como um todo, defini-la é um bom começo; neste capítulo, ofereço uma compreensão melhor sobre como os antropólogos definem a humanidade.

Identificando o *Homo sapiens sapiens* Moderno (É Você!)

Como a humanidade *se tornou* humana a partir de algum ancestral proto--humano? O que significa ser humano, afinal? A antropologia vem lutando com essas questões há décadas. Hoje, é possível dizer muito sobre quando e onde a humanidade surgiu, mas exatamente *por que* ou *como* — bem, essa é a parte difícil. Comecemos com o que os antropólogos sabem com certeza.

Primeiro, precisamos considerar separadamente os dois caminhos que levam ao humano moderno. *Modernidade anatômica* significa ter uma estrutura anatômica que é indistinguível daquela das populações modernas. *Modernidade comportamental*, por outro lado, é demonstrar um comportamento cultural que seja indistinguível daquele das populações modernas. Por que considerar essas distinções de forma separada? Vou falar sobre isso logo mais neste capítulo. Agora, dê uma olhada nas próximas seções, que explicam sobre quando a modernidade anatômica e comportamental surgiu. Compreender as origens da modernidade ajuda muito em sua explicação — no mínimo, é necessário como um pano de fundo para explicarmos a humanidade moderna contemporânea.

LEMBRE-SE

Este capítulo fala muito de conceitos evolucionários; dê uma olhada no Capítulo 3 para refrescar a memória quanto a esse assunto.

Modernidade anatômica

Na seção anterior, mencionei que a modernidade anatômica significa ter uma anatomia — um corpo — que seja totalmente moderno, impossibilitando diferenciá-lo dos corpos humanos vivos e modernos. Tais características físicas são o que definem o *Homo sapiens sapiens Anatomicamente Moderno*, bastante conhecido como HssAM; é ele que o diferencia de seus ancestrais, conhecidos como *pré-modernos*, ou *Homo sapiens Arcaico* (HsA). Essas características incluem traços do *crânio* (a cabeça) e do *pós-crânio* (o esqueleto abaixo da cabeça).

A MATÉRIA CEREBRAL IMPORTA

Cérebros grandes são uma das características mais distintivas dos seres humanos anatomicamente modernos, mas o volume cranial não tem, necessariamente, uma relação direta com a inteligência (e é difícil mensurá-la). Ainda assim, os cientistas hoje em dia a avaliam pela capacidade de um indivíduo em lidar com as circunstâncias variáveis. Essa diretriz serve para nossos dias, mas é muito difícil mensurá-la nos hominídeos antigos. No entanto, os antropólogos sabem que, com o passar do tempo,

- **O volume cranial hominídeo aumentou.**
- **O comportamento hominídeo ficou mais complexo.**
- **O alcance geográfico hominídeo se tornou mais expansivo.**

Esses três pontos provam que os hominídeos conseguiram se adaptar gradualmente às circunstâncias ecológicas novas ou variáveis. Com o tempo, eles ganharam inteligência!

Não importa como avaliemos, os hominídeos claramente ficaram mais inteligentes com o passar do tempo — mais capazes, por exemplo, de modificar seu comportamento com base em experiências passadas. Essa adaptabilidade foi muito útil para a sobrevivência. Assim, embora os antropólogos saibam que a inteligência e o volume cerebral não estão correlacionados perfeitamente, o estudo do volume cranial hominídeo e sua comparação com a migração e o comportamento como uma métrica rudimentar da inteligência hominídea é uma busca fascinante.

No crânio:

- » Os dentes, a arcada supraciliar e a face do HssAM são em geral menores do que do HsA, refletindo menos pressão de mastigação (provavelmente relacionada com o uso maior de ferramentas para processar alimentos).

- » A caixa cerebral do HssAM é maior (contendo um cérebro quase do tamanho de seis latinhas de refrigerante — cerca de 1.450cm³, ou 1,5 litro), indicando uma cultura mais complexa.

- » Um queixo distinto está presente no HssAM. Ninguém ainda conseguiu explicá-lo de forma convincente, mas pode também estar relacionado às menores pressões de mastigação.

Os ossos pós-craniais do HssAM também são diferentes dos de seu ancestral, o HsA:

- » Os ossos do HssAM são basicamente mais longos e finos.
- » O corpo do HssAM é mais esguio e um pouco menos robusto.

Como as diferenças craniais, essas diferenças no tamanho do corpo provavelmente refletem um maior uso de ferramentas; o HssAM as usava no lugar da força bruta e da aptidão física para se adaptar à constante vida ao ar livre acampando, viajando, caçando e coletando todo santo dia.

Essa é, portanto, a humanidade, pelo menos anatomicamente. É claro, ela tem variações, como altura e cor de pele diferentes (sobre as quais pode ler mais no Capítulo 14), mas todas ocorrem dentro da espécie humana, entre seres humanos anatomicamente modernos.

Modernidade comportamental

Ser humano não é algo apenas anatômico; também é comportamental. Se a modernidade *anatômica* é ser fisicamente indistinguível dos seres humanos modernos, podemos deduzir facilmente que a modernidade *comportamental* significa agir de forma indistinguível deles. A modernidade comportamental também sugere que essas ações são claramente diferentes de todos os outros animais — são singulares aos seres humanos. Duas características comportamentais são exclusivas da humanidade:

» **O uso do simbolismo** (usar um objeto ou sinal para dizer outra coisa).

» **O uso da linguagem complexa** (a comunicação pela junção de mensagens audiovisuais de acordo com regras, sintaxe e gramática complexas).

LEMBRE-SE

Embora outros animais se comuniquem — todo mundo sabe que o miau do gato é diferente de seu rosnado —, a comunicação humana é distintivamente rica, empregando metáforas e transmitindo grandes quantidades de informações de forma precisa, rápida e seguindo regras complexas (sintaxe e gramática). É só pensar na diferença de complexidade e sutileza entre o rosnar do gato, "ffff!", e a breve frase: "Penso, logo existo."

África: O Berço da Humanidade

No século XIX e início do século XX, não estava claro onde a humanidade havia surgido; alguns sugeriam a Ásia central, enquanto outros pensavam que deveria ser na Europa central. Hoje, porém, os antropólogos têm dezenas de descobertas fósseis e sítios arqueológicos que mostram claramente que os seres humanos modernos evoluíram na África. Nesta seção, analiso esse material fóssil, assim como mostro quando os primeiros seres humanos migraram para fora do grande continente; no Capítulo 8, leia mais sobre como os seres humanos modernos se espalharam pelo globo.

Descobrindo os primeiros HssAM

Os fósseis do HssAM mais antigos são de Jebel Irhoud, Marrocos, datados de cerca de 300 mil anos. São bem antigos (embora amplamente aceitos na comunidade científica), e o grosso do material do HssAM data de *antes* de 200 mil anos, incluindo fósseis de Herto, Etiópia (com cerca de 150 mil anos). Para o momento, é melhor dizer que, há cerca de 100 mil anos, populações do HssAM eram claramente uma espécie viável.

As populações do HssAM, que apareceram na África, mudaram-se daquele continente rapidamente e se espalharam muito, dispersando-se em todo o globo mais ou menos nesta ordem:

» Há 50 mil anos, o HssAM chegou ao sul da Ásia e à Austrália.

» Há 45 mil anos, o HssAM estava no sul da Europa e, há 12 mil anos, chegou à Escócia.

» Há 15 mil anos, ele alcançou as Américas do Norte e do Sul, dispersando-se nesses continentes após cruzar o estreito de Bering, que conecta hoje a Sibéria e o Alasca, e também indo ao sul pela costa do Pacífico.

» Há 3 mil anos, ele explorou partes do Pacífico e do Ártico, onde estavam bastante disseminados há mil anos.

LEMBRE-SE

Por muito tempo, os hominídeos não migraram tendo em mente o conceito de descoberta, mas se dispersaram globalmente por dois outros motivos:

» Seguiam presas como rebanhos de cavalos selvagens ou mamutes ao longo de vastas regiões, atrás desses animais de pasto conforme saíam de um pasto natural para outro.

» Os hominídeos primitivos (e outras formas de vida) mudavam-se para novas regiões conforme estas evoluíam e ficavam disponíveis. Ou seja, como qualquer forma de vida, tendiam a ir para as áreas que poderiam abrigá-los. Afinal, a natureza tem horror ao vácuo.

Explorando a modernidade comportamental

Após a humanidade ter se tornado anatomicamente moderna e surgir na África, há cerca de 100 mil anos, a história da evolução humana fica um pouco mais simples do que vimos até agora. Isso se dá principalmente porque um hominídeo principal domina a cena: o HssAM. Os neandertais e algumas outras variedades de *Homo* também estavam por lá, mas falo sobre elas na próxima seção. Por ora, vamos ver outra maneira de ser humano: a modernidade comportamental.

Anteriormente neste capítulo, expliquei que os dois principais pontos de referência para descobrir a modernidade comportamental são o simbolismo e a linguagem. Visto que, no fundo, a linguagem é simbólica e que os seres humanos primitivos fizeram símbolos como as artes rupestres ou entalhes em tabletes de osso ou de chifre com seus artefatos, os antropólogos deduzem sensatamente que os seres humanos primitivos usavam (ou poderiam ter usado) a linguagem. Assim, os arqueólogos concentraram sua pesquisa na modernidade comportamental na busca pelos primeiros símbolos e artefatos simbólicos.

CUIDADO

A arqueologia das origens da consciência humana moderna (*arqueologia cognitiva*) é a vanguarda de grande parte da arqueologia atual. O fato de ser muito recente não significa que não tenha valor ou que seus proponentes não estejam fazendo novas e fantásticas descobertas, mas que, como no início de qualquer novo esforço de pesquisa, o público deve ir com calma ao demandar evidências muito boas para interpretações radicalmente novas. Tendo dito isso, acredito que a arqueologia da evolução da consciência seja uma das coisas mais interessantes que já foi tentada, e vale muito a pena ser considerada.

As melhores evidências arqueológicas para a modernidade comportamental vêm de dois sítios principais:

» **A caverna Blombos na África do Sul, com 77 mil anos,** é onde foram encontrados pequenos fragmentos de pedra com marcas de "x" e alguns torrões que se pareciam com letras "o"; outros tinham linhas paralelas entalhadas na superfície e linhas com marcas sugerindo algum tipo de contagem; essas marcações são claramente o produto de mentes que usavam símbolos (e, talvez, os primeiros colegas a jogarem o jogo da velha).

» **A caverna de Skhul em Israel,** onde dez HssAM foram enterrados há cerca de 100 mil anos, contém diversas conchas perfuradas de caramujos que se mostraram, sob uma análise microscópica, um pouco desgastadas, aparentemente por terem estado suspensas em um colar. Usar joias revela uma mente simbólica (e os próprios enterros também são uma boa evidência para esse argumento).

Em ambos os casos, o simbolismo fica claro. Um *x* entalhado na rocha não significa apenas duas linhas cruzadas: na cultura contemporânea, pode indicar o cristianismo (se disposto de determinada forma) ou o sinal de mais (se disposto de outra). Ninguém sabe o que as pessoas da caverna de Blombos pretendiam dizer com as marcas de *x* e *o*, mas os antropólogos sabem que elas estavam se comunicando simbolicamente, o que é aceitável como evidência da modernidade comportamental. E a evidência do colar na caverna de Skhul também é convincente, pois tal objeto — assim como as joias usadas pelos seres humanos atualmente — nos contam uma história. Por exemplo, hoje em dia as pessoas usam alianças para dizer muito mais do que apenas "Possuo essa argola de metal"; os anéis podem indicar que uma pessoa é casada ou que é formada em determinado curso — as possibilidades simbólicas são praticamente infinitas. E, quando dizemos coisas por meio de objetos, estamos agindo distintivamente de forma humana moderna, ao usarmos símbolos complexos. Somos comportamentalmente modernos.

Outro exemplo primitivo de simbolismo no registro arqueológico é a estatueta "Homem-leão" da caverna de Hohlenstein-Stadel, na Alemanha (veja a Figura 7-1). Datada de mais de 35 mil anos, ela combina as características de uma criatura ereta, com membros semelhantes aos dos seres humanos, assim como a cabeça de uma leoa. Não sabemos o que ela simbolizava, mas podemos ter certeza de que tinha algum significado, de forma que seja singular à mente humana.

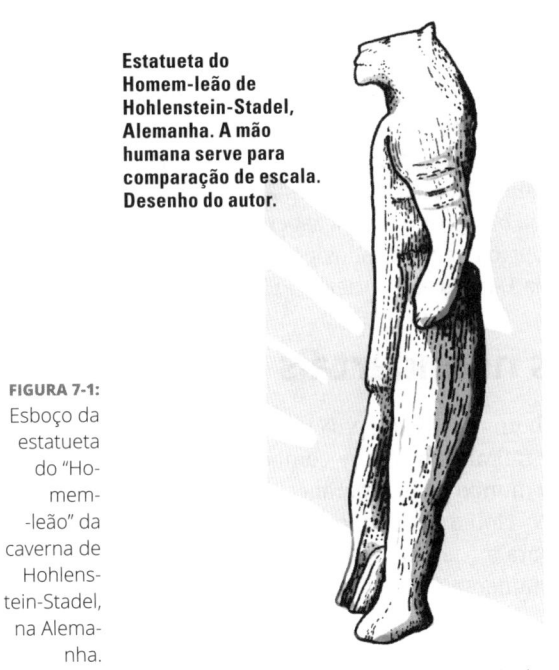

Estatueta do Homem-leão de Hohlenstein-Stadel, Alemanha. A mão humana serve para comparação de escala. Desenho do autor.

FIGURA 7-1: Esboço da estatueta do "Ho-mem--leão" da caverna de Hohlens-tein-Stadel, na Alema-nha.

Ilustração cortesia de Cameron M. Smith

PAPO DE ESPECIALISTA

Arqueólogos da África do Sul me disseram informalmente que encontraram muitos outros sítios como o da caverna de Blombos, e que, nas próximas décadas, eles revelarão muito mais evidências do simbolismo na África do Sul. A arqueologia é uma atividade lenta, mas produz resultados impressionantes. Os antropólogos são algumas das pessoas mais pacientes na Terra. Nosso trabalho é em longo prazo.

Saindo da África: Dispersão Épica

Anteriormente neste capítulo, mencionei que, após o período de 30 mil anos atrás, o HssAM era o único hominídeo restante no mundo, com exceção do neandertal. O fato é que os neandertais nos contam muito sobre a modernidade.

Como vimos, o HssAM surgiu na África há cerca de 100 mil anos, em uma migração global de proporções épicas. Aqueles seres foram os ancestrais da humanidade moderna, e a prova está nos genes de todo mundo. Tal história multimilenar de sobrevivência e de longas viagens no mundo antigo deixa qualquer produção de Hollywood no chinelo. Ela começa com um êxodo da África e termina com as pessoas colonizando o Ártico e a Polinésia. (Exploro essas dispersões no Capítulo 8.)

O que os neandertais têm a ver com isso? Bem, na medida em que seres humanos comportamental e anatomicamente modernos migraram pelo globo, descobriram que nem todos os caminhos possíveis eram novos. Saindo da África, o HssAM descobriu que hominídeos já ocupavam os diversos ecossistemas do Mundo Antigo (basicamente o mundo todo, excluindo as Américas), da Europa até o leste da China. Os hominídeos encontrados pelos HssAM nesses lugares eram *proto-humanos*, descendentes de dispersões *anteriores* dos hominídeos da África, cuja origem data de quase 2 milhões de anos atrás (veja o Capítulo 6 para saber mais sobre os proto-humanos). Entre aqueles "outros" encontrados pelo HssAM em sua dispersão estavam os neandertais na Europa e no Oriente Próximo.

Analisando os neandertais de perto

Embora os *neandertais* (hominídeos que viveram na Europa e no Oriente Próximo de 300 mil a 30 mil anos atrás) se comportassem e aparentassem muito com as pessoas do mundo contemporâneo, também eram diferentes. O antropólogo Trenton W. Holliday escreveu que eles eram um hominídeo "hiperpolar", adaptado para a fria era de gelo na Europa. Suas características anatômicas e comportamentais incluem:

» Corpo pesado e entroncado que conservava calor.

» Capacidade cranial igual ou até superior do que o HssAM (mas lembre-se de que o volume cerebral não indica necessariamente inteligência; veja o box "A matéria cerebral importa" para obter mais informações).

» Dentes e ossos muito desgastados, indicando o uso do corpo como uma ferramenta, a fome periódica e os machucados constantes.

» Ferramentas simples de pedra sem muitas evidências de simbolismo complexo.

Fica claro que os neandertais tinham cérebros tão grandes quanto os dos modernos, mas com pouco simbolismo; tinham ferramentas de pedra mais complexas do que qualquer outra criatura — precisaríamos de uma década para aprendermos a fazer os tipos de ferramenta de pedra dos neandertais —, mas eram simples quando comparadas com as do HssAM. Os neandertais são um enigma, pois se parecem muito com os seres humanos de hoje e, contudo, são muito diferentes.

A Figura 7-2 compara as características típicas do neandertal com um HssAM típico, e a Figura 7-3 é minha própria reconstituição de um neandertal, com base no fóssil de um crânio encontrado em Gibraltar em 1848.

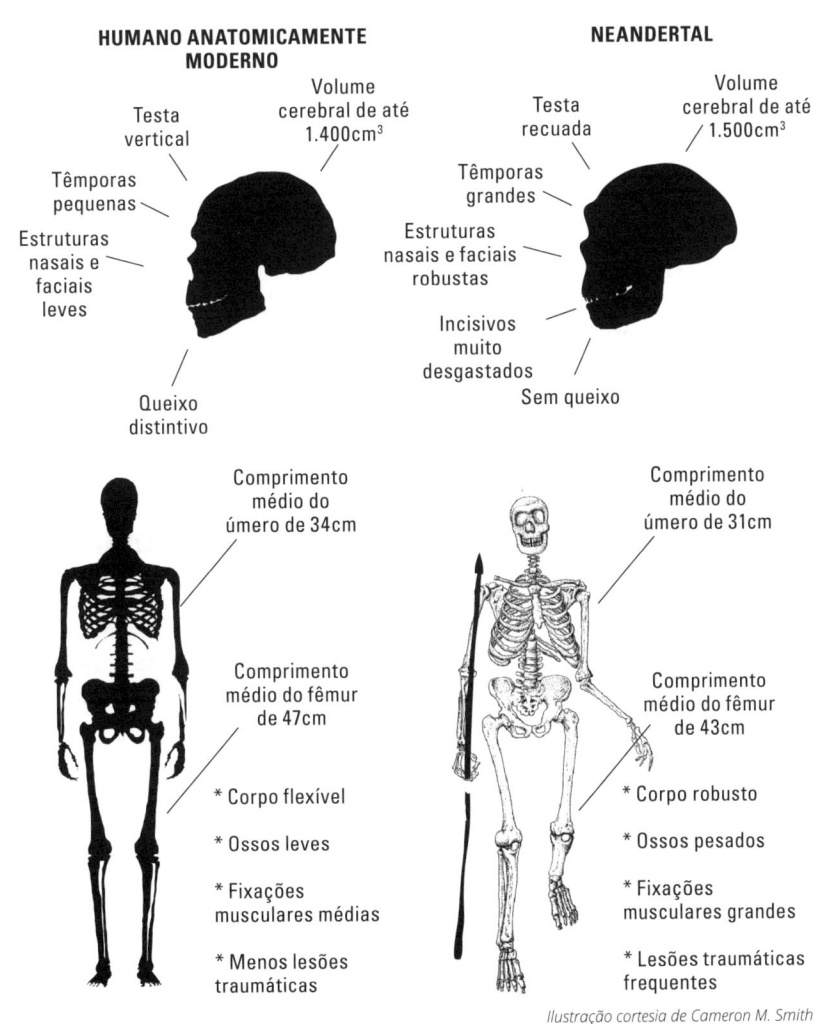

FIGURA 7-2: Comparação de um neandertal típico com as características anatômicas humanas modernas.

Ilustração cortesia de Cameron M. Smith

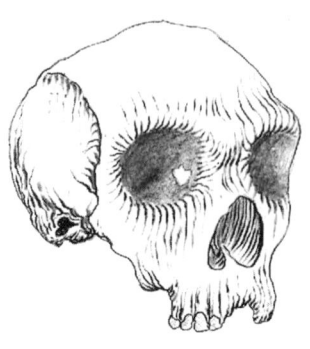
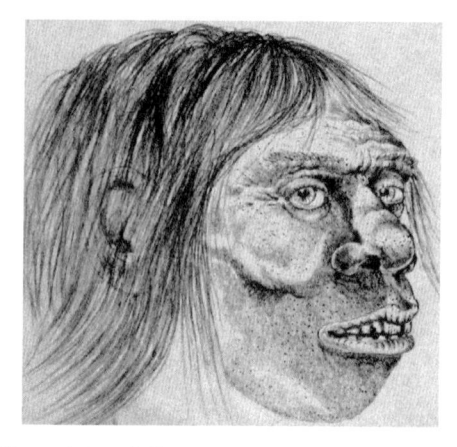

FIGURA 7-3: Reconstituição de um neandertal.

Crânio do Neandertal de Gibraltar, descoberto em 1848

Reconstituição do Neandertal de Gilbratar feita pelo autor

Ilustração cortesia de Cameron M. Smith

Juntando o neandertal e o HssAM

O que aconteceu quando os bandos de HssAM encontraram nativos como os neandertais? Será que suas interações foram pacíficas ou violentas? Miscigenaram-se ou se mataram? Os seres humanos carregam o DNA neandertal em seus corpos hoje? As melhores respostas são obtidas ao examinarmos duas teorias concorrentes sobre a interação do HssAM com as espécies (como os neandertais da Europa) que encontraram: a *Teoria da Continuidade Multirregional* e a *Teoria da Substituição*.

Teoria da Continuidade Multirregional

Esta teoria afirma que, em cada região ocupada pelos primeiros hominídeos saídos da África, populações arcaicas — que precederam o HssAM em quase 2 milhões de anos — evoluíram em HssAM de forma independente. Ou seja, da China ao Oriente Próximo, populações de arcaicos evoluíram todas independentemente, adotando as características do HssAM.

Como apoio a esta teoria, os proponentes apresentam uma evidência principal: de acordo com eles, populações de hominídeos em cada área ocupada pelos primeiros *Homo sapiens* arcaicos saídos da África desenvolveram traços físicos singulares, que os seres humanos ainda exibem hoje.

Ou seja, os arcaicos se estabeleceram em suas regiões respectivas, como Extremo Oriente, Índia, Paquistão, Oriente Próximo e Europa, tendo então se desenvolvido de *forma independente* no HssAM em cada uma dessas áreas. Os teóricos da Continuidade Multirregional argumentam que as características regionais, como as do neandertal nos europeus modernos e as do arcaico nos asiáticos orientais, dão suporte à hipótese.

O principal problema com essa teoria é que poucos biólogos (ou antropólogos físicos) aceitam a ideia de que aquelas populações separadas evoluíram todas na mesma forma de HssAM. É uma falha tão séria no argumento que alguns teóricos da Continuidade Multirregional propuseram uma *substituição leve*, a ideia de que, sim, o HssAM evoluiu primeiro na África, posteriormente se espalhando em regiões já habitadas, mas acasalou com arcaicos nativos, produzindo as variações regionais que vemos hoje.

Bem, pode ser. Tal cenário é possível, mas muitos antropólogos acreditam que há uma teoria muito mais forte, apoiada por muitas — e diferentes — linhas de evidência: a Teoria da Substituição.

Teoria da Substituição

Em contraste à Teoria da Continuidade Multirregional, a *Teoria da Substituição*, (também conhecida como *modelo Fora da África*), diz que o HssAM evoluiu primeiramente na África e, depois, há 100 mil anos, espalhou-se para fora dela, substituindo as populações arcaicas que encontrou desde a Europa até a China. A maioria dos teóricos da substituição acha irrelevante o fato de o HssAM ter participado de uma pequena "substituição leve" com os arcaicos que encontrou. Para esses antropólogos, o fato de que o HssAM *substituiu* os arcaicos de todas as formas é o que mais importa.

As evidências para a substituição são muito boas e baseadas em linhas de evidência múltiplas e independentes:

» Nos registros fósseis, a maioria dos antropólogos físicos não vê as variações antigas e regionais que o modelo de Continuidade exige.

» Nos registros fósseis, traços esqueléticos arcaicos desaparecem rapidamente após a introdução do HssAM. Na Europa, por exemplo, apenas 20 mil anos após o HssAM aparecer, o neandertal entra em extinção — e isso após 170 mil anos de sobrevivência neandertal na Europa!

» Tipos arcaicos de ferramentas desaparecem rapidamente e são substituídos pelos tipos de ferramentas do HssAM.

» O simbolismo aparece na África e se espalha, também substituindo os traços arqueológicos distintivamente não simbólicos da vida arcaica.

» Estudos genéticos mostram que as populações modernas fora da África são muito semelhantes umas às outras, indicando que todos fora da África surgiram do continente (e, depois, divergiram em grupos regionais) de forma relativamente recente.

» Estudos mostram que os seres humanos têm bem pouco DNA neandertal, se é que têm algum. Então, mesmo que os neandertais e os HssAM tenham se miscigenado, no fim das contas, isso não fez diferença.

UM PORTUGUÊS MEIO HUMANO? OS NEANDERTAIS E VOCÊ

Você é parte neandertal? Alguns antropólogos dizem que sim, mas a maioria diz que não: os neandertais foram um caminho evolucionário sem volta.

No sítio português de Lagar Velho, um esqueleto de 25 mil anos mostra características tanto dos neandertais como dos seres humanos modernos. Alguns dizem que é apenas um moderno corpulento. Outros acreditam que seja a prova cabal sobre a miscigenação entre os neandertais e os modernos, colocando o sangue neandertal em toda a Europa atual.

Por mais que Lagar Velho seja um caso interessante, a maioria dos pesquisadores concorda que grande parte das evidências arqueológicas, genéticas e fósseis não dá suporte a uma miscigenação muito grande entre os neandertais e os modernos. O arqueólogo britânico Clive Gamble, uma das autoridades mais respeitadas na área, disse que, para ele, o caso está fechado e o mistério resolvido: os modernos derrotaram e substituíram os neandertais. Lagar Velho é, no máximo, uma última faísca dos genes neandertais na Europa.

Evidências do que alguns chamam de *Eva mitocondrial* também dão suporte à Teoria da Substituição. Visto que o DNA de qualquer forma de vida acumula mudanças ao longo do tempo em uma taxa bem previsível e conhecida, comparar o DNA de duas espécies proximamente relacionadas, mas diferentes, mostra quando elas divergiram; espécies como lobos e cães, por exemplo, têm um DNA muito parecido, mas espécies como baleias e hipopótamos, que compartilham de um ancestral comum de muitos milhões de anos atrás, têm um DNA muito diferente. Nos seres humanos, o estudo do *DNA mitocondrial* (ou mtDNA, um tipo de DNA passado da mãe para os filhos) permitiu que alguns pesquisadores estimassem quando os seres humanos modernos fora da África começaram a divergir das populações africanas — a partir de uma população da Eva mitocondrial fundadora. Como se esperava, a data gira em torno de 100 mil anos atrás. Essa é apenas mais uma evidência sugerindo que algumas mudanças muito fundamentais para a humanidade aconteceram na África, há cerca de 100 mil anos.

Resumindo, os fundamentos dos dados mais recentes dá um forte apoio à Teoria da Substituição. Ninguém realmente sabe como a maioria das relações entre os HssAM e os arcaicos se deu, mas, em longo prazo, o HssAM anatomicamente e comportamentalmente moderno simplesmente venceu.

Um meio-termo teórico?

Como sempre na antropologia, logo quando as coisas parecem simples, elas se complicam. Basicamente, alguns antropólogos sentem que a escolha "ou esta ou aquela" entre a teoria da Continuidade Multirregional e a teoria da Substituição é uma opção falsa — que ambas podem ser acomodadas em certo grau com um modelo mais sutil das origens do ser humano moderno. Eles sugerem que, embora o HssAM tenha saído da África há cerca de 100 mil anos, a miscigenação significativa entre esses colonizadores e as pessoas que encontraram poderia ter ocorrido e levado ao HssAM em cada região.

Hoje, temos boas evidências genéticas para dar suporte a esse modelo de *substituição leve* (os modernos substituindo os neandertais, mas também se miscigenando com eles até certo ponto). De fato, um estudo recente de DNA antigo mostrou que os neandertais e os modernos se miscigenaram há cerca de 50 mil anos, o que bate mais ou menos com as primeiras chegadas dos modernos à Europa. Outro estudo descobriu que os modernos de descendência europeia podem ter uma pequena porcentagem de genes neandertais. Outro ainda sugere que, embora tenha havido certa miscigenação entre aqueles grupos, suas proles teriam sido estéreis. De qualquer modo, parece que houve certa miscigenação, mas, no fim das contas, não vemos os neandertais na rua hoje e não temos genomas neandertais, mas modernos. Parece substituição com certa miscigenação, mas pouca.

A Origem da Linguagem: A Teoria da Catação Social

Em termos anatômicos, os seres humanos são praticamente a mesma criatura dos últimos 100 mil anos. Mas, nesse período, a *cultura* humana mudou um bocado. Em parte, as mudanças estavam relacionadas com a adaptação a novos ambientes, conforme bandos humanos migraram pelo globo. (Veja mais detalhes sobre essas migrações no Capítulo 8.) Visto que a cultura, como a defino nos Capítulos 3 e 12, é *transmitida* socialmente (e não biologicamente; ela não está nos genes, mas é passada pela linguagem de uma geração à seguinte), precisamos analisar as origens da linguagem.

Tanto foi escrito sobre as origens da linguagem, que, na década de 1950, um proeminente periódico de pré-história de fato se recusou a receber qualquer artigo sobre o assunto; era tudo especulação, pensavam os editores, e a antropologia precisava de mais tempo para estudar a questão. Esse tempo passou, e acredito que a antropologia caminhou bastante. Hoje, a teoria mais convincente sobre as origens da linguagem baseia-se no modelo evolucionário, e acredito ser a melhor disponível; para dizer a verdade, nem mencionarei as outras, pois não acho que tenham a importância desta. Estou falando do modelo muito persuasivo criado pelo antropólogo Robin Dunbar, a *hipótese da catação social*.

Essa hipótese sustenta que os primatas sociais mantinham suas conexões e relacionamentos em grande parte por meio da catação: catar insetos e sujeiras nos pelos de outros primatas e geralmente demonstrando consideração. Esse ato, argumenta Dunbar, ficou mais complexo com o passar do tempo conforme os grupos sociais dos hominídeos cresceram. Observando que o tamanho do cérebro primata é maior em grupos sociais maiores, Dunbar reconstituiu os seguintes tamanhos de grupos de hominídeos ao longo do tempo (falo mais sobre os tipos de hominídeos no Capítulo 6):

» **Australopitecinos (entre cerca de 6 milhões e 2 milhões de anos atrás):** Viviam em grupos com aproximadamente 60 indivíduos.

» ***Homo* Primitivo (cerca de 2 milhões de anos atrás):** Vivia em grupos com cerca de 80 indivíduos.

» ***Homo erectus* (entre cerca de 2 milhões e 300 mil anos atrás):** Vivia em grupos com aproximadamente 110 indivíduos.

» ***Homo sapiens* Primitivo Moderno (depois de 100 mil anos atrás):** Vivia e tradicionalmente continua a viver em grupos com cerca de 150 indivíduos.

A hipótese de Dunbar diz que, conforme esses grupos aumentaram, por diversos motivos, a linguagem começou a substituir cada vez mais a catação física. Dunbar argumenta que a linguagem transmite muito mais informações e mais rapidamente do que a catação física, e atende a mais de um indivíduo de uma só vez.

Dunbar não convenceu todos os antropólogos de que estava totalmente certo, e, é claro, a fala não deixa traços arqueológicos, então é difícil de provar a hipótese. Porém muitos antropólogos, incluindo eu, acreditam que ele descobriu alguma coisa e que seu conceito é o candidato mais forte até agora à teoria das origens da linguagem.

LEMBRE-SE

Os seres humanos não são os únicos animais que evoluíram a linguagem; uma espécie primata (*Homo*) fez isso, então por que as outras não? Em 2004, antropólogos alemães relataram um caso de "fazer comentários" entre macacas, no qual uma macaca parecia observar as interações sociais em um grupo distante e enunciar algo, um tipo de comentário, para seu próprio grupo. Era um barulho diferente daquele usado como alarme ou para outras comunicações; realmente parecia ser uma macaca falando sobre o que o outro grupo estava fazendo. Como em muitos casos, a antropologia terá que estudar esse ocorrido de perto para verificação, mas, caso seja verdadeiro, é um lembrete fascinante de que os seres humanos não são tão diferentes de todos os outros animais.

As Origens da Mente Moderna

De acordo com a Enciclopédia Stanford de Filosofia: "Talvez nenhum outro aspecto da mente seja mais familiar ou enigmático do que a consciência e nossa experiência consciente do eu e do mundo." Portanto, a consciência é um conceito que deve ser abordado cuidadosamente. Ainda assim, há uma clara diferença entre estar consciente e estar inconsciente, e embora a ciência não tenha delineado completamente o que é a consciência, ela é claramente importante.

LEMBRE-SE

Para nosso objetivo neste livro, a *consciência* é a capacidade humana de autocontemplação. Não parece ser algo exclusivo da mente humana; outras formas de vida parecem exibir a autopercepção. A pergunta é: como isso passou a acontecer? A resposta está enraizada na evolução, mas ainda a estamos providenciando.

A evolução da consciência: Dois modelos

A consciência — basicamente, a autopercepção — é claramente uma parte importante de sermos humanos. Perder a consciência nos tira muitas qualidades distintivamente humanas, como a habilidade de respondermos a uma pergunta com todas as nuances da linguagem. Os seres humanos talvez sejam as coisas vivas mais conscientes de si mesmas — tão autoconscientes, de fato, que às vezes acabam ficando loucos remoendo continuamente memórias e ideias, algo do qual talvez os outros animais estejam ditosamente livres. Obviamente, muitos outros animais têm autopercepção, e os chimpanzés conseguem se reconhecer no espelho, mas é na humanidade que esse traço está mais radicalmente desenvolvido.

Então como essa consciência, a autopercepção obsessiva, apareceu? Os arqueólogos têm dois modelos para a evolução da consciência moderna, que resumo nas próximas seções. Apenas lembre-se de que esses modelos são a vanguarda do pensamento sobre a origem e a evolução da consciência moderna. Vejo coisas boas em ambos, mas são tão diferentes que não acredito ser possível que os dois estejam totalmente corretos, e estou ansioso para ver como se sairão nas próximas décadas. A Figura 7-4 é um diagrama útil para ajudá-lo a entender as próximas páginas.

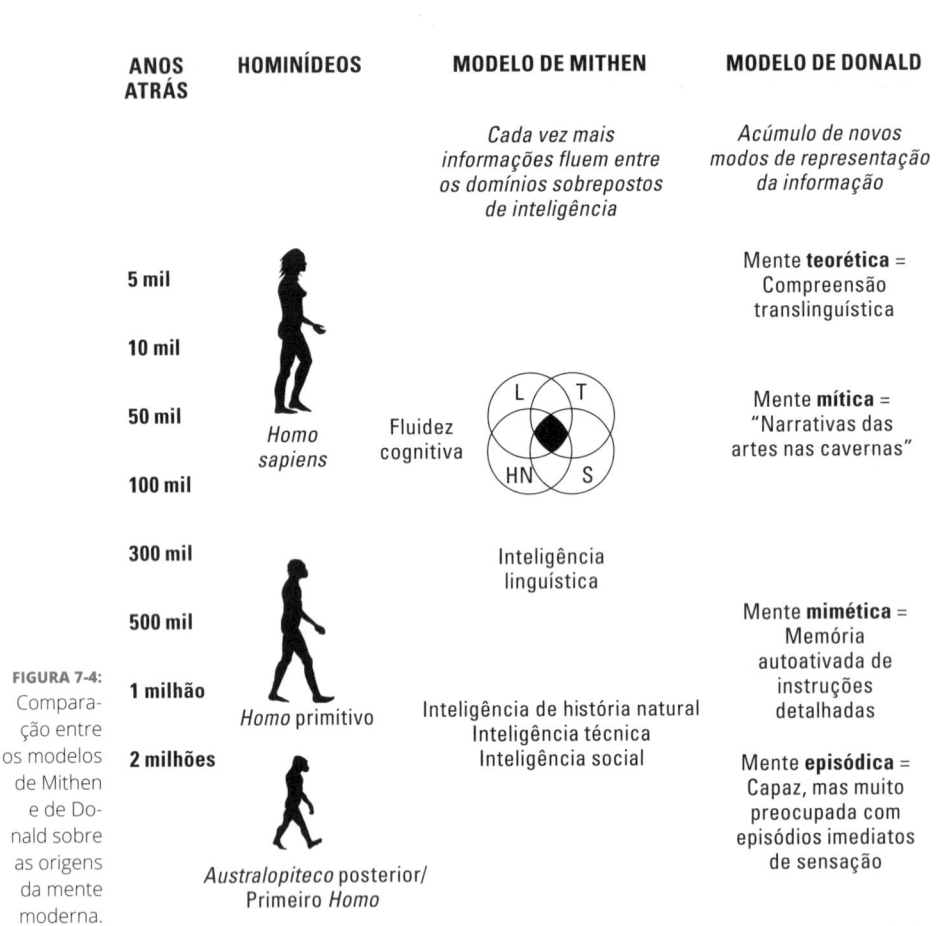

ANOS ATRÁS	HOMINÍDEOS	MODELO DE MITHEN	MODELO DE DONALD
		Cada vez mais informações fluem entre os domínios sobrepostos de inteligência	Acúmulo de novos modos de representação da informação
5 mil			Mente **teorética** = Compreensão translinguística
10 mil			
50 mil	Homo sapiens	Fluidez cognitiva	Mente **mítica** = "Narrativas das artes nas cavernas"
100 mil			
300 mil		Inteligência linguística	
500 mil			Mente **mimética** = Memória autoativada de instruções detalhadas
1 milhão	Homo primitivo	Inteligência de história natural Inteligência técnica Inteligência social	
2 milhões	Australopiteco posterior/ Primeiro Homo		Mente **episódica** = Capaz, mas muito preocupada com episódios imediatos de sensação

FIGURA 7-4: Comparação entre os modelos de Mithen e de Donald sobre as origens da mente moderna.

Ilustração cortesia de Cameron M. Smith

Da consciência episódica à teorética: O modelo de Donald

O psicólogo Merlin Donald produziu o primeiro modelo verdadeiramente evolucionário das origens da consciência moderna em seu livro de 1991, *Origens do Pensamento Moderno*. Basicamente, o modelo de Donald diz que a evolução da consciência surgiu por meio de uma série de mudanças drásticas na forma como a mente armazena e representa suas experiências, com cada uma dessas revoluções produzindo um novo estado de consciência. Ele propôs quatro tipos de consciência na evolução hominídea:

>> A consciência *episódica* (a de todos os primatas antes do gênero *Homo*) era o estado primata original, caracterizada pela memória de curto prazo e de pouco espaço. Tal memória limitada impedia esse tipo de consciência

de misturar ideias, o que limitava a contemplação profunda e a inovação, resultando em uma *bolha de consciência*.

» A consciência *mimética* (originada há cerca de 2 milhões de anos, com o surgimento do gênero *Homo*) caracterizava-se por memórias mais longas e refinadas e pela comunicação baseada em gestos corporais (como a mímica) e vocalizações simples. Essas mudanças permitiram uma cultura levemente mais complexa, a contemplação mais profunda e a inovação de ideias.

» A consciência *mítica* (originada com o grande uso de símbolos, há mais de 100 mil anos) caracterizava-se pelo uso de mitos e longas narrativas para organizar o volume cada vez maior, mais complexo e diverso de ideias na mente.

» A consciência *teorética* (originada com a invenção da ciência objetiva na Grécia, há cerca de 2 mil anos) caracterizava-se pela busca de explicações naturais, em vez de sobrenaturais, para o mundo.

Fluidez cognitiva: O modelo de Mithen

O arqueólogo Steven Mithen produziu o segundo modelo verdadeiramente evolucionário das origens da consciência moderna em seu livro de 1966, *A Pré-história da Mente*. Basicamente, o modelo diz que a evolução da consciência moderna surgiu conforme a mente criava novas ligações entre *módulos de inteligência* previamente isolados, ou tipos de pensamento. As quatro inteligências, de acordo com Mithen, são:

» Inteligência social, usada para gerenciar complexas relações primatas interpessoais.

» Inteligência técnica, usada para manipular ferramentas.

» Inteligência linguística, usada para administrar a comunicação complexa.

» Inteligência de história natural, usada para entender as relações entre causa e efeito.

O modelo de Mithen funciona assim: há cerca de 4 milhões de anos, nossos ancestrais proto-humanos africanos (os australopitecinos, sobre os quais falo no Capítulo 6) tinham a inteligência social bem desenvolvida, esperada em grupos de grandes primatas sociais. Há cerca de 2 milhões de anos, a vida hominídea mudou significativamente, conforme o *Homo* começou a usar ferramentas de pedra para cortar carcaças coletadas de locais nos quais os grandes felinos caçavam, aguçando significativamente suas inteligências técnicas (ao criar ferramentas) e de história natural (ao encontrar as carcaças). A comunicação totalmente fluida entre as inteligências começou apenas nos últimos 200 mil anos, promovida pela linguagem, que ficou mais complexa conforme os grupos sociais cresceram e também se tornaram mais complexos. Informações sobre um tipo de inteligência, argumenta Mithen, começaram a incluir a comunicação sobre outros, e a polinização cruzada de ideias despertou uma revolução enorme de criatividade, que, por fim, levou à mente moderna.

Raízes do mito

O mito, de acordo com a teoria de Merlin Donald (veja a seção "Da consciência episódica à teorética: O modelo de Donald", anteriormente neste capítulo), surgiu como forma de organizar as informações nas mentes humanas cada vez mais complexas e abarrotadas de memórias. Com uma estrutura narrativa, os mitos normalmente explicam o Universo e o que fazer com ele, em geral, com contos admonitórios. Infelizmente para os arqueólogos, os mitos falados não deixam traços arqueológicos e ninguém consegue saber ao certo quando surgiram. Mas os antropólogos têm bastante certeza de que os seres humanos usavam mitos na época das artes rupestres, que despontaram na Europa há cerca de 30 mil anos. Muitos arqueólogos acreditam que, além de ser decorativa, a arte rupestre retrata pelo menos quatro conceitos principais:

» **Viagens xamânicas,** nas quais os *xamãs* (curandeiros tradicionais) viajavam para um mundo espiritual de modo a consertar problemas como falta de saúde no mundo material. Os xamãs tradicionais continuam fazendo isso até hoje, registrando suas viagens em abrigos de rochas. (Veja mais sobre os xamãs no Capítulo 16.)

» **Mágica para caçar,** retratando cenas que as pessoas queriam ver, como grandes rebanhos de animais gordos e vulneráveis.

» **Mitos ou parábolas narrativas** instruindo as pessoas sobre como viver adequadamente.

» **Ritos de passagem,** que iniciavam de forma ritualística as pessoas em vários estágios da vida. Essas cerimônias eram registradas nas paredes das cavernas.

Embora as artes rupestres datem de 30 mil anos atrás na Europa, lembre-se de que elas provavelmente tiveram origem há 100 mil anos e na África; os antropólogos usam as evidências europeias pois foram estudadas por muito tempo.

Raízes do ritual

De acordo com o falecido antropólogo Roy Rappaport, os rituais evoluíram como um tipo de cola social com o objetivo de relembrar os seres humanos sobre suas crenças básicas centrais compartilhadas, ou os *supremos postulados sagrados*. Exatamente quando o ritual surgiu, é difícil de definir. Muitos rituais no presente deixam poucos traços materiais; assim, podemos presumir o mesmo sobre a pré-história. Porém ao menos dois traços arqueológicos parecem indicar claramente o ritual:

» **Funerais complexos,** nos quais os mortos eram preparados e talvez até equipados para o além com ferramentas, alimentos e outros itens colocados no túmulo. Esses rituais apareceram há cerca de 30 mil anos, mas podem muito bem ser mais antigos. Novas evidências de enterros intencionais de um indivíduo neandertal foram anunciadas em 2020 no importante sítio da Caverna de Shanidar, no Iraque. Mas lembre-se de que há muito debate sobre se os enterros neandertais realmente indicam um ritual.

» **Religião organizada,** na qual as civilizações claramente organizavam rituais religiosos com templos, pirâmides e demonstrações públicas com o intuito de unir os cidadãos.

Raízes do simbolismo

É importante sempre ter em mente o quão complexos e importantes os símbolos realmente são. Pelo menos dois tipos de simbolismo são cruciais com relação à modernidade comportamental:

» **Símbolos superficiais,** que podem apenas representar uma coisa, como o grito dado por um macaco indicando um predador aéreo, que é diferente do grito indicando um predador terrestre.

» **Símbolos profundos,** que podem representar diversas coisas, talvez até simultaneamente, quando, por exemplo, os seres humanos dizem: "Aquela pessoa é uma cobra", e os outros seres humanos entendem que não é uma cobra física, mas que ela tem características do animal.

Os símbolos superficiais são muito comuns na comunicação animal, e sua real significância não fica clara até considerarmos como são diferentes dos símbolos profundos, que representam múltiplas ideias. O que esses símbolos profundos realmente revelam é a capacidade para a metáfora; por mais complexos que sejam os sistemas de comunicação de outros animais, nenhum deles usa a metáfora. Mas parece que os seres humanos não conseguem ficar longe dela; até mesmo a expressão "ficar longe dela" é uma metáfora. Ela está enraizada em nossa linguagem, e seu poder para promover pensamentos complexos e com uma polinização cruzada é enorme. Veja mais sobre o simbolismo no Capítulo 13.

Capítulo **8**

Caça, Pesca, Vela e Trenó: A Dispersão

De onde você vem? Eu me refiro a séculos atrás. Os nomes de sua família ajudam um pouco, mas a maioria das pessoas só consegue apontar um ponto vago no mapa, um país que talvez nem exista mais. Mas e as pessoas que são de lá, de onde *elas* vieram? E como chegaram lá? Em última instância, as raízes de todo mundo voltam milhares de anos até a África; o Capítulo 7 diz isso. Este capítulo diz o que aconteceu depois: como os seres humanos (oficialmente, o *Homo sapiens sapiens* anatomicamente moderno, ou HssAM) adaptaram-se a inúmeros ecossistemas novos que encontraram, como sobreviveram neles inventando coisas como iglus, trenós, canoas e redes de pescar, e um pouco sobre como e quando migraram e colonizaram lugares ameaçadores, como as ilhas no Pacífico e o gélido e ventoso Ártico.

Dispersão e Sobrevivência: Comportamento e Biologia Se Separam

Preste atenção, faremos uma prova sobre isso depois... brincadeira. Mas, de fato, esta é uma das principais lições da antropologia e de todo este livro!

A primeira coisa a ter em mente é que, por um longo tempo — de pelo menos 100 mil anos até cerca de 10 mil anos atrás —, os seres humanos eram em sua maioria *caçadores e coletores*, ou pessoas que iam de um lugar para outro para coletarem e caçarem alimentos e água. A vida agrícola sedentária não era uma opção até a agricultura ser inventada, há cerca de 10 mil anos, em diversos lugares do mundo. E, mesmo assim, nem todos a praticavam; por milhares de anos, muitos continuaram caçando e coletando, percorrendo milhares de quilômetros pelo Ártico ou velejando pelo Pacífico.

PAPO DE ESPECIALISTA

Nós, antropólogos, costumávamos descrever essa movimentação com o termo genérico *migração*, mas na verdade tal termo descreve melhor as movimentações causadas pelas estações. Um termo mais adequado, *dispersão*, é usado atualmente para descrever os assentamentos humanos primitivos pelo mundo, sem ter como motivador único ou principal de mudança as alterações climáticas sazonais.

Por que, então, os seres humanos pré-históricos se mudavam tanto? Há muitos motivos, incluindo os seguintes:

» **Exploração de recursos:** Os caçadores e coletores estão sempre interessados em quais outros recursos podem estar disponíveis longe de sua vista.

» **Fissão social:** Alguns caçadores e coletores se mudam para se afastarem de vizinhos com os quais têm inimizade; outros viajam para dispersar uma população que está ficando muito grande para os recursos que o ambiente imediato pode oferecer.

» **Migração incidental:** Os caçadores e coletores migram em busca de animais de presa — como rebanhos de mamutes —, que também estão indo em busca de novas regiões das quais aproveitar novos recursos, como pasto em crescimento em ecossistemas em transição.

Por esses motivos (e outros que talvez nunca saibamos), a humanidade se espalhou por todos os cantos há 100 mil anos.

A migração humana exigiu *adaptação* para sobreviver em novos ambientes. Em termos concretos, uma *adaptação* é um objeto que permite a sobrevivência no novo ambiente, como um casaco de pele quentinho para um ambiente gelado ou um novo tipo de vela para sua embarcação. Todos os outros animais se adaptam de forma inconsciente e com seus corpos (que podem ou não ter os traços que permitam a sobrevivência em novos ambientes); por outro lado, os corpos humanos são biologicamente frágeis e mal poderiam sobreviver no Ártico ou no Saara.

Porém os seres humanos também *inventaram* formas de viver em ambos os lugares durante milhares de anos e com boa saúde; a humanidade inventou adaptações a locais que nossa biologia não conseguiria suportar. De fato, essa "adaptação cultural" é uma das características mais únicas da humanidade: nossa espécie escolhe fazer e inventar novas adaptações. Assim, a humanidade adapta-se não apenas com seu corpo, mas também com suas invenções, sejam artefatos ou costumes sociais. Esta é uma das lições mais importantes que a antropologia aprendeu sobre a humanidade: pelo bem ou pelo mal, ela evoluiu formas de se adaptar que causaram uma separação entre comportamento e biologia.

O restante deste capítulo lhe dará alguns exemplos de diversidade destes dois tipos principais de adaptações fascinantes:

» **Artefatos:** Adaptações físicas, como um casaco quentinho ou um chapéu que protege contra os raios solares.

» **Comportamentos:** Adaptações culturais, como a prática do suicídio quando a pessoa não pode mais ajudar o grupo de caçadores e coletores e passa a ser um fardo para os recursos já escassos.

A invenção dessas adaptações materiais e sociais é uma expressão do próprio segredo da sobrevivência humana: a separação entre comportamento e anatomia. Em vez de ficarmos restritos por nossos corpos a diversos climas e condições (*biologia*), inventamos nossas adaptações, incluindo ferramentas e arranjos sociais, que nos permitem vivermos onde normalmente nossos corpos não o fariam. Isso desassocia ou separa o *comportamento* (o que fazemos) de nossa biologia. Tal fenômeno é principalmente humano e começou com o uso de ferramentas complexas há milhões de anos. Hoje, ele é melhor compreendido na imagem de um astronauta flutuando no espaço: um primata que desassociou quase totalmente o comportamento da anatomia e sobrevive apenas por causa de sua tecnologia e de seus arranjos sociais.

Uma forma de imaginarmos a incrível história da migração global dos seres humanos primitivos é considerarmos os ambientes aos quais as pessoas estavam indo e que adaptações materiais e sociais poderiam ter permitido a sobrevivência nesses novos locais. Esse fascinante exercício mental pode ser feito ao considerarmos a variedade de ambientes que a humanidade estava explorando e se adaptando na Figura 8-1, que traz um esboço geral das muitas dispersões da humanidade pelo mundo após cerca de 100 mil anos atrás. As rotas mostradas são bem gerais, mas lembre-se de que há algumas grandes barreiras, como a cordilheira do Himalaia. Outras duas coisinhas para se lembrar também: há cerca de 100 mil anos, os continentes estavam na posição que estão hoje, então não se preocupe com pedaços de terra vagando por aí. E, durante as eras de gelo, a água do oceano estava presa nas geleiras, então o nível dos mares tinha cerca de cem metros a menos que hoje, fazendo com que os litorais se estendessem mais. Caso queira ver essas mudanças no litoral australiano, acesse `http://sahultime. monash.edu.au/explore.html` [conteúdo em inglês].

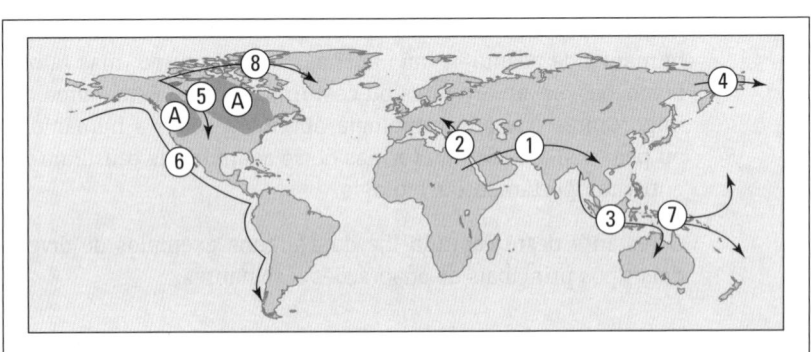

FIGURA 8-1: Visão geral da dispersão do HssAM, 100 mil anos atrás.

1. O HssAM sai da África em cerca de 100.000 AP, indo ao leste pelo sub-Himalaia asiático.
2. O HssAM coloniza a Europa após 42.000 AP, substituindo os neandertais.
3. O HssAM coloniza a Australásia após 50 mil anos atrás.
4. O HssAM cruza o Estreito de Bering e entra nas Américas, há mais de 15 mil anos.
5. O HssAM entra na América do Norte pelo corredor sem gelo.
6. O HssAM entra nas Américas do Norte e do Sul pela Migração Costeira.
7. O HssAM coloniza as Ilhas do Pacífico — 3 mil anos atrás.
8. O HssAM coloniza o Alto Ártico — 1,5 mil anos atrás.
A. Calota polar de Laurentide e da Cordilheira.

Ilustração cortesia de Cameron M. Smith

Considerando os princípios de por que e como a humanidade saiu da África, vamos ver mais de perto alguns dos métodos de sobrevivência brilhantes e emocionantes de nossa espécie neste épico dos épicos: a dispersão pelo mundo dos nossos ancestrais pré-históricos.

Primeira Colonização da Australásia

A colonização inicial da Austrália e de seus arredores (coletivamente, a Australásia) é uma odisseia estonteante de caça e coleta entre os arquipélagos do Sudeste Asiático em direção ao mar aberto que leva à Austrália. Os hominídeos primitivos estiveram em Java há 1 milhão de anos. Por muito tempo, o Mar de Timor, que separa Timor, no arquipélago do Sudoeste Asiático, do noroeste da Austrália, era aparentemente uma barreira eficaz contra as movimentações. Mas as pessoas acabaram inventando algum tipo de embarcação que usaram para ir de ilha em ilha, até que chegaram à maior delas: a própria Austrália. Então, caminharam pelo interior deserto daquele imenso continente.

LEMBRE-SE

Nas últimas décadas, escavações na ilha de Flores, no arquipélago do Sudoeste Asiático, revelaram um surpreendente novo hominídeo com um corpo especialmente pequeno, o *Homo floresiensis*. Datado de aproximadamente 90 mil anos atrás, os resquícios esqueléticos representam pessoas com uma média de apenas um metro de altura (veja a Figura 8-2). Elas usavam ferramentas de pedra, habitavam abrigos em cavernas e aparentemente controlavam o fogo. Marcas de corte em alguns ossos de elefante encontrados na caverna indicam que elas consumiam tecidos animais também. Os ancestrais e os descendentes daquelas "pessoinhas" são pouquíssimo entendidos, pois a análise de DNA até agora se mostrou vaga. Aposto que mais cedo ou mais tarde descobriremos informações sobre o assunto. Por que as pessoas de Flores eram tão pequenas? Apesar de ter mencionado anteriormente a desassociação entre comportamento e anatomia, a separação nem sempre é total. O "nanismo insular" ocorre em muitos animais, incluindo mamutes minúsculos que já viveram nas ilhas ao noroeste da América do Norte. Nesse caso, houve a seleção para um tamanho pequeno de corpo nos hominídeos. E isso retrocede muito no tempo: escavações mais recentes mostram que os hominídeos de Flores já estavam lá há 700 mil anos, muito antes da modernidade comportamental e anatômica. Os antropólogos aprenderão mais sobre as pessoas de Flores nas décadas futuras, conforme mais escavações se concentrarem nessa descoberta fascinante.

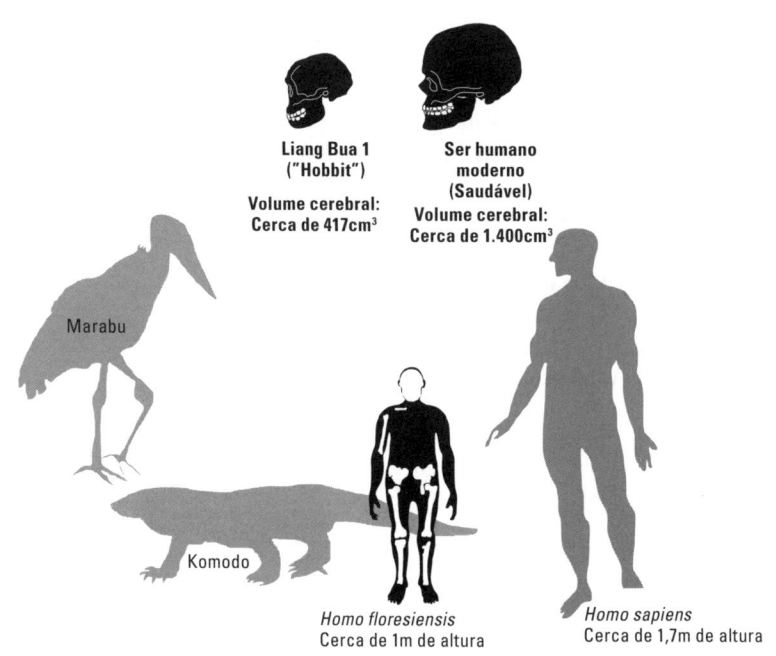

FIGURA 8-2: O tamanho de um ser humano moderno e os povos primitivos da Ilha de Flores, assim como a gigante cegonha marabu e o dragão de Komodo, com quem aquelas pessoas compartilhavam a ilha.

Marabu

Liang Bua 1 ("Hobbit")
Volume cerebral: Cerca de 417cm³

Ser humano moderno (Saudável)
Volume cerebral: Cerca de 1.400cm³

Komodo

Homo floresiensis Cerca de 1m de altura

Homo sapiens Cerca de 1,7m de altura

Ilustração cortesia de Cameron M. Smith

Há algo de incomum na Austrália. Quando a humanidade chegou àquele continente ainda permanece como uma das grandes questões da arqueologia. Muitos sítios são datados de mais de 20 mil anos, mas muitos são difíceis de serem datados pois os estratos foram um pouco alterados ou porque o método usado está no limite de sua utilidade. Mesmo assim, os antropólogos estão confiantes de que a Austrália foi colonizada muito antes de 40 mil anos atrás. As principais descobertas que deixam isso claro são:

» O sítio do abrigo de rocha Malakunanja, no noroeste da Austrália, foi datado recentemente e de forma segura como tendo 60 mil anos e esteve ocupado por cerca de 25 mil anos.

» Os resquícios esqueletais no lago Mungo (todos de *Homo sapiens*), descobertos na década de 1970, foram extensivamente datados e indicam uma ocupação da Austrália há mais de 45 mil anos.

» Em 2002, artes de rocha no sítio Nauwalabila, no norte da Austrália, foram datadas como tendo mais de 50 mil anos.

» Artes em rochas no sítio de Carpenter's Gap foram datadas seguramente como sendo de aproximadamente 40 mil anos atrás.

Independentemente das ambiguidades com as datas desses sítios, todas apontam na mesma direção: a ocupação da Austrália ocorreu há pelo menos 40 mil anos e, talvez, muito antes disso. Quanto antes? Uma hipótese, publicada em 1996, foi a de que o sítio tem mais de 175 mil anos — mas acabou não dando em nada. Por ora, uma estimativa sensata é de que a Austrália foi colonizada há 50 mil anos, mas exatamente quando ainda precisa ser descoberto.

LEMBRE-SE

Por muito tempo, achava-se que Austrália não tinha sido colonizada antes de 8,7 mil anos atrás, mas agora sabemos que foi muito antes disso. Esse é um padrão na arqueologia; as datas para a circunstância mais antiga de algo — como a colonização de uma região ou a invenção de um artefato — são comumente corrigidas conforme novos sítios aparecem. Tal padrão não significa que a arqueologia está à deriva e constantemente reescrevendo seus livros. O que ela faz, como qualquer boa ciência, é atualizar o que sabe e seguir em frente. Nesse caso, a atualização é bem grande, mas ainda é apenas uma atualização, e não uma condenação de toda a arqueologia.

Apesar dos mistérios sobre a colonização da Austrália, alguns fatos são certos:

» Foi colonizada há cerca de 40 mil anos.

» Foi colonizada pelo HssAM, o que se evidencia por seus esqueletos.

» Foi colonizada pelo *Homo sapiens sapiens* comportamentalmente moderno, o que se evidencia pelas artes rupestres, que indicam simbolismo.

A reconstrução dos níveis do mar revela que, na época em que a Austrália foi colonizada, ela já era uma ilha; portanto, os colonizadores devem ter usado algum tipo de embarcação, como jangadas ou canoas. Nenhum desses artefatos foi encontrado (embora isso não signifique que não existiram), mas cruzar as águas sem vista de terra teria sido necessário.

A Colonização do Novo Mundo

Outra história incrível e de deixar os cabelos em pé sobre a dispersão e a colonização pré-históricas é a das primeiras colonizações do Novo Mundo (Américas do Norte e do Sul). Juntas, formam uma região com mais de 40 milhões de quilômetros quadrados que se abriu à humanidade. Com o passar do tempo, a humanidade se espalhou e começou a habitar cada pedacinho ecológico imaginável.

Primeiro, a humanidade habitou as regiões amenas da América do Norte, quando muito do que hoje é o sul do Canadá estava sob uma calota polar com 1,6km de espessura. Lá, os mamutes e outros mamíferos gigantes viviam em um ambiente de pastagens e estepes. Posteriormente, as pessoas se adaptaram a uma variedade de ambientes conforme as grandes geleiras se derreteram e novos ecossistemas evoluíram, incluindo as relvosas Grandes Planícies, o gelado Ártico, o litoral do Peru assolado pelo vento, as selvas fumegantes da América Central, as florestas Apalaches de madeira de lei, os grandes sistemas de rios da bacia do Mississipi, o tempestuoso noroeste do Pacífico, a árida Grande Bacia e em praticamente todos os outros lugares entre esses. Como as pessoas sobreviveram e se tornaram os atuais nativos americanos é uma história impressionante, que esta seção só pode começar a contar; no entanto, você terá uma ideia dos fatores envolvidos nisso.

Hipóteses duelantes: Duas teorias migratórias

Os reais mistérios sobre a colonização das Américas estão relacionados com o *timing* e as circunstâncias dos primeiros ocupantes. Outrora, um livro como este teria mergulhado mais profundamente na questão de onde os primeiros americanos vieram, mas, hoje em dia, tal mistério está revelado. Dados dentais, genéticos, linguísticos e arqueológicos ligam claramente os povos nativos das Américas com os povos nativos do nordeste asiático: especificamente, o leste da Sibéria.

Embora essa ligação tenha sido proposta no século XVI, conforme as pessoas faziam as conexões óbvias entre os nativos dessas áreas, as principais linhas de evidência se juntaram apenas no século passado para dar suporte a essa noção de senso comum. Uma hipótese recente e amplamente divulgada (e dramatizada) — a de que os americanos nativos cruzaram o mar de gelo vindos da Europa, há cerca de 18 mil anos — baseia-se nas evidências mais parcas possíveis e, após mais de uma década, não forneceu evidências suficientes para convencer a mim nem a qualquer arqueólogo que eu conheça, sobre sua acurácia. Neste momento, todas as evidências apontam para o nordeste da Ásia. De lá, os seres humanos foram rumo à América do Norte cruzando uma ponte terrestre (entre o leste da Sibéria e o oeste do Alasca), chamada *Beríngia*. Durante as eras de gelo (que só terminaram há cerca de 10 mil anos), a Beríngia era uma extensiva tundra onde pastavam rebanhos de *megafauna* (grandes animais), como os mamutes-lanosos. Após chegarem ao Alasca, porém, a questão é onde os colonizadores foram em seguida, como veremos nas próximas seções.

A hipótese do corredor sem gelo

A *hipótese do corredor sem gelo* sugere que os migrantes entraram nas Américas passando entre duas grandes calotas polares que cobriam o Canadá, há cerca de 12 mil anos. Esse modelo propõe que, à medida que as calotas derreteram, devido ao fim da era de gelo, um corredor amplo se abriu entre elas, permitindo que plantas colonizassem a faixa de terra que conecta o atual leste do Canadá com as Grandes Planícies dos EUA. Grandes animais pastadores, como bisões e mamutes, migraram ao sul para se alimentarem dessas plantas, e bandos de seres humanos caçadores e coletores foram junto.

De acordo com alguns geógrafos e glaciologistas, o grande problema com a hipótese do corredor sem gelo é que teria havido muita água saindo das calotas de gelo com 1,6km de espessura, de modo que o solo recém-exposto entre elas não teria se estabilizado rápido o suficiente para que as plantas criassem raízes, muito menos aguentassem os pastadores. Pelo contrário, o corredor teria sido uma terra de ninguém com restos glaciais, rebentada por rios estrondosos que mudavam de curso de forma imprevisível. Eles sustentam que ninguém passou pelo corredor até muitos milhares de anos após o gelo ter derretido, a água secado, o solo estabilizado e as plantas criado raízes.

O modelo do corredor sem gelo é normalmente proposto pelos teóricos do Clóvis Primeiro [ou Cultura Clóvis], que acreditam que o primeiro povo a entrar nas Américas tinham ferramentas de pedra distintivas chamadas *Pontos de Clóvis*. Por muito tempo, essa teoria era aceita entre arqueólogos, mas, nas últimas três décadas, novos dados (veja as próximas duas seções) mostraram que Clóvis não foi, de jeito nenhum, o primeiro.

Hipótese da migração costeira

Em contraste à hipótese do corredor sem gelo, a *hipótese da migração costeira* propõe que os caçadores e coletores primitivos viajaram ao sul pelos litorais do Alasca, da Colúmbia Britânica, de Washington, de Oregon e da Califórnia, subsistindo de ricos recursos costeiros, incluindo peixes, mamíferos marinhos e uma grande variedade de vegetação — pelo menos, inicialmente. Posteriormente, também foram ao leste, adentrando o continente norte-americano seguindo grandes rios que desaguam no Pacífico; de norte a sul, esses rios são o Fraser (perto de Vancouver, Colúmbia Britânica), o Colúmbia (perto de Portland, Oregon) e o Sacramento (na Baía de São Francisco), além de outros.

A primeira evidência para essa hipótese é uma rota costeira que muitos costumavam deixar de fora simplesmente porque achavam que as grandes calotas de gelo se estendiam muito ao mar, criando uma barreira de gelo com 100m de altura pela qual ninguém conseguiria passar e sobreviver. Mas, recentemente, *refúgios glaciais* (ilhas que não eram cobertas de gelo) vieram à tona; cientistas confirmaram que essas ilhas tinham florestas, servindo como refúgios contra os piores climas possíveis. A caverna On Your Knees [de joelhos, em tradução livre] (sim, é esse o nome mesmo, porque é preciso se ajoelhar e se arrastar até a entrada principal) continha resquícios de ursos de mais de 15 mil anos de idade; este é um bom argumento: se os refúgios abrigavam ursos, também poderiam ter abrigado seres humanos onívoros.

Embora a corrente principal de opinião atualmente favoreça a hipótese da migração costeira (veja a Figura 8-3), lembre-se de que ela ainda é difícil de documentar. Quando as calotas derreteram, há cerca de 10 mil anos, a água do derretimento foi para os oceanos, aumentando o nível do mar. Hoje, a água é cem metros mais profunda do que quando os migrantes costeiros presumivelmente foram para o sul, então os resquícios de seus acampamentos estão sob a água, em alto-mar. É muito complicado mergulhar mais fundo que trinta metros, então mergulhar com os equipamentos comuns é uma saída difícil. Avanços recentes no uso de veículos operados remotamente (ROVs) para a pesquisa embaixo d'água ajudam, mas a escavação em profundidade é um desafio.

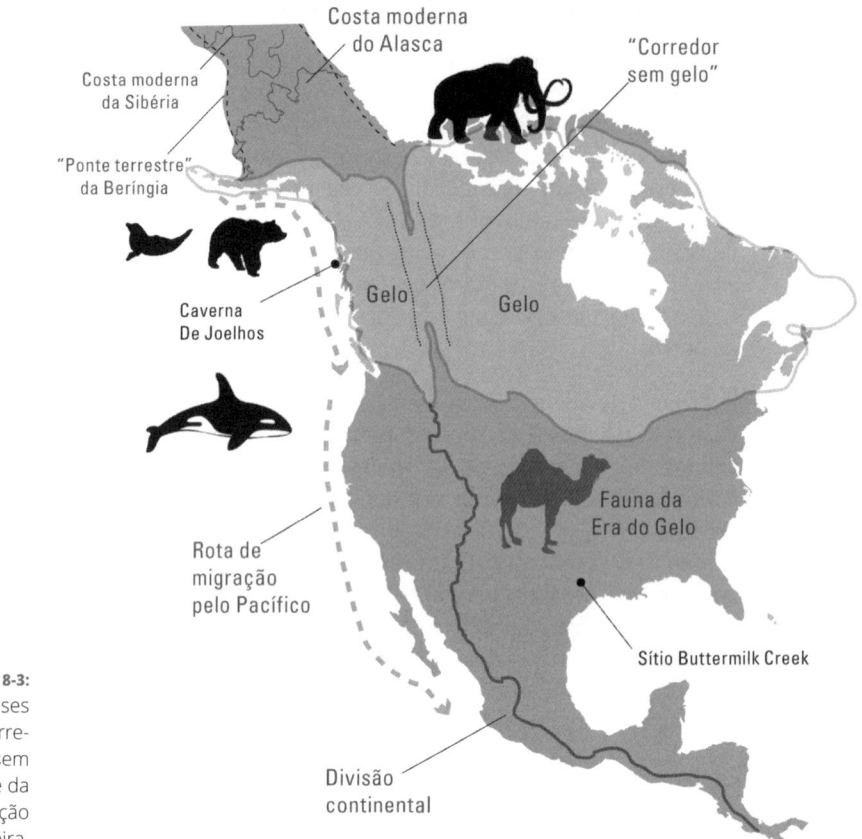

Costa moderna
do Alasca

"Corredor
sem gelo"

Costa moderna
da Sibéria

"Ponte terrestre"
da Beríngia

Caverna
De Joelhos

Gelo

Gelo

Fauna da
Era do Gelo

Rota de
migração
pelo Pacífico

Sítio Buttermilk Creek

Divisão
continental

FIGURA 8-3:
Hipóteses
do corre-
dor sem
gelo e da
migração
costeira.

Ilustração cortesia de Cameron M. Smith

A CONTROVÉRSIA DE KENNEWICK

Em 1996, antropólogos descobriram o esqueleto parcial em decomposição de um ser humano na margem do rio Colúmbia, ao sudoeste do estado de Washington. Datados por radiocarbono com 9.400 anos de idade, os ossos eram um dos resquícios humanos mais antigos da América do Norte e causaram um interesse imediato. O esqueleto tinha uma ponta de pedra incrustada no quadril, indicando uma história de vida interessante, mas foi outra coisa que atraiu a mídia. O antropólogo que primeiro examinou os ossos disse que tinham características "caucasianas". Como todas as evidências anteriores sugeriam que os nativos americanos tinham vindo da Ásia, a palavra *caucasiano* — usada no linguajar comum para se referir a "branco" — deu início a uma enorme batalha judicial.

Os cientistas queriam estudar o DNA; os nativos americanos (que não acreditavam que o esqueleto era de um branco) queriam os restos mortais para fazerem um enterro adequado; e outros grupos (incluindo organizações de supremacistas brancos) tentaram reivindicar a posse dos resquícios para fazerem seu devido funeral e se concentraram no esqueleto como prova de que as Américas pertenciam aos brancos, e não aos nativos, que claramente vinham do nordeste asiático. A caracterização inicial dos resquícios como sendo "caucasianos" causou muita animosidade. Nos termos mais estritos, as pessoas da região montanhosa de Cáucaso, na parte central da Rússia (os caucasianos), podem, de fato, estar relacionadas com os ancestrais dos nativos americanos, vindos do nordeste asiático. De fato, estudos posteriores demonstraram que o esqueleto tinha ascendência asiática. Resolutos, os supremacistas brancos ainda queriam o esqueleto. No fim, em 2017, os resquícios foram enterrados novamente por membros de uma coalização de cinco nações, incluindo membros das tribos Nez Perce e Umatilla. Muitos nativos americanos apoiam a arqueologia, mas, é claro, não querem ser estudados como se fossem amostras de museu.

Embora a longa história dos restos mortais de Kennewick seja desagradável, acredito que, no longo prazo, ela resultou em uma arqueologia melhor na América do Norte. Hoje, por exemplo, não conheço nenhum projeto arqueológico no continente que não envolva a colaboração de grupos nativos, e meu próprio projeto de arqueologia no Vale Wapato desfruta de um alinhamento com os interesses da Nação Chinook há três décadas.

Vamos aos fatos

Pessoalmente, sou muito a favor da hipótese da migração costeira, mas, seja como for, havia pessoas nas Américas há muito mais de 10 mil anos. Dois sítios arqueológicos deixam isso claro:

» O sítio Buttermilk Creek, na parte central do Texas, está agora bem estabelecido como sendo de mais de 15 mil anos atrás. Lá, ferramentas de pedra predatam os artefatos de Clóvis, conclusivamente eliminando o modelo "Clóvis Primeiro", que descrevi anteriormente.

» O sítio Monte Verde, no Chile, foi datado por radiocarbono de forma segura como tendo mais de 14 mil anos. (Veja mais informações sobre a datação por carbono no Capítulo 5.)

Também há resquícios de seres humanos primitivos nas Américas, mas ainda não datam de tão antigamente quanto os sítios. Eles incluem:

» **Esqueleto de Buhl, em Idaho, datado conclusivamente como sendo de 10.600 anos:** Este esqueleto de uma jovem mulher foi enterrado novamente após análises feitas por membros modernos da nação Shoshone-Banock.

» **O Homem de Kennewick, datado conclusivamente como sendo de 9.400 anos:** Embora não seja há mais de 10 mil anos, está apontando na direção certa. Se as pessoas chegaram à região sul do estado de Washington há 9.400 anos, podemos apostar com segurança que estavam na América do Norte seiscentos anos antes. (Veja o box "A controvérsia de Kennewick".)

E a história continua mudando. Um sítio em Oregon (Caverna Paisley) atualmente apresenta datas por radiocarbono de ocupação humana chegando a 14.300 anos atrás, e datações recentes em Cooper's Ferry, Idaho, parecem mostrar ocupações da América do Norte há 16 mil anos. Isso foi publicado em 2019, então precisamos deixar passar alguns anos para que o sítio seja amplamente avaliado por outros arqueólogos, mas, se as datações se sustentarem, será a data mais antiga aceita para a ocupação humana nas Américas do Norte ou do Sul. Emocionante!

Iglus, Cães e Facas de Osso de Baleia: A Colonização do Ártico

Adoro o Ártico. Passei vários invernos lá, aproveitando a beleza inclemente enquanto viajava a pé. Sempre achei difícil sobreviver mesmo com meus equipamentos modernos e ficava imaginando como as pessoas com recursos mais simples o fizeram há milhares de anos. O registro arqueológico indica que elas conseguiram isso da mesma forma que as pessoas no mundo todo realizaram as colonizações vez após vez: com engenhosidade, fortitude e habilidade de adaptação.

Primeiras chegadas

Há cerca de 5 mil anos, seres humanos resistentes enfrentavam a vida no Ártico norte-americano caçando, pescando e caçando e coletando, tal qual fizeram seus predecessores, desde a Sibéria até a Beríngia. Assim como todos os povos do Ártico, eles eram caçadores e coletores (com uma grande ênfase na caça de mamíferos marítimos) e sobreviviam consumindo focas, renas, aves (e ovos delas, na estação certa), além de praticamente qualquer outra coisa que o corpo humano pudesse metabolizar; eles também negociavam comida com bandos vizinhos. Suas adaptações materiais distintivas ao Ártico incluíam:

» Entalhes de marfim de animais, incluindo ursos-polares.

» Estatuetas de madeira, feitas com madeira flutuante.

» Arpões — pesados e simples, mas eficazes — para capturar focas.

» Óculos de neve, esculpidos de osso ou madeira, para reduzir o reflexo da neve.

» Travas anexadas em botas de pele de foca, para andar no gelo.

Há cerca de mil anos, no entanto, ainda mais novas invenções e artefatos apareceram no oeste do Ártico, logo antes da rápida e difundida dispersão rumo ao leste, passando por milhares de quilômetros de gelo e neve até a Groenlândia. Essa foi a origem da expansão de Thule.

FESTIVAL INVERNAL NATIVO DO ALASCA

Em fevereiro de 2007, tive o privilégio de participar de um Festival de Inverno em North Slope, Alasca, 480km ao norte do Círculo Ártico. O evento que dura três dias, denominado Kivgiq e organizado pelos nativos Inupiat do norte do Alasca, era centrado em danças realizadas por membros de muitas comunidades do Ártico canadense e alasquiano. Conforme assistia, percebi que o festival e as danças eram muito mais que apenas uma grande festa: eram lembretes de um código antigo, uma forma antiga de vida que era importante compreender, pois mantinha as pessoas vivas.

Quinze tambores batiam lentamente ao mesmo tempo, direcionando os movimentos sutis feitos pelos corpos dos dançarinos, como um ombro encolhido, um braço ou um pulso gentilmente virado. A lenta batida era um convite para abrir mão, para ser levado pelo espírito da dança. Após alguns momentos, o ritmo e o volume aumentaram — BUM BUM BUM... BUM BUM BUM —, acompanhados de lamentos e cantos, à medida que os dançarinos batiam as botas no chão e posavam com os corpos duros em posições de terror. Às vezes, movimentavam-se de forma sincopada, como se estivessem remando — a procura comunitária de uma baleia. Em outras, levavam os braços alegremente aos peitos, puxando uma baleia que traria sustento para toda uma vila e evitaria a fome durante mais uma estação. As danças incluíam pantomimas de fome, abundância e respeito pela terra e seus animais, o centro gravitacional de sua cultura, em torno do qual todas as outras coisas revolviam.

Essas apresentações eram tão importantes à sobrevivência dos Inupiat como qualquer arpão ou caiaque; essas eram instruções para uma vida adequada. Minha pergunta: "Como sobreviveram lá?", seria feita apenas por uma pessoa totalmente urbanizada. Então, como sobreviveram lá? Fácil. Mantenha a população baixa. Não ceife seus recursos. Cuide das plantas e dos animais para que suas populações permaneçam saudáveis para os descendentes, assim como seus ancestrais fizeram por você.
Respeite a terra. Isso é fácil de entender.

E tenha senso de humor! Alguns dos maiores aplausos durante o Kivgiq foram dados a um dançarino que se autodenominou "Elvis Esquimó"; vestindo um macacão com capa, óculos escuros e exibindo um topete, ele mexeu com todo mundo misturando movimentos Inupiat e "elvianos" completos, com um chute de karatê ao final que levou a multidão às alturas. O evento terminou solenemente, mas o riso também foi muito importante. A vida é curta, afinal.

A expansão de Thule

A *expansão de Thule* foi uma migração ativa de seres humanos, do oeste ao leste do Ártico, após cerca de 1.500 anos atrás. O nome é derivado de um sítio arqueológico na Groenlândia, onde os artefatos dessas pessoas foram encontrados. Sua migração caracterizou-se e foi possibilitada por diversas invenções engenhosas:

» **Trenós,** às vezes com deslizadores feitos de peixes congelados.

» **Embarcações eficazes**, incluindo o *caiaque*, um barco feito de pele esticada sobre uma estrutura de ossos de animais ou de madeira flutuante.

» **Arpões especializados para caça de baleias** para capturar os maiores mamíferos marítimos, que podiam alimentar uma vila inteira durante o inverno.

» **Iglus,** casas de neve que podiam ser construídas em poucas horas utilizando-se uma faca longa e distintiva feita com ossos de baleia (veja a Figura 8-4).

Trenó inuíte que percorria cerca de 80km/h diariamente

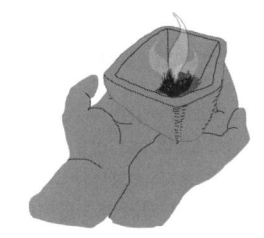

FIGURA 8-4: Transporte e exemplo de objeto dos nativos do Ártico (década de 1800).

Luminária de pedra macia (geralmente, pedra-sabão), queimando gordura animal com um pavio de líquen torcido.

Ilustração cortesia de Cameron M. Smith

Ao imaginar a aurora boreal, o gelo trincando e as estranhas e novas criaturas, peixes e raposas que o povo Thule teria encontrado em suas caminhadas, acredito que sua expansão ao leste deve ter sido uma das maiores e mais audaciosas aventuras da humanidade.

A Jornada de Ru e Hina: A Colonização do Pacífico

Entre 3 mil e 1,5 mil anos atrás, os polinésios primitivos viajaram pelo Pacífico, criando um hábito de exploração tipificado pela lenda dos irmãos exploradores Ru e Hina (que, tendo descoberto cada pedacinho de terra no Pacífico, olharam a Lua, viram um novo lugar a percorrer e construíram uma nave mágica para levá-los até lá). Os antigos polinésios posteriormente colonizaram o Taiti, a Ilha de Páscoa, a Nova Zelândia e o Havaí; como todas as demais coisas, esse esforço colonizatório também foi uma obra-prima de adaptação. Aqueles povos moldaram cuidadosamente tecnologias e culturas para possibilitar a exploração e a sobrevivência no pacífico. As tecnologias incluíam canoas de casco duplo e métodos especiais de navegação (veja mais sobre isso na próxima seção). A seção a seguir descreve mais exemplos da adaptação humana ao Pacífico.

LEMBRE-SE

Em 1947, o aventureiro norueguês Thor Heyerdahl e sua tripulação usaram as correntes marítimas para irem do Peru à Polinésia em uma jangada de doze metros chamada *Kon-Tiki* para demonstrar que a Polinésia poderia ter sido colonizada por sul-americanos primitivos. Embora o feito de Heyerdahl tenha sido uma aventura ousada, não há evidências sólidas provando que estava certo; evidências linguísticas, arqueológicas e de DNA mostram claramente que os colonizadores do Pacífico eram provenientes do Sudeste Asiático, e não da América do Sul. Novas evidências genéticas sugerem que, às vezes, o povo sul-americano viajava longe no Pacífico, mas a maioria das explorações e colonizações polinésias teve origem no Sudeste Asiático.

Ferramentas dos exploradores

Os exploradores primitivos do Pacífico eram pessoas inventivas e determinadas a sobreviver a suas aventuras. Eles não navegavam fortuitamente nem se deixavam levar pelas correntes marítimas; pelo contrário, planejavam expedições e carregavam artefatos para permitir sua sobrevivência no mar e o começo de uma nova vida após descobrirem terras. Entre suas invenções, podemos citar:

» *Canoas de travessia* com casco duplo de até dezoito metros e com capacidade para cem pessoas.

» Cerâmicas usadas para armazenar e cozinhar alimentos a bordo.

» *Enxós* de pedra usados para limpar a terra para a horticultura quando encontravam novas terras.

» Anzóis feitos de conchas usados para a pesca no caminho.

KAVENGA: O CAMINHO DAS ESTRELAS

Quando os exploradores europeus chegaram ao Pacífico, nos anos 1700, ficaram maravilhados — ainda que com inveja — com a precisão dos navegadores polinésios. Apesar de não terem nenhum instrumento (na visão dos europeus), mapa ou conhecimento de matemática, os navegadores nativos eram tão competentes que os europeus os levavam consigo em suas próprias embarcações. Os europeus descobriram que os nativos navegavam principalmente usando a memória. Os navegadores polinésios, ao memorizarem as rotas, sabiam quando e onde certas estrelas apareceriam e quando e onde despareceriam, e isso era um tipo de relógio, bem como de ponteiros indicando diversas direções no horizonte. O navegador se lembrava de uma viagem de uma ilha à outra, não pelos padrões de métricas dos europeus por etapas da viagem, mas observando uma série de estrelas a serem seguidas conforme apareciam e sumiam — o *caminho das estrelas*, ou "kavenga".

Os navegadores nativos também usavam os seguintes métodos para manterem-se em curso:

- **Localização das ilhas pela direção das ondulações:** Assim como um sinal de radar ricocheteia de volta para um avião, as ondulações do oceano voltam contra as correntes prevalecentes em ângulos distintos.

- **Localização das ilhas por flora e fauna:** Os nativos sabiam que certos peixes ficavam mais perto das ilhas do que outros, assim como certas aves, insetos voadores e tipos de algas. Até mesmo a água tinha um sabor diferente perto das ilhas em comparação com o alto-mar, e os navegadores polinésios eram conhecedores de todas essas pistas.

- **Localização de ilhas por área, e não por pontos:** Uma única ilha no vasto Pacífico é realmente um pontinho, mas qualquer uma tem diversos efeitos na água que a circunda, tornando-a detectável por diversos meios. Um arquipélago, cujos efeitos na água ocorrem juntos, pode afetar as águas em uma área de 160 quilômetros; em vez de buscarem uma única ilha, os navegadores tinham apenas que acertar a área e, então, refinar seu curso para o destino final.

A sociedade dos exploradores

Os exploradores do Pacífico também inventaram tradições culturais para sobreviver (veja a Figura 8-5). Para se lembrar das gerações anteriores de navegadores, tatuagens eram usadas para codificar histórias familiares no corpo e os ancestrais eram venerados em estátuas, como em Rapa Nui (outrora conhecida como a Ilha da Páscoa). Isso era tão importante quanto qualquer embarcação ou outra tecnologia. As tradições polinésias básicas incluíam:

» **Aceitação do risco:** Embora os exploradores sentissem que a vida era valiosa, eles sabiam que a valentia era necessária no mar e que a vida é imprevisível.

» **Mitologia de intervenção divina:** Este sistema assegurava aos viajantes que os deuses às vezes sentiam pena, que todas as tempestades terminariam em algum momento e que a vida seria boa quando encontrassem terra firme.

» **Glorificação da exploração:** As maiores glórias iam àqueles que exploravam e encontravam novas terras, nas quais criariam as gerações seguintes. A história de Ru e Hina exemplifica tal crença.

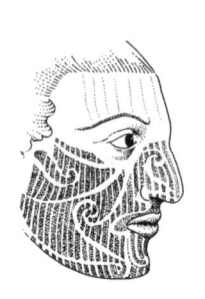

Tatuagens tradicionais, indicando o alto status social da pessoa.

Canoa a vela de exploração.

"Moai" tradicional de Rapa Nui ("Ilha de Páscoa"), uma estátua representando importantes figuras ancestrais.

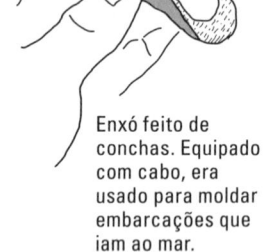

Enxó feito de conchas. Equipado com cabo, era usado para moldar embarcações que iam ao mar.

Canoa a vela de colonização; impulsionada por grandes velas, o casco duplo das embarcações continha suprimentos e até cômodos para famílias inteiras.

FIGURA 8-5: Canoa po-linésia de travessias.

Ilustração cortesia de Cameron M. Smith

Nas Alturas: O Platô Tibetano

Outro grande exemplo de adaptação humana é a primeira colonização do platô tibetano. Essa característica geográfica tem em média 4 mil metros de altitude e localiza-se entre o subcontinente indiano, ao Sul, e a Sibéria, ao Norte.

As datas mais antigas confiáveis são do sítio de Chusang, ao leste de Lhasa, Tibete, datando aproximadamente de 30 mil anos. Há, entre outras coisas, um conjunto impressionante de cerca de vinte marcas de mãos e pegadas, preservadas em barro endurecido. Como outros sítios antigos, aqui os artefatos representam caçadores aventurando-se nas terras altas ocasionalmente, e não como uma ocupação permanente. Após o derretimento das grandes calotas polares, há cerca de 10 mil anos, aparecem mais sítios, e, há cerca de 5 mil anos, há evidências de que as pessoas se estabeleceram permanentemente no platô, usando um estilo de vida agrícola que incluía o cultivo de cevada (planta resistente ao frio) e o uso de iaques domesticados, que, além da carne, forneciam leite e lã.

O assentamento no alto platô resultou em algumas adaptações biológicas perante as condições com baixo oxigênio. Isso inclui mutações que permitem uma oxigenação sanguínea mais eficiente do que nas populações de altitudes menores.

Nos Grandes Rios: As Bacias do Amazonas e do Congo

As bacias fluviais do Amazonas e do Congo são as maiores do mundo. Ambas equatoriais, elas são altamente vegetadas por enormes florestas, e o alto índice pluviométrico resulta em miríades de rios que saem das terras altas e levam suas águas ao mar. É difícil reconstituir os primeiros assentamentos de cada bacia exatamente por esse motivo; um alto movimento aquático certamente levou embora muitos traços primitivos das pessoas nesses locais, e as condições úmidas causaram a erosão de muitos outros.

Na bacia do Amazonas, os primeiros sítios incluem o Abrigo de Rocha El Abra, na Colômbia, onde ferramentas de pedras foram datadas de apenas 12 mil anos atrás. Evidências da flora no sítio indicam que o local era mais uma vegetação aberta do que uma floresta. Os primeiros sítios no centro da bacia incluem Taperhina, no Brasil, onde há evidências de uma vila de pescadores datando de 7,5 mil anos atrás. Há cerca de 5 mil anos, adaptações de sobrevivência incluíram o cultivo do milho e o uso de zarabatanas para atingir animais em árvores altas. Na época da chegada dos europeus, no século XVI d.C., nativos da Amazônia viviam em grandes aldeias compostas por agrupamentos de *malocas* (estruturas longas e estreitas que abrigavam diversas famílias em cada uma).

No Congo, também há falta de sítios primitivos com uma datação segura, mas há vislumbres convincentes de ocupações primitivas, incluindo ferramentas lascadas de pedra em sítios de Camarões datados com mais de 20 mil anos. Em Zaire, grandes arpões farpados, esculpidos de osso e usados para pescar bagres, datam dessa época também, sendo que evidências esqueletais mostram que as pessoas também caçavam grandes animais, incluindo búfalos. O centro da bacia foi ocupado há cerca de 5 mil anos, quando pessoas agricultoras, vindas do norte, mudaram-se para a região com um novo estilo de vida agrícola. Isso incluía cerâmicas muito bem-feitas para armazenarem colheitas e, posteriormente, o uso do ferro para a fabricação de ferramentas.

No Deserto: Ocupações no Saara

Também vemos adaptações humanas em condições extraordinárias no Deserto do Saara, que ocupa grande parte do norte da África. Embora haja muitos sítios na região de períodos muito remotos, por ora, consideremos o período e as adaptações dos seres humanos modernos, ou seja, após cerca de 100 mil anos atrás. Tenha em mente que boa parte do Saara tinha mais vegetação do que hoje, e já houve rios extensos lá. Mas, após 15 mil anos atrás, grande parte da terra começou a ter as condições desérticas que conhecemos hoje. É nesse período que vemos adaptações engenhosas.

Tais adaptações incluem uma estratégia mista de caça e coleta, reconstituída a partir de evidências arqueológicas em Wadi Kubbaniya, no Egito, datando de 20 mil anos. Lá, o povo do Saara caçava patos e gansos no inverno, colhia nozes de acácia selvagem (árvore espinhosa) na primavera, e pescava bagres e colhia tâmaras selvagens e sementes de papiro no outono. Há cerca de 10 mil anos, há evidências de domesticação de gado no Sudão, seguida pelo cultivo de sorgo e painço.

Novamente, a agricultura se deu após grandes mudanças ambientais com o fim da última era do gelo. As culturas do deserto que associamos com o Saara atualmente têm milhares de anos, com as primeiras domesticações de camelos como animais de transporte chegando a 5 mil anos atrás.

NESTE CAPÍTULO

» **Entendendo a domesticação**

» **Familiarizando-se com a horticultura**

» **Compreendendo a vida nas vilas agrícolas primitivas**

» **Explorando as diferenças entre horticultura e agricultura**

» **Descobrindo o que sabemos sobre a domesticação de cachorros**

» **Viajando com os primeiros agricultores**

Capítulo **9**

O Velho McDonald: As Origens da Agropecuária

A pós 2 milhões e meio de anos caçando e coletando, caçando e coletando sua subsistência em todo o globo, há cerca de 10 mil anos, algumas populações de seres humanos fizeram uma descoberta monumental, que mudaria praticamente tudo. Ela levaria ao estabelecimento de cidades em lugares pelos quais, outrora, as pessoas caminhavam cruzando grandes áreas em busca de alimentos; ela levaria ao desenvolvimento de exércitos e de guerras prolongadas, quando, antes, os conflitos tinham duração e distância limitadas; e também levaria à evolução multifacetada da própria civilização. Esse desenvolvimento foi a agricultura: cultivar alimentos, em vez de ir em busca deles.

Visto que a agricultura mudou praticamente tudo e aconteceu há relativamente pouco tempo na pré-história humana (e que os antropólogos têm um bom registro arqueológico refletindo suas origens), dedicarei um capítulo a ela. Compreender as raízes agrícolas da civilização atual é necessário, caso queiramos entender como uma boa parte da humanidade vive hoje; neste capítulo, explico o que exatamente é a agricultura e quando e onde foi inventada, bem como analiso algumas ideias sobre por que ela foi inventada e como mudou a humanidade, seja para melhor ou para pior.

O Princípio da Domesticação

A *agropecuária* é a domesticação de plantas e animais para propósitos humanos. Ela se baseia no princípio da domesticação (definida na próxima seção), o que basicamente permite que os seres humanos controlem os alimentos ao *produzi-los* como agrícolas, em vez de procurá-los como caçadores e coletores. Como as próximas seções mostram, essa mudança em como os seres humanos obtêm alimentos teve consequências magistrais para a espécie humana.

Seleção cultural

A agropecuária, ou *domesticação*, é o controle de espécies de plantas e animais para o benefício humano. O conceito importante é o de *controle*; em algum momento durante a evolução de certas plantas e animais (como milho, ovelhas, gado ou batatas-doces), sua reprodução foi totalmente controlada pelos seres humanos. Em termos evolucionários, os seres humanos de tornaram os *agentes seletivos* máximos dessas espécies, determinando quais sementes seriam plantadas para serem colhidas posteriormente, por exemplo, e quais animais seriam abatidos para o consumo da carne, ou mantidos vivos como os pais da próxima geração.

O importante aqui é que o ambiente natural não determinava mais sozinho quais sementes sobreviveriam ou quais ovelhas deixariam de ser selecionadas; os seres humanos passaram a fazer isso, e para seus próprios objetivos. Assim, as pressões seletivas nas espécies dessas plantas e animais deixaram de ser uma seleção natural, passando a ser uma seleção cultural. Se o velho McDonald quisesse que suas ovelhinhas tivessem lã comprida e encaracolada, ele escolhia aquelas com essas características para que procriassem e talvez abatesse as outras. Caso a esposa preferisse as abóboras bem grandes em vez das pequenas, mais comuns, ela plantaria as sementes das maiores.

E é isso. A domesticação é basicamente a reprodução seletiva de plantas e animais. É a humanidade tornando-se o agente seletivo máximo de algumas espécies. É aproveitar o fato de que algumas espécies não podem fazer nada caso os seres humanos queiram prender um animal em um curral ou controlar quais sementes serão usadas no próximo plantio.

LEMBRE-SE

Obviamente, nem todas as espécies são suscetíveis à domesticação. Ninguém conseguiu realmente domesticar os grandes felinos, por exemplo (a despeito de Siegfried e Roy); a humanidade tende a focar — para alimentos básicos — as espécies facilmente domesticáveis, como as ovelhas. Talvez as primeiras ovelhas-montesas selvagens tenham dado muito trabalho, mas os seres humanos primitivos foram espertos o suficiente para capturar as mais novas.

Efeitos da agropecuária na sociedade

Um estilo de vida agrícola traz muitas ramificações para nossas sociedades:

» A agropecuária exige um grau significativo de *sedentarismo residencial*, ou assentamento. Plantas e animais exigem cuidados, e as lavouras precisam ser colhidas e processadas. Esse sedentarismo tem muitos efeitos: as casas precisam ser mais robustas para aguentar anos ou gerações de uso, e assim por diante.

» Ela exige tecnologias mais intensas de processamento de alimentos e processos do que a caça e coleta; as sementes precisam ser separadas do joio, plantadas e colhidas com ferramentas especiais, o grão precisa ser moído para virar farinha, e assim por diante.

» Ela exige mais investimento em uma área do que a caça e coleta. Valas de irrigação e cercas são necessárias, e o solo precisa ser arado, fertilizado etc.

» Por fim, a agropecuária leva a uma noção mais formalizada de propriedade do que a caça e coleta; quando as pessoas investem tanto sangue, suor e lágrimas em um pedaço específico de chão, ocorrem mudanças no princípio de compartilhamento. Tal mudança não significa que o compartilhamento deixa de existir, mas que o conceito de propriedade pessoal se desenvolve mais e fica mais enraizado nos agrícolas do que entre os caçadores e coletores.

Essas são características gerais, e, como sempre, há exceções. Por exemplo, nem todos os caçadores e coletores são altamente móveis. Na costa do Pacífico Noroeste, na América do Norte, os caçadores e coletores nativos viveram de forma tão sedentária quanto alguns agrícolas durante, pelo menos, os últimos 3 mil anos, não porque eram produtores, mas porque conseguiam subsistir a partir dos salmões e mamíferos do mar, abundantes na região. Seu ambiente era rico o bastante para permitir o sedentarismo residencial. Alguns agrícolas se mudavam um pouco no passado (por exemplo, trabalhavam uma terra por certo tempo antes de irem para outra). Porém isso ocorreu principalmente nos primórdios da história da agropecuária, e a maioria dos produtores fica basicamente presa a seus campos durante muitos séculos, milênios e gerações.

Domesticação de plantas

Os primeiros domesticadores tinham que considerar muitas questões ao se comprometerem com uma forma de vida agrícola. Aqui temos duas importantes:

» A domesticação de plantas exige foco em espécies muito específicas, pois apenas algumas fornecem produtos — fruto, sementes ou fibras — úteis para os propósitos humanos.

» A domesticação de plantas exige uma atenção cuidadosa ao equilíbrio alimentar, pois as plantas não possuem alguns elementos nutricionais encontrados em uma dieta mais variada.

A domesticação de plantas tem dois efeitos principais na forma como as espécies mudam com o passar do tempo:

>> Para a maioria das espécies de plantas domesticadas, as que estão sendo colhidas são maiores que suas predecessoras selvagens; os cultivadores simplesmente usam as sementes das plantas maiores e melhores para plantar a próxima safra. Por exemplo, os limões domesticados são muito maiores que os selvagens originalmente cultivados ao redor de 2.500 anos atrás no Sudeste Asiático; o mesmo se dá com os milhos em espiga, que antigamente tinham o tamanho de um dedo.

>> A maioria das espécies de plantas domesticadas é mais fácil de ser colhida do que as selvagens; os cultivadores escolhem plantar aquelas que exigem menos esforço de colheita. Por exemplo, as sementes do antigo e primitivo trigo (domesticado pela primeira vez há 10 mil anos no Oriente Próximo) eram difíceis de serem arrancadas da planta, mas, com o tempo, os primeiros domesticadores selecionaram cepas que eram mais facilmente separadas.

LEMBRE-SE

As espécies de plantas que não ocorrem naturalmente em determinada região são denominadas *exóticas*, e em geral são evidências da intervenção humana naquela área. Isso representa pelo menos a intervenção ou a intera-ção com a espécie, não necessariamente indicando a domesticação.

As plantas domesticadas também podem ser selecionadas devido ao gosto, à preservabilidade, à transportabilidade ou a outras características difíceis de serem detectadas arqueologicamente.

LEMBRE-SE

A domesticação de plantas exige muito trabalho, pois as plantas vivas preci-sam de proteção contra as pragas (tanto as pragas de plantas como as ervas daninhas e pragas animais, como corvos), e os alimentos colhidos precisam de armazenamento (como os grãos, que devem ser mantidos secos e livres de fungos, e relativamente livres de ratos).

Domesticação animal

Nem todos os animais servem para a domesticação. Aqui temos alguns traços que tornam alguns animais mais adequados à domesticação do que outros:

>> Uma disposição relativamente boa com os seres humanos (e é por isso que os grandes felinos e o urso-pardo ainda não foram domados).

>> Uma expectativa de vida relativamente curta (para que os animais tenham muitas crias — como coelhos ou galinhas) para fazer valer a pena o esforço humano com a espécie. Se as espécies de animais para alimento vivessem tanto tempo quanto nós antes de poderem ser abatidas e consumidas, seria muito difícil manter o estoque de alimentos. Por sorte, a maioria das espécies animais que consumimos se reproduz rápido, fornecendo muitas crias ao mesmo tempo.

> » Habilidade de se alimentar de uma dieta diferente do que a selvagem, pois, em cativeiro, o animal deve poder comer o que lhe é dado pelos seres humanos, algo que não necessariamente será o mesmo que ele comeria na natureza.

Por fim, a domesticação animal tem pelo menos dois efeitos principais nos corpos das espécies em domesticação:

> » Se o animal tinha chifres, no passado as pessoas selecionavam aqueles com chifres menores ou com formatos diferentes, para que o animal ficasse um pouco menos perigoso.

> » A maioria dos animais domesticados é um pouco menor do que seus iguais selvagens, pois os seres humanos tendem a selecionar as proles que são um pouco mais fáceis de serem cuidadas.

As populações de animais domesticados normalmente têm um perfil de idade e/ou sexo diferente daquele dos animais selvagens; por exemplo, rebanhos domesticados podem ter apenas poucos machos adultos (para serem usados como reprodutores — os outros machos são abatidos), mas a maioria das fêmeas é mantida viva para parir a próxima geração e para fornecer leite e outros *produtos secundários* (como lã ou transporte). Essa configuração é um perfil de população bem diferente daquele que ocorre naturalmente (no qual há mais machos, por exemplo).

Princípios da Horticultura

Lembre-se de que a agropecuária era com frequência precedida por uma forma leve de domesticação chamada horticultura. É difícil definir a *horticultura* — um artigo recente analisa pelo menos dez definições, que não mencionarei aqui —, mas, em geral, ela se refere à agropecuária em menor escala e com tecnologias mais simples. (Ou seja, um pouco de caça e coleta — maior do que nas sociedades agrícolas — fornece alimentos básicos.)

Características distintivas da horticultura

LEMBRE-SE

Embora a horticultura tenha precedido a agropecuária em algumas áreas, em outras ela continua a prosperar. Em Papua-Nova Guiné, as pessoas vivem como horticultoras há pelo menos 6 mil anos. A horticultura não leva automaticamente à agropecuária total. Na verdade, em Papua-Nova Guiné há um vislumbre de evidências, na descoberta de fragmentos de machadinhas de pedra, de que seu povo derrubava florestas para praticar a horticultura há mais de 30 mil anos. Mundialmente, esses tipos de machadinha são usados para derrubar árvores. No entanto, os caçadores e coletores também cortavam árvores de vez em quando, então, estamos aguardando confirmações independentes quanto à horticultura primitiva em Papua-Nova Guiné.

Pense na horticultura como um tipo de jardinagem no qual você junta as plantas em uma área para protegê-las, promove a saúde delas capinando e assim por diante. Esse procedimento é diferente do cultivo intenso do solo, da plantação, do uso de sistemas de irrigação, das colheitas complicadas e do processamento e armazenagem das domesticações envolvidas na agricultura.

HORTICULTURA MAORI

Em 1924, o neozelandês Elsdon Best publicou uma descrição da horticultura maori conforme a praticavam na virada do século. Embora ela fosse diferente do que os maori praticavam na Pré-história, pode ter sido semelhante ao que era praticado na época em que Best escreveu. Os parágrafos a seguir são trechos de sua obra de 1924, *The Maori as He Was: A Brief Account of Maori Life as it was in Pre-European Days* [*Os Maori como Eram: Breve Relato de Suas Vidas nos Dias Pré-europeus*, em tradução livre].

"Os primeiros visitantes destas terras destacaram o trato cuidadoso das plantações realizado pelos nativos e a aparência extremamente organizada dos campos, nos quais as ervas daninhas eram atentamente erradicadas. Desde o capitão Cook em diante, eles enfatizam a regularidade peculiar dos campos de batata-doce, nos quais cada planta ocupa um montículo pequeno, e estes são organizados com cuidado e precisão em ordem quincunce (cinco plantas, uma em cada canto e uma no centro, como em um dado). Tais labores eram considerados de grande importância, e o cultivo era considerado *tapu* [tabu] e colocado sob a proteção dos deuses."

"Quando chegava a estação de preparo do solo para a plantação, então todos da vila trabalhavam com vontade. Chefes, plebeus e escravizados, homens e mulheres, todos se juntavam para o trabalho, que acontecia rapidamente até que o solo estivesse pronto. Na época pré-europeia, não havia animais predadores na terra nem quadrúpedes contra os quais fossem necessárias cercas; mas, em alguns lugares, barreiras leves eram impostas ao redor das plantações para protegê-las dos intrometidos *pukeko*, ou caimões. A introdução dos porcos aumentou bastante os trabalhos dos homens maori, pois essa criatura gostava muito de *kumara* [batata-doce] e era muito persistente em suas tentativas de pegá-las."

"Diferentes tipos de solo poderiam ser descritos em termos maori, visto que eles tinham cerca de cinquenta nomes para o solo e eram naturalmente bons em identificá-los. Muito cuidado era demonstrado na seleção do solo para cultivo, considerando que certos tipos duros e difíceis exigiam muito trabalho extra. Isso consistia em carregar, muitas vezes por distâncias consideráveis, grandes quantidades de cascalho para ser colocado ao redor das plantas de *kumara*. Em alguns distritos, há grandes covas das quais o cascalho foi retirado."

De modo geral, os horticultores são diferentes dos agricultores de três modos:

» Os horticultores usam varas de cavar, em vez de arados ou outros implementos puxados por animais de carga.

» Eles cultivam terrenos relativamente pequenos, que possuem sistemas relativamente simples de irrigação, como valas e trincheiras que são abertas para permitir a passagem da água, e depois fechadas para redirecioná-la.

» Normalmente, eles domesticam plantas que não são propícias para a produção em grande escala ou o armazenamento em longo prazo, praticado por sociedades agrícolas.

Horticultura de jardim

Terrenos de horticultura em geral se parecem mais com jardins do que com campos cultivados, e têm características comuns. São tipicamente pequenos (menos de 4.000m²) e usam medidas simples para o controle da erosão, como toras para desviar a água corrente. Os horticultores aceitam as terras inclinadas mais prontamente do que os agricultores; como têm menos investimento no estilo de vida agrícola, os horticultores simplesmente convivem com a inclinação em vez de investirem o tempo e a energia necessários para aplainar as colinas.

PAPO DE ESPECIALISTA

Entre os horticultores, normalmente as mulheres plantam e colhem os alimentos, e os homens limpam a terra. Por outro lado, as mulheres nas sociedades agrícolas geralmente cuidam mais do processamento dos alimentos colhidos (moendo sementes, cozinhando vegetais etc.) dentro de casa, e os homens realizam as atividades ao ar livre envolvendo os campos e os implementos agrícolas. Tal divisão de gêneros quanto ao trabalho é comum em nossa espécie.

Corte e queima

Corte e queima, também conhecidos como *horticultura móvel* ou *roça*, é a prática de limpar terras altamente vegetadas e transformá-las em um campo agrícola; esse campo é então usado por algum tempo — em geral, de um a cinco anos — antes de uma colheita final e da queima dos tocos, deixando a área em repouso por vários anos, enquanto outro campo previamente usado é o próximo destino. Essa técnica faz com que os horticultores fiquem se mudando de um terreno para outro, e há com isso duas ramificações principais: ela atenua qualquer impulso para investir demais em uma região, mas, ao mesmo tempo, exige que os donos das terras tenham um conceito forte o suficiente de propriedade para proteger seu investimento no terreno.

Armazenagem limitada

Outra característica da horticultura é que ela normalmente não envolve muito armazenamento como nas situações de agricultura intensiva. A maioria das regiões com horticultura é tropical ou subtropical, e as condições quentes e úmidas dificultam o armazenamento de alimentos. Isso traz duas ramificações principais:

» **Redução da distância que os horticultores podem percorrer em expedições de guerra.** Diferentemente dos horticultores, os agricultores podem armazenar toneladas de grãos, o que facilita que lutem em lugares distantes e por longos períodos. Sem esse luxo de armazenagem, os horticultores precisam voltar antes para cuidar dos campos.

» **Redução do potencial de autoengrandecimento (pelo menos em relação àquele de sociedades agrícolas).** Nas sociedades agrícolas, os produtores em terras especialmente produtivas podem desenvolver um status social (*autoengrandecer-se*) ao fazer festas ou ajudar outros em tempos de escassez. Em muitas sociedades horticultoras, as festas concorrentes e o autoengrandecimento são muito importantes e comuns; pela falta de armazenamento, os horticultores simplesmente não têm tantas oportunidades de se exibir assim.

Princípios de Agropecuária

A agropecuária é mais intensiva do que a horticultura. É uma empreitada de maior escala e com propósitos diferentes. Ela é praticada por pessoas que vivem em *civilizações* (organizações sociais grandes e populosas; para mais informações sobre o que constitui uma civilização, veja o Capítulo 10). Por esses motivos, denomino o tipo de domesticação que descrevo nas seções a seguir de *agropecuária de Estado*.

Diferenciando a agropecuária de estado e a horticultura

Em relação à horticultura, a agropecuária de Estado é muito diferente. Ela é:

» **Intensificada.** Os produtores cultivam mais plantas em terras maiores (que agora são campos) em menos tempo e com métodos tecnicamente mais intensivos (como arado, fertilização intensa e irrigações complexas).

» **Sistematizada.** O Estado regula as unidades de métrica, a aprovação das colheitas e fica com uma fatia dos produtos por meio dos impostos.

» **Economicamente integrada.** As atividades do Estado e os cidadãos se ajustam para acomodar o calendário das plantações. Por exemplo, o antigo serviço militar egípcio era programado cuidadosamente de acordo com o planejamento (estabelecido pelo Estado) de plantações e colheitas.

» **Mercantilizada.** Os produtores não apenas cultivam os alimentos básicos, mas também praticam o cultivo comercial para exportação (como o algodão que será usado na fabricação têxtil); de fato, talvez até nem subsistam do que realmente plantam.

» **Produz plantas em enormes quantidades.** Elas são processadas intensivamente e armazenadas em estruturas gigantes, como granéis ou tonéis. Isso porque, para muitas civilizações, tanto antigas quanto modernas, as forças militares dependem de grandes quantidades de suprimentos armazenados.

Obviamente, tais condições diferem muito daquelas das sociedades horticultoras, nas quais há um foco familiar — o cultivo, em grande parte, para manter a família.

Controle da água

O controle da água é obviamente necessário para a agricultura. Os produtores de diferentes áreas conquistaram esse domínio de várias formas, incluindo:

» **Irrigação por diques e canais:** Estes sistemas poderiam ser obras enormes com quilômetros de comprimento, como os da antiga Assíria (norte do Iraque) há mais de 2.700 anos.

» **Chinampas:** Um método de criar ilhas artificiais em um lago (em vez de levar sua água à terra), como a civilização asteca fazia ao redor de 1.400 d.C.

» **Terraceamento:** A prática de cavar degraus nas colinas para que captem a água em terrenos planos, em vez de deixá-la correr pelo lado da colina. Esse método foi usado pela civilização inca ao redor de 1.400 a.C.

» **Controle de enchentes:** A prática de administrar o transbordo de rios, como a técnica do Egito Antigo de captar a água nos campos adjacentes ao Nilo, usando simples montes de terra.

» **Barragens:** Coleta de água em bacias que eram então drenadas estrategicamente, como era feito no Irã há mais de 2.500 anos.

DO PALEOLÍTICO AO NEOLÍTICO: UMA AVENTURA DE TERMOS CONFUSOS

Conforme os arqueólogos estabeleciam os fundamentos da arqueologia, no século XIX, eles organizaram os artefatos em diversos períodos específicos principais. *Lítico* significa "pedra"; e o *Paleolítico* foi o período — de origem e duração desconhecidos — refletido pelas ferramentas de pedra antigas como as de desbaste, machadinhas etc. O *Mesolítico* surgiu em seguida (embora ninguém tenha certeza de quando surgiu) e caracterizou-se por novas ferramentas de pedra, incluindo pontas de lança de pedra e *micrólitos*, ferramentas com o tamanho de giletes usadas para diversos propósitos. Depois, veio o *Neolítico*, caracterizado por uma única ferramenta principal: o machado de pedra. Os arqueólogos sabiam que as pessoas de cada um desses períodos usavam artefatos feitos de outras matérias-primas, como ossos e chifres; no entanto, a pedra tem uma preservação maior, então os nomes baseados nela pegaram.

No entanto, definir esses períodos como eras imutáveis cria alguns problemas. Por exemplo, embora novas ferramentas de pedra (especialmente as foices para colheitas e machados para abrir espaço para plantações) tenham aparecido, nem todos os tipos antigos foram abandonados. O importante é que o início de cada período não aponta necessariamente o término definitivo do anterior.

Domesticação de animais em escala

Além dos animais criados para inúmeros produtos secundários, a agropecuária de Estado promove a criação de animais para uso em guerras (como montarias para os soldados e transportes de suprimentos), como *pets* (em geral, apenas disponíveis para as elites; na Inglaterra do século XVI, por exemplo, os plebeus eram proibidos de ter furões!) e como novidades exóticas. Esses animais incomuns eram às vezes mantidos em zoológicos para o entretenimento público, mas também serviam para demonstrar o prestígio de um líder. Há registros de que um imperador chinês mandou levar uma girafa da África para o próprio divertimento e para exibi-la como um símbolo de sua experiência de vida.

A Figura 9-1 mostra quando e onde a domesticação de alguns animais ocorreu pela primeira vez. O *Crescente Fértil* se refere a uma região do Sudoeste Asiático que inclui partes da Turquia, da Síria, do Irã e do Iraque. Observe que, quando a domesticação ocorreu nessas áreas, ela não se espalhou rapidamente nem substituiu a caça e coleta ou a caça e a coleta. De fato, durante milênios, as pessoas continuaram a caçar e a coletar nas regiões ao redor de pequenas populações dos primeiros agrícolas. Posteriormente, no entanto, grandes civilizações evoluíram nos centros agrícolas e tiveram um crescimento rápido, muitas vezes forçando os caçadores e coletores rumo ao interior.

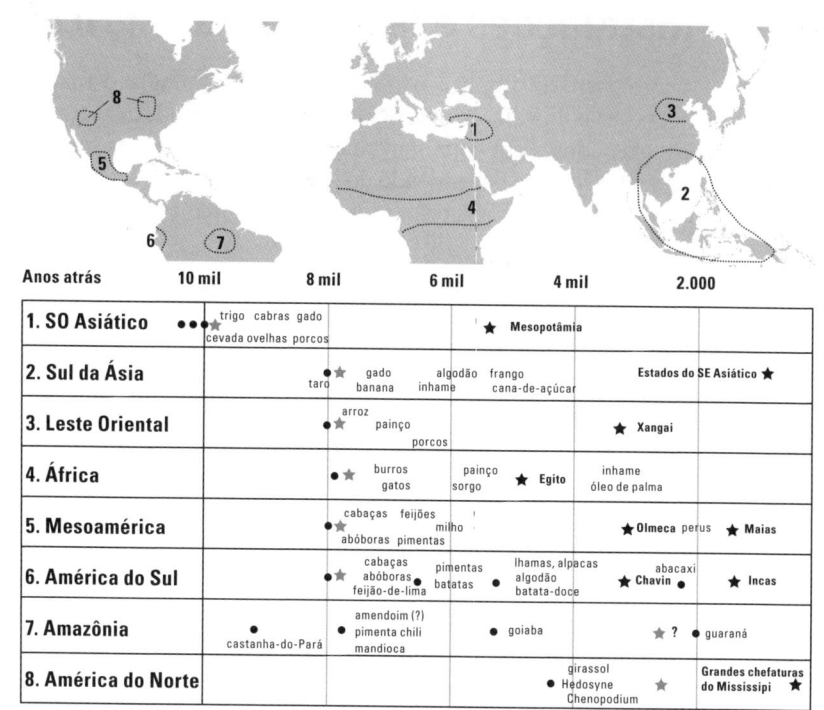

Anos atrás	10 mil	8 mil	6 mil	4 mil	2.000
1. SO Asiático	●●●★ trigo cabras gado cevada ovelhas porcos		★ Mesopotâmia		
2. Sul da Ásia		●★ gado algodão frango taro banana inhame cana-de-açúcar			Estados do SE Asiático ★
3. Leste Oriental		●★ arroz painço porcos		★ Xangai	
4. África		●● burros painço ★ Egito inhame gatos sorgo óleo de palma			
5. Mesoamérica		●★ cabaças feijões abóboras pimentas milho		★Olmeca perus ★ Maias	
6. América do Sul		●★ cabaças pimentas lhamas, alpacas abacaxi abóboras batatas ● algodão ★ Chavin ● ★ Incas feijão-de-lima batata-doce			
7. Amazônia	● castanha-do-Pará	amendoim (?) ● pimenta chili ● goiaba ★ ? ● guaraná mandioca			
8. América do Norte				girassol ● Hedosyne ★ Chenopodium	Grandes chefaturas do Mississipi ★

●= Primeiras domesticações ★= Primeiras vilas agropecuárias independentes ★= Primeiras formações de Estados

Ilustração cortesia de Cameron M. Smith

FIGURA 9-1: Principais centros de domesticação primitiva com algumas espécies anotadas.

Armazenamento colossal

Como expliquei anteriormente, os primeiros Estados agrícolas tinham forças militares que precisavam ser alimentadas durante os treinamentos e as expedições bélicas. Eles também tinham sapateiros, pedreiros, padres, escribas — resumindo, inúmeras especializações fora da produção alimentícia; essas pessoas também precisavam ser alimentadas, e parte dos alimentos vinha dos cofres controlados pelo Estado com produtos agrícolas armazenados. No antigo Império Inca, no oeste da América do Sul, grandes quantidades de alimentos preservados eram armazenadas em *quollcas*, depósitos de pedra altamente protegidos por tropas. Por fim, a maioria dos Estados tinha algum tipo de redistribuição de alimentos durante as secas ou outras calamidades, e precisavam armazenar a comida em armazéns gigantescos e administrados pelo Estado.

LEMBRE-SE

Analiso as características das civilizações como se fossem separadas, mas, na realidade, estão profundamente interconectadas. Leia mais sobre essas conexões no Capítulo 10.

Instalações e ferramentas agrícolas

A agropecuária implica o uso de muita tecnologia e materiais, pois são necessárias instalações permanentes para os produtos serem processados e armazenados, bem como ferramentas. Obviamente, as instalações e as ferramentas variam dependendo do local, mas a lista a seguir descreve algumas que eram comuns nos primeiros centros agrícolas:

» **Celeiros** para a separação de colheitas vegetais, como grãos secos.

» **Fornos** para preparação de alimentos vegetais. São em geral estruturas enormes com chaminés, portas complexas para alimentar o fogo e respiros; são diferentes das fogueiras simples de acampamentos e eram normalmente construídos como parte da casa.

» **Pátios de produção de alimentos,** que normalmente contêm as *áreas de debulha*, especialmente preparadas para a separação das sementes e do *joio* (matéria vegetal indesejada).

» **Foices** para as colheitas. Antes da invenção dos podões de metal, milhares de anos depois dos primeiros domesticadores, foices primitivas eram feitas de lâminas de pedra equipadas com cabo de osso e/ou chifre; as lâminas contêm um "brilho de corte" muito distintivo devido ao contato com matérias vegetais, um sinal claro aos arqueólogos de que os agrícolas primitivos coletavam muitas plantas.

» **Cerâmicas** para armazenamento e preparação de alimentos vegetais. É basicamente argila endurecida pelo calor (veja mais sobre isso no Capítulo 4) e aparece em todas as sociedades agrícolas. É um bom recipiente para alimentos secos, mas também é resistente para cozinhar, uma das formas de processamento das plantas (pois muitas precisam ser cozinhadas para serem mastigadas e digeridas com mais facilidade).

» **Pilão e almofariz** para moer alimentos vegetais em pedacinhos ou pó. O *almofariz* (o vaso) pode ter tamanhos e formatos diferentes, mas é basicamente o recipiente no qual os grãos são processados, e o *pilão* é o instrumento usado para socar ou pulverizar os grãos. Embora sociedades não agrícolas às vezes usassem pilões e almofarizes, quando essas ferramentas estão acompanhadas de outras evidências de agropecuária, são muito distintivas.

» **Ferramentas de debulha** para separar sementes das plantas e do joio. Incluem tábuas, bastões, manguais, cestas e outros instrumentos.

» **Machadinhas** para abrir áreas na floresta, que serão convertidas em campos de plantação. Tipicamente, tinha uma base de pedra polida e modelada por longas horas. As primeiras machadinhas de pedra foram testadas e são tão eficazes quanto uma de aço quando presas a um cabo; são uma das ferramentas mais distintivas dos primeiros agrícolas.

» **Currais ou outros cercados** para conter os animais em domesticação.

» **Rédeas, selas e outros equipamentos** para controlar animais montados por seres humanos.

» **Jugos ou outros arreios** para conectarem os animais às coisas que estavam sendo puxadas.

Produtos secundários

Após (ou às vezes ao mesmo tempo) as pessoas terem começado a domesticar plantas e animais como alimentos, elas passaram a fazer isso em busca de produtos secundários também. Os *produtos secundários* são recursos não alimentícios, como peles obtidas de plantas ou animais domésticos. Em muitos casos, esses produtos (ou os bens criados a partir deles) eram tão valiosos quanto a carne dos animais ou as sementes das plantas. Eles incluem:

» **Fibras:** Animais e plantas produzem fibras como lã e algodão, que as pessoas podem transformar em fio e cosê-las para a criação de tecidos.

» **Tração e transporte animal:** Os animais podem ser usados para puxar implementos como arados e transportar pessoas e bens pelos caminhos.

» **Leite:** O leite animal pode ser consumido ou transformado em manteiga ou queijo. Tecnicamente, o leite é uma fonte alimentar, mas é classificado como produto secundário, pois é renovável — dá para viver dos "juros" do animal sem matar o "capital".

» **Sangue:** O sangue animal tem muito valor nutritivo. Os pastores massais da África Oriental o misturam com leite para fazerem uma espuma nutritiva. É claro, isso também torna o sangue tecnicamente uma fonte de alimento, mas, como o leito, o sangue é renovável e, portanto, considerado um produto secundário.

» **Tecido vegetal:** Como hastes de papiro, que podiam ser convertidas em folhas de escrita, como no Egito Antigo (ou naquela coisinha chamada papel que usamos hoje).

» **Extratos vegetais:** Ingredientes usados como remédios, adesivos, pigmentos e assim por diante.

Obviamente, os animais domesticados podem servir tão somente como pets e assistentes; provavelmente, os primeiros a serem domesticados foram filhotes de lobos, reproduzidos ao longo do tempo em cães de caça, dos quais todos os cães de hoje são descendentes.

Recordando as Origens da Agropecuária

Claramente, a agropecuária e a horticultura são muito diferentes, e cada uma teve efeitos significativos distintos nas culturas humanas no mundo todo. No restante deste capítulo, apresento o que a antropologia sabe sobre quando e onde a domesticação começou. Em alguns lugares, você verá que foi rapidamente seguida pela agropecuária, embora tal sequência não seja universal.

Agropecuária para quê?

Para começar, por que as pessoas começaram a praticar a agropecuária? Essa é uma das perguntas mais insistentes da arqueologia. Assim como em outros temas, modelos de fator único parecem simplesmente não funcionar como explicação das origens, provavelmente porque grupos diferentes tiveram motivos distintos para praticá-la em lugares diferentes em diversos momentos. Algumas ideias interessantes (mas, em última análise, reprovadas) sobre as origens da agropecuária incluem:

» O grupo de teorias da *evolução unilinear* sugere que todas as pessoas estavam no caminho da civilização e que, mais cedo ou mais tarde, praticariam a horticultura e, depois, a agricultura. Essas teorias não fazem sentido para os povos que habitavam áreas nas quais a agricultura não era possível, como os caçadores ou os pastores de renas do Ártico, que não estão em uma bolha do tempo, mas que ainda vivem lá atualmente.

» O grupo de teorias *vitalistas* sugere que, conforme a humanidade lutava para se aprimorar, ela abraçou a agropecuária naturalmente, pois era algo obviamente superior à caça e coleta. Tais teorias não definem acuradamente por que a agropecuária era tão melhor assim. São os agrícolas que acordam às 4h para tirar leite das vacas; os caçadores e coletores de fato trabalham um pouco menos por seu alimento diário. Os agrícolas também tendem a ter uma saúde não tão boa quanto a dos caçadores e coletores.

» O grupo de teorias de *pressão popular* argumenta que, conforme as populações de caçadores e coletores aumentaram, após as eras de gelo, a pressão popular sobre a região forçou as pessoas a elaborarem novas formas de sobrevivência, incluindo a agropecuária. Essas teorias ignoram o fato de que os caçadores e coletores tendem a ser muito cuidadosos em permitir que suas populações excedam o limite suportado por suas terras, para começar, já tendo maneiras (não agrícolas) de enfrentar as pressões populares. Grupos de caçadores e coletores se espalhavam se, como uma unidade, tivessem esgotado os recursos de uma área específica de caça e coleta. (Leia mais sobre os efeitos de grandes populações na cultura humana no Capítulo 10.)

» O grupo de teorias da *mudança climática* sustenta que, à medida que os climas mudaram no mundo todo, após o término da primeira era de gelo (há cerca de 12 mil anos), os seres humanos inventaram novas formas de sobrevivência, incluindo a domesticação em detrimento da caça e coleta. Tais teorias nunca explicaram de fato como a mudança ocorreu, e atribuir a domesticação apenas à mudança climática não é suficiente como prova.

Embora a arqueologia tenha atualmente uma boa compreensão sobre o que a agropecuária é, quando e onde apareceu, e quais efeitos produziu, ela ainda não tem teorias que explicam extensivamente *por que* a agropecuária surgiu. Se o pessoal do Prêmio Nobel tivesse uma categoria para arqueologia, responder a essa questão seria uma boa forma de levar o prêmio para casa.

LEMBRE-SE

Por muito tempo, os arqueólogos se referiam à mudança para a agropecuária como a Revolução Agrícola — também conhecida como a Revolução Neolítica, para diferenciá-la da era da pedra anterior. Embora o termo *Neolítico* apresente certa confusão (veja o box "Do Paleolítico ao Neolítico: Uma aventura de termos confusos", neste capítulo), apenas lembre-se de que foi o período no qual a agropecuária fica evidente pela primeira vez.

Tendo dito isso, agora vamos tratar sobre o que os arqueólogos sabem: quando, onde e sob quais circunstâncias gerais a agropecuária surgiu como um estilo de vida em toda a Terra. A Figura 9-1 (anteriormente neste capítulo) lhe dá um esboço das origens da agropecuária no mundo todo ao longo do tempo.

HERÓDOTO E O EGITO: O "PRESENTE DO NILO"

Por volta de 500 a.C., o geógrafo grego Heródoto viajou ao Egito e, impressionado pela riqueza das fazendas banhadas pelo Nilo, denominou aquela civilização toda de "o presente do Nilo". Ele também descreveu um certo aspecto da agricultura egípcia, e, embora talvez tenha exagerado quanto à sua facilidade, ela ainda permanece sendo uma boa descrição:

"Porém é certo que agora eles colhem o fruto da terra com menos trabalho do que qualquer outro homem... pois não têm o trabalho de cavar sulcos com um arado, de roçar com a enxada, nem quaisquer outros trabalhos que outros homens têm em seus campos; mas, quando o rio sobe e inunda os campos, e, após baixar, cada um planta em seu próprio campo e... quando os... porcos... caminham sobre a terra para afundar as sementes, eles esperam até a colheita e, após a debulharem com o uso de porcos, a ajuntam."

No Oriente Próximo

As primeiras domesticações no mundo parecem ter ocorrido em uma região chamada *Crescente Fértil*, no Oriente Próximo, de Israel até o sul da Turquia, passando pelo norte do Iraque e chegando ao oeste da cordilheira de Zagros.

Os arqueólogos começaram a ver traços de experimentações com domesticação tanto de plantas como de animais nessa região há cerca de 12 mil anos. Especificamente, temos:

» **Domesticação de plantas selvagens:** Trigo (das variedades farro e espelta) e cevada domesticados aparecem nesse período.

» **Domesticação de cabras e ovelhas:** Pode ter ocorrido antes da domesticação das plantas, embora tal questão ainda permaneça sem solução.

» **Surgimento de pequenas comunidades sedentárias:** As vilas natufianas (na região em que hoje ficam o Líbano e Israel) são sedentárias e incluem funerais de gerações de pessoas sob as casas, indicando uma conexão profunda com certos lugares da região, o que contrasta com a filosofia de mobilidades dos povos caçadores e coletores.

» **Transição lenta de alimentos caçados para domesticados:** O refugo de alimentos em algumas vilas mostra uma transição de resquícios de antílopes e veados para os de ovelhas, cabras e as principais variedades de trigo.

Posteriormente, a lista de plantas domesticadas no Oriente Próximo passa a incluir trigo, cevada, ervilha, grão-de-bico e lentilhas; feijão-fava, cenoura, beterraba, açafrão e azeitona; figos, tâmaras e feno-grego (uma erva leguminosa).

Na África

Evidências arqueológicas acumuladas nas últimas duas décadas demostraram que a domesticação de plantas, e talvez de alguns animais, ocorreu na África há cerca de 7 mil e 10 mil anos; certamente, há 5 mil anos, as pessoas no Nilo, organizadas na civilização egípcia, eram totalmente agrícolas e usavam a irrigação. (A Figura 9-2 mostra o *shaduf* egípcio, ferramenta de irrigação que usa um contrapeso para mover a água em campos de plantação.) Algumas evidências principais:

» Um tipo de planta selvagem — trigo farro — estava presente nas terras altas da Etiópia já há 7 mil anos; não muito tempo depois, as principais domesticações do Oriente Próximo aparecem nas férteis margens do Nilo.

» Há 10 mil anos, há probabilidade de as pessoas terem domesticado auroques em gado; em longo prazo, ele se popularizou entre pastores africanos e agrícolas.

>> Comunidades pequenas e sedentárias aparecem; vilas de tijolos de barro espaçadas ao longo do Nilo eram aparentemente econômica e politicamente independentes até a unificação pelos primeiros governadores, por volta de 5.200 AP.

FIGURA 9-2: Shaduf egípcio (ferramenta de irrigação) em tempos modernos.

Fonte: Wellcome Images, Disponível em https://wellcomecollection.org/works/s7dvjsfw

Posteriormente, a lista de plantas domesticadas da África e do Nilo passam a incluir sorgo, painço, teff (parecido com o painço), feijão-fradinho, óleo de palma, melão e quiabo.

Na Ásia Oriental

Na Ásia Oriental, as pessoas cultivavam arroz selvagem desde 9 mil anos atrás, e logo passaram à domesticação e à agropecuária também. Hoje, o arroz supre cerca de 20% das calorias do mundo.

As domesticações cultivadas independentemente na Ásia Oriental incluem o já mencionado arroz selvagem, além de porcos, frango, gado, cães e patos. Comunidades pequenas e sedentárias, como as vilas de Lungshan, aparece-ram há cerca de 5,5 mil anos; esses sítios têm muitos resquícios de gados e porcos, além de poços de armazenagem para painço e outras colheitas. Posteriormente, a lista de plantas domesticadas na Ásia Oriental passou a incluir damasco, pêssego, pepino, gergelim, rabanete, nabo, canola, chás e castanha-d'água. Como em outras áreas, refugos de comida indicam uma mudança na dieta, de alimentos caçados para itens domesticados.

Na região oeste do Pacífico

Há 10 mil anos, povos nas terras altas de Papua-Nova Guiné exploravam e cultivavam diversas plantas, incluindo taro e banana; há 6,5 mil anos, estavam abrindo florestas e construindo campos de horticultura para essas plantas; e, há 4,5 mil anos, estavam cavando pequenos canais.

Há 3 mil anos, algumas pessoas do oeste do Pacífico estavam explorando o leste navegando em alto-mar, levando, em suas embarcações a vela, animais e plantas domesticados, bem como estoques de sementes para serem usados quando encontrassem terra.

As principais domesticações nessa região incluem a versátil fruta-pão, inhame, coco e banana, além de cães, porcos e frango. Posteriormente, a lista passou a incluir pomelo, manga, limão, cravo e araruta.

Nas Américas

Em anos recentes, a origem da domesticação nas Américas foi jogada mais para trás no tempo por novas descobertas arqueológicas. Por décadas, os arqueólogos achavam que o cultivo começou na América do Norte muito depois, mas as evidências hoje indicam o cultivo (hortícola) de girassóis na região há cerca de 10 mil anos. O consenso era o de que a agricultura no México Central tinha apenas entre 5 mil e 7 mil anos, mas, agora, tanto o milho quanto a abóbora foram datados de cerca de 10 mil anos também.

Características importantes da domesticação no Novo Mundo incluem:

- » **Domesticação de plantas selvagens:** De diversos tipos, incluindo o *teosinto* (parecido com o milho), foram sendo domesticadas aos poucos e se transformaram no milho, onde hoje está a parte central do México.

- » **Domesticação de lhamas e perus:** Ocorreu no oeste da América do Sul (lã e transporte) e no México (alimento e penas), respectivamente.

- » **Cultivo de feijão e abóbora:** O feijão era um alimento básico; a abóbora era popular como alimento, mas também por sua casca, que era usada como recipiente para diversas coisas.

- » **Cultivo de condimentos:** Incluindo pimentas, menta e chili.

- » **Cultivo de batata:** A batata apareceu na América do Sul e, como muitas outras culturas do Novo Mundo, foi levada ao Velho Mundo após os conquistadores terem "descoberto" as Américas, no século XVI.

AS MARAVILHAS AGRÍCOLAS DE TENOCHTITLAN

Em 1520, o conquistador Hernan Cortez escreveu sobre a capital asteca, Tenochtitlan (atualmente, Cidade do México). Em sua carta, ele descreveu algumas domesticações do mundo asteca, dando aos antropólogos um bom vislumbre sobre a vibrante máquina agrícola de uma civilização antiga.

"Há inúmeros tipos de vegetais verdes, especialmente cebola, alho-poró, alho, agrião, nastúrcio, borragem, azedinha, alcachofra e cardo-selvagem; as frutas também abundam, como cerejas e ameixas, semelhantes às da Espanha; mel e cera de abelhas e da haste do milho, que são tão doces quanto a cana-de-açúcar; o mel também é extraído da planta chamada agave, que é superior ao vinho suave ou novo; da mesma planta, também extraem açúcar e vinho, que vendem... também vi milho indiano, em grãos e em pães, preferido em grãos por seu sabor melhor do que aquele de outras ilhas e terras firmes; patês de aves e peixes; enormes quantidades de peixes — frescos, salgados, cozidos e crus; ovos de galinhas, gansas e dos outros tipos de aves que mencionei, em grande abundância, e bolos de ovos; por fim, tudo o que pode ser encontrado em todo o país é vendido nos mercados, que têm tantos artigos, que, para evitar a prolixidade, e porque não retive seus nomes em minha memória ou porque me são desconhecidos, não tentarei enumerá-los."

Posteriormente, as domesticações no Novo Mundo, que incluem os Andes e a Amazônia, passaram a incluir quinoa, milho, girassol, feijão comum, mandioca, abóbora, mamão, batata-doce, amendoim, pimentas, abacate, caju e abacaxi.

As Primeiras Vilas Agrícolas

Em algumas poucas áreas no mundo, há cerca de 10 mil anos, algumas populações humanas começaram a domesticar plantas e animais. Por muito tempo, presumia-se que isso levou diretamente à evolução de cidades e civilizações, mas um olhar mais de perto nos dados mostra um padrão bem diferente. De fato, na maioria das áreas, as pessoas viveram em vilas agrícolas pequenas e independentes por cerca de cinco milênios antes da origem das civilizações. Essas vilas tinham semelhanças significativas. Isso não porque estavam todas relacionadas, mas por causa da maneira como a agropecuária primitiva moldou as opções das primeiras comunidades agrícolas.

Embora haja diferenças regionais, é claro, as primeiras vilas agrícolas do mundo tinham semelhanças significativas (resumidas na lista a seguir) devido a diferentes safras, materiais de construção, climas etc. A Figura

9-3 é minha própria reconstituição de uma dessas vilas, escavada no sul da Turquia e com data de 10 mil anos atrás. Suas características (A–G) estão anotadas na lista a seguir.

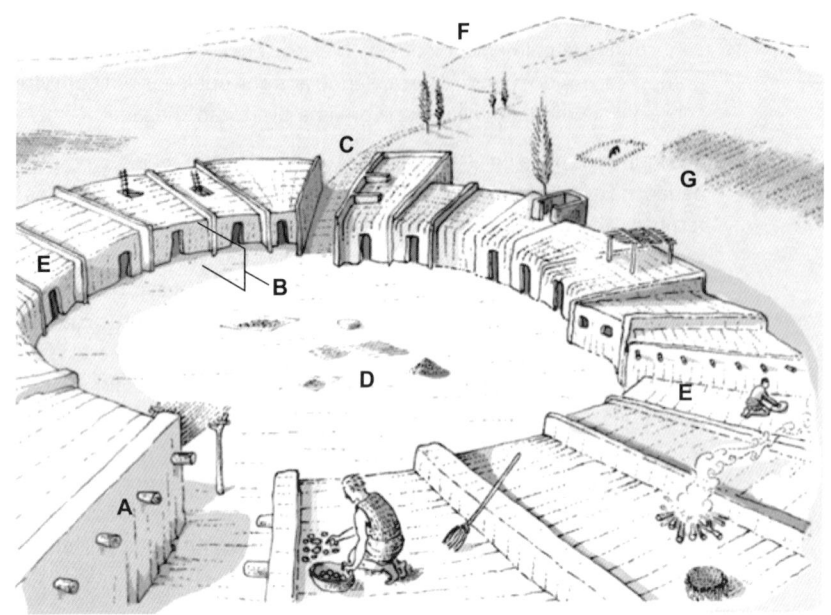

Ilustração cortesia de Cameron M. Smith

FIGURA 9-3: Características típicas de uma vila agrícola primitiva.

» **Construção um tanto impermanente (A),** incluindo o uso de vimes, argamassa (feita de barro e madeira leve), adobes e madeira.

» **Estruturas normalmente com menos de três andares (B),** e a maioria delas projetada para uma ou duas famílias nucleares.

» **Muro liso ao redor, com entradas limitadas à vila (C);** a questão principal aqui é que, embora houvesse certa provisão para defesa, não havia grandes expectativas de conflitos importantes.

» **Áreas abertas para processamento de plantas e animais (D);** aparentemente, eram comunitárias, e não, por exemplo, propriedade de uma entidade comercial.

» **Falta de monumentos ou prédios públicos, incluindo igrejas e prefeituras,** sugerindo que os conceitos religiosos eram mais pessoais e menos formalizados do que em Estados/civilizações.

» **Casas em geral do mesmo tamanho (E);** a falta de uma *hierarquia de casas* sugere a inexistência de uma diferenciação econômica.

» **Vilas em geral do mesmo tamanho;** a falta de uma *hierarquia de assentamento* sugere que as vilas eram bastante independentes, e não engajadas em sistemas políticos significativos.

» **Independência econômica,** mostrada pelo fato de que, embora houvesse o comércio de algumas mercadorias, as famílias tinham praticamente tudo de que precisavam. Em vez de haver sapateiros especializados nas vilas agrícolas primitivas, por exemplo, caso precisasse de sapatos, você os fabricava e, se precisasse de uma nova panela, usava uma tecnologia simples de cerâmica para fazer uma. Os primeiros aldeões agrícolas certamente conheciam outras vilas a certa distância e tinham laços por meio de casamentos entre si (F), mas independência era a regra, sendo os alimentos básicos cultivados em casa (G) em grande quantidade e para a vila, nunca importados nem exportados.

» **Não há evidências de estoques *significativos* de armas,** indicando que, embora houvesse conflitos ocasionais, é claro, isso teria sido episódico e levado em conta caso a caso por integrantes comuns da vila, e não por forças militares. Havia conflitos, mas não as guerras como as conhecemos.

Domesticando o Melhor Amigo do Homem

Em anos recentes, tem havido muito interesse na origem e na evolução dos cachorros. Em parte, isso tem a ver com o ativo e novo campo da *paleogenomia*, em que DNA antigo é analisado e comparado com DNA moderno. Esse campo nos ajuda a entender a história evolucionária de uma linhagem.

O que o campo demonstrou é que os cães modernos descendem de algum carnívoro da última Era do Gelo, muito provavelmente relacionado com o lobo-cinzento, *Canis lupus*, entre 15 mil e 40 mil anos atrás em algum lugar do Hemisfério Oriental (os resquícios mais antigos de cães domesticados no Hemisfério Ocidental foram datados recentemente de 10 mil anos atrás, descobertos em escavações em Illinois, EUA). É possível que os cachorros tenham sido domesticados a partir de lobos mais de uma vez na pré-história humana e em mais de uma região — o assunto está sendo investigado intensivamente pelos principais pesquisadores de universidades no mundo todo, e imagino que teremos respostas conclusivas dentro de uma década. Um motivo que torna difícil de identificar os primeiros domesticados é simplesmente que, cedo no processo de domesticação, o animal (ou planta) domesticado se parece muito com o selvagem!

Para começar, por que domesticar cachorros? Em populações recentes de caçadores e coletores, os cães eram usados como uma "ferramenta de caça", especialmente em florestas densas. O método era usar arco e flecha para machucar um animal grande, que então foge; mas os cachorros conseguem seguir a rápida criatura e encontrá-la quando ela cansar, esperando a chegada dos caçadores humanos. Esse cenário parece ser razoável para a domesticação primitiva de cães. Estudos recentes sugerem que, no início do período pós-glacial, os cachorros — alguns com ossos machucados, sugerindo a atividade de caça — eram frequentemente enterrados devido ao seu valor como caçadores auxiliares.

Independentemente de qual seja a espécie original, os seres humanos selecionaram certos traços para a reprodução contínua:

> » **Traços comportamentais semelhantes aos dos lobos, porém mais amenos, para interagirem com as pessoas:** Um estudo de 2002 descobriu que esses traços incluem "sociabilidade", "jocosidade" e "curiosidade/destemor".
>
> » **Traços anatômicos, incluindo mandíbulas menores, um rosto não tão robusto quanto o dos lobos e orelhas flexíveis.**

Lobos primitivos e seres humanos caçadores e coletores tinham muitas semelhanças, que provavelmente os teriam levado a um contato próximo. Ambos eram animais sociais, que viviam e viajavam em grupos; ambos cuidavam muito dos filhotes, "treinando" intensamente os jovens para a sobrevivência; ambos caçavam às vezes, e vasculhavam às vezes, em busca de sustento. Hoje, usamos os cachorros para trabalhar (como cães de guarda e de pastoreio) e como amigos ou companheiros, e nós, seres humanos, criamos pelo menos trezentas raças de cães, de chihuahuas a dogues alemães. E, pelo que tudo indica, isso começou com filhotes de lobos e a socialização de seres humanos ao redor de antigas fogueiras, em algum lugar no distante passado.

Capítulo **10**

O Desenvolvimento da Civilização

C ivilização... dizem que é o pináculo da evolução humana, o objetivo pelo qual a evolução vem acontecendo desde o início. Será verdade? O que a antropologia tem a dizer sobre isso? Como muitas lições desse campo, a de agora fala sobre humildade. A humanidade não tem batalhado pela civilização, abandonando todos os outros caminhos para viver em busca de carros confortáveis e fitas adesivas transparentes; nossa espécie inventou diversas formas de viver, e muitos seres humanos continuam a viver felizes sem cidades ou os muitos produtos da civilização.

Então, o que é a civilização, se não o resultado inevitável da evolução humana? Este capítulo lhe diz exatamente o que é a civilização, quando e onde ela surgiu, e um pouco sobre como era viver em algumas das civilizações antigas.

Subsistência Humana e Organização Social

A primeira coisa a termos em mente sobre a *civilização* — a forma mais antiga de organização social humana — é que ela apareceu apenas nos últimos 6 mil anos. A espécie *Homo sapiens sapiens* existe há 100 mil anos, então (calculadoras na mão?) a civilização existe há menos de 10% desse tempo; é um desenvolvimento muito recente.

Durante todo o tempo antes da civilização, os seres humanos coletavam ou cultivavam seus alimentos diários de formas distintivas, sendo que cada uma delas teve efeitos importantes na forma das sociedades. Conhecer essas maneiras antigas de vida é importante para entendermos a própria civilização. Nesta seção, analiso as conexões entre a *subsistência humana* (como as pessoas obtêm seus alimentos) e a organização social, antes de mergulharmos mais profundamente na civilização em si, nas seções posteriores.

Subsistência humana

Todos os animais, incluindo os seres humanos, desenvolveram uma forma de sobrevivência. Todos devem atender aos seguintes requisitos para sobreviver:

» **Obter alimentos.** Os seres humanos precisam de cerca de mil calorias por dia só para permanecer vivos; as pessoas ativas nas civilizações podem precisar de 2 mil a 3 mil calorias, e os caçadores e coletores ativos, como caçadores polares,
de até 4 mil.

» **Obter água.** Os seres humanos precisam de cerca de 2,5 litros de água limpa por dia para continuar saudáveis, e talvez muito mais, dependendo de quanto trabalho realizem.

» **Conseguir regular a temperatura.** Essas regulações mantêm os animais quentinhos ou frescos; a maioria dos seres humanos fica confortável em um espectro pequeno de temperatura, sentindo frio abaixo de 10°C e calor acima de 21°C. Essa faixa de temperatura é apenas 6°C acima ou abaixo da temperatura média da Terra, cerca de 15°C; permanecer quentinho ou fresco é muito importante.

» **Ingerir os nutrientes adequados.** Os *nutrientes* são as vitaminas e os minerais necessários para ficarmos saudáveis; as variedades e quantidades recomendadas dependem da espécie. Algumas vitaminas importantes para a saúde humana são as vitaminas A, B e C; muitas sociedades as compram, caso não estejam disponíveis nos alimentos em si.

Para cumprir com essas exigências, cada sociedade humana elaborou um tipo de subsistência. Obviamente, a distribuição de recursos como comida e água em certa região exerce uma forte influência em como os seres humanos sobrevivem; o tipo de subsistência praticada também afeta coisas como a estrutura social, a *mobilidade* (distância percorrida diariamente) e até a religião e a ética. Os principais modos de subsistência que os seres humanos inventaram estão descritos nas próximas seções, com observações sobre como cada um afeta outras variáveis, como hierarquia social e conceitos de posse.

PAPO DE ESPECIALISTA

A ideia de que o modo de subsistência de uma sociedade explica diretamente sua religião e sua ética é chamado de *determinismo ambiental*. Como muitos "ismos", a ideia tem seu valor — fatores sociais são certamente afetados pelos fatores de subsistência. Tendo dito isso, não podemos atribuir tudo de uma cultura a como seus integrantes subsistem; a cultura humana é complexa demais para isso.

Caça e coleta

A *caça e coleta* (também conhecido como *forrageamento*) é o modo de subsistência no qual os seres humanos se movimentam em uma região de modo quase constante, coletando alimentos e água diariamente. Os seres humanos e os hominídeos primitivos vêm praticando caça e coleta há pelo menos 2,5 milhões de anos, e, embora a maioria dos seres humanos hoje subsista da *agricultura* (que analiso depois), muitos caçadores e coletores continuam caçando e coletando diariamente. Algumas características importantes do modo caçador e coletor de subsistência incluem:

» **Alta mobilidade residencial,** indicando que as moradias normalmente não são permanentes.

» **Armazenamento limitado de alimentos,** significando que os ambientes ou os alimentos não podem ser armazenados (por exemplo, eles estragam).

» **Falta de ênfase na cultura material,** o que significa que, embora alguns artefatos sejam importantes (como ferramentas para coleta de alimentos), os símbolos culturais da sociedade estão enraizados em *tradições orais* (informações culturais, incluindo histórias e mitos passados de geração em geração por meio de histórias contadas).

» **Falta de ênfase na hierarquia social,** significando que as pessoas na cultura caçadora e coletora têm o mesmo acesso a todos os recursos (uma organização conhecida como *igualitarismo*).

» **Falta de ênfase nas posses,** representando que a maioria dos itens (embora não todos, necessariamente) é comunitária, e as unidades simbólicas de valor (como dinheiro) estão ausentes.

Caça e coleta foi o modo original de vida para todas as espécies humanas. O *Homo* primitivo, que surgiu na África, os aborígenes da Austrália, os baka da África Central, os nativos do Ártico no Alasca e no Canadá, e o povo chinook, o povo que pintava cavernas na Europa da Era do Gelo e que foram encontrados na parte inferior do Rio Colúmbia por Lewis e Clark — eram todos caçadores e coletores. Seu estilo de vida, embora muito diferente do nosso hoje, sustentou-os por milhares ou até dezenas de milhares de anos. Atualmente, conforme a *sustentabilidade* (manter os recursos centrais de modo que possamos continuar uma prática indefinidamente) molda muitas de nossas decisões (como deve ser), somos inteligentes se aprendemos o máximo possível de lições com essa gente.

LEMBRE-SE

Os caçadores e coletores são retratados como pobres, por não possuírem muitos dos objetos que nós, na civilização, valorizamos. Mas a riqueza deles não depende de objetos; a riqueza de sua cultura reside em suas tradições orais e em suas histórias. Os caçadores e coletores não veem a si mesmos como pobres, e tampouco nós devemos fazê-lo.

Pastoreio

Pastoreio é a prática de pastorear animais para a subsistência, movimentando-os — e o grupo social que os pastoreia — ao longo de regiões de terras com pasto e recursos de água seguindo um complexo ciclo sazonal. Entre os pastores, estão o povo samburu do norte do Quênia, que pastoreia gado, e os saami do Ártico da Escandinávia e da Rússia, que pastoreiam renas. Os pastores consomem a carne, mas usam mais seus rebanhos para obter produtos secundários, como leite, manteiga, queijo e peles. Eles domesticam animais, tornando-os dóceis (ou quase). A lista a seguir descreve algumas de suas características comuns:

» **Armazenamento moderado de comida,** incluindo a *carne em movimento* (a ideia de que os animais domesticados vivos são eles próprios um tipo de alimento armazenado).

» **Ênfase moderada na cultura material simbólica,** significando que eles colocam certa ênfase no simbolismo dos artefatos das pessoas sob a forma de decoração ou de símbolos; isso acontece em geral porque os animais são usados para transportar tais artefatos (ao passo que, nas sociedades caçadoras e coletoras, as pessoas devem basicamente carregar tudo).

» **Ênfase moderada na hierarquia social,** representando que alguns têm maior acesso a recursos do que outros. Esses são geralmente os líderes de famílias que possuem certos rebanhos de animais; um rebanho vivo maior normalmente significa uma posição social mais alta para a família que o possui.

» **Ênfase moderada na posse,** significando que, comparados com os caçadores e coletores, os pastores valorizam mais seus bens — incluindo o rebanho, despendendo uma grande quantidade de energia para o proteger.

Os pastores se movimentam pelas regiões, mas não tanto ou tão continuamente quanto os caçadores e coletores; talvez fiquem em um lugar por semanas ou meses, dependendo da qualidade da terra para pasto. Adaptações interessantes de subsistência pastoral incluem o costume maasai (leste da África) de misturar sangue de gado com leite para fazer uma espuma altamente calórica e rica em nutrientes, tão deliciosa para as crianças maasai quanto os milkshakes o são para as crianças da civilização. A antropologia cultural revela que as escolhas dietéticas dependem dos recursos — elas não são universais.

Horticultura

A *horticultura* envolve o cultivo de baixa intensidade, no qual as pessoas plantam sem os enormes investimentos de irrigação, fertilização e ênfase no armazenamento como na *agricultura* (veja a próxima seção). Os horticultores incluem o povo maori da Nova Zelândia e o povo fore, das terras altas da Papua–Nova Guiné, ambos cultivando inhames e porcos. Essa gente pratica uma forma de subsistência que não é vista em caçadores e coletores, e que é escassa nas sociedades pastorais, a *domesticação*: a criação de espécies de plantas e animais exclusivamente para propósitos humanos. (Veja uma discussão mais ampla sobre a domesticação no Capítulo 9.) Como os horticultores trabalham a terra, eles ficam amarrados a ela, permanecendo em um mesmo lugar por mais tempo do que os caçadores e coletores ou os pastores. Entre as características das sociedades horticultoras, estão:

» **Dependência moderada a alta do armazenamento de alimentos,** incluindo processamentos extensivos e a secagem de alimentos para que sejam comestíveis por meses ou anos após a colheita.

» **Forte ênfase na cultura material simbólica,** significando que boa parte do esforço é dedicado a embelezar artefatos — de casas a fantasias —, em grande parte porque os horticultores não se movimentam tanto quanto os caçadores e coletores ou mesmo os pastores.

» **Forte ênfase na hierarquia social,** representando que alguns têm maior acesso a recursos do que outros; esses cidadãos são em geral líderes de famílias que possuem muitas cabeças de rebanho e grandes áreas de terra, incomumente produtivas.

» **Forte ênfase na posse,** significando que (em comparação com os caçadores e coletores e os pastores) os horticultores dão muito valor para seus bens e propriedades (terras para plantio, dependências para processamento e armazenamento de alimentos, currais etc.) porque investem muito tempo neles.

A horticultura é geralmente praticada com um cultivo de *roçagem*, ou *corte e queima*, no qual as terras de plantio são trabalhadas por alguns anos antes que o grupo social vá para outra, que é limpa (cortada e queimada), renovando o solo para que seja cultivado por alguns anos antes de irem para outro local de corte e queima. Tal prática evita sobrecarregar o solo e permite que ele reabasteça seus nutrientes, e, em muitas sociedades, as pessoas voltam às terras de cultivo repetidamente, em um ciclo de vários anos.

Agricultura

A *agricultura* é o cultivo intensivo facilitado pelo uso de grandes dependências de controle de água (como canais e diques de irrigação); práticas intensas de processamento de alimentos (como o *joeiramento*, ou separar o grão do joio); e grande dependência de alimentos armazenados, que podem durar anos após a colheita. Os agricultores comem parte de suas safras, mas também usam os produtos secundários delas, como azeite de oliva e queijo, dos animais domesticados. Todas as civilizações antigas e modernas têm uma fundação agrícola para suprir o sustento básico. Características importantes das sociedades agrícolas incluem:

» **Dependência quase total do armazenamento de comida,** incluindo processamentos extensivos e secagem de alimentos para que permaneçam comestíveis por anos após a colheita. (Alimentos exóticos importados são geralmente iguarias, e não alimentos básicos.)

» **Ênfase muito forte na cultura material simbólica,** significando que muito esforço é colocado no embelezamento de artefatos, em grande parte porque não precisam se movimentar com tanta frequência como os caçadores e coletores ou até os pastores.

» **Forte ênfase na hierarquia social,** representando que alguns têm maior acesso a recursos do que outros; são e foram geralmente os líderes de famílias com muitos rebanhos e terras extensas e incomumente produtivas.

» **Forte ênfase na posse,** significando que (comparados com os pastores e horticultores), os agricultores dão o maior valor a seus bens e propriedades (terras de cultivo, locais de processamento e armazenagem de alimentos, currais etc.) porque investem muito tempo neles.

A agricultura existe há apenas 10 mil anos, mas, mesmo quando as culturas a adotaram em tempo integral, ela não levou imediatamente à civilização moderna. Há dezenas de teorias tentando explicar por que a humanidade adotou primeiro a agricultura em tempo integral, mas nenhuma convenceu a todos os antropólogos. Por exemplo, alguns propuseram que a agricultura começou quando populações de caçadores e coletores cresceram tanto, que a terra não era mais suficiente para suprir seus alimentos diários, sendo necessário um novo método de subsistência: a agricultura. Mas a teoria ignora o fato de que os caçadores e coletores normalmente evitam que suas populações cresçam além do que a região pode aguentar, para começar. (Por exemplo, pelo *infanticídio*, a matança de recém-nascidos, ou a *fissão social*, a separação de um grupo de caçadores e coletores quando o suprimento de alimentos em uma região não alimenta a todos.) Hoje, a pergunta sobre as origens da agricultura é um dos maiores mistérios da antropologia.

Anteriormente neste capítulo, mencionei que os modos de subsistência têm claramente efeitos importantes na natureza da sociedade humana; nas próximas seções, falo sobre os principais tipos de organizações sociais humanas. Como é de se esperar, eles refletem basicamente os quatro principais modos de subsistência humana.

Organização social humana

Os diferentes modos de subsistência tiveram efeitos importantes no tipo de organização social que as pessoas praticaram ao longo das eras. Esta seção descreve os quatro tipos principais de sociedades humanas e fornece uma tabela prática resumindo como a subsistência e a organização social estão inter-relacionadas. Analiso esses modos de organização social com mais detalhes no Capítulo 16, assim como no box "Organização social e subsistência no passado e no presente da humanidade", posteriormente neste capítulo.

LEMBRE-SE

Lembre-se de que a terminologia usada pelos antropólogos varia. Uma das coisas mais frustrantes que aprendi ao redor do mundo ao longo dos quatro anos de trabalho na graduação e nos treze na pós-graduação foi que cada regra parecia ter uma exceção. Não importa o quanto tentasse definir a humanidade (no presente ou nos mundos antigos), bem quando achava que tinha um bom conceito delineado com relação a um modo de subsistência ou de tipo social, por exemplo, descobria que as coisas não eram tão simples assim. Mesmo com isso, os tipos de subsistência e organizações sociais mencionados neste livro são geralmente aplicáveis ao estudo da humanidade como um todo; apenas tenha em mente que os limites são vagos e não definidos.

Bandos

Os *bandos* são em geral grupos relativamente pequenos de caçadores e coletores que viajam longas distâncias ao longo de suas áreas de caça e coleta. São essencialmente igualitários, dando pouca atenção aos melhores caçadores e coletores no grupo, mas assegurando-se de calar qualquer um que tente se *autoengrandecer* (ganhar status social ao se gabar ou doar de forma extravagante).

Tribos

As *tribos* são um pouco maiores que os bandos e talvez viajem menos; incluem pastores com seus animais de rebanho, mas podem ser caçadores especializados, como os arapaho nativos americanos (que se concentravam na caça de búfalos). As tribos têm chefes, mas estes exercem mais influência do que poder e podem ser expulsos da posição pela população. As tribos têm um pouco mais de integrantes do que a maioria dos bandos.

ORGANIZAÇÃO SOCIAL E SUBSISTÊNCIA NO PASSADO E NO PRESENTE DA HUMANIDADE

Na tabela a seguir, resumo algumas das principais características dos bandos, das tribos, das chefaturas e das civilizações. São observações gerais — de modo geral precisas, e as chefaturas são definitivamente diferentes dos Estados, por exemplo —, mas lembre-se de que cada tipo de organização social é flexível, e não uma categoria rígida.

	Bando	Tribo	Chefatura	Estado/Civilização
Subsistência	Caça e coleta	Caça e coleta / Pastoreio	Horticultura ou (raramente) caça e coleta	Agricultura
Mobilidade	Alta	Média/Cíclica	Baixa	A menor
Armazenamento de alimentos	Pequeno: Dias a meses	Pequeno: Semanas a meses, ou "carne em movimento" (entre os pastores)	Média: Temporadas a poucos anos (algumas safras armazenadas)	Alta: Dependência de alimentos armazenados
Atitude com relação à propriedade	Pouca, mas presente	Média: Entre os pastores, os animais rebanhados são propriedade de indivíduos	Alta: As elites possuem bens materiais especiais que os comuns não têm	Alta: Os comuns e os escravizados são impedidos de possuir certos itens, como roupas restritas à elite
Atitude com relação à hierarquia social	Baixa: Em geral, acesso igual aos recursos para todos os membros	Média: Entre os pastores, as famílias com mais animais têm mais status social	Forte: Há classes de elite hereditária, mas o poder é mais para coagir do que para comandar	Muito forte: Alta posição social pode ser alcançada ou atribuída, e o acesso a recursos depende do status social
População	10–150	Menos de 200	Poucas centenas a 1.500	Dezenas de milhares a milhões ou bilhões
Exemplo	Baaka (África Central), paiute (Grande Bacia da América do Norte), inuíte (Ártico do Canadá)	Maasai (Leste da África, pastores de gado), Saami do Ártico da Escandinávia (pastores de renas), Cheyenne (planícies norte-americanas)	Maori (Nova Zelândia), vikings (Escandinávia medieval)	Egito e Grécia antigos, Shang (China), Maia (México e Guatemala), EUA

Chefaturas

As *chefaturas*, que normalmente dependem de algum tipo de horticultura para subsistência, incluem os maori, da Nova Zelândia. São lideradas por elites hereditárias, pessoas de uma linhagem real nascidas em posições de poder. Esses chefes têm mais poder do que os líderes de tribos e não são facilmente depostos; mesmo assim, seu poder está principalmente na coerção e na influência, exceto com relação a seus escravizados, que podem comercializar, machucar ou matar à vontade (no passado — a maioria das chefaturas atuais não possui escravizados).

Estados/civilizações

Estados, ou *civilizações* (como a maioria dos antropólogos, uso esses termos alternadamente), são caracterizados por divisões enormes e estritas da população em elite, comuns e classe baixa/escravizados (pelo menos nas civilizações antigas). São largamente sedentários, dependendo da agricultura intensiva e de alimentos armazenados, e seu próprio tamanho e população tornam o número de conexões e interações entre os integrantes enormemente complexo, comparadas com aquelas em chefaturas, tribos ou bandos.

FALSA IMPRESSÃO: DOS SELVAGENS AOS BÁRBAROS E AOS CIVILIZADOS

Por muito tempo, os antropólogos acreditavam que todas as sociedades humanas progrediriam por meio de uma série conhecida de estágios de evolução; era o conceito de evolução social *linear* (um modo). Os estágios eram selvageria (marcado por sociedades simples e com pouca população, tendo baixos níveis de tecnologia), o barbarismo (sociedades um pouco mais complexas com população média, tendo tecnologias de níveis médios) e a civilização (enormes populações e altas tecnologias). Mas a antropologia e a arqueologia demonstraram que tal hierarquia não é verdadeira. O povo moderno tradicional do Ártico continua a caçar e coletar sua subsistência diária e mantém suas populações baixas, e nem todas as sociedades horticultoras evoluíram para uma civilização total. O conceito de evolução linear, criado por antropólogos europeus da era vitoriana, foi cunhado basicamente para contrastar a sociedade europeia — considerada civilizada — com os não europeus, atribuindo aos estrangeiros o pesado termo *incivilizado*. Mas todas as sociedades humanas evoluem em seu próprio caminho, e as comparações não funcionam. Como algumas sociedades de fato foram da caça e coleta à agropecuária, talvez queiramos pensar que todas as sociedades também o deveriam. A verdade é que nem todas progridem da mesma forma, e isso não as torna menos humanas do que a nossa. Apenas significa que elas evoluíram de forma um pouco diferente. A civilização é apenas uma das formas de sobrevivência humana no mundo moderno.

LEMBRE-SE

Hoje, nem todas as pessoas estão engajadas no que tipicamente se qualifica como civilização. A discrepância não significa que elas não sejam seres humanos totalmente modernos, apenas que exercem estilos de vida como caçadores e coletores, pastores ou horticultores, que vieram muito antes da civilização. Esses grupos em geral têm algum contato com as civilizações, como os inuítes caçadores e coletores, que compram motos de neve da civilização, mas as usam para caçar em seu estilo de vida caçador e coletor. Visto que as civilizações se espalharam tanto, muitos desses povos indígenas foram empurrados para longe de seus territórios originais e/ou alocados em reservas, e tal relocação — combinada com seu comércio e contatos culturais com a civilização — faz parecer que eles estão presos em um tipo de bolha do tempo. Mas não estão. São pessoas modernas como você e eu; apenas têm modos de subsistência muito diferentes do que os agricultores das civilizações do mundo.

Características da Civilização

A seção anterior mostrou como as civilizações diferem de outros tipos de organizações sociais humanas; agora, vamos ver algumas das principais características da civilização. Esta seção detalha 14 características com as quais a maioria dos arqueólogos concorda como sendo indicadoras de civilização. Mas, lembre-se, desde o começo da arqueologia profissional, há mais de 150 anos, os pré-historiadores argumentam sobre as características que definem as civilizações antigas, gerando lista após lista. Neste livro, uso uma lista de características selecionadas de vários pré-historiadores eminentes, mas tenha em mente que cada civilização antiga era um pouco diferente. No mínimo, qualquer sociedade com estas características era tão diferente de qualquer bando, tribo ou chefatura conhecida, que também poderia ser considerada uma civilização.

Lembre-se de duas coisas: a lista a seguir não tem uma ordem específica, e cada característica se conecta com outras; embora eu as analise separadamente, elas não existem de forma independente. Por fim, se há uma característica que fundamenta o restante das outras em uma civilização é o modo agrícola de subsistência. A maioria das características acabou se desenvolvendo por causa de um excesso de alimentos no início. Especialistas em artes manuais concentrados na produção de bens só poderiam aumentar suas habilidades caso não estivessem fora coletando durante metade de seu tempo.

Urbanização

A *urbanização* é a concentração de uma população humana em uma área que não consegue sustentá-la ecologicamente; as populações devem importar alimentos e outros bens. Essencialmente, a urbanização é o crescimento de cidades, nas quais encontramos populações de *especialistas de produção não alimentar*, como oleiros e ferreiros, que trabalham em profissões que não envolvem o cultivo ou o processamento de alimentos. Os centros urbanos são basicamente cidades, e, mesmo no mundo antigo, havia apartamentos, mercados, centros administrativos, templos e outras dependências religiosas. No mundo antigo, fortificações enormes, como os pesados muros de pedra em Troia (atualmente, a Turquia), defendiam essas cidades. Em algumas civilizações, como os maias, na América Central, e os egípcios, havia poucas cidades principais, porém a maioria das pessoas vivia nos campos. Em outras, como Roma e Suméria, muitos ficavam amontoados em cidades densas, muito semelhantes às metrópoles de hoje.

Comércio de longa distância

As civilizações antigas usavam redes extensivas de comércio para importar e exportar uma variedade de produtos. Normalmente, esses bens não eram básicos, mas *exóticos* — itens considerados valiosos simplesmente porque vinham de ilhas distantes. Pedras semipreciosas eram importadas para o Egito Antigo vindas de minas no Afeganistão, a milhares de quilômetros. Na civilização inca, as elites eram enterradas com uma salpicada de pó da casca da ostra-espinhosa, disponível apenas nas comunidades litorâneas, a centenas de quilômetros ao norte. As civilizações antigas raramente importavam coisas básicas, como comida; os romanos conquistaram e anexaram o Egito como uma grande fazenda (o assim chamado celeiro de Roma) para alimentar suas tropas nas enormes expedições visando conquistar o centro da Europa. Normalmente, as importações e exportações como de pedras semipreciosas e de cascas da ostra-espinhosa eram bens para o consumo da elite. De forma importante, o comércio de longas distâncias empregava muitos especialistas de produção não alimentícia que trabalhavam em outras atividades além do cultivo, como os *pochtecas* astecas ou os *mindalas* incas, grupos de comerciantes de longa distância. Lembre-se de que essa turma e suas atividades eram partes importantes das economias de todas as civilizações antigas.

Algumas civilizações terceirizavam parte do comércio de longa distância para outros povos; os egípcios — sem querer assumir os custos de uma marinha mercantil — contrataram os fenícios e os minoicos do Mediterrâneo oriental para fazer as negociações marítimas para eles.

Estratificação social

Diferentemente da maioria das sociedades caçadoras e coletoras, as civilizações antigas não garantiam um acesso igualitário aos recursos para todos os seus membros. Elas classificavam os indivíduos de acordo com uma hierarquia estrita, a prática da *estratificação social*. Uma elite dominante sempre cuidava dos assuntos do povão (pessoas comuns), e, na maioria das vezes, os reis e as rainhas estavam no topo do topo, pois eram considerados deuses vivos, ou pelo menos estavam mais perto dos deuses do que o povão. Tais elites eram membros de famílias reais, cada uma das quais formava uma *dinastia*, que governava a civilização até que a linhagem se quebrasse, em geral por assassinato ou outras intrigas. Entre as elites (seja dentro da família real ou perto dela) estavam os sumos sacerdotes, os oficiais militares e os governadores regionais. Abaixo deles vinham os comuns, incluindo mercadores, artesãos, escribas e sacerdotes inferiores; e, abaixo destes — formando a maioria da população —, vinham os comuns inferiores: agrícolas e pastores, que a maioria das pessoas hoje pode afirmar ser seus ancestrais (a menos que seja descendente da família real!). Os comuns médios e a população agropecuária formavam a maior parte da base de impostos, financiando inúmeros projetos do Estado, incluindo a construção de arquiteturas monumentais e aventuras militares.

Escrita e registros duráveis

Conforme as populações cresciam e a complexidade de todo o sistema das civilizações aumentava, cada civilização antiga elaborou meios de manter o registro de tal complexidade. Os sistemas envolviam algum tipo de *registro durável*, usando hieróglifos, letras ou outros símbolos para definir registros permanentes. Quando o cobrador de impostos chegava, na antiga Suméria, ele marcava o pagamento de um agricultor em um tablete de argila, que era arquivado nos depósitos de registros do Estado; os sumérios inclusive escreviam em tabletes de barro usados em cerimônias celebrando a construção de estruturas importantes, como templos (veja a Figura 10-1). Na civilização inca, davam-se nós complexos em conjuntos de fios chamados *quipu*, criando códigos que indicavam quantas tropas deveriam ser enviadas de uma província à outra, aonde levar 5 mil trabalhadores para limpar uma estrada que foi soterrada por um deslizamento, e assim por diante. Visto que a maioria das pessoas nas civilizações antigas era analfabeta, os escribas, que tinham certas posições privilegiadas na sociedade, criavam e liam os registros duráveis.

Fotografia cortesia de Cameron M. Smith

Exércitos permanentes e guerras longas

Todas as civilizações antigas se engajavam na guerra — algumas, para expandir seu território, de modo a garantir regiões de proteção, e outras, para conquistar ativamente os vizinhos. Seja como for, os exércitos permanentes desempenhavam diversos objetivos de guerra, muito diferentes do tipo de hostilidade vista nas chefaturas em outros tipos de organizações sociais humanas. Nestas, a guerra é normalmente travada para objetivos de curto prazo, como vingança por alguma injustiça; no entanto, como o armazenamento é de certo modo limitado mesmo entre os horticultores, todos precisam voltar para casa a certa altura e cuidar das terras, o que impedia o surgimento de exércitos gigantescos ou de conflitos prolongados. Na civilização, no entanto, silos gigantescos de grãos controlados pelo Estado poderiam ser usados para manter enormes *exércitos permanentes*, forças militares que não se ajuntavam apenas quando necessário, mas que estavam sempre treinando e atuando. Esses exércitos eram usados para *guerras longas*, um novo tipo de conflito no qual as forças militares iam além dos limites da civilização e por longos períodos de tempo, em geral atacando centros urbanos. Algumas das evidências arqueológicas mais antigas dessas guerras longas no Mediterrâneo incluem a fortaleza de Troia, onde há mais de 3 mil anos os micenas construíram fortificações maciças e completas, com passagens de escape embutidas e túneis para passagem de ar e água, contra ataques esperados.

Dinheiro

Assim como os registros duráveis, as complexidades da vida, das interações e das transações nas civilizações levaram à evolução de uma nova forma de troca, na qual unidades de valor arbitrárias, porém aceitas, foram atribuídas a objetos, como moedas; você conhece esse sistema como *dinheiro*. O antigo sistema envolvia o *escambo*, ou a troca de um item por outro de valor intrínseco semelhante — por exemplo, trocar um tecido que levou uma semana para ser cosido por um par de calçados que levou uma semana para ser costurado. A diferença entre dinheiro e escambo é que o dinheiro é basicamente uma unidade patrocinada pelo Estado de algum valor socialmente aceito, que independe dos itens negociados e do trabalho para fabricá-los. As primeiras civilizações manifestaram o dinheiro de diferentes maneiras: o dinheiro sumério primitivo incluía anéis de concha, ao passo que a civilização asteca usava sementes de cacau. As moedas surgiram no Mediterrâneo oriental, há cerca de 2,6 mil anos. Os incas produziam pratos de bronze bem fininhos que eram empilhados, assim como as cédulas, e negociados em longas distâncias.

Escravidão

Uma realidade lamentável é que algumas das características das civilizações não são necessariamente boas para todos; de fato, várias vezes me pergunto: "Para quem a civilização é realmente boa, de qualquer forma?" Para os milhões de escravizados dos impérios de Roma, do Egito, dos incas e dos astecas (e de todas as civilizações), ela não foi boa. *Escravizados* são seres humanos que foram objetificados como propriedade; a opinião deles não conta para seu bem-estar e são normalmente punidos (de lesões à morte) por tentativas de escape. Eles desempenhavam trabalhos muito pesados nas civilizações antigas em projetos agrícolas e construções de prédios enormes. Também eram muitas vezes cativos de expedições militares, cidadãos de Estados inimigos acorrentados após uma vitória militar.

Talvez um tipo de escravidão ainda esteja em curso em nossa civilização. Embora o conceito de escravidão — pessoas compradas e vendidas em correntes — tenha sido abolido, alguns argumentam que ainda há uma classe de escravizados: as pessoas de baixa renda. Realizando trabalhos que ninguém quer fazer e estando imobilizadas nas faixas de renda mais baixas (com poucas exceções, sempre muito bem divulgadas), essas pessoas são trabalhadores pobres. Classificá-las como escravizados é um pensamento desconfortável em sociedades que falam orgulhosamente sobre a inexistência de classes sociais, mas é um argumento sensato, que acho difícil de refutar.

Soberania territorial

Cada civilização mantinha sua *soberania territorial* (sua independência) ao proteger as fronteiras com algum tipo de força militar e ao construir muros, fortalezas, quartéis e outros postos militares em suas fronteiras. O Egito construiu fortalezas maciças no sul para defender-se das enormes chefaturas da Núbia, e Roma construiu as Muralhas de Antônio e Adriano para marcar as fronteiras ao norte (logo ao sul da Escócia). Esses postos tinham que ser mantidos por exércitos permanentes, e cada soldado e oficial eram especialistas em produção não alimentícia que precisavam receber alimento, água, armas, treinamento e pagamento.

Imposto de vassalagem

Todas as civilizações antigas expandiam seu território e quase rotineiramente engoliam qualquer semicivilização ou chefatura vizinha que não conseguisse resistir a seus exércitos. As civilizações astecas usavam um tipo de esquema de proteção: reuniam-se na fronteira vizinha e enviavam um emissário oferecendo a cidadania asteca bem como proteção contra ataques, sendo o preço a rendição total. Qualquer um que rejeitasse a oferta era invadido e anexado. Dessa forma, as civilizações antigas engrandeciam sua base de impostos ao aumentarem sua população; os novos cidadãos se tornavam vassalos. O *imposto de vassalagem* era a prática da geração de riqueza pela exigência de certos itens ou serviços (*tributos*) dos povos conquistados. Uma lista asteca de impostos indicava quanto — o número de fardos de algodão, de conchas polidas de tartaruga, de peles raras de jaguar e penas de quetzal e outros bens — esperava receber anualmente de uma chefatura conquistada. Os astecas eram tão exigentes em suas listas de tributos, no entanto, que, quando os conquistadores chegaram, em 1519, eles convocaram rapidamente a ajuda de chefaturas conquistadas, que estavam insatisfeitas, para derrubar seus senhores astecas. (Funcionou, mas por pouco tempo, pois os conquistadores escravizaram seus aliados temporários.)

Especialistas de produção não alimentícia

Os *especialistas de produção não alimentícia* (também conhecidos como *especialistas ocupacionais*) eram as pessoas engajadas em atividades outras que não a produção de alimentos. Essas multidões incluíam sapateiros, joalheiros, sacerdotes, coletores de impostos, militares (de oficiais a soldados), capitães de navios e suas tripulações, alfaiates, ferreiros, pedreiros, madeireiros e assim vai. Visto que trabalhavam em tempo integral em suas funções não alimentícias, precisavam de compensação, casa e alimentos, e tal demanda, por sua vez, mantinha os agrícolas e ainda mais especialistas (como os escribas, para acompanhar tudo com os registros escritos) empregados. Cada um desses cidadãos estava engajado em uma economia complexa de produção não alimentícia.

Astronomia e/ou matemática

Os sistemas religiosos das civilizações antigas estavam muito cientes de que não importava quais feitiços lançassem ou a que deuses tentassem influenciar, um tipo de fenômeno estava completamente fora de seu controle: as ações dos corpos celestes. A aparição, o sumiço, o movimento etc. das luzes no céu — estrelas, cometas, planetas e assim por diante — simplesmente não podiam ser influenciados. Por esse motivo (e por outros, tenho certeza), tais luzes foram atribuídas ao âmbito do sobrenatural, e os astrônomos antigos acompanhavam cuidadosamente o que acontecia no céu, fazendo observações e registros na tentativa de desvendar tal dimensão. Estes ocorriam em observatórios especialmente construídos, como as torres de pedra incas e o topo das *ziggurats* (pirâmides) sumérias, e a compilação dos registros sobre as luzes no céu levou à evolução da *matemática*, à manipulação de números para a realização de operações e à identificação de padrões. Os registros de longa duração dos sacerdotes e dos escribas ajudaram a organizar toda essa atividade; cada um que fazia esses registros era qualificado como um especialista de produção não alimentícia.

Arquitetura monumental

Cada uma das civilizações antigas impressionava seus cidadãos (e seus rivais e inimigos) com monumentos arquitetônicos cujo objetivo era exibir seu poder. Algumas obras tinham outras funções mais úteis, como a Grande Muralha da China (para bloquear invasores, mas também — argumentam alguns — para relembrar os cidadãos de Shang de sua condição de cidadãos) ou os quase 20.000km de estradas pavimentadas do Império Inca (usadas para o transporte eficiente de tropas e suprimentos ao longo de terreno montanhoso). No fim das contas, as arquiteturas monumentais eram uma parte importante das economias civilizadas, pois exigiam esforços enormes para serem construídas e mantidas. Um arqueólogo estimou que a fortaleza inca de Sacsahuman, no topo de uma colina acima da capital, Cusco, precisou de 20 mil pessoas trabalhando por vinte anos. As campeãs das obras monumentais, é claro, são as três pirâmides colossais do platô de Giza, no Egito. Construídas há cerca de 4,5 mil anos, esses monumentos à grandeza do Egito ainda atraem visitantes hoje (incluindo arqueólogos; embora nunca tenha ido lá, preciso visitá-las antes de ser enterrado!). A Figura 10-2 mostra a Esfinge do Egito, com uma pirâmide ao fundo. Quando os primeiros exploradores europeus encontraram a esfinge, apenas a cabeça emergia da areia, mas, hoje, ela está totalmente escavada, com o corpo visível.

FIGURA 10-2: A Esfinge e as pirâmides do Egito em uma foto do início do século XIX.

Fonte: Pexels, disponível em
https://www.pexels.com/photo/
photo-of-pyramid-during-daytime-3185480/

Religião estatal

As civilizações têm religiões sancionadas pelo Estado, que fornecem uma interface entre os âmbitos material e espiritual para a população. Nas civilizações antigas, tais religiões eram normalmente *politeístas*, com muitos deuses que eram considerados responsáveis por diversos aspectos do cotidiano. Por exemplo, na civilização maia, o deus da chuva, Chac, determinava o futuro das colheitas; no Egito, a deusa Ísis reinava sobre questões familiares, de saúde e maternidade. Nas civilizações antigas, os cidadãos raramente tinham a liberdade de escolha que temos hoje; na civilização asteca, a polícia garantia que todos participassem dos rituais religiosos realizados nas enormes pirâmides.

As religiões estatais tinham duas características importantes. Primeiro, demandavam uma classe sacerdotal, cujas ocupações principais eram administrar a religião por meio da *divinação* (previsões baseadas na leitura de presságios), a manutenção de templos e a organização e execução adequada das cerimônias. Arquiteturas monumentais também eram um elemento essencial nessas religiões; estruturas grandes e publicamente visíveis (geralmente pirâmides) eram parte de muitas cerimônias para recordar aos cidadãos de seu engajamento na religião estatal. Veja mais sobre religiões no Capítulo 16.

Impostos

Todas as civilizações antigas coletavam impostos dos cidadãos em troca de proteção contra ameaças reais ou percebidas e/ou de serviços públicos, como o sistema de água municipal ou o acesso a suprimentos de alimentos e outros bens em tempos difíceis. Os antigos sumérios entregavam praticamente um quarto de sua colheita aos vagões de impostos que chegavam pontualmente, e os cidadãos incas trabalhavam em tecelagens na confecção de tecidos, que estavam entre os bens materiais incas mais valorizados. Às vezes, os impostos eram pagos com trabalho, como no Egito Antigo, onde famílias inteiras poderiam ser realocadas para a vila de um construtor para labutarem no mais recente monumento, complexo de templos ou tumbas para os faraós. O alistamento também era uma forma comum de taxação, na qual homens eram forçosamente convidados ao serviço militar (como nas civilizações de Esparta e dos astecas) para servir por diversos anos. Não importam os detalhes, a população fornecia às elites dominantes uma roda econômica gigantesca por meio de seu trabalho, bens materiais e/ou alimentos colhidos.

Mapeando o Surgimento
e a Queda das Primeiras Civilizações

Embora cada civilização antiga tenha manifestado as características civilizatórias (descritas na seção anterior) de formas diferentes, todas elas marcam um tipo de organização social humana que difere significativamente de todas as outras.

Então, quando ocorre toda essa manifestação? Quando e onde as primeiras civilizações ocorrem? A Figura 10-3 indica uma linha do tempo básica das civilizações antigas, e a Figura 10-4 mostra onde surgiram.

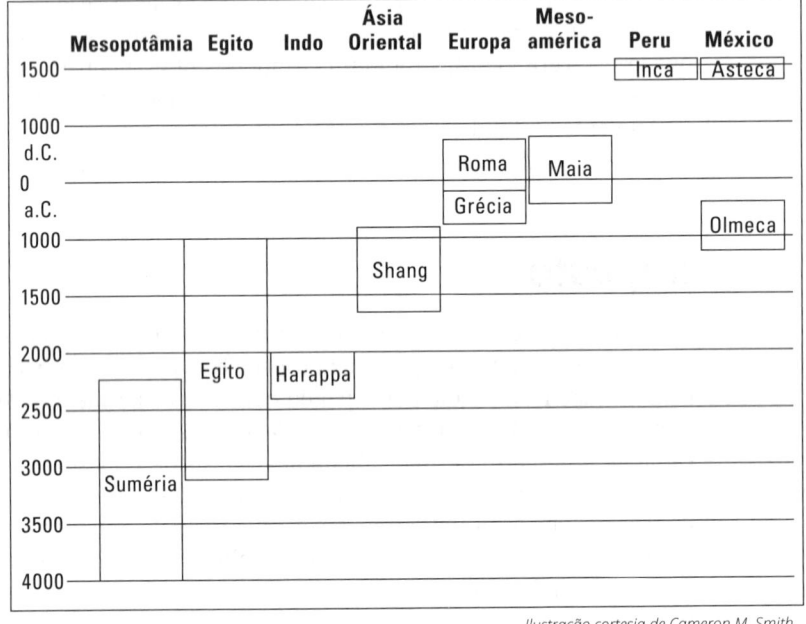

FIGURA 10-3: Linha do tempo das civilizações antigas.

Ilustração cortesia de Cameron M. Smith

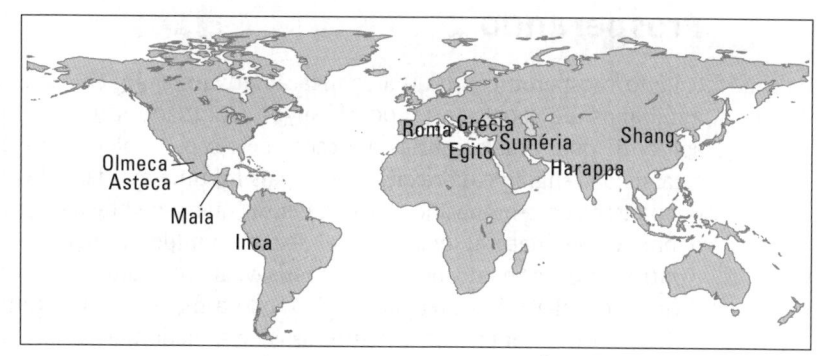

FIGURA 10-4: Mapa mundial das civilizações antigas.

Ilustração cortesia de Cameron M. Smith

Para termos uma ideia de como a civilização ocorreu em dois casos totalmente isolados, as próximas seções analisam o Egito e os incas, civilizações que despontaram no Norte da África e na Cordilheira dos Andes, na América do Sul, respectivamente. Embora todas as civilizações antigas sejam um pouco diferentes, os arqueólogos têm um bom argumento quando percebem tantas semelhanças a ponto de comentarem improvisadamente: "Viu uma civilização antiga, viu todas."

Egito

Acho que nunca conheci um arqueólogo que não fosse fascinado pelo Egito. Não importa o que estudem, de ossos animais a lascas de pedra, parecem adorar o Egito por causa de sua arquitetura majestosa, das noções românticas de sua exploração inicial por europeus excêntricos e dos esplendores das tumbas dos faraós. Simplesmente não poderia escrever este livro sem falar um pouco sobre isso.

Cronologia e origens

As origens do Egito voltam a cerca de 3000 a.C. (5000 AP), quando o rei Narmer (também conhecido como Menes) uniu as comunidades agrícolas das partes altas e baixas do país. Narmer — retratado em um tablete antigo golpeando um chefe rival — foi o primeiro faraó do Egito. Os conceitos de civilização lá podem ter vindo da Suméria, onde a primeira civilização do mundo já estava em andamento (confira a Figura 10-3), mas o Egito era claramente produto de sua própria criação, e não da Suméria.

As origens da civilização egípcia, portanto, parecem estar na conquista; o poder de Narmer era grande demais para que alguém a ele conseguisse resistir. Ele e outros faraós eram retratados usando coroas com a naja (símbolo do Baixo Egito) e o urubu (símbolo do Alto Egito).

Prosperando

O Egito prosperou como uma civilização ativa e enérgica durante cerca de 3 mil anos, de 3000 a.C. (5000 AP) a 300 a.C. (2300 AP). Nesse período — apesar de duas eras sombrias marcadas pelo caos e colapso das instituições estatais da religião e da taxação —, o país foi uma entidade distintiva, com um panteão de centenas de deuses e deusas que, acreditava-se, governavam o mundo sobrenatural, destino final de todo mundo. Milhares de sacerdotes e outros oficiais religiosos eram responsáveis por acompanhar as ações das divindades, além de apaziguá-las de modo a manterem um mundo e uma civilização harmoniosos; no Egito, as ideias modernas de "religião" nem mesmo tinham nomes, pois estavam entrelaçadas em todos os aspectos da vida.

Tanto as elites dominantes quanto os plebeus dedicavam tempo e energia consideráveis preparando-se para a pós-vida, que em última essência resultava na mumificação (para quem pudesse pagar) e enterro em uma tumba. Tumbas modestas e menores eram acessíveis a famílias prósperas.

As pessoas comuns trabalhavam em diversas ocupações; os homens geralmente iam às forças armadas (voluntariamente ou não), e alguns tinham a sorte de ir à escola como escribas. As mulheres encontravam emprego como musicistas, sacerdotisas ou tesoureiras. A maioria dos cidadãos do Egito Antigo, é claro, compunha-se de agricultores ou de pessoas associadas com a enorme máquina agrícola que sustentava a civilização. Acho que meu trabalho dos sonhos lá teria sido como comerciante de longas distâncias, navegando pelo Nilo rumo ao Mediterrâneo e conhecendo parceiros comerciais fenícios e minoanos em suas embarcações.

Declínio e como terminou

Algumas civilizações eram derrubadas de fora, e outras decaíam por problemas internos. Um pouco de cada ocorreu no Egito, sofrendo golpes pesados quando os persas invasores o derrotaram, nos anos 500 a.C. (2500 AP), mas também tendo enfraquecido com uma guerra civil e pelo colapso das instituições religiosas. Assim como hoje, as pessoas do mundo antigo estavam dispostas a morrer em defesa de suas religiões, e, quando os invasores destruíam templos (ou quando o Estado não podia mais financiá-los), o tecido social normalmente se rompia.

O Egito sofreu muitos ataques ao longo da história; todos queriam botar suas mãos nas margens férteis no rio Nilo, uma das melhores terras de cultivo do planeta. Nos anos 600 a.C., os ataques vieram dos assírios, membros de uma temida civilização guerreira localizada onde hoje é o norte do Iraque. Um século depois, os persas apareceram, e, em 300 a.C., Alexandre da Macedônia (Alexandre, o Grande; Macedônia é a Grécia) invadiu o Egito e se impôs como o novo faraó. Uma das maiores e mais longas civilizações do mundo tinha definitivamente chegado ao fim.

Inca

Contrastando com o Egito, a civilização inca durou apenas alguns séculos; e também foi uma civilização do Novo Mundo, surgindo e prosperando onde atualmente estão o Peru e o Equador.

Cronologia e origens

O Império Inca começa muito depois da dinastia egípcia ter virado pó, e ao mesmo tempo da Europa medieval, nos anos 1400 d.C. Na época, diversas chefaturas concorrentes da região de Cusco, nas terras altas do Peru — cada uma muito poderosa e populosa, a ponto de ser uma civilização por si só —, unificaram-se como uma única entidade após serem conquistadas, uma após a outra. Como no Egito, então, as origens do Império Inca estão enraizadas na conquista.

Tenha cuidado com a ideia de que apenas um fator (nesse caso, o governo militar) representa as origens de todas as civilizações; por exemplo, Harappa, na região do rio Indo, onde hoje é o Paquistão, não mostra origens militares para sua civilização. Repetidas vezes, descobri que os "ismos" e os modelos de fator único simplesmente não funcionam para explicar a humanidade. Isso não quer dizer que não podemos saber nada sobre a humanidade, apenas que atribuir grandes tendências a fatores únicos normalmente é um beco sem saída.

Embora a mitologia inca nomeie algumas famílias primitivas governantes e engajadas na conquista de seus vizinhos, os arqueólogos descobriram evidências sugerindo que muitos líderes sucessivos levaram diversos séculos para conquistar e levar seus vizinhos à submissão. Mas as elites incas preferiram uma história ideológica simples sobre uma vitória relâmpago, então parece que inventaram uma narrativa; a propaganda é encontrada em todas as civilizações antigas.

Prosperando

O Império Inca — que prosperou de cerca de 1400 d.C. a 1532 d.C., quando foi conquistado por Pizarro — espalhou-se rapidamente de Cusco, criando uma rede enorme de estradas, com 19 mil quilômetros, para movimentar suas tropas de lugar a lugar para as conquistas militares e acabar com as revoltas. Eles conquistaram os povos do Equador ao norte e do Chile ao sul; as únicas direções às quais não expandiram foram o oeste (pois lá está o Oceano Pacífico) ou o leste (residência da enorme bacia amazônica). Um após outro, qualquer um que não resistia ao domínio inca era rapidamente subjugado; para preservar um pouco do respeito próprio dos povos conquistados e para evitar insurreições, os líderes conquistados se tornavam governadores regionais — pseudoincas honorários, se preferir. Muitos dos negócios incas eram militares por natureza. Ao passo que o Egito lutou muito em batalhas defensivas, ou em ofensivas, para estabelecer Estados de proteção ao redor; para os incas, a civilização tratava-se de expansão e conquistas.

Como em outras civilizações, os incas conquistaram apenas alguns de seus vizinhos — e não todos. Era melhor deixar os equatorianos do litoral (o povo manteno) em paz; visto que essas pessoas eram especialistas em comércio de longa distância que importavam bens importantes para rituais e necessários aos incas em suas cerimônias religiosas, elas tiveram sua independência permitida. Tais sociedades periféricas, às margens da civilização, têm enormes influências nela.

Como no Egito, as elites incas dominantes (todos membros de sangue de uma única família real) governaram os milhões de cidadãos por décadas. Os plebeus tinham proteção contra invasões, mas pagavam um preço muito alto por isso. Poucos objetos pertenciam aos indivíduos, e quase tudo era propriedade estatal. A liberdade individual era limitada: as profissões eram atribuídas, e a taxação sobre o trabalho e os bens produzidos era tão alta, que os indivíduos não podiam fazer quase nada para mudar suas posições econômicas durante a vida. Os homens eram em geral selecionados para várias aventuras militares, e as mulheres eram relegadas a altas doses de fiação e tecelagem de algodão e de outros tecidos, que eram mais preciosos aos incas do que o ouro.

Declínio e como terminou

A civilização inca teve um fim rápido e violento, diferente do longo enfraquecimento que derrubou o Egito. Os conquistadores chegaram em 1526 e, em 1532, derrotaram a civilização, que foi enfraquecida por doenças europeias (bem como fraturada pela guerra civil, antes mesmo da chegada deles). Como os astecas do México (derrotados por Cortez), o colapso inca foi célere.

Civilização Hoje: Vai Cair Também?

Qual é o significado da palavra *civilização* hoje? Qual é a diferença entre as civilizações ocidental e oriental? Para ser honesto, é difícil dizer. O puro volume de comunicações e interações no mundo moderno parece criar mais semelhanças e conexões do que linhas claras que demarcam pessoas e ideias. Atualmente, a civilização talvez seja mais bem definida como um fenômeno econômico que vincula muitas pessoas diversas e, talvez, a população mundial.

A civilização ocidental tem suas raízes na Grécia, há cerca de 500 a.C. (2500 AP), e em Roma, que surgiu com o declínio da Grécia. O território europeu não teve civilização até que esta lhe foi diretamente imposta pelos romanos, que chegaram da Itália pelo sudeste. Isso foi na década de 50 a.C., quando Júlio César levou os conceitos de cidades, especialização ocupacional, dinheiro etc. para o continente europeu, que, na época, era uma grande província de chefaturas agrícolas concorrentes. Após uma longa e volátil história, a própria Roma estava morta em 500 d.C., conquistada por seus inimigos, apodrecida pela corrupção e sobrecarregada pelo excesso de batalhas. Durante os milhares de anos seguintes, a fragmentação e a desunião durante a "era das trevas", ou o período *medieval*, na Europa impossibilitaram que a denominássemos uma civilização, caso a comparemos com os esplendores do Egito ou dos astecas em seu ápice.

Então, deveríamos nos planejar para a queda da civilização ocidental? É comum ouvirmos que a civilização está em declínio, e talvez isso seja verdade; no entanto, ela é uma jamanta enorme e poderosa, uma máquina de poder e complexidade imensos. É necessária uma boa imaginação para considerar uma perda de unidade a tal ponto que os povos da América do Norte, ou, digamos, da Europa, passassem de repente a viver em vilas agrícolas semi-independentes, talvez governadas por algum tipo de cacique. Por outro lado, a civilização é complexa, e coisas complexas estão suscetíveis ao colapso caso alguns elementos primordiais sejam perturbados. E as forças da natureza podem ser muito mais poderosas do que os seres humanos. Considere a agricultura: todos nós dependemos dela. Se uma seca global ou outro desastre climático acabasse com as lavouras mundiais, toda a espinha dorsal da civilização moderna ruiria. Bilhões morreriam. Mas alguns sobreviveriam, talvez alguns "voltassem" a caçar e coletar, enquanto outros sobrevivessem por meio do cultivo local em pequena escala. Tais condições seriam muito parecidas com as idades do Ferro ou do Bronze na Europa, nos milênios antes da chegada da civilização romana.

E, é claro, ainda há milhares de armas nucleares no mundo; embora a Guerra Fria esteja há muito terminada, ela talvez recomece e se torne uma Guerra Quente, ou, talvez, as armas nucleares venham a ser ativadas acidentalmente.

Há diversos cenários nos quais o complexo sistema da civilização moderna poderia ser perturbado e destruído. Assim, é bom nos lembrarmos de que os cidadãos comuns das civilizações clássicas do Egito, da Grécia e de Roma mal puderam imaginar os próprios fins. Cada um pensava em seu mundo como sendo totalmente moderno, o pináculo da existência humana, a melhor forma de viver, e a única que nunca acabaria. E, hoje, são todas pó. Isso nos dá muito no que pensar!

E a Figura 10-5 também, que mostra o destino das civilizações antigas. Embora haja certo debate sobre os detalhes, a maioria dos arqueólogos concorda com a maior parte dos motivos que levaram ao colapso das civilizações que identifico aqui, com base em anos de pesquisa sobre o assunto. Calculei recentemente que a duração média de uma civilização antiga é de cerca de 1.700 anos (o que é semelhante às estimativas de outros arqueólogos). Uma variedade de causas resultou no fim das civilizações antigas, algumas de forma rápida, e outras, prolongadas. Em sua opinião, quais são os principais perigos perante a civilização moderna? O que levaria à desintegração dos elementos da civilização moderna? Para ajudá-lo a estruturar seu pensamento sobre isso, considere os perigos internos e externos, coisas que podem perturbar o sistema de dentro e/ou de fora. Hoje, naturalmente, pensamos em questões globais como pandemias e mudanças climáticas, que ameaçam a espinha dorsal agrícola de nossa civilização. Os efeitos desses fenômenos nas civilizações antigas estão sob investigações ativas.

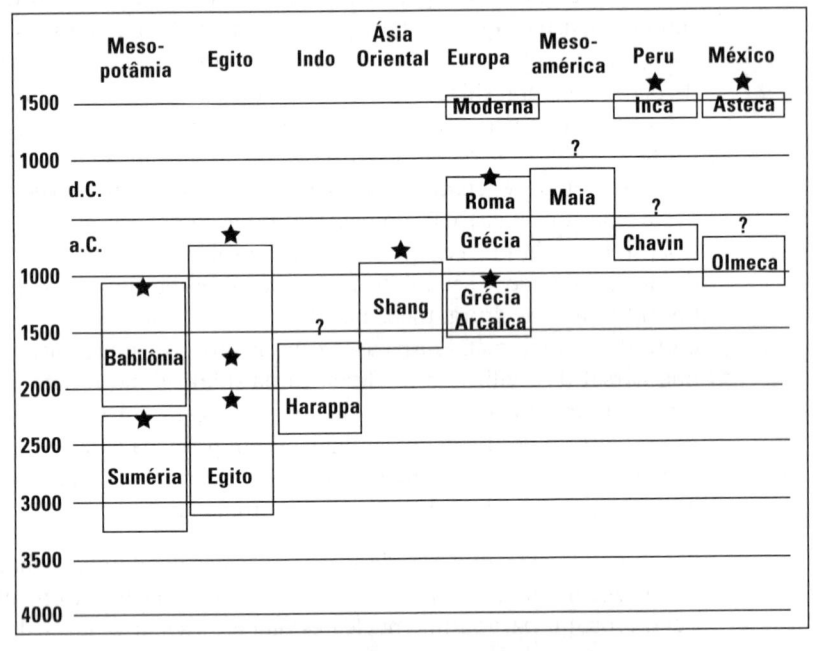

FIGURA 10-5: Duração e destino das civilizações mundiais até o presente.

★ Conquista política ou militar/Guerra endêmica

? Não conhecido/Incerto, mas com uma clara dispersão populacional após a desintegração política

Observe que motivos ambientais e ecológicos para o colapso de uma civilização são considerados como causas contribuintes, e muito debate circunda a causa real da extinção de cada civilização.

Ilustração cortesia de Cameron M. Smith

3
Antropologia Cultural e Linguística

NESTA PARTE...

Explore as diversas variações culturais da humanidade.

Entenda os métodos antropológicos de campo.

Aprenda o básico sobre a linguagem e o simbolismo.

Desarticule afirmações falsas sobre as raças humanas.

Explore as inúmeras formas pelas quais a humanidade se identifica.

Esclareça a antropologia de dois assuntos às vezes difíceis: religião e política.

Capítulo **11**

O Tempero da Vida: A Cultura Humana

Uma questão básica sobre a humanidade é: "Por que as culturas não são todas iguais?" Ou seja, se todos os seres humanos são, em termos biológicos, basicamente os mesmos, por que não temos os mesmos comportamentos? Na raiz da resposta está o fato de que o comportamento humano não é guiado grandemente pelo instinto, mas pela cultura, pelas informações que aprendemos ao longo da vida.

A sobrevivência por meio das informações culturais é uma das características humanas mais distintivas, então este capítulo está devotado à cultura, ao que ela é (e não é) e a suas mudanças com o passar do tempo.

Desmistificando a Definição de Cultura

Muita imprecisão gira em torno da definição de cultura. Onde traçamos o limite entre, digamos, a cultura inglesa e a norte-americana? São mais semelhantes entre si do que a cultura inuíte do Ártico, mas claramente não são iguais. No mínimo, as pessoas dessas culturas dirigem em lados opostos em seus carros.

Não tema! Estou aqui para ajudá-lo, e listarei algumas características da cultura que não apenas a explicam melhor, mas também lhe mostram por que é tão difícil defini-la:

» **A cultura existe apenas no abstrato.** Falamos sobre ela como se fosse uma coisa, uma entidade concreta. Mas, na verdade, a cultura é um conjunto nebuloso de ideias, sendo difícil traçar uma definição. Embora você, o leitor, e eu, o escritor, possamos dizer que pertencemos à cultura "ocidental" (e qualquer antropólogo extraterrestre que observasse nossos padrões de comportamento concordaria), temos muitas diferenças; nem *todas* as nossas ideias são iguais.

» **As culturas contêm subculturas.** Para embaçar ainda mais a situação, lembre-se de que as culturas contêm inúmeras subdivisões, como as *subculturas* (por exemplo, a do "imitador do Elvis", nos EUA, ou a "Pop Americana de 1950", no Japão) e os *grupos étnicos* (pessoas que compartilham das mesmas raízes geográficas, históricas e culturais, como os ítalo-brasileiros). Tais divisões são definidas de muitas formas; por ora, apenas lembre-se de que há subdivisões dentro de uma cultura maior. Veja mais sobre essas subdivisões, como os grupos étnicos, nos Capítulos 14 e 17.

» **A cultura muda constantemente.** Tenha em mente que ela não é uma entidade ou uma coisa concreta; é uma nuvem de ideias, um conjunto que muda e varia de cabeça para cabeça. Como as características estão sempre mudando, nenhuma cultura é um bloco definido.

» **A cultura se adapta, mas não perfeitamente.** Só porque as culturas podem se adaptar a diversos ambientes no mundo todo, não significa que todas se adaptam perfeitamente ao ambiente. Elas podem desenvolver *desajustes*, comportamentos que não são bons para a população. Por exemplo, o consumo exagerado de recursos é adaptativo em curto prazo, mas não funciona em longo prazo, pois os recursos são exauridos e colapsam.

» **As culturas contêm conflitos.** Nem tudo é um mar de rosas com relação às interações de seus membros; os conflitos surgem inevitavelmente dentro das culturas. Em cada uma, há forças trabalhando para promover a inovação, e outras se opõem propondo o conservadorismo. Não conheço nenhuma cultura que passe muito tempo sem algum tipo de atrito.

O que a Cultura É e Não É

Antropólogos culturais discordam com relação a alguns detalhes sobre o que a cultura é, mas a maioria concorda com a propriedade básica de que ela é passada de geração a geração (principalmente pela linguagem), e não herdada geneticamente.

Seja bom, seja ruim, os seres humanos são guiados pelo que aprendem, e não apenas pelo instinto. Cada mito, símbolo, boa maneira, oração, grito de guerra, cumprimento, insulto, ideologia, preferência alimentar... tudo é cultura. Por isso, penso em *cultura* como um conjunto de ideias sobre o que é o Universo, e como se comportar nele (ou, mais levianamente, o que "devo" fazer com relação a ele).

Cultura versus culto

A cultura é todo o conjunto de ideias e crenças compartilhado por um grupo de pessoas a respeito de seu mundo e como devem agir nele. Suas ideias culturais lhe dizem como cumprimentar os vizinhos, que comidas são apropriadas para certas ocasiões, quem são seus amigos e inimigos, e, geralmente, como deve agir no mundo. As ideias culturais não estão em nossos genes: não as obtemos por instinto. Elas chegam a nós, inicialmente, por nossos pais e, depois, por meio de nossos colegas, livros, da internet, televisão e qualquer outro tipo de mídia. Pois bem, talvez escolha não acreditar no que lê nos jornais ou vê na TV, e tudo certo; a questão é que a cultura chega à humanidade por todos os tipos de mídia, de conversas com amigos e familiares ao que lemos na web, ouvimos no rádio e assim por diante. A cultura é o tempero da vida humana; é ela que torna as pessoas diferentes no mundo todo.

E embora isso pareça óbvio, há implicações profundas. Todas as outras formas de vida animal operam por instinto e, em algumas espécies, também por um pouco do que aprendem durante a vida. Mas os seres humanos não aprendem apenas o que seus pais sabem, mas o que os pais de seus pais sabiam, o que seus vizinhos e amigos sabem, o que os pais e vizinhos de seus pais e vizinhos sabiam, e assim vai. Assim, a cultura humana é distintivamente cumulativa ao longo do tempo. É um arquivo sempre em expansão. Ela garante que suas ideias viverão muito mais que você, a menos que estejam foram de moda. Embora outros animais deixem para trás apenas esqueletos, os seres humanos também deixam ideias. Elas são um armazém de informações, guias e formas possíveis de comportamento que podem ser revividos até mesmo séculos após seus originadores terem partido.

Tenha em mente que outros animais — especialmente outros primatas — sobrevivem pelo aprendizado que obtiveram com os pais. Mas apenas os seres humanos são absolutamente dependentes da cultura para sobreviver. O porquê disso você aprenderá ao longo deste capítulo.

LEMBRE-SE

A cultura, então, não é apenas uma grande obra artística, a ópera ou a produção de uma educação de elite; mas apenas informações. Determinado conjunto de informações culturais *contém* a ópera (ao conter sua definição e como deve ser realizada, cantada, escrita e frequentada), e quem recebeu uma educação de elite talvez adquira mais informações culturais por meio do aprendizado (que fará de tudo para demonstrar), mas a cultura em si é apenas informação, sem qualquer relação com estilos de vida de alto status.

Por que as culturas são diferentes

Vamos lá, já vimos o que a cultura é: guias aprendidos de comportamento. Como isso explica por que as culturas humanas diferem? Podemos ainda perguntar, por que algumas culturas acreditam em *monogamia* (um homem tendo uma esposa) e outras, em *poligamia* (um homem tendo diversas esposas)? O fato é que diversos fatores esculpem, moldam ou delineiam os conteúdos de informações de uma cultura, de modo que não há dois iguais:

» **Influências ecológicas:** As culturas descrevem maneiras de agir em certos ambientes (por exemplo, no Ártico, nas Grandes Planícies ou nos desertos), então geralmente refletem seu ambiente físico. Claramente, a cultura das pessoas do deserto será diferente daquelas que vivem em florestas tropicais.

Tenha cuidado com o conceito de *determinismo ecológico*, o qual sugere que todos os aspectos de uma cultura refletem o ambiente, e apenas ele. Por exemplo, muita gente no século XIX achava que os climas quentes promoviam a preguiça, e por isso a civilização centrou-se na Europa, mais fria. Tal teoria ignora convenientemente o fato de que muitas das grandes civilizações antigas (como Egito, Suméria, os astecas) surgiram em regiões quentes.

» **Contato cultural:** Outro motivo para a diversidade cultural é que os grupos de pessoas se movimentam de lugar a lugar e trocam ideias quando encontram outras culturas. Como resultado, cada cultura é levemente alterada. Às vezes, esse tipo de mudança cultural é denominado *difusão* (ideias que se difundem de uma cultura para outra).

» **Inovação interna:** As culturas também podem mudar internamente e por si sós, diferenciando-se assim de outras ao longo do tempo. O estudo da *inovação* cultural (que analiso posteriormente neste capítulo, na seção "Inovação") debruça-se sobre isso. Cada cultura tem uma história que inclui o contato com outras culturas, origens em determinado ambiente (que também muda com o tempo) e inovações internas. Em vez de a cultura humana ser um fenômeno panaceico, podemos pensar nela como uma adaptação, um conjunto de instruções sobre como vivermos, considerando diversos fatores ambientais e históricos encontrados na própria cultura. Esses são os principais motivos pelos quais as culturas são diferentes, resultando em uma diversidade praticamente global.

Beabá Cultural

Embora seja improvável que as características específicas de qualquer cultura sejam iguais às de outra, há algumas *universalidades culturais*, comportamentos para os quais cada cultura tem instruções específicas (embora o que é considerado adequado varie entre as culturas). Eles incluem:

LEMBRE-SE

» **Comunicação:** Cada cultura tem uma maneira distinta de falar e um conjunto de gestos — incluindo a linguagem corporal — usados para descrever o mundo e como movimentar todas as informações culturais de uma geração à seguinte (e entre os membros da geração atual).

Os idiomas mudam com o tempo, e diversas culturas podem de fato compartilhar o mesmo idioma ou dialetos dele.

» **Sistema ético/legal:** Cada cultura tem regras sobre falar a verdade, matar e roubar (mesmo que o conceito de propriedade pessoal não seja tão desenvolvido quanto em outras culturas); cada uma também tem formas específicas de aplicar a justiça quando os códigos éticos são quebrados.

» **Direitos e responsabilidades por idade e gênero:** Todas as culturas têm guias sobre o comportamento adequado para pessoas de diferentes idades ou *estágios de vida* (por exemplo, crianças ou adultos) e *gêneros* diferentes; de modo geral, muito disso tem a ver com a divisão do trabalho na cultura.

» **Mitos/ideologia:** As culturas têm conceitos diferentes quanto ao sobrenatural — geralmente, ritualizado na religião — e às posições ideológicas, políticas e econômicas; tais distinções são em geral a fonte de atrito cultural entre os que preferem novidades e inovações, e aqueles que preferem o tradicionalismo, agarrando-se às "*antigas formas*".

» **Decoração corporal e/ou vestimentas:** As culturas têm formas distintas de se expressarem pelo adorno direto do corpo (como as tatuagens maori e as mãos com hena do leste indiano) e/ou pelo uso de vestimentas específicas (como o manto dos berberes da Tunísia); o "estilo", como as pessoas o consideram, trata em geral de identidade, embora a globalização tenha atenuado o uso de roupas étnicas distintivas em algumas áreas, como na China, em que atualmente predominam as roupas ocidentais.

» **Estrutura familiar:** Embora varie muito, cada cultura tem diretrizes sobre o que considera uma *família*, uma unidade social tipicamente composta de um casal (geralmente com laços matrimoniais), filhos e possivelmente outros parentes. (Leia mais sobre famílias no Capítulo 15.)

» **Regulamentos sexuais:** As culturas têm *tabus de incesto* — regras contra a procriação entre parentes — que previnem os maus efeitos de uma carga genética pequena.

> **» Preferências alimentares:** As culturas têm conceitos diferentes sobre o que é gostoso ou não, e quais alimentos são apropriados para diferentes funções sociais.

EJENGI: A FLORESTA VIVA

Entre os caçadores-coletores BaAka Pygmy, das florestas tropicais da África Central, há um costume conhecido como a dança Ejengi. *Ejengi* é o nome BaAka para o espírito da floresta. Como caçadores-coletores, eles dependem da floresta durante grande parte do ano para seu sustento. O abrigo e o alimento vêm de lá e, mais importante, o conhecimento sobre ela. Para sobreviverem na floresta, os BaAka precisam saber exatamente onde, em que momento do dia e em que época do ano caçar. Precisam saber quais plantas são comestíveis (e quais são bons remédios) e onde encontrá-las na mata, e também onde estão as fontes de água. Eles devem ainda aprender a evitar perigos como elefantes e gorilas — que são extremamente territoriais e podem atacar intrusos —, e serpentes e outros animais venenosos.

Visto que dependem tanto da floresta para a sobrevivência, não surpreende o fato de que a vejam como uma entidade viva, recompensando aqueles que a conhecem e a entendem com alimento, água e abrigo, e punindo aqueles que não o fazem com fome, doença e possível morte. Os BaAka mencionam "ver" Ejengi; as crianças aprendem a "ver" o espírito da floresta com os pais e os irmãos mais velhos, passando longos períodos na mata. Nas épocas do ano que não estão vivendo na floresta, mas em áreas descampadas, perto de vilas agrícolas, é comum que os BaAka e seus filhos façam a dança Ejengi.

As danças ocorrem ao anoitecer ou à noite, não são planejadas e funcionam mais ou menos assim: à medida que os garotos mais velhos começam nos tambores e as mulheres conduzem as crianças em cantos e as ensinam a dançar o ritmo, um dos anciões da vila se aparta do grupo e coloca uma vestimenta feita de fibras de *ráfia* (a casca de um cipó comum na região). Ela é relativamente simples; as fibras são trançadas em muitos fios, que são presos a um chapéu de palha com largas abas. Eles ficam pendurados das abas e vão até os pés. O ancião paramentado dança lentamente, indo do limite da floresta em direção às crianças, que gritam de deleite conforme ele vai girando a cabeça, fazendo os fios voarem. As mulheres encorajam as crianças a se aproximarem de Ejengi enquanto ele dança, mas sem chegarem perto demais de modo que ele possa agarrá-las. Cada uma delas vai correndo e tenta encostar nos fios em movimento, mas se Ejengi começar a dançar em direção a uma delas, elas saem correndo, rindo, e tentam se aproximar por outro lado (uma tarefa relativamente difícil, pois as fibras cobrem totalmente o rosto e o corpo de quem as veste, e as crianças não sabem dizer onde são as costas ou a frente!) para tocar os fios girantes novamente.

Como parte de seu estudo de outras culturas, os antropólogos tentam entender e explicar o comportamento humano. Seria o comportamento dos BaAka "apenas algo que fazem?" ou haveria um significado mais profundo, algo de que os BaAka adultos talvez nem se deem conta? Um antropólogo *funcionalista* (leia mais sobre o funcionalismo no Capítulo 12) diria que sim. Basicamente, o funcionalismo sustenta que há um propósito adaptativo por trás dos comportamentos e das cerimônias de uma cultura, e que, de alguma forma, os comportamentos, as leis e os costumes ajudam a sociedade em questão a melhor sobreviverem em seu ambiente. No caso dos BaAka, uma interpretação funcionalista da dança Ejengi seria algo assim:

A crença de que a floresta tropical não é tanto um lugar ou uma coisa, mas um espírito; Ejengi, como se fosse uma pessoa, facilita que as crianças BaAka compreendam que podem e precisam "ver Ejengi", ou aprender sobre a floresta. O fato de que as crianças são encorajadas pelas mulheres a ir correndo e chegar perto o bastante para tocar Ejengi, mas também a fugir dele caso comece a persegui-las, reforça para as crianças BaAka não apenas a importância de seu ambiente tradicional da floresta, mas também a necessidade de estarem alerta aos perigos que ela contém.

Tendo uma Experiência Fora do Corpo

De modo geral, o comportamento cultural é a maneira mais importante de adaptação e sobrevivência da humanidade. Os seres humanos não usam apenas seus corpos para se adaptarem, mas também seus comportamentos e suas ferramentas. Assim, alguns definem a cultura como o *modo de adaptação extrassomático* da humanidade (veja o Capítulo 3). Esse termo destaca o fato de que as adaptações humanas são em grande parte não corpóreas, algo importante para compreendermos a humanidade. (E que serve como um ótimo quebra-gelo em festas: "Você sabia que seu carro é apenas um meio extrassomático de adaptação?")

É fácil pensarmos nos meios extrassomáticos de adaptação apenas como objetos feitos pelas pessoas para sobreviverem; tais objetos (como casacos de pele no Ártico) são normalmente denominados *cultura material*. Mas há muito mais envolvido. Novamente, a cultura é o *conjunto inteiro* de informações grupais específicas que as pessoas adquirem ao longo de suas vidas, incluindo instruções sobre comportamento, definição e justificação de valores e instruções sobre a confecção de objetos materiais. Nas próximas seções, explico cada aspecto dessas informações grupais específicas, com as implicações da adaptação a elas.

Adaptação e suas implicações

Uma das características singulares da humanidade moderna é que sobrevivemos e nos adaptamos aos ambientes tanto de forma cultural como biológica. Por exemplo, nosso corpo essencialmente subtropical não está bem preparado para a vida no Ártico, pois não temos o pelo dos ursos-polares nem a grossa e isolante camada de gordura dos mamíferos marítimos. Porém podemos *fazer* roupas de pele, abrigos quentinhos e armas com as quais caçarmos e nos defendermos. Esses itens são adaptações culturais e ótimos exemplos de "adaptação extrassomática".

LEMBRE-SE

A definição extrassomática de cultura enfatiza a evolução ao destacar como a cultura é usada para a sobrevivência no mundo natural; lembre-se, no entanto, de que as pessoas também devem sobreviver no mundo *cultural* em que habitam, e isso também é muito importante. Por exemplo, se você não cumprimenta os vizinhos corretamente, pode causar ressentimentos; da mesma forma, sua avó talvez não goste de suas gírias descontraídas da mesma forma que seus colegas. Assim, embora a cultura nos ajude a sobrevivermos no mundo natural, ela também nos diz como sobrevivermos no mundo cultural das interações sociais.

Um foco na cultura como adaptação extrassomática tem algumas implicações importantes. Primeiro, como a cultura não é genética, deve ser passada socialmente à próxima geração; nas sociedades que não possuem escrita, isso inclui muitos mitos, fábulas e outros recursos de memorização conhecidos como *tradição oral*. Outra coisa, os aspectos da cultura que se relacionam diretamente com a sobrevivência física (como quando migrar a certa área para colher frutas ou caçar determinado animal) mudam de forma relativamente lenta, pois são muito importantes à sobrevivência. No entanto, apesar do tradicionalismo em alguns aspectos, as culturas promovem a inovação e a experimentação, e os comportamentos ou as invenções que são úteis na promoção da sobrevivência são rapidamente adotados.

Comportamentos

Pense nos *elementos comportamentais* da cultura como o que você deve ou não fazer em determinada situação. Por exemplo, em muitas sociedades nativas americanas, os adolescentes passam por uma *jornada espiritual*, ou *visão*, para encontrar um espírito (geralmente, um animal) que os guiará na vida. A jornada envolve instruções específicas sobre aonde a pessoa deve ir (em geral, às montanhas e sozinha) e o que fazer lá (ficar sem consumir alimentos e água, ou privar-se de alguma outra forma física até que veja o espírito ou que tenha a visão).

Uma boa parte da cultura trata de qual comportamento é ou não adequado em qualquer circunstância. Aprender isso tudo é um processo constante. Logo cedo na vida, as crianças têm liberdade para quebrar as barreiras do comportamento adequado, mas, entre os adultos, isso leva a inúmeros problemas, desde prejudicar transações comerciais a guerras. Quebrar os limites normais de comportamento também é uma forma comum de comédia; damos risada quando o personagem George Constaza, do seriado *Seinfeld*, soberbamente mergulha seu salgadinho no molho e repete o ato, mesmo já tendo colocado o salgadinho na boca antes — algo totalmente inaceitável socialmente —, mas provavelmente você não faria isso porque quebraria convenções sociais muito sérias de higiene. E, se fizer, escove os dentes depois.

Valores

Os *valores* são julgamentos sobre o que é bom ou ruim — e o que fica no meio — em determinada cultura com relação a seus sistemas éticos/legais de ideias. Em outras palavras, eles tratam do que é ou não válido, e do que é ou não desejável.

100% NORTE-AMERICANO

Em 1936, o antropólogo cultural Ralph Linton publicou *O Homem: Uma Introdução à Antropologia*, livro em que revelou diversos aspectos de uma vida totalmente norte-americana, que, de fato, tiveram origem em outros países. Seu texto divertido destaca o quanto a identidade norte-americana está enraizada no costume de outros países.

Por exemplo, destacou Linton, em uma típica manhã, "a sólida cidadania norte--americana" dorme em uma cama feita sob padrões do Oriente Médio, que foram modificados na Europa antes de serem exportados para os EUA, veste roupas inventadas na Índia e toma banho com um tipo de sabonete inventado na antiga França. Então, come uma laranja — fruta do leste do Mediterrâneo — no café da manhã com, talvez, uma fatia de melão (da Pérsia, hoje, o Irã), uma xícara de café (domesticado inicialmente na península árabe), ovos de um animal domesticado no Sudeste Asiático e "finas fatias de carne" de um porco, domesticado no Oriente Próximo e curado por um processo inventado no norte da Europa.

"Então, a pessoa lê as notícias, impressas por um processo alemão em um material inventado na China, em caracteres criados pelos semitas. Conforme ela absorve os problemas internacionais que lhe chamam a atenção, caso seja um cidadão conservador, agradece a uma divindade hebraica em um idioma indo-europeu, que é 100% norte-americano."

Os valores são amplamente divididos em julgamentos no campo moral e no estético. Os julgamentos *morais* tipicamente tratam de justiça e interações sociais. São tão básicos ao senso próprio de uma cultura, que não são as opiniões de indivíduos, mas certezas que (de acordo com os membros de uma cultura) não necessitam de justificativa; em geral, são usados para a avaliação de quem não pertence ao grupo, o que pode levar a atritos. Quebrar as convenções morais envolve uma vítima e um infrator, e a resolução do conflito envolve o sistema cultural de aplicação da justiça.

Os valores podem ser ensinados formal ou informalmente, mas muitos recebem tantas repetições diariamente, em cada fala e ação dos membros daquela cultura, que se tornam senso comum para eles. No entanto, talvez não façam muito sentido para as pessoas de outra cultura, e, quando culturas com sistemas de valor arraigados e profundamente diferentes entram em contato, a situação pode azedar.

Julgamentos *estéticos*, como preferências na expressão artística, também são culturais. Eles são infinitamente variados, e cada um tem uma história complexa; imagine os estilos artísticos da civilização ocidental, da Grécia à arte visual pós-moderna, por exemplo. Questões sociais, econômicas, religiosas e morais estão envolvidas na definição de ideais estéticos de determinada cultura em qualquer momento.

Objetos

Os itens feitos ou usados pelos seres humanos são chamados de *cultura material*. Esta não se limita a ferramentas para a sobrevivência física. Todo objeto, desde a roupa usada no casamento a um antigo recipiente grego de argila para transportar vinho, até seu carro ou sua bicicleta, é cultural.

Mesmo os objetos mais comuns carregam informações culturais em seu design e/ou decoração. Os cartões de crédito, por exemplo, em geral têm imagens apreciadas pelos portadores, como montanhas, cidades ou arte; esses designs são informações culturais que eles selecionaram de um banco de opções e que dizem algo sobre si mesmos. Mesmo se não curte ter imagens bonitas no cartão de crédito, essa decisão também diz algo sobre você; talvez até esteja orgulhoso de seu cartão comum e não conformista (o que, é claro, é por si só uma informação). A Figura 11-1 mostra mulheres de Myanmar exibindo sua tradicional identidade cultural por meio de vestidos e ornamentações, como a alta coluna de colares.

FIGURA 11-1: Mulheres de Myanmar usando roupas e ornamentos tradicionais.

Biblioteca do Congresso dos EUA, Div. de Impressões & Fotografias, n° de reprodução LC-USZ62-132761 (b&w film copy neg.)

Linguagem: Passando o bastão da cultura

A linguagem movimenta informações; portanto, ela é importante para a cultura, pois esta é cumulativa. As informações culturais crescem com o passar do tempo, de modo que, atualmente, os seres humanos enchem bibliotecas e arquivos com informações de que querem se lembrar; são tantas informações, que nosso cérebro transbordou, digamos assim, e as juntamos em livros, bibliotecas e na internet! Essa natureza cumulativa da cultura possibilitou a adaptação do comportamento ao ambiente. Cada novo fato permite uma possível compreensão melhor do mundo. Isso se aplica não apenas à atual civilização ocidental, mas a todas as culturas do mundo ao longo do tempo. É claro, só porque as coisas são mais bem compreendidas não significa que as culturas necessariamente atuam com base em tal compreensão.

LEMBRE-SE

Nesse caso, o ambiente significa *tanto* o físico, como o ecossistema desértico habitado pelos nativos paiutes do sudoeste norte-americano, assim como o social, tais como as interações entre os antigos chefes polinésios e seus súditos, ou os exploradores europeus que chegaram ao Pacífico nos séculos XVII e XVIII d.C.

Com o passar do tempo, então, a cultura humana chegou ao tamanho colossal e indomável de hoje. Como as culturas organizavam e comunicavam tudo de que precisavam sem bibliotecas e outros meios de armazenamento de informações fora do corpo? Em muitas sociedades, a resposta é "por meio da linguagem", em geral pelos mitos que representam ou simbolizam as ideias e os valores básicos de uma cultura. Os mitos tradicionais não são apenas histórias a serem contadas ao redor da fogueira; normalmente, eles passam muito conhecimento tradicional. A mente humana se lembra mais de histórias que tenham começo, meio e fim, e a estrutura das narrativas míticas é um importante auxílio à memória.

LEMBRE-SE

Guardar informações fora do corpo é chamado de *armazenamento externo de dados*; sua invenção, por volta de 75 mil anos atrás (provavelmente, na África — leia mais sobre isso no Capítulo 7), foi um grande evento na história da evolução da mente humana. Isso possibilitou o armazenamento de uma quantidade efetivamente infinita de informações culturais, que estariam, de outro modo, sujeitas aos limites da memória humana. Hoje, o armazenamento externo de dados fica evidente nas bibliotecas e, obviamente, na internet e em nossos "dispositivos de transbordo" pessoais de memória, incluindo smartphones e "assistentes" domésticos ativados por comando de voz.

O Manual do Proprietário sobre o Comportamento Humano

O fato de que podemos reduzir a cultura (em um sentido analítico) a um conjunto de instruções comportamentais tem alguns efeitos importantes, incluindo a habilidade de a conceitualizarmos e a estudarmos como informações transferidas de uma mente à outra pela linguagem. Tal habilidade é significativa, pois, conforme os cientistas aprenderam mais sobre a linguagem, a memória e o funcionamento da mente, eles ganharam uma melhor compreensão de como a cultura fica armazenada na mente, é ativada pela memória e processada pela linguagem.

Cultura = software; cérebro = hardware

Embora muitos antropólogos não gostem da analogia a seguir, sobre o cérebro e a cultura, acredito que seja eficaz e útil, desde que não a levemos muito longe. Confio que você não fará isso. A analogia sobre a qual estou falando é a da mente como um computador. Ela ganhou uma má reputação devido à simplificação excessiva da cultura e do cérebro, mas funciona, desde que se lembre de que é só uma analogia.

Ela diz que o cérebro é o hardware, mais ou menos como seu computador, com um sistema operacional básico já instalado (tal qual sua capacidade inata para a linguagem). (Leia mais sobre a natureza da linguagem no Capítulo 12.) A cultura é o software que você instala em seu computador/cérebro, como jogos, música ou um processador de texto (todos obtidos legalmente, é claro).

Esse paralelo nos permite entender a cultura como um conjunto de informações na mente de um indivíduo. Se o cérebro é o hardware, e a cultura é o software, a mente é a real execução do software, o uso das informações culturais para guiar o comportamento. Embora as pessoas de determinada cultura compartilhem muitas informações culturais (software), não há dois indivíduos que se comportem de forma idêntica (assim como duas pessoas podem comprar o mesmo modelo de computador, mas instalar programas diferentes). Esse exemplo nos permite entender a individualidade de cada ser humano e evitar o conceito estereotipado de uma cultura.

LEMBRE-SE

O cérebro é um objeto físico, composto por *neurônios* (células cerebrais especializadas); a memória é armazenada como conexões entre certos neurônios em determinadas partes dele, e a *mente* é a atividade do cérebro, como acessar ou arquivar memórias e processar informações.

Problemas com essa analogia

A analogia do hardware/software tem problemas; assim, a lista a seguir traz algumas ressalvas a considerarmos:

» **O cérebro é muito mais complexo do que qualquer computador.** Sim, o cérebro é um órgão que armazena e acessa memórias, mas como ele as armazena e associa é fantasticamente muito mais complexo do que qualquer um imaginou quando foram feitos os primeiros experimentos com programação de inteligência artificial.

» **A mente é muito mais complexa do que qualquer programa.** Embora alguns programas de computador vençam seres humanos em jogos, ninguém conseguiu fazer um computador realmente entender ou escrever um poema intencionalmente, ou passar a ter consciência e ser capaz de pensamentos inteligentes; isso é mencionado em estudos de inteligência artificial (AI) como "inteligência artificial geral", e há altos debates quanto à possibilidade, ou mesmo ao dever, de desenvolvê-la.

» **A cultura é muito mais complexa do que qualquer programa.** Não só isso, mas ela sempre está mudando, e, embora os computadores simulem o movimento de ideias em uma cultura, é de modo rudimentar, porque eles não conseguem simular as complexidades da mente de cada indivíduo por meio da qual a informação é filtrada, interpretada e passada à próxima mente. Outra coisa, embora as IAs básicas estejam cada vez mais conectadas, elas não atuam da mesma forma que as culturas humanas, com sua miríade de interações, inovações e difusões. Pelo menos, ainda não.

Educação Cultural

A *enculturação* é o processo de uma vida toda durante o qual os seres humanos recebem continuamente informações culturais. Durante a infância, eles dão mais atenção à enculturação *discreta*, na qual os pais ensinam os filhos como serem membros funcionais da cultura. Porém as crianças não estão aprendendo apenas como reagir a situações: por meio das próprias palavras, símbolos e mitos aprendidos para descreverem seu mundo, elas também aprendem a percebê-lo e a entendê-lo (de acordo com sua própria cultura, é claro).

Parte da enculturação ocorre formalmente — na sociedade ocidental, muitos enviam seus filhos a escolas. Isso também acontece informalmente, quando as crianças aprendem o que é um comportamento adequado (ou inadequado) em casa. Posteriormente, conforme as pessoas se mudam e/ou têm as próprias famílias, a enculturação continua (em geral, sem formalidades), conforme elas aprendem sobre seu lugar em sua cultura. Nas próximas seções, explico os estágios da vida e como as pessoas aprendem em cada um deles.

Estágios da vida

Cada cultura possui ideias sobre o que são atividades apropriadas, direitos e responsabilidades para cada gênero e idade, e toda essa informação é espalhada e propagada pelas gerações por meio da enculturação. Muitas culturas reconhecem pelo menos os seguintes estágios, embora as idades que representam variem entre as culturas (por exemplo, no início da década de 1900, na Islândia, a velhice era aos 30 anos para homens e mulheres, que morriam muito cedo em comparação com a cultura ocidental de hoje).

>> **Primeiros anos:** Alguém (pais, irmãos, outros parentes etc.) cuida do indivíduo.

>> **Infância:** O indivíduo começa a formar uma personalidade distinta, caminha em direção a certos futuros possíveis e assume mais responsabilidades.

>> **Maturidade sexual (também conhecida como "puberdade"):** O indivíduo tem o potencial de se tornar pai/mãe e aprende todas as regras relacionadas ao comportamento sexual.

>> **Maioridade:** O indivíduo alcança segurança econômica, casa-se e tem filhos (pelo menos idealmente na maioria das culturas).

>> **Velhice:** O indivíduo pode ser aliviado de algumas responsabilidades (como certos trabalhos físicos) e recebe outras (como tomar decisões sobre heranças).

Visto que todos os membros de uma cultura são afetados pelos diversos direitos, papéis e responsabilidades de sua posição nos estágios da vida, muitos antropólogos passam muito tempo identificando exatamente como tais estágios acontecem na cultura que está sendo estudada.

Estágios do aprendizado humano

Embora cada cultura tenha sua própria maneira de educar as crianças, o biólogo francês Jean Piaget identificou alguns estágios transculturais universais de aprendizado, importantes para compreendermos a enculturação.

» **Sensório-motor (nascimento–18 meses):** A criança aprende o controle motor (que influencia os gestos e as posturas culturais posteriores), assim como se identifica como indivíduo.

» **Pré-operatório (18 meses–7 anos):** A criança adquire a linguagem funcional que descreve seu universo ao redor dos 3 anos. A linguagem totalmente desenvolvida vem em um estágio posterior; portanto, aqui a criança não entende totalmente símbolos profundos, como metáforas complexas.

» **Operacional concreto (7 anos–11 anos):** A criança adquire uma compreensão lógica de propriedades físicas, como números e pesos, e a habilidade de sair do eu e começar a pensar sob a perspectiva de outras pessoas. Sua compreensão de metáforas também aumenta.

» **Operacional formal (11 anos em diante):** A criança adquire um raciocínio adulto, permitindo que use e gere metáforas profundamente simbólicas.

Embora esses estágios existam em todas as culturas humanas, a duração de cada um varia. Mesmo assim, a maioria das pessoas concorda que Piaget identificou os estágios básicos do aprendizado humano.

De Moptop a Mötley Crüe: O que É Mudança Cultural?

Uma conclusão com a qual todos os antropólogos concordam é que a cultura é dinâmica, e não estática ou imutável; de que outro modo podemos explicar a diferença na música popular que vai dos Beatles nos anos 1960 às então chamadas bandas do glam metal (ou hair metal)? Mudanças assim acontecem "do nada"? Não. Poucas culturas vivem, ou viveram, em isolamento total, e vínculos matrimoniais ou comerciais há muito tempo promoveram o movimento de ideias de uma cultura à outra. A cultura muda de diversas formas; anteriormente, vimos sobre a inovação e a difusão (que abordo nas próximas seções), mas também quero dar uma olhada em como a cultura evolui com o passar do tempo.

Difusão versus assimilação

Em antropologia, *difusão* é o movimento de informações culturais que vai de uma população à outra. Ela ocorre de várias formas, mas a migração e a interpenetração cultural são especialmente importantes.

Uma forma de mudança cultural ocorre por meio de *doadores* migrantes movendo ideias a culturas receptoras. A *migração* física é o movimento de pessoas de uma região à outra. Já que os seres humanos carregam sua cultura no cérebro (como conjuntos de ideias) e, às vezes, em livros ou outras mídias externas, a cultura pega carona com eles. Quando culturas se encontram, ideias de uma (*doadora*) quase invariavelmente são transferidas à outra (*receptora*). O que isso de fato significa é que as pessoas da cultura receptora começam a perceber e se lembrar de novas ideias das pessoas da cultura doadora. Se tais ideias serão difundidas ou rejeitadas (ou alguma combinação disso) depende das circunstâncias. É claro, essas transações culturais raramente seguem apenas um sentido; aspectos de uma cultura receptora podem contagiar uma cultura doadora, revertendo os papéis e tornando a interação muito mais complexa.

Há também a *interpenetração cultural*, que ocorre quando uma cultura "penetra" a outra, e as interações frequentes entre elas promovem a troca de ideias, palavras, expressões e até idiomas. Esse processo de interação e trocas é chamado de *aculturação*.

A *assimilação*, por outro lado, é a inclusão ou a absorção de uma cultura em outra, mais dominante. No entanto, as informações culturais de uma minoria podem ter efeitos importantes na cultura dominante. Por exemplo, a música *rock and roll* norte-americana (muito difundida hoje) tem origem, pelo menos em parte, na subcultura do início da década de 1950 da tradicional música popular afro-americana.

Hoje, também precisamos levar em conta o fluxo rápido e amplo de informações culturais por meio da comunicação global instantânea, incluindo as redes sociais. Isso acelera ainda mais o ritmo potencial de mudança cultural. Esse é um dos motivos pelos quais déspotas do mundo todo buscam controlar as redes de computadores (a internet), pois preferem manter as coisas como estão ou, pelo menos, controlar estritamente as informações (diretrizes ao comportamento) de suas populações.

Inovação

Inovação é a nova associação de ideias; é o que acontece quando duas ideias que nunca foram combinadas antes se juntam para criar uma nova. Se as condições sociais forem propícias e a ideia for algo comunicável como um estilo artístico ou musical, a inovação se espalha e muda a cultura.

O essencial aqui é a *condição social*. As pessoas precisam experimentar a inovação caso venham a imitá-la ou difundi-la, e muitas culturas usam mecanismos sociais como a censura para impedir a difusão do que consideram inadequado ou profano. Atualmente, uma inovação fica disponível no mundo todo no momento em que chega à internet. É claro, milhões (talvez bilhões) de pessoas não têm acesso à internet, e, embora as informações se movimentem muito rápido hoje, elas não afetam nem chegam a toda a população humana da mesma maneira.

Evolução Cultural

Assim, a mudança cultural segue algum padrão específico? A cultura evolui em passos ou estágios, de um simples a um mais avançado? Podemos aplicar os princípios da evolução biológica à mudança cultural?

A resposta é sim, mas condicionalmente. Tentativas iniciais de aplicar os conceitos evolucionários aos processos da mudança cultural cometeram um grande erro. Na época (final do século XIX), as pessoas pensavam que a evolução estava tentando melhorar as formas de vida — usando algum tipo de intenção ou impulso interno para se esforçar rumo ao pináculo da evolução (que era, previsivelmente, um homem londrino vitoriano). Se fosse assim, pensaram, a cultura faria o mesmo: mundialmente, todas as culturas devem estar em algum estágio de um caminho que sai da forma mais simples (selvageria) para a mais complexa (civilização). Posteriormente, os antropólogos descobriram que esse não era o caso, mas que cada cultura estava em seu próprio caminho, e a antropologia descartou o conceito linear de evolução cultural.

A antropologia foi sábia ao descartar o conceito linear de mudança cultural, mas, infelizmente, os antropólogos também começaram a desconsiderar quaisquer conceitos de evolução cultural. A cultura de fato evolui, como descrevo nas seções seguintes.

Como a cultura evolui

As informações culturais são movimentadas de uma mente à seguinte da mesma forma que as informações genéticas passam dos pais aos descendentes (embora a cultura seja transmitida socialmente, e não biologicamente). Nem todas as informações são reproduzidas perfeitamente (ou movimentadas de mente a mente), assim como os genes não são reproduzidos perfeitamente; como ocorre na genética, mutações são introduzidas na população. As variações culturais são novas ideias ou inovações. Seguindo essa linha, a cultura tem as propriedades de um sistema em evolução: a informação é *replicada*, mas nem sempre perfeitamente, então ela *varia* de indivíduo a indivíduo. Com o tempo, as variações se espalham ou desaparecem devido à *seleção* de certas variações em detrimento de outras.

As variações culturais não são necessariamente selecionadas porque fazem sentido ou porque são benéficas a todos; muitas sociedades têm uma estrutura hierárquica, de modo que certas pessoas, como as famílias reais, fazem grande parte da seleção na evolução cultural. Esse viés leva diretamente à consideração das relações de poder: quem, em determinada cultura, tem o poder de *selecionar* certas ideias (promovendo-as na mídia, por exemplo), e quem tem o poder de as *descartar* (censurando-as)? Essas perguntas se aplicam à civilização ocidental assim como ao Egito Antigo, às chefaturas polinésias do Pacífico e a todos os demais.

Por diversos motivos, os arqueólogos (em especial) e alguns antropólogos culturais sentem que tais semelhanças entre as informações genéticas e culturais não são triviais, mas muito reais e importantes para serem estudadas.

O que não é evolução cultural

Quando começar a pensar sobre a evolução da cultura, lembre-se de que:

» Embora a seleção natural (na natureza) não tenha intenção nem *tente* moldar a mudança ao longo do tempo, os seres humanos têm intenções e tentam mudar a cultura ao longo do tempo — normalmente, promovendo a mudança ou resistindo a ela.

» Embora a evolução biológica melhore as espécies com o tempo (porque apenas as características úteis tendem a ser preservadas), a evolução cultural não necessariamente descarta os aspectos que não são bons para todos (como o racismo).

» Embora a evolução biológica seja relativamente lenta, movimentando as informações (genes) apenas em uma direção (de pais a filhos), membros de uma cultura podem compartilhar informações culturais (ideias) entre si mesmos, *dentro* de uma determinada geração, motivo pelo qual a evolução cultural é muito rápida.

NESTE CAPÍTULO

» Traçando o desenvolvimento da antropologia cultural

» Sendo objetivo: Pesquisa ética

» Mergulhando em uma cultura: Pesquisa êmica

» Buscando informações confiáveis

» Vendo como aplicar a antropologia em qualquer lugar do mundo

Capítulo **12**

De Kalahari a Mineápolis: Antropologia Cultural

antropologia cultural é o estudo dos seres humanos vivos e suas socie-dades, e todas as sociedades existem em algum tipo de espaço físico. O *campo* é o espaço que um antropólogo visita a fim de estudar e interagir com a cultura que está estudando, seja na Amazônia, no deserto de Gobi ou no centro de Chicago. De fato, uma das principais formas pelas quais os antropólogos culturais examinam as culturas humanas é indo "para o campo" de modo a experimentar formas de vida diferentes daquelas das culturas ocidentais. (Os antropólogos estudam as culturas ocidentais, mas, em geral, esse é um trabalho mais comum entre sociólogos.)

O antropólogo faz esse trabalho de campo observando sistematicamente e registrando com muito cuidado diversos aspectos da vida — desde as calo-rias consumidas aos tipos de alimentos ingeridos em vários momentos do dia e os tipos de alucinógenos utilizados nos ritos de iniciação xamânica. Essa estreita observação leva a uma melhor compreensão da vida humana em toda a sua variedade, desde os povos nômades da Mongólia aos caçadores e coletores da Amazônia.

Mas os antropólogos culturais simplesmente não invadem um vilarejo e começam a fazer perguntas — não se quiserem ser bem recebidos pela população local e aprender alguma coisa além de maldições nativas. (Imagine o que você diria se um aborígene australiano aparecesse um dia à sua porta e pedisse para morar com você por um período de tempo prolongado, talvez anos, e estudá-lo em grandes detalhes, para sanar a curiosidade!) Os antropólogos desenvolveram muitos métodos que lhes permitem fazer um trabalho de campo bem-sucedido e relatar suas descobertas com precisão.

Neste capítulo, você verá, primeiramente, uma breve história do desenvolvimento desse tipo de antropologia. Depois, observará como os antropólogos culturais fazem seu trabalho e como esse tipo de antropologia é valiosa para ajudá-los a obter uma compreensão melhor sobre os seres humanos de todos os lugares.

Vendo o Crescimento da Antropologia Cultural

A antropologia cultural tem suas raízes mais profundas no século XVI, durante a "Idade da Descoberta", um momento em que os europeus estavam descobrindo outros continentes e encontrando povos que viviam lá. Mas o estudo das culturas transformou-se drasticamente desde então, conforme lhe mostro nesta seção.

Lutando contra o etnocentrismo

No século XVI, os europeus se referiam às pessoas que encontravam durante suas explorações como o "Outro". Os europeus não sabiam nada sobre aqueles povos nativos — por exemplo, a Bíblia não fala nada sobre eles. Os exploradores muitas vezes escreviam relatos detalhados, vívidos (e, ocasionalmente, completamente fictícios), descrevendo como aquelas pessoas viviam. Tais relatos eram as únicas informações que as pessoas na Europa tinham sobre terras e pessoas recém-descobertas.

No século XIX d.C., quando a antropologia estava tomando forma como disciplina acadêmica, algumas ideias tinham mudado, e o "Outro" nem sempre era visto como um completo estranho. Entretanto, por muito tempo, seus relatos continuaram muito *etnocêntricos*, quer dizer, escritos sob a perspectiva da própria sociedade do antropólogo, como exploradores julgando os nativos americanos sob a perspectiva cristã europeia. A Figura 12-1 mostra uma pintura dos nativos americanos feita por George Catlin no século XIX. As roupas, a arquitetura das casas e o modo de vida em geral eram todos incomuns aos olhos europeus, assim como o vestuário e o modo de vida europeus o eram aos nativos americanos.

FIGURA 12-1: Pintura do século XIX retratando os nativos americanos, feita por George Catlin.

Fonte: Wellcome Images, Disponível em `https://wellcomecollection.org/works/c9ht5b4w/items?canvas=1&langCode=false`

Então, qual é o problema com o etnocentrismo? Respondendo de forma simples, ele é tendencioso. Aqueles que fazem os relatos de outras culturas usam as lentes de suas próprias normas culturais.

Considere um exemplo atual. Digamos que você seja um turista brasileiro visitando Bali, Indonésia, e observe um festival de pipas. Sob sua perspectiva — a de que aquilo é uma atividade recreacional —, você pode concluir que os balineses estão apenas brincando, e que é divertido ver adultos fazendo isso ao ar livre. Mas, na verdade, os balineses atribuem um profundo significado religioso ao festival anual, no qual as pipas representam as divindades hindus. A tradição sustenta que o sucesso agrícola depende de quão bem as equipes de cada aldeia soltam pipas. Como você não sabia disso — e só pode entender o que os balineses estão fazendo com base no que significa soltar pipas *em sua própria* cultura —, sua visão de que as pipas são apenas brinquedos é uma interpretação etnocêntrica.

Seguindo a ciência

As falhas dos relatos etnocêntricos tornaram-se mais aparentes conforme os antropólogos começaram a viajar e a interagir com mais frequência, entrando em contato com pessoas de outras culturas. Ao mesmo tempo, o valor do estudo de outras culturas ficou mais aparente. No início do século XX, os antropólogos começaram a tomar algumas medidas muito importantes para melhorar a credibilidade de seu trabalho.

LEMBRE-SE

Muitas mudanças na antropologia do início do século XX vieram de um reconhecimento de que antropólogos culturais deveriam tentar *entender* outras culturas humanas, em vez de *julgá-las*. Essa abordagem, que faz parte do *relativismo cultural*, promove a ideia de que cada cultura deve ser entendida em seus próprios termos, em vez de ser julgada por pessoas de fora. O relativismo cultural é uma das pedras angulares da antropologia cultural. Isso não significa que os antropólogos devem *aprovar* todas as ações de uma cultura diferente. Mas, para realmente entendermos outra cultura, devemos ser capazes de vê-la como um produto de sua própria história e evolução, não apenas em relação à nossa própria cultura.

Outro fator essencial nas mudanças ocorridas no início do século XX foi o reconhecimento de que, se os antropólogos quisessem melhorar a credibilidade de seus resultados da pesquisa — para que a antropologia fosse levada a sério como disciplina —, seus métodos teriam que ser mais científicos. Isso significava realizar várias coisas:

» Definir seus termos (como *cultura*) mais claramente.

» Criar um quadro teórico extensivo.

» Desenvolver formas de observar a humanidade mais objetiva do que subjetivamente (isto é, sem fazer julgamentos de valor).

Definindo seus termos

Os antropólogos começaram a definir mais claramente o que queriam dizer com termos como *casamento* ou mesmo *dança*. Visto que diferentes culturas expressavam essas coisas de formas distintas, defini-las de forma que fosse aceita por todos os antropólogos era algo importante para entendê-las entre culturas.

Mas tal processo de definição tem sido mais difícil do que você possa imaginar. Por exemplo, alguns antropólogos se contentam em dizer que os grupos sociais humanos são classificados em determinados tipos principais, como *bando* ou *tribo*. Mas outros dizem que esses termos são mais construções artificiais, coisas que os antropólogos esperam ver (por causa de sua perspectiva teórica) do que aquilo que realmente está lá.

Mesmo assim, um vocabulário profissional foi desenvolvido para a antropologia cultural, permitindo a comunicação entre a maioria dos antropólogos culturais. Talvez você se interesse pelo recurso online disponível em `http://oregonstate.edu/instruct/anth370/gloss.html` [conteúdo em inglês], que são as "Definições de Termos Antropológicos" da Universidade Estadual de Oregon.

Criando um quadro teórico

No início do século XX, muitos cientistas usavam o *método científico* para guiá-los em suas pesquisas. Basicamente, o método envolve o seguinte:

» Fazer uma pergunta.

» Realizar pesquisas para ver as respostas que outros já deram.

» Formular uma hipótese para explicar a resposta à pergunta.

» Conduzir a pesquisa para determinar se a hipótese é acurada.

» Publicar os resultados para compartilhá-los com o resto do mundo.

Conforme os antropólogos trabalhavam para melhorar a credibilidade dos estudos, eles começaram a adotar (e adaptar) o método científico. O resultado foi que deixaram de coletar observações de forma tão aleatória sobre o que parecesse ser o mais interessante em uma cultura. Em vez disso, começavam com um tema de interesse — por exemplo, como a dança maori (dos nativos neozelandeses) era utilizada para recordar aos maori sobre suas ancestralidade e tradições culturais — e, depois, faziam observações específicas sobre esse tema de interesse.

E alguns antropólogos culturais começaram a fazer estudos transculturais nos quais uma teoria era testada para ver se explicava ou não o comportamento cultural em todo o mundo. Por exemplo, parecia que um *tabu do incesto* (proibição contra relações sexuais entre familiares de sangue próximos) estava presente em todas as sociedades humanas. Para ter certeza disso, o antropólogo George Murdock inicialmente definiu o que era incesto e depois examinou a literatura antropológica sobre 250 sociedades em todo o mundo para ver se realmente era algo universal. E era, considerando o incesto definido como relação sexual entre pessoas de uma *família nuclear* (homem e mulher casados vivendo com crianças). Dessa forma, Murdock estava fazendo uma pergunta (em outras palavras, definindo um problema de pesquisa), esclarecendo a sua terminologia e realizando um estudo de grande escala para responder à pergunta básica — será o incesto um tabu universal na cultura humana?

Hoje, os resultados de muitos estudos antropológicos estão digitalmente codificados nos Arquivos da Área de Relações Humanas (Human Relations Area Files — HRAF: https://hraf.yale.edu; conteúdo em inglês), uma ferramenta online que permite que os pesquisadores investiguem os resultados de diversos estudos da humanidade modelados na abordagem original de Murdock.

O RAMO DE OURO: ANTROPOLOGIA DE POLTRONA

Talvez o mais conhecido "acadêmico de poltrona" da antropologia cultural primitiva tenha sido o inglês Sir James Frazer, que em 1890 publicou *O Ramo de Ouro*, uma obra que abrangeu muito do que era conhecido na época sobre diferentes culturas em todo o mundo, analisando várias religiões em termos de raízes culturais (em oposição às teológicas). Frazer esperava poder descobrir verdades universais sobre a psicologia humana por meio de estudos das sociedades humanas em todo o mundo. Ele nunca empreendeu nenhuma das suas próprias pesquisas de campo, mas baseou-se em relatórios escritos e nas histórias e descrições de outros que tinham passado algum tempo no exterior com diferentes povos.

LEMBRE-SE

Usar um *quadro teórico* (um conjunto específico de definições e ideias que guia o pensamento sobre determinada pergunta) para orientar suas pesquisas certamente ajudou os antropólogos. Porém tenha estas duas questões em mente:

» O antropólogo deve ser honesto e direto sobre seu posicionamento teórico antes de ir a campo. Isso garante que o leitor de seu trabalho veja de onde o antropólogo está partindo — por exemplo, se ele entende o mundo por meio de uma lente especialmente feminista — e consiga perceber possíveis tendências causadas por tal posicionamento.[1]

» Levar teorias demais a campo pode causar distorções, de modo que as descobertas do antropólogo confirmem, de forma muito conveniente, sua teoria favorita; assim, embora ele tenha ideias sobre como é a cultura humana, para começar, ele tenta manter a mente aberta a novas possibilidades e interpretações.

Promovendo a objetividade: Pesquisa ética

Na tentativa de se afastarem do etnocentrismo, os antropólogos começaram a utilizar uma certa abordagem aos estudos de campo: a abordagem *ética*. Basicamente, ela acarreta que um antropólogo observe outra sociedade sem realmente interagir com as pessoas de lá, concentrando-se, em vez disso, em como ele vê a cultura de forma relativamente distanciada. Alguns dizem que essa é uma boa ideia, mas outros argumentam que ela ignora a realidade

---

1 Hoje em dia, principalmente partindo de Bourdieu (*Questões de Sociologia*. Rio de Janeiro: Marco Zero, 1981), fala-se, em termos de metodologia, em deixar o objeto "remoldar" a teoria, tornando-a, assim, adaptável a ele. [N. E]

da própria cultura e que uma abordagem ética é simplesmente inválida. O júri ainda está se decidindo sobre essa questão, e imagino que levará décadas até chegar a um veredito.

Incorporando a abordagem ética modernista: Bronislaw Malinowski

As mudanças que ocorreram no início do século XX levaram ao que os antropólogos agora chamam de antropologia cultural *modernista* — caracterizada por uma abordagem científica e sistemática à compreensão da diversidade cultural humana. Esse tipo de antropologia é talvez mais bem exemplificado por Bronislaw Malinowski, que fez trabalho de campo de 1914 a 1918 entre os habitantes das ilhas Trobriand, da Melanésia, uma ilha a nordeste da Austrália.

Aumentando o nível das etnografias

Cidadão austro-húngaro que vivia na Austrália no início da Primeira Guerra Mundial, Malinowski foi exilado nas Ilhas Trobriand durante a guerra devido a receios de que abrigasse simpatias pelos alemães. Sustentado por envios regulares de alimentos, Malinowski passou um tempo amuado, contando os dias.

Porém ele também criou o que muitos consideram ser a primeira *etnografia* modernista — a descrição escrita de uma cultura —, *Argonautas do Pacífico Ocidental*. Essa obra amplamente aclamada estabeleceu um padrão tanto para a realização do trabalho antropológico de campo como para a escrita de etnografias. No livro e em seus ensinamentos subsequentes, Malinowski salientou que o antropólogo deve ser objetivo e científico, ou seja, de certa forma, ético.

Estabelecendo os padrões de estudo

Para alcançar a objetividade, Malinowski apelou aos antropólogos para que fizessem observações diretas e sistemáticas sobre as pessoas que estudavam. Por exemplo, em vez de registrar apenas o que se observava, ia-se de uma casa a outra perguntando a mesma coisa e documentando as várias respostas.

Malinowski também recomendou o que denominou de um "período natural de tempo" para as observações, geralmente pelo menos um ano civil, para que as atividades da sociedade durante todas as estações do ano pudessem ser observadas.

PASSEANDO PELOS JARGÕES

Cada disciplina científica utiliza a própria terminologia para comunicar ideias complexas e intricadas dentro de seu escopo. Para alguém de fora, uma conversa entre especialistas pode ser incompreensível; até mesmo o tema da conversa pode ser um mistério completo.

Uma consequência infeliz do desejo da antropologia inicial de ser considerada uma ciência objetiva foi o fato de ter começado a usar jargões e expressões desnecessariamente complicados. Como o antropólogo Edmond Leach escreveu sobre as obras de Claude Levi-Strauss: "A característica notável da sua escrita, seja em francês ou inglês, é sua difícil compreensão; suas teorias sociológicas combinam uma complexidade desconcertante com uma erudição avassaladora. Alguns leitores suspeitam até que caíram no conto do vigário."

Obviamente, qualquer conversa ou escrita entre antropólogos utilizará termos e conceitos específicos da antropologia, mas muitos antropólogos sentem que prestam um maior serviço à sociedade se as suas obras forem mais acessíveis ao leitor médio.

Concentrando-se em como as culturas funcionam

Malinowski associou-se ao *funcionalismo*, que também defende que pratica-mente todos os aspectos de uma cultura — de suas cerimônias a seus mitos e religião — têm um propósito adaptativo, e que, de alguma forma, o com-portamento geral, as leis e os costumes de uma sociedade ajudam a cultura a sobreviver melhor em seu ambiente. Veja, no Capítulo 11, o exemplo de uma interpretação funcionalista de uma dança na sociedade africana.

Preparando o campo para o estruturalismo

Seguindo os passos de Malinowski, vinha Claude Levi-Strauss, antropólogo francês nascido em 1908 que também foi significativo no desenvolvimento da antropologia cultural moderna (e não, ele não é o Levi Strauss da famosa calça jeans). Levi-Strauss fundou a escola de pensamento chamada *estrutu-ralismo*, que basicamente defende que as sociedades humanas são estrutu-radas por conceitos básicos expressos em cada símbolo, mito, ritual e assim por diante. Tais estruturas equivalem em geral a *oposições* de conceitos cul-turais gerais, como cru X cozido, quente X frio, e masculino X feminino. Além disso, Levi-Strauss propôs que algumas "Estruturas Universais da Mente" existem transculturalmente. (O júri ainda não se pronunciou sobre essa, também).

Ao contrário de Malinowski, Levi-Strauss era muito mais teórico do que fundamentado no campo de observação, baseando a maior parte das suas teorias em um ano que passou na Amazônia, no Brasil.

Uma Abordagem Mais Pessoal: Pesquisa Êmica

Embora a injeção de uma dose saudável de objetividade em seu trabalho tenha ajudado os antropólogos a juntarem-se às fileiras de cientistas respeitados, nem todo mundo ficou satisfeito com a abordagem *ética* e puramente teórica a respeito da investigação de outra cultura (veja a seção anterior "Promovendo a objetividade: Pesquisa ética"). Muitos pesquisadores de campo sentiram que a abordagem ética era demasiado fria e distante, e, portanto, não conseguia produzir uma compreensão íntima das culturas humanas. A melhor forma de compreender uma cultura, sugeriram alguns antropólogos (ou até insistiram), era se colocar na pele das pessoas estudadas (os *sujeitos*) durante certo tempo. Daí, surgiu o conceito do *observador participante*, que viria a utilizar o que os antropólogos denominam de abordagem *êmica* à investigação.

O observador participante estuda um determinado povo vivendo entre as pessoas de lá, trabalhando e interagindo com elas na maioria dos aspectos de suas vidas. Ao participar das atividades diárias das pessoas (sujeitos) dessa forma, os antropólogos aprendem muito sobre a vida e as estruturas sociais das culturas humanas em todo o mundo e em primeira mão.

Mas, é claro, a questão da objetividade surge novamente com esse tipo de investigação. A presença do antropólogo pode alterar os comportamentos dos sujeitos, e o investigador pode simplesmente ter mais dificuldade em registrar informações sem preconceitos nessa situação. Analiso os desafios da abordagem êmica à investigação nas próximas seções.

Reconhecendo como as escolhas do pesquisador influenciam os resultados

Recentemente, os antropólogos em geral passaram a aceitar que qualquer *etnografia* (descrição escrita de uma cultura) trata tanto da pessoa que a escreve como da cultura estudada. Por exemplo, se você e um amigo passassem uma semana na França fazendo as mesmas coisas, ao mesmo tempo e com as mesmas pessoas, os relatos da sua viagem seriam, ainda assim, diferentes, pelo menos em parte. É claro, as descrições dos lugares e das pessoas seriam até semelhantes, mas cada um de vocês teria percebido pessoas, lugares e situações de forma bastante diferente, ou concentrado-se em facetas distintas de uma determinada experiência.

Claro que, em uma etnografia, é preciso ir aos detalhes; as descrições de pessoas, lugares e eventos precisam ser muito mais aprofundadas do que em um diário de viagens. Assim, os bons antropólogos recolhem informações de diversas fontes e evitam confiar em observações únicas.

LEMBRE-SE

Quem exatamente o antropólogo escolhe para observar e colher informações impacta o resultado ao estudar uma sociedade complexa. Por mais objetivo que tente ser, ele tem de fazer escolhas sobre quais *informantes* (pessoas dentro da cultura que compartilham informações sobre ela com o antropólogo) entrevistar e com quem interagir, e essas escolhas podem condicionar muito o resultado da pesquisa.

Considere o exemplo de um tribunal de trânsito nos Estados Unidos. Muitas pessoas enchem a sala de audiências: réus, advogados, oficiais de justiça, agentes de polícia, testemunhas e o júri. Cada um tem uma visão diferente do caso. O réu está provavelmente nervoso, os oficiais de justiça e a polícia podem estar entediados, os advogados têm um grande interesse no resultado do processo, e os membros do júri (embora todos estejam na sala de audiências pelo mesmo motivo) têm, cada um, impressões diferentes sobre o processo.

Alguém que não esteja familiarizado com o funcionamento de um tribunal dos EUA — digamos, um montanhês da Papua-Nova Guiné que está estudando a cultura norte-americana — pode escolher o réu como seu informante e obter essa perspectiva, que pode ser muito diferente daquela de um dos jurados. E se o montanhês entrar na sala de audiências para estudar o processo usando um traje cerimonial completo, podemos imaginar que o comportamento de toda a sala de audiências mudará; as pessoas podem tornar-se mais cordiais do que o normal, por exemplo, para dar uma boa impressão. Talvez ele até volte para casa com uma percepção muito desigual das pessoas que conheceu e de sua cultura.

A mesma ideia aplica-se à escolha de informantes na antropologia cultural. Apenas uma pessoa, escolhida descuidadamente, não serve. Os antropólogos precisam aprender com muitas pessoas de todo o espectro da cultura — e compreender que suas escolhas condicionarão a confiabilidade da investigação e como ela progride no campo.

Percebendo as consequências do ato da observação

Também precisamos considerar quais efeitos o ato de observar tem sobre os observados. Algumas observações na ciência são *passivas*, o que significa que não têm impacto sobre o sujeito observado. Fotografar o planeta Marte, por exemplo, não afeta sua geologia nem sua atmosfera. Mas, em antropologia, o observador participante vive entre as pessoas que está estudando, e sua mera presença altera o comportamento dos membros da cultura em questão, pelo menos inicialmente.

LEMBRE-SE

Os indivíduos e mesmo os grupos mudam o seu comportamento quando são observados por uma pessoa de fora, mesmo que não percebam. Por exemplo, os sujeitos podem tornar-se autoconscientes e evitar o antropólogo ou esconder cerimônias ou rituais que não querem que ele veja. Podem também mudar sua normalidade com relação a roupas, trabalho, lazer e hábitos alimentares em uma tentativa de mostrar ao antropólogo o que *pensam* que ele quer ver.

As únicas soluções reais para a presença perturbadora do antropólogo são a passagem do tempo e o estabelecimento de afinidade. Para observar os comportamentos mais naturais de uma cultura, é necessário esperar até que as pessoas de lá se tornem confortáveis com a sua presença. Esse período de ajuste é um dos motivos pelos quais os programas curtos de pesquisa de campo simplesmente não funcionam; estabelecer-se em uma rotina pode levar meses. O antropólogo deve esforçar-se para se tornar parte do grupo à medida que os sujeitos estabelecem sua rotina *normal*, exatamente o que os antropólogos querem observar. É claro que isso pode nunca ser possível, e até que ponto o antropólogo deve se envolver na vida da cultura em estudo é tema de debates ativos.

CRÍTICA CULTURAL, MARGARET MEAD E A IMPORTÂNCIA DE ESCREVER BEM

Muitos antropólogos modernos acreditam que a verdadeira promessa da antropologia cultural é servir como uma crítica da sociedade atual e sugerir formas de as pessoas melhorarem suas próprias vidas. Para tanto, um antropólogo abandona a sociedade ocidental e vive entre uma sociedade não ocidental durante um período de tempo prolongado. Ao regressar ao Ocidente, ele estará habituado a ver o mundo sob a perspectiva das pessoas com quem viveu, podendo então observar sua própria sociedade a partir de uma nova perspectiva. O antropólogo pode apontar aspectos da sua sociedade a que outros ali vivendo não dão muita importância.

Em meados do século XIX, algo que ganhou certa popularidade entre os antropólogos culturais era escrever dois relatórios diferentes, ou *trabalhos emparelhados*, sobre a cultura que tinham estudado: um estudo acadêmico tradicional; e um texto mais fluido e descritivo, escrito quase como um romance. A lógica era a de que, embora o texto acadêmico fosse necessário, apenas um relato profundamente pessoal do tempo passado entre a sociedade anfitriã transmitiria completamente a plenitude da experiência.

Alguns bons exemplos disso são os livros de David Mayberry-Lewis *Akwe-Shavante Society* [A Sociedade Akwe-Shavante] e *Savage and the Innocent* [Os Selvagens e os Inocentes]; os *Symbolic Domination* [Dominação Simbólica] e *Reflections of Fieldwork in Morocco* [Reflexões sobre o Trabalho de Campo em Marrocos], de Paul Rabinow; e os *Studying the Yanomamo* [Estudando os Yanomami] e *Nobres Selvagens,* de Napoleon Chagnon.

(continua)

(continuação)

Alguns bons exemplos disso são os livros de David Mayberry-Lewis *Akwe-Shavante Society* [A Sociedade Akwe-Shavante] e *Savage and the Innocent* [Os Selvagens e os Inocentes]; os *Symbolic Domination* [Dominação Simbólica] e *Reflections of Fieldwork in Morocco* [Reflexões sobre o Trabalho de Campo em Marrocos], de Paul Rabinow; e os *Studying the Yanomamo* [Estudando os Yanomami] e *Nobres Selvagens,* de Napoleon Chagnon.

No início do século XX, a antropóloga norte-americana Margaret Mead retomou essa tradição de escrever para o público em geral, traçando paralelos e contrastes entre sua própria sociedade e aquelas que estudou. Em uma das suas obras mais conhecidas, *Coming of Age in Samoa* [A Maioridade em Samoa], Mead oferece uma explicação detalhada de como rapazes e moças na sociedade tradicional samoana transitam da infância para a idade adulta e acabam por escolher seus cônjuges. Ela também comparou e contrastou como as crianças fazem tal transição nas sociedades samoana e norte-americana. Ao fazer isso, ela ajudou a tornar a antropologia mais relevante para o norte-americano médio.

Mead escreveu *Coming of Age in Samoa* usando termos simples e envolventes para uma vasta audiência. Isso não significa que ela não era tão séria com relação à antropologia como outros estudiosos; uma geração de antropólogos imitou os seus métodos de observação cuidadosa e de tomada de notas. Mas, ao relacionar a sua compreensão de uma cultura diferente com o público norte-americano em geral (e não simplesmente com outros acadêmicos), Mead captou o interesse de muitos norte-americanos e de outros ocidentais que de outra forma não teriam conhecido nem se preocupado com a sociedade samoana (ou com a antropologia em geral).

Considerando Desenvolvimentos Recentes

Embora muitos dos métodos de investigação ainda utilizados pelos antropólogos culturais tenham surgido no início do século XX, a ciência certamente não ficou parada desde então. Nas seções seguintes, analiso como a teoria pós-moderna e o aumento da interação cultural têm influenciado a antropologia.

Explorando a pós-modernidade

No final da década de 1980, o movimento pós-moderno da antropologia procurou encontrar uma melhor forma de conduzir o trabalho de campo e de escrever os resultados. Esse movimento rejeitou quase completamente a abordagem ética e afirmou basicamente que, considerando que todo o conhecimento é construído socialmente — porque todas as pessoas são um produto da própria cultura etnocêntrica —, nada é de fato "real". Para os pós-modernos, tudo o que a antropologia tinha aprendido era apenas um reflexo dos tempos, uma construção social. Por exemplo, os primeiros antropólogos "descobriram" várias raças principais da humanidade *porque procuravam* essas designações raciais para justificar atividades políticas do século XIX, como o colonialismo. A dominação colonial parece muito mais nobre se a enquadrarmos no contexto da civilização das raças nativas supostamente selvagens.

A pós-modernidade foi fundada com base nos escritos de vários filósofos franceses do século XX, especialmente o crítico social Michel Foucault e o desconstrucionista Jacques Derrida. Embora alguns antropólogos continuem a explorar essas filosofias na esperança de estabelecer um novo quadro para a antropologia, a maioria continua a conduzir alguma forma de trabalho de campo tradicional e modernista. Basicamente, a pós-modernidade acabou se revelando estar muito longe do outro lado da abordagem ética; ela é hiperêmica — é exagerada. Claramente, as questões antropológicas *podem* até estar fortemente condicionadas pelos tempos — e os antropólogos precisam ter cuidado com isso —, mas os antropólogos podem reconhecer tal tendência e ajustar-se a ela e, ainda assim, aprender algo sobre o mundo.

Acompanhando o ritmo da mudança cultural

O mundo está mudando rapidamente e diminuindo de tamanho à medida que as comunicações e a facilidade de transporte aproximam mais as pessoas a cada dia. À medida que tal interação acontece, as culturas vão mudando umas às outras; de fato, hoje em dia, muitas culturas estudadas pelos antropólogos iniciais desapareceram, diluídas pela globalização da civilização ocidental. (Leia mais sobre a mudança cultural no Capítulo 11.) Os dias do *primeiro contato*, quando um antropólogo ocidental encontrava uma sociedade que nunca tinha sequer ouvido falar da sociedade ocidental, estão ultrapassados.

Hoje, receosos com as grandes e arrebatadoras explicações sobre o comportamento humano que não funcionaram tão bem no passado, muitos antropólogos centram suas investigações em facetas específicas da cultura, tais como a dança, a preparação de alimentos, a mitologia, e assim por diante. Hoje em dia, a etnografia usa tanto abordagens éticas como êmicas, muitas vezes para testar uma teoria ou hipótese particular por meio da coleta de dados observáveis. Ao mesmo tempo, muitos reconheceram que ser completamente objetivo é impossível, assim, vários anos de estudos preparam o pesquisador de campo para que não seja excessivamente etnocêntrico.

Lutando pela Acurácia

Com todos os desafios envolvidos na observação de comportamentos naturais e na obtenção de uma ideia precisa da cultura de um povo, como os antropólogos culturais têm certeza de que estão obtendo informações acuradas?

Bem, eles começam fazendo boas perguntas. Depois, aprendem o máximo possível sobre a cultura em questão, incluindo a língua nativa, antes de irem a campo. Ter consciência dos problemas que podem surgir — talvez aprendidos com antropólogos anteriores — é um bom começo. E ser um grande observador é um dos maiores trunfos do antropólogo cultural.

Embora não possa lhe dar um curso completo sobre como se tornar antropólogo cultural, posso pelo menos apresentar algumas questões comuns que esses cientistas enfrentam e formas de abordá-las. É disso que as próximas seções tratam.

Reconhecendo possíveis armadilhas

Não importa quão bem treinados os antropólogos estejam em observação ou quanto tempo tenham passado com determinado povo, certas variáveis podem impedir ou complicar as relações entre os antropólogos e as pessoas que estão estudando. Algumas das principais variáveis que os antropólogos enfrentam são discutidas nas seções seguintes.

Dinâmica pessoal versus de grupo

As respostas a perguntas sensíveis podem mudar, dependendo se o antropólogo falar com um indivíduo ou com um grupo. As dinâmicas pessoais ou políticas entre membros da mesma sociedade quando estão falando com um estranho (o antropólogo) podem afetar suas respostas, especialmente se as perguntas forem sensíveis. Por exemplo, um jovem samoano do sexo masculino pode afirmar ter tido mais relações sexuais do que as que teve a fim de impressionar os seus pares. Na cultura árabe, os exageros e as distorções da verdade são comuns quando se fala em privado e menos frequentes em público, de modo que a dimensão do grupo faz uma grande diferença quando se trata da exatidão das respostas. Em geral, as pessoas em grupos talvez busquem consenso dos outros em vez de responderem realmente o que pensam.

Verdade versus mentira

Os antropólogos podem ser enganados tão facilmente como qualquer outra pessoa. Os sujeitos não estão sendo necessariamente maliciosos — os informantes podem simplesmente apreciar a companhia e atenção do antropólogo ou o status especial que recebem ao lidar com o estrangeiro. Por essas e outras razões, os informantes podem simplesmente dizer ao antropólogo o que pensam que ele quer ouvir, na esperança de continuarem ganhando sua atenção. É por isso que o cruzamento de informações por meio de outros informantes e com observação direta é importante.

Tempo e espaço

As variáveis de tempo e espaço são as mais difíceis de conciliar. As culturas podem ter variações distintas no comportamento do grupo ao longo do espaço geográfico. Por exemplo, um antropólogo que estuda a cultura de Oregon teria de considerar as grandes diferenças políticas e econômicas entre os residentes de Portland, grande cidade urbana, rica e em grande parte liberal, e os residentes de Pendleton, cidade rural, menos rica e majoritariamente conservadora — e isso não é tarefa pequena. Por isso, é muito importante que o antropólogo documente exatamente onde realizou determinado estudo.

O mesmo acontece com o tempo; todas as culturas na Terra mudam com o passar do tempo. (Veja o Capítulo 11 para saber mais sobre mudanças culturais). As Ilhas Trobriand não são hoje o que eram no tempo de Malinowski, e, sem dúvida, muitos elementos daquela sociedade mudaram muito. Da mesma forma, diversos restaurantes norte-americanos são agora encontrados quase em todo o mundo. Algumas das mudanças mais significativas nas sociedades não ocidentais ocorrem à medida que o seu contato com as sociedades ocidentais e sua *assimilação* (absorção cultural) a elas aumenta. Com a propagação de comunicações e transportes rápidos, o contato com o Ocidente está se tornando quase inevitável. Infelizmente, algumas partes do mundo têm assistido ao desaparecimento de culturas não ocidentais inteiras. (Leia mais sobre o problema do desaparecimento das línguas tradicionais no Capítulo 18).

Motivações (próprias e do informante)

Por último, as motivações do antropólogo e de seus informantes devem ser consideradas. O antropólogo está presumivelmente confiante em sua objetividade e método de pesquisa, mas é fácil tornar-se vítima de um *viés de confirmação*, fenômeno pelo qual tudo observado confirma convenientemente aquilo em que já se acredita. Os antropólogos culturais precisam estar muito conscientes de si próprios e do que pensam, porque estão tão sujeitos à influência de noções preconcebidas como qualquer outra pessoa.

As motivações dos informantes culturais também têm que ser consideradas. Tradicionalmente, eles eram pagos para responder a perguntas, mas claro que isso não assegura respostas corretas ou honestas e transforma a relação antropólogo-informante em algo mais comercial do que amigável. Uma abordagem mais êmica ajuda o antropólogo a se aproximar do informante, participando de eventos e atividades do cotidiano das pessoas, e talvez pagando por informações de outras formas que não a simples troca de dinheiro. Malinowski pagava aos informantes em tabaco, mas observou que eles só pareciam estar interessados em responder às suas perguntas quando queriam um fornecimento fresquinho de tabaco.

Observando a antropologia cultural em ação

Os antropólogos fazem um trabalho fascinante que os ajuda a compreender melhor a humanidade, apesar de todas as dificuldades que esboço neste capítulo. Claro que ninguém é perfeito, e os erros acontecem, mas os antropólogos dão o melhor para compreender a humanidade apesar desses contratempos.

Hoje em dia, os antropólogos em geral fazem o máximo possível para trabalhar no interesse dos grupos culturais que estudam, porque inúmeras culturas tradicionais estão prestes a ser totalmente assimiladas à civilização ocidental. Esse trabalho ocorre em uma variedade de contextos em todo o mundo. As próximas seções mostram dois exemplos de histórias de sucesso da antropologia cultural.

Os Kalahari

Um antropólogo bastante conhecido, que trabalhou com uma sociedade muito distinta da civilização ocidental, é Richard Lee, famoso pelo seu trabalho com os !Kung, do deserto do Kalahari. (Outrora conhecido como "Bushmen" [Homens do Mato], os !Kung são também conhecidos atualmente como Nyae Nyae e Jo-hoansi — pronuncia-se *zu-vánssi*). O símbolo "!" na língua !Kung é um som de clique feito com a língua.

Tendo passado muitas estações com esses caçadores e coletores da África do Sul, Lee escreveu extensivamente sobre todos os aspectos da vida !Kung: geografia, subsistência, parentesco, política, resolução de conflitos, mitologia, cultura material e assim por diante. Tais observações externas levaram-no a uma compreensão íntima de sua religião, cosmovisão e percepções da mudança social.

Uma das descobertas surpreendentes de Lee foi que, ao contrário da crença comum, os !Kung tinham que dar duro para impedir que alguém tentasse obter poder demais no pequeno bando. Durante muito tempo, os antropólogos pensaram que a espécie humana era intrinsecamente *igualitária*, o que significava que todas as pessoas teriam iguais *status* e acesso aos recursos.

Mas certa noite no final dos anos 1960, quando Lee tentou dar aos !Kung uma vaca gorda como presente, eles recusaram e pediram que ele retirasse de seu acampamento o saco de ossos mordido pelas pulgas! Depois de muito implorar, Lee finalmente convenceu os !Kung a aceitarem o presente. Lee tinha descoberto que, embora os !Kung fossem basicamente igualitários, eles precisavam trabalhar a questão; eles tinham mecanismos sociais, nesse caso, ridículos, para evitar que qualquer pessoa do grupo tentasse se tornar, essencialmente, um chefão. Essa foi uma descoberta fascinante para a antropologia.

Mineápolis

A antropologia cultural não se limita à cultura não ocidental. Os antropólogos descobriram que a cultura norte-americana pode servir como um espelho para a humanidade. Veja, por exemplo, o estudo de James Spradley e Brenda Mann sobre a subcultura de servir coquetéis em meados dos anos 1970.

Utilizando os mesmos métodos de observação como se estivessem estudando uma sociedade não ocidental, Mann e Spradley selecionaram uma área temática (um bar). Mann adotou a abordagem êmica como observadora participante e começou a trabalhar como garçonete de coquetéis, enquanto Spradley observava de forma ética. Entre suas observações, figurava a forma como essa subcultura classificava os seus membros:

» **Empregados:** Mais abaixo na classificação em relação aos *barmen*.

» **Clientes:** Classificados como *assíduos* (classificação mais alta), *gente da rua* ou *mulheres* (as posições mais baixas).

» **Gerentes:** Donos do bar, normalmente, os próprios *barmen*.

Mann e Spradley registraram as observações e publicaram os resultados como uma etnografia abrangendo tópicos etnográficos tradicionais tais como estrutura social, divisão do trabalho e conceitos de território considerando o cenário do bar. O livro, embora não convencional para a época, forneceu uma boa ilustração da dinâmica social entre os gêneros em uma instituição norte-americana comum (o bar de coquetéis) e lançou certa luz sobre as relações de gênero na sociedade norte-americana contemporânea.

Indo a Campo: Preparando-se para Condições Longe das Ideais

Os cantos longínquos e exóticos do mundo já não são os únicos locais aceitáveis para a realização de estudos antropológicos. Especialmente desde o início da era pós-moderna (veja a seção "Explorando a Pós-modernidade", anteriormente neste capítulo), os antropólogos têm aparecido em quase todo lado. O que os identifica como antropólogos é que, independentemente do sujeito ou de qualquer teoria que possam estar testando, eles vão a campo (quer seja em Kalahari ou em Dallas) para fazer observações sobre as pessoas de lá e tiram conclusões sobre alguma faceta da experiência humana com base nessas observações.

Ainda assim, muitos antropólogos se aventuram em lugares muito longe do caminho batido e precisam estar preparados para inúmeras circunstâncias antes de saírem para fazer trabalho de campo. Isso não são apenas conselhos de viagem — muitos projetos de antropologia cultural deram errado porque os pesquisadores chegaram à área de estudo completamente despreparados para as condições.

Ainda hoje — assim como na época de Malinowski —, muitas áreas do mundo em desenvolvimento ainda são difíceis de alcançar e têm instalações muito limitadas, do tipo das que os ocidentais muitas vezes consideram comuns. Em muitos casos, luxos como telefones, privadas e chuveiros — e até mesmo necessidades como água potável — vão de difíceis de encontrar a inexistentes. Os antropólogos que optam por trabalhar em tais condições devem estar preparados para longos períodos longe do conforto do lar.

O acesso rápido a tratamento médico é muitas vezes limitado, se é que está disponível, e a doença pode ser comum, de modo que deve haver algum nível de disposição para uma eventual evacuação por motivos médicos. Especialistas em doenças infecciosas devem ser contatados antes de sair, porque no mundo das doenças tropicais vale mais prevenir do que remediar.

As comunicações também devem ser consideradas. Como é que o antropólogo se manterá em contato com as pessoas de seu país? O serviço de correio pode não ser confiável, e, embora o acesso à internet esteja cada vez mais disponível em mais lugares em todo o mundo, ainda não é algo com que se contar.

Capítulo **13**

Podemos Falar? Comunicação, Símbolos e Linguagem

Todos os animais se comunicam usando uma variedade de métodos para trocar informações. A rigor, tudo o que uma entidade faz para transmitir uma mensagem a alguma outra é comunicação. As abelhas sinalizam a localização dos recursos dançando nas colmeias; os gorilas mostram as línguas, grunhem e batem no peito para intimidar os intrusos; as baleias chamam umas às outras a vastas distâncias; e os seres humanos falam... e falam, e falam. Em todo o mundo, informações são passadas de um ser vivo para outro a cada segundo de cada dia.

De todos esses métodos de comunicação, a comunicação humana — tipificada pela fala — é singular em muitos aspectos. A linguagem é especialmente rápida, precisa e sutil, podendo dirigir-se a muitos ouvintes de uma só vez (bilhões, com as comunicações globais). As crianças adquirem a língua pouco a pouco, basicamente da mesma forma em todo o mundo, não importa a cultura em que nasçam. No sistema linguístico de comunicação, uma única palavra pode ser usada para significar muitas coisas ou para aumentar o poder de uma declaração.

De todos os tipos de comunicação animal, a linguagem tem o maior potencial para criar inovações. Os sons humanos reunidos em palavras, frases e textos não têm um único significado; eles podem ser combinados com outras palavras para construir novas mensagens únicas. A nossa língua está em constante evolução e tem basicamente um potencial infinito de criação e comunicação de novos significados.

Visto que a linguagem é uma característica única da nossa espécie, aqui vai um capítulo completo sobre ela. Nele, discuto o que é a língua, como difere muito dos métodos de comunicação de outros animais não humanos, como é usada e adquirida, e como a antropologia aborda essa fascinante faceta do ser humano.

Explorando a Complexidade da Linguagem

A *linguagem*, estritamente falando, é um sistema de comunicação que utiliza unidades definidas, combinadas de forma sistemática. Ou seja, a língua falada de qualquer cultura é um conjunto de sons reunidos de acordo com um conjunto de regras, para que todos os que as compreendem e podem ouvir os conjuntos de sons consigam compreender o que está sendo dito.

As mensagens são criadas na mente de uma pessoa, convertidas em sons reunidos em uma ordem compreensível, falados, ouvidos e depois interpretados por outras pessoas. Cada fase envolve o potencial para a má comunicação e a má interpretação; de certa forma, o fato de que a linguagem funciona é em si espantoso! Aqui, me refiro, em grande parte, à fala, mas tenha em mente que isso inclui linguagem corporal, posturas simbólicas, tom e volume de voz, e outras facetas da linguagem.

LEMBRE-SE

A *fala* se refere à utilização de determinada anatomia para fazer os sons utilizados na comunicação vocal humana, enquanto a *linguagem* faz referência tanto a essa fala como à linguagem corporal (gesto) e à escrita. Neste capítulo, uso o termo "língua" para me referir principalmente à comunicação vocal humana. O importante a lembrar é que "fala" se refere à anatomia, enquanto "linguagem", às regras cognitivas.

O *gesto*, ou ação física visível utilizada nas comunicações (também conhecido como *linguagem corporal*), é uma parte importante da linguagem. Muitos pesquisadores consideram que a "fala" corporal, utilizando mímicas e posturas corporais, foi o precursor da fala em si. Recentemente, o psicólogo Merlin Donald chegou ao ponto de dizer que as mímicas e os gestos certamente evoluíram primeiro, e que a fala, embora importante, evoluiu simplesmente como um subconjunto de gestos — uma forma mais eficiente de comunicar, mas nada além do que um desenvolvimento dos gestos.

Seja como for, os seres humanos ainda hoje usam gestos na comunicação. Os gestos aumentam a especificidade de uma descrição, "mantêm" um conceito em mente enquanto você procura as palavras certas para o descrever e aumentam a precisão das instruções. É claro que também podemos utilizá-los para dar ênfase ou para apimentar a comunicação com comédia, insulto, ironia — as possibilidades são ilimitadas.

Nesta seção, forneço um pouco de contexto que lança luz sobre a forma fenomenalmente complexa e sutil da comunicação humana que é a linguagem. Começo explicando como os animais não humanos se comunicam e a importância do simbolismo, antes de mostrar as principais características da nossa espantosa linguagem e como ajuda a moldar a mente humana.

Guinchando e uivando: Comunicações animais não humanas

Para obtermos uma imagem verdadeira do que torna a comunicação humana única, é necessário compreendermos como os outros animais se comunicam.

LEMBRE-SE

Os seres humanos *são* animais. É fácil cair no velho hábito humano de traçar uma linha entre a nossa espécie e todas as outras, mas, para sermos precisos, temos que nos referir não só a "animais", mas também a "animais não humanos".

Químicos

Os *feromônios* são substâncias químicas emitidas por um animal para se comunicar com outros, e essa é a forma de comunicação mais importante no mundo animal não humano. Eles incluem *rastros* químicos, que são utilizados por formigas, por exemplo, para indicar a direção a uma fonte alimentar e podem também ser bloqueados por outros feromônios para indicar um beco sem saída. Os *feromônios sexuais* indicam a prontidão para o acasalamento. O estudo sistemático dos feromônios tem apenas algumas décadas e ainda contém muitos mistérios a serem desvelados; por exemplo, por que as fêmeas de elefantes asiáticos emitem os mesmos feromônios sexuais que mais de cem espécies de mariposas? Por fim, muitos animais também utilizam o cheiro para marcar territórios.

Visual

A comunicação visual ocorre entre animais com olhos ou outros órgãos sensíveis à luz. Ela envolve muitas variáveis, incluindo a natureza da fonte de luz, o fundo contra o qual o corpo do sinalizador é colocado (por exemplo, um urso-polar quase totalmente branco contra um fundo branco e nevado), a intenção do sinalizador e a interpretação do receptor do sinal.

As comunicações visuais transmitem mensagens sobre agressão, receptividade sexual ou territorialidade. Podem ser combinadas com sinais de áudio, embora, em geral, os sinais visuais sejam utilizados em distâncias mais curtas do que os sinais de áudio e alguns sinais químicos. São particularmente importantes entre os primatas, para os quais expressões faciais, gestos e posturas corporais são muito importantes. (Veja mais informações sobre o comportamento dos primatas no Capítulo 4.)

A Figura 13-1 ilustra uma certa comunicação gestual. Por exemplo, em A, o cão é capaz de mostrar alerta (em cima) e deferência (em baixo). Em B, o elefante abre as orelhas e/ou mostra as presas para comunicar incômodo. E, em C, que copiei de um manual de boas maneiras do século XVI, os seres humanos são instruídos sobre como segurar os utensílios alimentares de várias maneiras para comunicar diversas mensagens sociais. Muito da comunicação humana ainda é física, não apenas vocal.

FIGURA 13-1: Comunicação física ou gestual.

Ilustração cortesia de Cameron M. Smith

Áudio

As comunicações audíveis incluem uma vasta gama de sons — principalmente *vocalizações*, em que os pulmões movem o ar através da boca ou do bico para produzir som (como em cães e aves, respectivamente). As comunicações audíveis incluem também o guizo da cascavel, o canto da baleia, sons de insetos feitos ao esfregar as asas e as pernas, e muitos outros. As comunicações em áudio são mais eficazes a maiores distâncias do que os sinais visuais — os elefantes africanos podem identificar outros elefantes até mais de 1,6km com base em vocalizações —, e elas são comuns em ambientes que prejudicam campos de visão claros, tais como a folhagem espessa da selva.

Entre as comunicações por áudio, é claro, está a língua, que é falada pela humanidade. Ela também pode ser combinada com sinais visuais, tais como a linguagem corporal. Mas, além de pertencer à mesma categoria ampla dos latidos e dos sons de insetos, a nossa língua tem pouco em comum com as comunicações animais não humanas. A seção a seguir começa a explicar por quê.

Contrastando o simbolismo humano com o não humano

Entendermos como os símbolos humanos e não humanos são diferentes é fundamental para compreendermos a humanidade. O *símbolo* é algo que representa algo mais. Muitos animais não humanos têm algum tipo de sistema de símbolos, mas a maioria é muito simples em comparação com os símbolos humanos.

Por exemplo, a placa de trânsito que indica paragem é vermelha e mostra a palavra *PARE*, mas, mesmo sem a palavra, você diminuiria a velocidade se visse o octógono vermelho. Você sabe que, nesse contexto, a cor vermelha e a forma octogonal significam que é preciso de parar. Agora, a forma octogonal e a cor vermelha não têm nada a ver com parar ou continuar. O vermelho pode indicar perigo, mas a forma octogonal é uma escolha arbitrária — poderiam ter usado uma forma redonda ou quadrada para os sinais de paragem. No entanto, sabemos imediatamente a mensagem que o sinal está transmitindo porque, culturalmente, concordamos que esse sinal representa a ideia de que devemos parar o veículo.

Os símbolos, então, são (ou podem ser) inteiramente arbitrários. Eles passam à mente algo além do que são. Outros exemplos de representação são os signos: as letras R-A-T-O transmitem a ideia de "rato" aos falantes de português, mas não têm nenhuma qualidade semelhante ao rato; são também completamente arbitrárias, e seus elementos, as letras *r*, *a*, *t* e *o* podem ser rearranjados para terem um significado completamente diferente, por exemplo, R-O-T-A. Mais uma vez, nem "rato" nem "rota" têm nada a ver com as coisas que representam.

ORIGENS DO RITUAL E DA RELIGIÃO?

O uso de metáforas e símbolos profundos faz tanto para promover a individualidade, que o falecido antropólogo Roy Rappaport acreditava que o ritual e a religião foram inventados basicamente a fim de reduzir o potencial de desordem (isto é, não uniformidade) que a linguagem apresenta.

Rappaport escreveu que o ritual e a religião estabelecem a rigidez, não a fluidez, do pensamento. Eles usam definições precisas das coisas, em vez de obscuras, para canalizar o pensamento em determinada direção, e essas definições (devido à sua sacralidade) não podem ser questionadas, amortecendo ainda mais o pensamento individual. Eles usam cerimônias, nas quais espera-se que as pessoas se calem, para os lembrar de sua unidade e de seus conceitos partilhados (chamados de Postulados Sagrados Supremos), em vez de promover o pensamento individual, "confuso", que é quase inevitável quando as pessoas conversam livremente.

Tenha em mente que Rappaport não estava tentando desmerecer a religião. Ele apresentou uma explicação antropológica de suas raízes, ligada, na sua maneira de pensar, à evolução da linguagem.

Assim, qual é a significância da arbitrariedade dos símbolos? Bem, isso depende de quão arbitrários eles são. No caso de símbolos superficiais, eles são importantes para a vida do animal, mas não tão importantes quanto o símbolo profundo. As seções seguintes descrevem esses tipos de simbolismo com mais detalhes.

Simbolismo (não humano) superficial

Muitos animais utilizam sinais de áudio para indicar, por exemplo, perigo, para indicar que o perigo passou ou para chamar seus companheiros (cientificamente chamados de *conspecíficos*) a uma fonte alimentar.

Em comparação com os símbolos humanos, que descrevo na seção seguinte, esses símbolos são relativamente superficiais; o grito de alarme dado por um macaco para indicar um predador aéreo, por exemplo, é usado *apenas* para significar predador aéreo. Ele não indica, por exemplo, qualidades de "predador aéreo" em algum outro macaco. Denomino isso de símbolo *superficial* porque não tem profundidade nem potencial atrelado a ela. O conceito é fechado em vez de aberto. O fato de que esses símbolos são superficiais tem várias ramificações importantes; mais especificamente, os símbolos não humanos são normalmente:

» Curtos em duração.

» Relativamente simples.

- » Essencialmente literais, sem significados múltiplos.
- » Basicamente superficiais (sem significados profundos).
- » Escolhidos a partir de um pequeno estoque de mensagens rotineiras (pouca inovação).

Os símbolos superficiais utilizados por muitos animais são muito eficazes para eles, funcionam bem para o tipo de vida que levam. Mas os símbolos humanos são fundamentalmente diferentes, e é importante vermos como.

Simbolismo (humano) profundo

Símbolos *profundos* podem significar muitas coisas diferentes (em vez do significado único ligado a símbolos superficiais). O que vem à sua mente quando lê as palavras "ser ou não ser" ou mesmo a única palavra "revolução"? Essas palavras significam coisas diferentes para pessoas diferentes, portanto, dependendo do que leu, de como reagiu a isso, da sua própria história e conhecimento pessoal, e assim por diante, a sua reação à frase será diferente da de muitas outras pessoas. Isso faz da metáfora e do simbolismo profundo uma parte essencial de uma das características mais importantes da humanidade: a *individualidade*, ou o fato de os seres humanos não serem autômatos substituíveis, e sim seres individuais com identidades únicas. Leia mais sobre essa fascinante característica da nossa espécie no Capítulo 15.

O poder dos símbolos profundos reside em sua capacidade de desencadear muitas outras ideias. A capacidade humana à metáfora ilimitada permite uma variação infinita de ideias na mente humana. Os seres humanos em geral usam figuras de linguagem em vez de explicações mais literais para transmitirem seus pontos de vista. Talvez você diga: "E a vaca foi para o brejo", resignando-se a algum destino que não pode controlar, e seus amigos sabem exatamente o que você quis dizer, sem acharem que está se referindo a uma vaca de verdade.

Não confunda as figuras de linguagem. Uma *comparação* usa as palavras *como* ou *tal qual* para relacionar ideias: "Escrever este livro é como pastorear gatos." Uma *metáfora* é uma analogia por substituição, em que se afirma que uma coisa é outra ("O mundo é um palco") ou que tem características de outra ("As paredes têm ouvidos").

As características dos objetos associados em uma metáfora podem ser vagamente semelhantes, e, se não o forem, a metáfora pode não dar certo. Mas a maioria dos seres humanos é muito boa no uso de metáforas para transmitir uma mensagem com mais precisão. O título do livro de Ursula K. Le Guin de 1998 sobre escrita, *Steering the Craft*, transmite bem o que ela pretende nos ensinar: como orientar (*steer*) a arte (*craft*) de escrever como se estivéssemos conduzindo (*steer*) uma embarcação (outra tradução possível da palavra *craft*).

LEMBRE-SE

Nunca é demais destacar o significado da metáfora como ferramenta de comunicação. Um dos aspectos mais fascinantes das metáforas é que elas não se tornam mais eficazes ao *restringirmos* seu significado; não as reduzimos, mas as expandimos. Apagamos os limites de um conceito até que ele se torne uma metáfora. Por exemplo, podemos dizer: "Estou pisando em ovos" se estivermos em uma situação complicada, mas não precisamos estar realmente sobre os ovos; posso estar passando por uma prova complicada (bem, não mais, felizmente) ou algo mais sinistro. O significado de "ovos" foi apagado, de modo que transmite a *essência* de algo mais; ovo não é mais apenas um óvulo fecundado. O sistema de símbolos é aberto.

Identificando características da língua falada

Este capítulo trata em grande parte da língua falada porque a fala evoluiu sem dúvida antes da língua escrita e porque ainda hoje muitas pessoas não escrevem nem leem, mas falam e compreendem a língua falada. A escrita, sobre a qual pode ler no Capítulo 10, está tipicamente associada à organização social chamada civilização e aparece pela primeira vez há cerca de 6 mil anos.

A seguir, veja algumas características que distinguem a língua falada:

» **Só a nossa anatomia consegue.** A língua falada requer a coordenação de muitas estruturas anatômicas para dar certo: os pulmões forçam o ar através da laringe e depois através da boca e do nariz; a língua pressiona o céu da boca e os dentes; as pregas vocais vibram e os lábios se moldam cuidadosamente, dependendo do som desejado. A Figura 13-2 mostra parte dessa anatomia.

Embora chimpanzés e gorilas possuam algumas semelhanças anatômicas com os seres humanos que lhes permitem fazer alguns sons semelhantes, eles não fazem todos os nossos sons.

» **Ela segue regras complexas (também chamadas de *gramática*).** Ainda mais importante para a língua do que fazer sons complexos é a capacidade cognitiva de utilizar regras complexas — gramática — para montar e decodificar mensagens. (Afinal, as pessoas que não conseguem falar ou ouvir a língua falada podem transmitir pensamentos complexos com a linguagem gestual.) Tal capacidade está muito além daquela dos primatas não humanos mais brilhantes, que foram treinados em várias formas de linguagem gestual em ambientes de laboratório. O mesmo se aplica aos papagaios; eles imitam sons humanos e podem usar algumas regras muito simples, mas não usam sintaxe ou gramática complexa para montar novas frases únicas.

» **Ela é adquirida, não passada geneticamente.** A capacidade de adquirir a língua parece estar embutida, ou ser instintiva, nos seres humanos; qualquer criança colocada em um ambiente cultural observa rapidamente as pessoas usando a língua e começa a adquiri-la. (Leia mais sobre a aquisição de línguas mais adiante neste capítulo.) A informação real que a criança tem sobre a língua é toda adquirida, não transmitida geneticamente como instinto.

Pense no cérebro como o hardware e na língua como o software, mas não leve essa analogia longe demais. A mente e a língua são muito mais complexas do que qualquer máquina ou programa de computador já concebido.

» **É voluntária, não automática.** Embora possa gritar (ou praguejar) caso se assuste, em geral você consegue abafar tais impulsos — muitos outros animais não conseguem. E pode optar por começar a montar declarações complexas a qualquer momento (mesmo que se autocensure, por qualquer razão); essa autoativação voluntária é singularmente humana.

» **A abstração é permitida.** Devido à sua natureza simbólica, a língua nos permite falar sobre coisas que não estão necessariamente presentes no momento. Por exemplo, podemos falar de acontecimentos passados, futuros e até hipotéticos, sem quaisquer restrições de tempo. Essa prática se chama *deslocamento*, e é importante porque permite um grau de pensamento abstrato (ou seja, *pode ser* em comparação a *realmente é*).

» **Ela permite invenções.** Como expliquei na seção "Contrastando o simbolismo humano com o não humano", outros sistemas de comunicação animal são em grande parte fechados, pois um sinal (por exemplo, uma guinchada) só pode significar uma coisa. Mas um signo da língua (como a palavra "meia") pode significar muitas. Dessa forma, a língua é um sistema aberto, que permite a invenção de novas palavras, novos significados e novas combinações de palavras.

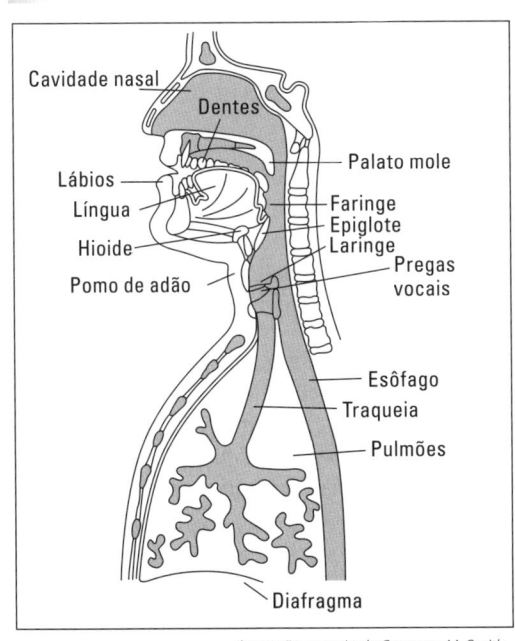

FIGURA 13-2:
Diagrama da anatomia da linguagem.

Ilustração cortesia de Cameron M. Smith

MARK TWAIN SOBRE "A TERRÍVEL LÍNGUA ALEMÃ"

Compreender o que alguém está dizendo pode ser engraçado, mas também o é quando *não* entendemos. Em 1880, o escritor norte-americano Mark Twain publicou o seu clássico de viagem *Um Vagabundo no Exterior* e no Apêndice D escreveu o seguinte sobre sua frustração com a gramática alemã:

"Certamente, não há outra língua tão escorregadia e sem sistema, e tão escorregadia e esquiva ao alcance da mão. Uma pessoa é lavada nela, aqui e ali, da forma mais indefesa; e, quando finalmente pensa ter captado uma regra que oferece um terreno firme para descansar em meio à raiva geral e à agitação das dez partes do discurso, vira a página e lê: 'Que o aluno tome nota cuidadosamente das seguintes exceções.' Ele corre o seu olho e descobre que há mais exceções à regra do que instâncias dela. [...] Os livros alemães são suficientemente fáceis de ler quando os seguramos perante o espelho ou ficamos de cabeça para baixo — de modo a inverter a construção —, mas penso que aprender a ler e compreender um jornal alemão é algo que deve permanecer sempre uma impossibilidade para um estrangeiro."

Ligando a linguagem à mente: Explorando seu verdadeiro poder

O verdadeiro poder da língua não é apenas o fato de podermos criar novos significados por meio da reorganização de palavras e sons; o poder e o potencial estão no que acontece com esses significados na mente e na capacidade de pensarmos no abstrato.

Ninguém sabe o porquê, mas a memória humana permite que uma ideia desencadeie outra com bastante facilidade; isto é, quando ouvimos a palavra *canto* podemos pensar imediatamente no canto de uma parede ou na conjugação do verbo cantar. Isso é um simbolismo profundo.

Mesmo os chimpanzés e gorilas mais bem treinados, por outro lado, utilizam em grande parte o seu simbolismo superficial para comunicar sobre o presente, ou sobre o futuro ou passado muito próximos; suas vidas são uma série de coisas que lhes acontecem, enquanto a experiência humana e a língua promovem a complexidade do pensamento e da contemplação. Esse é o verdadeiro poder dela, a chave de como torna as nossas mentes diferentes de quaisquer outras.

LEMBRE-SE

Exatamente o que constitui a mente é difícil de dizer. De momento, pense na *mente* como a atividade do cérebro (que, neste contexto, é estritamente uma estrutura anatômica).

COISAS DAS QUAIS SE ESQUECEU FAZ TEMPO: SINTAXE E GRAMÁTICA

Todos as aprendemos, e todos as usamos, mas poucos de nós deram muita atenção a elas desde o ensino médio. Eu me refiro à sintaxe e à gramática, e estou aqui para o lembrar do significado dessas duas palavras.

A *sintaxe* é o sistema de regras relativo à estrutura de uma frase. Por exemplo, na maioria das línguas, as frases são compostas de um sujeito e de um predicado contendo verbo e objeto (e, em muitos casos, nessa ordem). Em português, a regra sintática para a ordem canônica diz que o sujeito é o primeiro na frase, o verbo vem em seguida e o objeto é o último, de modo que a frase: "O cão mordeu o homem" tem um significado muito diferente de "O homem mordeu o cão". As palavras são as mesmas em ambas as frases, mas é necessário seguir as regras específicas de ordem das palavras em português para comunicar a informação com precisão.

A *gramática* diz respeito às regras gerais de uma língua; é um sistema de ideias que diz como uma língua deve ou não ser expressa. Cada língua tem uma gramática, mas nem todas as gramáticas são iguais. Por exemplo, a língua francesa [assim como a portuguesa] tem regras sobre os gêneros dos substantivos. Em francês, diríamos *le mur* ("o muro") em vez de apenas *mur*; "le" indica o gênero de "mur", e a frase seria incorreta com outro artigo de gênero ou ainda sem nenhum.

Embora as gramáticas sejam diferentes, todas informam o uso adequado dos seguintes elementos da língua:

- O uso de *substantivos* (pessoas, lugares, coisas ou ideias).
- O uso de *verbos* (descrições das ações ou dos estados do ser).
- A *classe* dos substantivos (como sujeitos ou objetos em uma frase).
- O uso de *modificadores* (como o sufixo s em português para indicar plural).
- O uso de *gênero* (masculino, feminino ou neutro).
- O uso dos *tempos* (passado, presente e futuro).

Os seres humanos usam a língua de algumas formas singulares. Nós a compreendemos muito rapidamente — até quinze sons por segundo (enquanto outros sons dessa frequência tendem a se desfocar em um zumbido indistinguível). Falamos inteiramente de improviso, inventando novas frases e expressões de um momento para o outro em vez de usarmos um roteiro detalhado; de fato, fazemos continuamente novas associações de ideias à medida que a informação chega até nós. Por fim, raramente cometemos erros estruturais importantes e repetidos, tais como dizer: "Vou entrar no limão e sair", em vez de "Vou entrar no carro e sair"! Mesmo sob grande estresse, tais erros são muito raros em indivíduos saudáveis.

Prontos para Xingar:
A Mente e a Língua

Estudos antropológicos demonstraram que os bebês não nascem com um vocabulário "integrado", mas com a *capacidade* de adquirir qualquer língua; em outras palavras, qualquer bebê saudável pode adquirir qualquer língua. Isso mostra que a língua não é transmitida geneticamente — não a herdamos dos nossos pais —, embora a capacidade de adquiri-la o seja. Essa tendência é informalmente denominada de "estar *programado*" para a língua. Os seres humanos estão, e isso é muito importante.

Um motivo pelo qual o uso da língua é tão importante para as pessoas é que os seres humanos dependem da sua cultura para sobreviver. A *cultura* refere-se a todo o conjunto de instruções sobre como o mundo funciona e como agirmos e sobrevivermos nele. Agora, todas essas instruções — desde como cumprimentar um chefe rival a como fazer uma fogueira sob a chuva até onde pescar quando o rio está alto há uma semana — não são transmitidas geneticamente; elas não estão nos genes, assim como a língua também não está. Portanto, uma geração precisa transmiti-las à geração seguinte, e o mecanismo dessa transmissão é a língua. Os seres humanos usam a língua para movimentar as informações cruciais de sobrevivência de uma geração para a seguinte, então é importante as entendermos corretamente. Dessa forma, a sobrevivência biológica humana foi promovida por um fenômeno cultural: a interação *biocultural* é um bom exemplo de como a evolução humana tem sido particularmente complexa e fascinante.

O que é mais surpreendente na aquisição da língua é que não a adquirimos de fato por meio de um ensino independente; os pais raramente descrevem aos filhos as intrincadas regras de sua língua. Na verdade, a maioria das pessoas nem sequer conhece todas as regras específicas de sua língua; apenas sabem o que "soa bem".

Então, se os seres humanos não adquirem a língua por meio de discussões esclarecedoras sobre gramática e sintaxe, como é que as pessoas falam, para começar? O processo de aquisição começa imediatamente (segundo algumas teorias, começa já na gestação, por volta do quinto mês) — os bebês acumulam a língua em uma série distinta de fases que não variam culturalmente. Essas fases são universais (o que também defende fortemente o conceito de que o ser humano está programado para a aquisição da língua quando nasce). Em geral, as crianças adquirem primeiro os fonemas (sons), depois morfemas básicos (palavras), sintaxe (estrutura de uma oração ou frase), gramática (regras complexas de construção da língua) e, por fim, expandem o seu vocabulário. O discurso totalmente adulto não é de fato alcançado até os 10 anos ou mais. Antes disso, todas as crianças adquirem a língua através de algumas etapas universais, que descrevo a seguir.

Primeiros quatro meses

Nos primeiros quatro meses de vida, as crianças elaboram os sons básicos de uma língua: os fonemas.

Um *fonema* é a menor unidade de som que diferencia o significado de uma palavra; por exemplo, o som denotado pela letra *v* em oposição ao som denotado pela letra *t*. Os fonemas não são palavras em si (como "o" ou "a"), nós os combinamos para formá-las.

LEMBRE-SE

Tecnicamente falando, os fonemas não são sílabas, mas, em termos de compreensão da fala, a maioria das pessoas os ouve como sílabas. Podemos certamente pensar neles como sílabas, mas saiba que essa não é a definição correta.

Em todo o mundo, os primeiros fonemas adquiridos parecem ser os sons *p*, *m*, e *a*. Esses sons básicos requerem pouca habilidade motora (em oposição, por exemplo, ao *ando* em "falando"). Após cerca de quatro meses, o número de fonemas que as crianças adquirem cai radicalmente. Embora elas possam aprender muitas línguas depois desse período, aprender a pronúncia correta em cada uma delas será mais difícil do que se tivessem adquirido os vários fonemas precocemente.

Seis a doze meses

Nesse período de balbucio, as crianças ligam os fonemas para formar palavras simples como "papá" ou "mamã". A criança aprende inconscientemente que a combinação de sons cria significado, nessa fase, talvez isso só se mostre à criança por causa da reação dos pais à palavra. Experiências demonstraram que após alguns minutos de exposição a uma nova palavra com duas sílabas, muitas crianças a adquirem e a arquivam em suas memórias.

Doze a dezoito meses

Até 1 ano, as crianças podem montar falas básicas, tendo adquirido os fonemas básicos e aprendendo como os produzir anatomicamente. São também capazes de construir frases básicas de duas palavras a partir das palavras que adquiriram, tais como "pegar gato" ou "mais leite". Um conjunto de palavras chamadas de *pivôs* é utilizado repetidamente como ações em que outras palavras, chamadas *palavras abertas*, são articuladas. Por exemplo, "pegar" é um pivô, e "gato" é aberto. "Pegar" pode ser usado como ação para diversas palavras abertas. A construção dessas frases básicas requer uma compreensão básica da sintaxe ("pegar gato" é diferente de "gato pegar"). As crianças utilizam frases curtas por uma série de razões:

> » Para localizar e/ou nomear algo: "Ver mamã."

- » Para exigir ou indicar desejo: "Quer doce."
- » Para negar: "Não escada."
- » Para descrever ou qualificar: "Grande pássaro."
- » Para indicar posse: "Carro papai."
- » Para questionar: "Onde bola."

Dezoito a vinte e quatro meses

Antes de 24 meses, a maioria das crianças sabe usar as palavras "qual", "quem" e "onde" para formar perguntas. Essas palavras começam a expandir o significado a partir das mais próximas e recentes, passando a conceitos mais abstratos de distância no tempo e no espaço.

Trinta e seis meses em diante

Aos 3 anos, a maioria das crianças fala frases complexas que incorporam fonemas e regras que indicam tempos como presente e passado, o plural e os possessivos. Após cerca de 3 anos, o sotaque é desenvolvido, o vocabulário aumenta bastante, e o temido "Por quê?" faz a sua estreia. A vida torna-se subitamente muito complicada.

Observando a Língua Evoluir

Como foi que tudo isso aconteceu? Como foi que os seres humanos passaram a ter a capacidade de adquirir um sistema de comunicação tão complexo? Certamente, a explicação tem raízes na evolução, porque as forças evolucionárias moldaram a humanidade. Mas dizer apenas "a língua evoluiu como alguma forma de comunicação" não diz aos antropólogos tudo o que eles querem saber. Por exemplo:

- » Como os seres humanos saíram dos símbolos superficiais e foram aos profundos?
- » Quando a língua, totalmente moderna, de fato substituiu os gestos corporais?
- » Se todos os seres humanos são da mesma espécie, *Homo sapiens sapiens*, por que não falamos o mesmo idioma?

Por mais que a língua tenha evoluído, é interessante notar que podemos observá-la evoluir em tempo real. Os idiomas mudam até mesmo durante nossa vida, porque acrescentamos novas palavras ou expressões e "aposentamos" outras. Por vezes, isso é feito especificamente por uma geração para formar a sua própria realidade, separada da geração dos pais; exemplos incluem o uso do termo *gnarly* [retorcido/irado]. O Dicionário Online de Etimologia (`www.etymonline.com` — em inglês), uma excelente fonte sobre a história das palavras, indica que a palavra foi usada pela primeira vez por volta de 1600 d.C., referindo-se à aparência rugosa de casca de árvore. Por alguma razão, um surfista usou essa palavra nos anos 1970 para descrever ondas particularmente perigosas, e dentro de uma década foi um termo amplamente utilizado entre a cultura jovem, o que significa tanto "excelente" como "nojento", de acordo com o contexto. Esse é um exemplo de *ressignificação* de uma palavra. É apenas uma das muitas maneiras pelas quais as palavras mudam em um idioma, incluindo as seguintes:

» **Derivação:** Acrescentar prefixos ou sufixos (*democratizar*).

» **Formação reversa:** Remover um afixo (*doar,* a partir de *doação*).

» **Composição:** Combinar duas palavras existentes (*super-homem*).

» **Ressignificação:** Mudar o contexto de uma palavra (*fazer gato* — usar a rede elétrica ilegalmente —, a partir de um felino).

» **Conversão:** Mudar a classe de uma palavra (*gigante* significava uma criatura grande, até que foi usada como adjetivo para qualquer coisa especialmente grande).

» **Epônimo:** Usar o nome de um lugar como uma nova palavra (*wellington,* um tipo de bota, a partir de quem popularizou o termo, Arthur Wellesley, duque de Wellington).

» **Abreviação:** Abreviar uma palavra (*fone,* de *telefone*).

» **Empréstimo:** Pegar uma palavra de outro idioma (*hot dog,* vinda do inglês).

» **Onomatopeia:** Imitar um som (*piu-piu*).

» **Repetição:** Repetir uma palavra ou um som (*passo a passo*).

» **Palavra ocasional:** Inventar uma palavra para um uso específico (*quark*).

» **Erro:** Usar de forma repetida e ampla uma comunicação errônea (*fresta* em vez de *fenestra*) até ela se cristalizar na língua.

» **Junção:** Juntar duas palavras, ou partes delas (*girassol*).

Podemos até rastrear o histórico de alterações de palavras em um idioma; normalmente, acontecem nesta sequência:

» Fase 1: Uma palavra é *inovada* por alguém, que a compartilha com um pequeno grupo.

- » Fase 2: A nova palavra é *adotada* pela comunidade maior, mas é raramente usada além da subcultura de sua origem.

- » Fase 3: A nova palavra é adotada por uma *comunidade ainda maior*, além da subcultura de origem.

- » Fase 4: A nova palavra é adotada e usada amplamente pela maioria ou por todas as subculturas da cultura.

Admitindo nossa incerteza

Embora possamos ver os processos de mudança linguística, o que os antropólogos sabem realmente sobre a *evolução linguística* (quando a língua complexa surgiu)? Não muito. Mesmo a origem da língua está no ar; as teorias sobre quando a língua apareceu pela primeira vez variam muito:

- » **Há mais de 2 milhões de anos:** Alguns dizem que a língua deve ter existido para permitir que o novo gênero *Homo*, relativamente frágil e com um cérebro grande, sobrevivesse na savana aberta.

- » **Há cerca de 1,8 milhão de anos:** Alguns combinam o uso da linguagem simbólica com o aparecimento das ferramentas de pedra simétricas utilizadas pelo *Homo erectus* primitivo, porque, de acordo com os proponentes, a simetria das machadinhas de mão era em si um símbolo.

- » **Há cerca de 200 mil anos:** Alguns dizem que a língua teria surgido com os primeiros representantes do *Homo sapiens*, a espécie com cérebros muito grandes que se torna os seres humanos modernos, há mais de 170 mil anos.

- » **Há cerca de 100 mil anos:** Alguns dizem que apenas quando a antropologia vê muitas provas de símbolos profundos é que podemos ter a certeza de que surgiu uma língua relativamente moderna, como indicado por artefatos simbólicos datados desse período.

Os pesquisadores basearam suas teorias sobre a evolução da língua em vários tipos de evidência, mas cada linha de evidência tem uma falha. Por exemplo:

- » **Tamanho do canal do hipoglosso:** Alguns dizem que, quanto maior for esse canal condutor nervoso localizado na base do crânio, mais a mente está empenhada na língua. Isso porque o canal é utilizado para controlar os movimentos finos da boca, mas pesquisas demonstraram que ele é tão grande, relativamente falando, nos crânios de não humanos e primatas não falantes como nos seres humanos, por isso é de pouca utilidade.

- » **Osso hioide:** Alguns dizem que um osso hioide moderno — que faz parte da anatomia da fala, situado na base da língua — indicaria a língua, mas o hioide é muito delicado e raramente fossiliza; a análise dos poucos que foram encontrados tem sido tão controversa que eu não tenho muito interesse nela. Para alguns, o osso indica que os neandertais conseguiam reproduzir todos os fonemas modernos, já para outros, eles não conseguiam — ninguém sabe ao certo.

» **Artefatos simbólicos:** Alguns dizem que a língua é um exemplo de pensamento simbólico, e que deve ter sido utilizada pelos portadores dos primeiros artefatos simbólicos; estes têm perto de 100 mil anos. Outros argumentam que o pensamento simbólico e a linguagem poderiam ter ocorrido durante milhares de anos antes de aparecerem em artefatos; assim, o uso mais antigo da língua talvez seja arqueologicamente invisível.

Nos últimos anos, incluí em meu próprio trabalho sobre esse tema as raízes das diferenças entre comunicação humana e não humana. Parece realmente que a capacidade de interligar conceitos, ou *associá-los*, é importante para a forma humana. Isso parece ser um "motor de inovação linguística" que requer não só um pensamento focalizado, mas também um pensamento "difuso" abrangente que começa a fazer associações novas e úteis. Por exemplo, os conceitos de *leite* e *quartzo* (a pedra) têm pouca sobreposição no uso diário. Mas descrevemos um quartzo de cor branca como "quartzo leitoso" porque, em algum momento do passado, alguém achou útil tal associação de ideias para transmitir exatamente o que pensava. Ainda não sabemos ao certo quando isso ocorreu na nossa linhagem, mas foi provavelmente há mais de 300 mil anos. Porém estamos obtendo uma imagem mais clara de seus mecanismos à medida que os cientistas continuam a aprender como são feitas as associações entre os *neurônios* (células cerebrais). Penso que dentro de uma década veremos também avanços emocionantes em nossa compreensão dessa linha do tempo.

Explicando a diversidade linguística

Parece que, à medida que os seres humanos modernos emergiram da África, há cerca de 100 mil anos, e colonizaram o resto do mundo (leia mais sobre essa migração nos Capítulos 7 e 8), os grupos caçadores e coletores desenvolveram seus próprios dialetos e, depois, línguas, talvez movidos pela necessidade de descrever as novas plantas, animais e ambientes que encontraram.

A língua foi muito importante como meio de sobrevivência, porque os seres humanos não nascem com muito conhecimento instintivo útil; de fato, não sabemos instintivamente como transformar uma lasca de osso em uma agulha, passar um fio de tripa de foca nela e depois usá-la na confecção de roupas para viver no Ártico. Todo o conhecimento de como negociarmos nosso lugar em uma sociedade, todo o conhecimento da história da nossa família, de mitos e sonhos — toda essa cultura — teve que ser transmitido de uma geração para a seguinte, e a língua providenciou tal ligação. Quanto melhor a língua refletia o ambiente, mais próxima era a adaptação das pessoas a ele. O vocabulário e a capacidade de adaptar em suas mentes os ambientes que encontravam foram medidas da probabilidade de sobrevivência dessa cultura.

Com o tempo, muitos idiomas evoluíram; hoje em dia, os antropólogos conhecem cerca de 6 mil línguas, embora muitas sejam faladas apenas por poucas pessoas. A maioria dos seres humanos fala uma das nove línguas principais: chinês mandarim, espanhol, inglês, bengali, hindi, português, russo, japonês e alemão. (Leia mais sobre a perda alarmante das línguas tradicionais em todo o mundo no Capítulo 18.)

Para compreender a evolução das línguas, os antropólogos usam métodos como a *glotocronologia*, que estima o ritmo em que as línguas mudam. Combinando dados arqueológicos e antropológicos linguísticos, os antropólogos identificaram os principais grupos linguísticos, chamados *filo/phyla*. Veja mapas que mostram sua distribuição em `webspace.ship.edu/cgboer/ languagefamilies.html` [em inglês].

LEMBRE-SE

Nem todos os antropólogos linguísticos concordam sobre quais línguas pertencem a quais grupos no filo linguístico. Alguns mudariam certas línguas específicas de um grupo para outro. Ainda assim, quase todos esses grupos são amplamente aceitos.

Da mesma forma, a Figura 13-3 mostra as relações entre alguns dos principais grupos linguísticos; a maioria dos antropólogos linguísticos consideraria este diagrama uma aproximação razoável do que se conhece hoje em dia sobre as línguas.

FIGURA 13-3: Diagrama das línguas modernas e suas relações.

Ilustração cortesia de Cameron M. Smith

Abrindo espaço para novas teorias

Milhares de pesquisadores, de todas as disciplinas, contemplaram as origens da língua. Em 1865, a Sociedade Linguística de Paris — farta de especulações malucas — recusou-se a publicar em seu periódico acadêmico quaisquer outros artigos sobre as origens dos idiomas; até que se soubesse mais, diziam, era tudo achismo. Em poucos anos, a Sociedade Filológica de Londres disse essencialmente a mesma coisa.

Como a antropologia estava crescendo como disciplina no início do século XX, ficou clara a necessidade de um entendimento científico da língua para compreender a humanidade. Anos de pesquisas mostraram que a humanidade evolui, como todas as outras formas de vida, tendo um longo e complexo passado evolutivo. Se algo separava a humanidade do resto do reino animal, era a língua, e isso significava que esta tinha de ser compreendida. O leque de explicações tem sido enorme.

Em meu ponto de vista, as teorias recentes mais convincentes sobre a evolução da língua foram propostas pelo antropólogo físico Robin Dunbar e pelo psicólogo Merlin Donald. (Leia mais sobre cada um desses modelos de evolução linguística no Capítulo 7).

Catação social

Em suma, a *hipótese da catação social*, de Dunbar, afirma que a língua evoluiu como uma forma de facilitar as relações sociais em grupos primatas. Em primatas não humanos, observa Dunbar, a ordem e a coesão sociais são mantidas por longos períodos de catação física, na qual os indivíduos limpam o pelo uns dos outros catando parasitas; tal prática promove laços estreitos e intimidade, amortecendo o conflito social.

Dunbar argumenta que, como a maior parte da conversa humana é bate-papo sobre os outros em sua esfera social imediata, a língua evoluiu como uma catação social, uma maneira mais eficaz de comunicação que inclui vocalizações complexas, bem como a ação física. A fala, salienta Dunbar, pode ser usada para se dirigir ou "catar" mais do que um membro da sociedade de cada vez.

Representando ideias

O psicólogo Merlin Donald acredita que, independentemente do uso dado à língua entre nossos antepassados antigos, ela era, acima de tudo, uma forma nova e mais eficiente de representar ideias. A palavra "representar" é importante aqui, porque, para Donald, o fato de os seres humanos se lembrarem contínua e voluntariamente de ideias antigas e memórias de acontecimentos passados (ou seja, *re*apresentarem) é de grande significado;

isso tira a mente do aqui e agora, permitindo a abstração e o simbolismo profundo, duas características da mente humana.

Pessoalmente, acredito que essas duas teorias são grandes ideias. No entanto, para lhe mostrar como os antropólogos sabem poucas coisas com certeza, veja esta lista de perguntas propostas em um artigo acadêmico avaliando as origens da língua; essas são questões que os próprios linguistas e antropólogos linguísticos estão levantando (retirado do artigo de M.H. Christiansen e S. Kirby de 2003, "Language Evolution: Consensus and Controversies"):

>> Pode uma abordagem evolutiva nos ajudar a descobrir características da língua determinadas de forma inata?

>> Que papel tem a evolução por seleção natural na explicação das origens linguísticas?

>> Seria possível convergir as evidências genéticas e arqueológicas em uma linha do tempo para as origens da língua em hominídeos?

Uma avaliação mais recente, do professor Kim Sterelny, do Museu Nacional da Austrália, sugere uma data ao redor de 200 mil anos atrás para as origens dos atributos da língua moderna. Isso se baseia em evidências fósseis, genéticas, arqueológicas e algumas outras, e penso ser uma estimativa razoável. Mas podemos esperar uma década ou mais, acredito, até obtermos uma resposta mais definitiva. As frases complexas em si podem não deixar qualquer "vestígio" que possamos compreender aqui no presente, por isso será necessária uma investigação engenhosa para termos uma data concreta sobre quando a língua complexa apareceu em nossa linhagem.

Capítulo **14**

Tipos de Tipos: Raça e Etnia

Que tipo de pessoa você é, afinal? Todos temos uma resposta: preto, branco, hispânico — não, latino! Todas as sociedades classificam os seres humanos em grupos étnicos e raças, muitas vezes misturando os dois ou simplesmente inventando-os por conveniência.

Neste capítulo, descrevo o que os antropólogos pensam sobre raça e quais são realmente os grupos étnicos. Embora o conceito de raça esteja mortinho da Silva no mundo da antropologia, muitas pessoas fora dela ainda acreditam nele, o que tem consequências sociais terríveis, incluindo a discriminação racial. As diferenças entre grupos étnicos também causam conflitos. Para melhor compreendermos a espécie humana, precisamos saber o que a antropologia descobriu sobre esses "tipos" do único "tipo humano" da ordem dos primatas.

Tipos de Humanidade: Variação Física Humana

Há pessoas de muitas cores e formas diferentes; as do Mediterrâneo, por exemplo, são obviamente de pele mais escura do que as da Escandinávia, e os nativos do Ártico são mais baixos e parrudos do que os Samburu, altos e magros, da África Oriental. Por que é assim? Como surgiram essas variações, e o que significam para a humanidade enquanto espécie?

A resposta vem do estudo da biologia humana realizado por antropólogos físicos. Nesta seção, vamos ver como as populações humanas se adaptaram a seus variados ambientes por meio do mesmo processo evolutivo que molda todos os seres vivos.

A questão da raça: Tipos raciais e antropologia física

Como todos os seres vivos com percepções sensoriais, os seres humanos as classificam em algum tipo de ordem: estas coisas combinam com aquelas outras, mas não pertencem a este grupo. Algumas pessoas têm uma pele mais escura, por isso estão na categoria de "pele mais escura". E assim por diante. Obviamente, nem todos os seres humanos têm a mesma aparência, por isso passaram um tempo colocando pessoas de diferentes cores, formas corporais, e assim por diante, em diferentes categorias, por vezes chamadas de raças. Infelizmente, essa tendência tem tido algumas consequências muito más.

Biologicamente falando, *raça* é um grupo de organismos da mesma espécie que compartilham de atributos físicos (e genéticos) semelhantes e regiões geográficas específicas. Em suma, são subdivisões de uma única espécie — o que significa que podem acasalar e ter descendência suficientemente saudável, de modo que esta tenha sua própria descendência — exibindo algumas características que refletem suas origens geográficas. Um bom exemplo é encontrado no esquilo Kaibab, da região do Grand Canyon, no Arizona. Eles ficaram isolados de outras populações de esquilos durante milhares de anos, o que lhes ocasionou algumas características únicas, incluindo barrigas pretas em comparação com a maioria dos outros esquilos, que tem barrigas de cor mais clara. Tal diferença é reprodutivamente sem importância porque, caso se encontrem, o Kaibab e outros esquilos poderiam ter descendência saudável, visto que pertencem à mesma espécie. Mas o Kaibab é um *isolado* geográfico, ou uma "raça".

CUIDADO

Porém essa definição é bastante evasiva, pois é difícil encontrar bons exemplos de raças distintamente diferentes. As raças de animais não humanos mais visíveis são as dos cães. Do chihuahua ao dogue alemão, todos os cães são da mesma espécie — *Canis familiaris* —, mas têm diferenças físicas óbvias. A rigor, são de raças diferentes — e mesmo isso não é tão rigoroso, porque tais diferenças surgiram devido à reprodução seletiva que os seres humanos fizeram desses animais, em busca de certas características, e não por causa de seus ambientes originais, muito diferentes. Outrora, todos os cães (provavelmente domesticados pela primeira vez há 20 mil anos) eram semelhantes a lobos, e sua diversidade moderna é mais resultado da criação seletiva humana do que da adaptação geográfica.

Tal como qualquer outro ser vivo, o ser humano se adapta a seu ambiente por meio de um processo evolutivo. Ao longo deste livro, destaco que a nossa espécie se adapta principalmente através de meios culturais; ou seja, sobrevivemos aos nossos ambientes não porque nos adaptamos a eles biologicamente, mas com artefatos e comportamentos complexos. (Para mais informações sobre adaptação cultural, veja o Capítulo 11.) Dito isso, os corpos humanos *se adaptaram* a certas condições ambientais ao longo do tempo.

LEMBRE-SE

A *adaptação* é um processo — comportamental ou biológico — que aumenta a probabilidade de sobrevivência de um organismo. Pode ser uma mutação que confere uma vantagem. Por exemplo, um sapo que tem a pele mais bem camuflada do que seus irmãos (apenas devido a uma mutação genética aleatória) tem menos chances de ser apanhado por um peixe, e, portanto, maior probabilidade de sobreviver e de ter descendentes que carregarão eles próprios o novo gene para uma camuflagem mais bem adaptada. Nos seres humanos, as adaptações incluem comportamentos complexos, tais como a fabricação de ferramentas. Esses comportamentos não são transmitidos geneticamente, e sim culturalmente.

Algumas dessas adaptações corporais são facilmente visíveis, e outras só o são quando observamos os genes muito de perto. A cor da pele — uma das características humanas mais notáveis — é um bom exemplo de adaptação a um ambiente particular. A pele mais escura aparece em populações originárias de regiões tropicais, tais como a África equatorial. A pele mais clara é tradicionalmente encontrada no norte da Europa, porque, com o tempo, a seleção natural favoreceu as peles mais escuras em áreas que recebiam uma luz solar extensiva e mais intensa, pois os indivíduos com pele mais clara nessas áreas eram mais propensos a cânceres de pele. A pele mais escura é, portanto, uma adaptação às condições geográficas da África.

Qual é o valor adaptativo da pele mais clara? Isso tem a ver com a vitamina D. A vitamina D é um nutriente que ajuda os ossos humanos a se formarem adequadamente. Sem essa vitamina em quantidade suficiente, deformidades como o *raquitismo*, que normalmente inclui pernas arqueadas e uma pélvis deformada, ocorrerão. Nas fêmeas, o raquitismo resulta em um canal de parto deformado, o que torna o parto normal perigoso, senão letal.

Os seres humanos produzem a vitamina D naturalmente por meio da pele quando estão expostos à luz solar, mas as partes mais nubladas do mundo — como o norte da Europa — estão expostas a muito menos luz solar do que as regiões dos trópicos, onde a espécie começou. Como as primeiras populações humanas estavam se expandindo para o norte da Europa há cerca de 40 mil anos, os indivíduos com pele mais escura tinham menos capacidade de produzir vitamina D e provavelmente experimentaram uma taxa de natalidade muito mais baixa do que as populações com pele mais clara. (Leia mais sobre essa expansão nos Capítulos 7 e 8.) A pele mais clara, então, é uma adaptação às condições geográficas da Europa porque, ao longo do tempo, os colonos pré-históricos da Europa que acabaram nascendo com pele mais clara (simplesmente por acaso) tiveram mais descendentes, carregando eles próprios os genes para a pele mais clara.

LEMBRE-SE

As adaptações biológicas não são instantâneas. Elas se dão ao longo de gerações, então um africano que se mude para a Europa não evoluirá uma pele mais clara, nem um europeu que viaje para a África evoluirá uma pele mais escura (além de um bronzeado). O bronzeado é um mecanismo de defesa do corpo com pele mais clara — a liberação de melanina pigmentada escura — contra a luz ultravioleta em excesso. A Figura 14-1 mostra um mapa da cor da pele no mundo. Perceba que ele mostra tonalidades em um espectro que vai de muito escuro a muito claro, e o ponto de corte para as várias tonalidades de cor de pele é basicamente arbitrário. Note também que estes são tons de pele dos povos nativos, e a mistura de populações nativas e não nativas tem a tendência de mudar a tonalidade da pele.

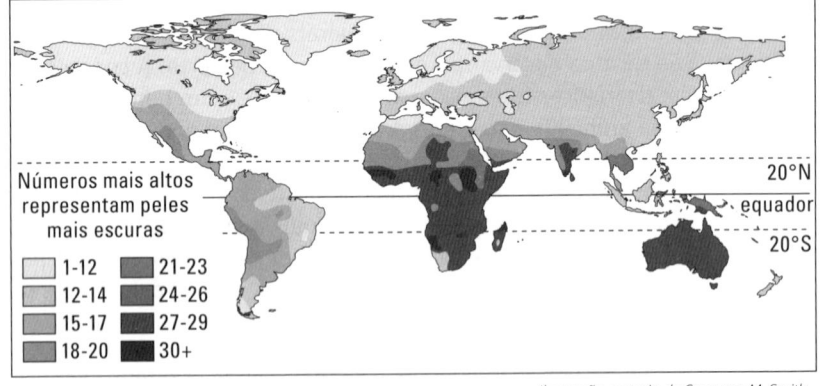

FIGURA 14-1: Mapa da cor da pele no mundo.

Ilustração cortesia de Cameron M. Smith

Outro exemplo de adaptação biológica em seres humanos é a diferença de estatura entre o povo ártico (como os inuítes) e o povo da África Oriental (como os maasai). Em biologia, a *regra de Bergmann* indica que, em regiões mais frias, os animais de sangue quente terão corpos mais parrudos do que seus homólogos de regiões mais quentes, pois serão mais eficientes na retenção do calor corporal. Nas regiões polares frias, as populações nativas inuítes têm uma constituição baixa e entroncada. Por outro lado, os maasai, da África Oriental, têm corpos mais altos e esguios que não precisam reter tanto calor — na realidade, precisam "despejar" o excesso do calor em seu ambiente quente. Essa eliminação é facilitada por seus membros longos, que têm mais superfície, permitindo que o calor corporal seja transpirado e evaporado de forma mais eficiente. A estrutura corporal nesses casos é uma adaptação às condições geográficas da África e do Ártico.

LEMBRE-SE

As rápidas mudanças fisiológicas que ocorrem durante a vida — como o ajuste de um montanhista a níveis mais baixos de oxigênio em grande altitude — são referidas como *habituação*, ou *aclimatação*. Elas *não são* transmitidas geneticamente à geração seguinte (porque as alterações adquiridas durante a vida, em geral, não são codificadas nos genes a serem transmitidos) e são reversíveis (por exemplo, quando o alpinista regressa a elevações mais baixas).

Aos fatos: O que os antropólogos sabem com certeza sobre as raças humanas

Então as raças humanas existem? Muito estritamente falando, sim. O *Homo sapiens sapiens* apresenta diferenças de base geográfica dentro da espécie. No entanto, devemos considerar dois pontos muito importantes.

Primeiro, essas diferenças genéticas não significam muito, biologicamente. Visto que todos os seres humanos saudáveis podem se acasalar e ter descendência saudável, somos todos *Homo sapiens sapiens*. Não deixe que ninguém lhe diga o contrário. Não só é inexato dizer "a espécie feminina" quando se fala de diferenças sexuais significativas entre machos e fêmeas, como também é errado dizer "a raça africana" ou "a raça europeia" quando falamos sobre diferenças profundas entre esses povos. Um olhar sobre o genoma humano não mostra diferenças significativas ao nível das espécies — apenas diferenças muito pequenas e visíveis, incluindo a cor da pele, a forma do nariz e a textura do cabelo. Biologicamente falando, porém, tais diferenças não são importantes. Para a maioria dos antropólogos físicos (que passaram mais tempo examinando a biologia humana), o conceito de raça é inútil quando aplicado à humanidade.

Em vez de falarem sobre raças, hoje em dia é mais comum que os antropólogos físicos falem sobre *ancestralidade*, um termo mais genérico, que reconhece a realidade de algumas adaptações humanas geograficamente específicas, mas que não as transforma em raças totalmente opostas. A ancestralidade é importante, por exemplo, quando consideramos a saúde genética de alguém, pois diferentes populações humanas desenvolveram características genéticas ligeiramente distintas ao longo do tempo.

Segundo — e mais importante — é que o comportamento cultural não está geneticamente ligado a essas diferenças geográficas. Tal desconexão é uma das descobertas e das lições mais importantes da antropologia para a humanidade. As pessoas da Escandinávia não são reservadas — ou qualquer outra característica comportamental que possa lhes ser aplicada — porque está nos seus genes ser assim. Não está. A maior parte do comportamento humano não é biologicamente determinado ou filtrado através do ambiente natural — sua maior parte é culturalmente aprendida. Uma criança do Japão pode ser criada no Kalahari da África Austral e não tirará automaticamente os sapatos quando entrar em uma casa, a menos que sua cultura lhe ensine especificamente a fazê-lo. Como qualquer ser humano pode adquirir qualquer língua, qualquer criança pode adquirir qualquer cultura; é a cultura que conduz o grosso do comportamento, não os genes. A crença antiga de que as raças humanas têm traços comportamentais inatos — como asiáticos trabalhadores ou mediterrâneos de sangue quente — está simplesmente errada. A maioria desses traços é apenas ensinada, culturalmente. Isso é muito diferente de serem características genéticas incontornáveis.

Uma das principais razões pelas quais o conceito de raça realmente não se aplica aos seres humanos é que definir as raças humanas é quase impossível: a que raça se atribui uma pessoa nascida de um casamento entre um nativo norte-americano e um nativo africano? Criamos uma nova raça nesse caso? Embora algumas dessas designações existam, criar uma raça para cada combinação possível de antepassados seria um trabalho infinito. Além disso, seria apenas mais um exercício de desenho de linhas imaginárias. E o que é "preto" ou "branco"? Seria um grego preto ou branco? Claro, ele fica no meio. Atribuir pessoas a uma raça com base na cor da pele torna-se um exercício interminável de identificação de cores de pele.

A Figura 14-2 mostra a relação genética entre as populações humanas. Observe que, embora a maioria dos antropólogos concorde que essas relações são essencialmente acuradas, há sempre algum debate na ciência. Perceba também que a mistura genética de uma população para outra causa muita ambiguidade. Lembre-se ainda de que fronteiras políticas, tais como nomes de países, não são fronteiras genéticas, por isso, aqui tentei evitar nomear países e dar ênfase apenas às regiões.

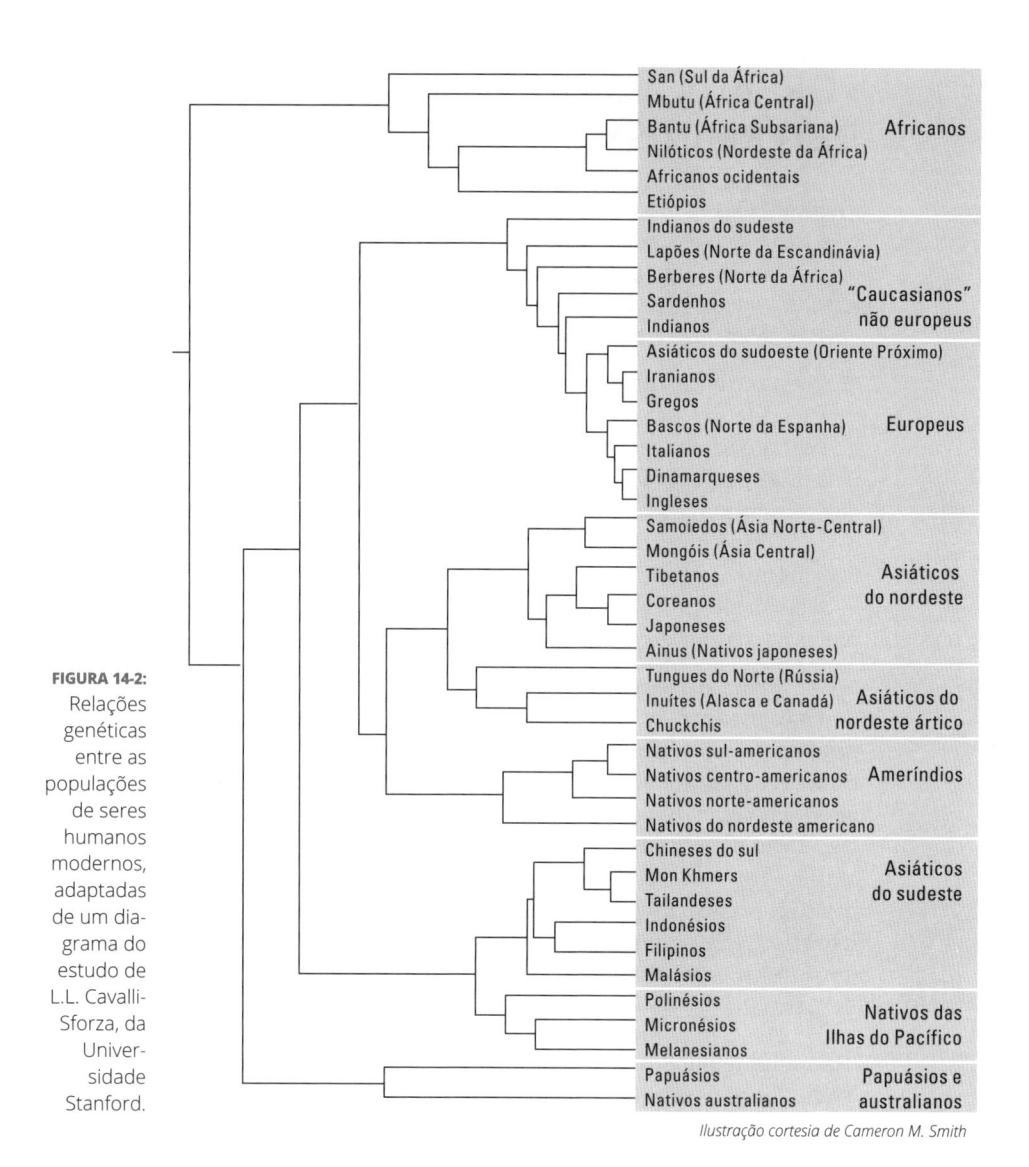

FIGURA 14-2: Relações genéticas entre as populações de seres humanos modernos, adaptadas de um diagrama do estudo de L.L. Cavalli-Sforza, da Universidade Stanford.

San (Sul da África)
Mbutu (África Central)
Bantu (África Subsariana)
Nilóticos (Nordeste da África)
Africanos ocidentais
Etíopes
Africanos

Indianos do sudeste
Lapões (Norte da Escandinávia)
Berberes (Norte da África)
Sardenhos
Indianos
"Caucasianos" não europeus

Asiáticos do sudoeste (Oriente Próximo)
Iranianos
Gregos
Bascos (Norte da Espanha)
Italianos
Dinamarqueses
Ingleses
Europeus

Samoiedos (Ásia Norte-Central)
Mongóis (Ásia Central)
Tibetanos
Coreanos
Japoneses
Ainus (Nativos japoneses)
Asiáticos do nordeste

Tungues do Norte (Rússia)
Inuítes (Alasca e Canadá)
Chuckchis
Asiáticos do nordeste ártico

Nativos sul-americanos
Nativos centro-americanos
Nativos norte-americanos
Nativos do nordeste americano
Ameríndios

Chineses do sul
Mon Khmers
Tailandeses
Indonésios
Filipinos
Malásios
Asiáticos do sudeste

Polinésios
Micronésios
Melanesianos
Nativos das Ilhas do Pacífico

Papuásios
Nativos australianos
Papuásios e australianos

Ilustração cortesia de Cameron M. Smith

A história da classificação racial

Se a raça é uma questão tão irrelevante para a humanidade, por que a antropologia se preocupa com ela há tanto tempo? E por que é algo tão importante hoje? Para responder a essas questões, precisamos ver há quanto tempo os seres humanos falam sobre raça e entender o que o conceito de raça significa para a antropologia.

PORRADA NO QUEIXO DO DETERMINISMO BIOLÓGICO

Fazer conexões entre aparência física e atributos culturais foi muito além da cor da pele. No final do século XIX, qualquer traço parecia distinguir o caráter moral ou a diligência de um grupo populacional. Qualquer traço físico escolhido parecia sempre justificar a inferioridade dos povos de pele mais escura. Veja o seguinte exemplo de um livro sobre origens humanas publicado por S. Liang em Londres, em 1892:

"E a forma do queixo parece estar maravilhosamente correlacionada com o carácter geral e a energia da raça. É difícil dizer o porquê, mas o fato é que um queixo fraco denota geralmente uma raça ou pessoa fraca, e um queixo forte, uma raça ou pessoa forte. Assim, o chimpanzé e os outros macacos não têm queixo, os negros e as outras raças têm queixo fraco e recuado. As raças que, tal como os ibéricos, foram conquistadas ou levadas das planícies para as montanhas, tinham queixos fracos; enquanto seus sucessivos conquistadores, da raça ariana — celtas, romanos, teutões e escandinavos —, podem quase ser classificados pela proeminência e solidez dessa característica do rosto."

Liang esperava que seus leitores acreditassem que o tamanho ou a forma do queixo de uma pessoa poderia ser equiparado ao "caráter" ou à "energia". Além disso, ele classificou as populações humanas de acordo com a cor de sua pele, colocando os brancos no topo, os europeus do sul com pele mais escura abaixo deles e os povos de origem africana na base, mais próximos dos primatas não humanos. Hoje em dia, os antropólogos sabem que todos os seres humanos são geneticamente muito semelhantes, e que todos estão igualmente distantes dos primatas não humanos; o nosso gênero, *Homo*, separou-se deles há muitos milhões de anos. Muitos escritores, como Liang, estavam realmente tentando encontrar fatos supostamente científicos para justificar as grandes injustiças sociais que existiam em suas sociedades.

Há muito tempo, os seres humanos vêm classificando seus vizinhos, assim como todos os animais, de diversas formas. Até agora, não tenho conhecimento de que qualquer arqueólogo tenha visto representações de diferentes raças na arte rupestre primitiva, e, infelizmente — embora o comportamento humano moderno pareça ter começado há cerca de 100 mil anos —, a maior parte da arte rupestre na Europa (onde é mais conhecida) varia de cerca de 35 mil a 11 mil anos atrás. Alguns dos primeiros registros de seres humanos classificando outros em certos "tipos" vêm do Egito Antigo, onde, por volta de 1350 a.C., há indicações de eles classificando os seres humanos pela cor da pele: os egípcios tinham a pele vermelha, as pessoas ao sul do Egito tinham a pele preta, os que viviam ao norte do Mar Mediterrâneo tinham a pele branca, e as pessoas ao leste tinham a pele amarela.

No século XVI, durante a "Idade das Descobertas", os europeus que viajavam pelo mundo encontravam muitos povos anteriormente desconhecidos e desenvolviam suas próprias classificações raciais. Como a cor da pele era muito perceptível, várias classificações raciais baseavam-se em grande parte apenas nisso. Adicionalmente, aqueles "recém-descobertos" não eram cristãos e não tinham a mesma cultura e os mesmos valores europeus, por isso os europeus os rotularam de selvagens. De fato, eles pensavam que podiam usar o tipo racial como um indicador de quão selvagem era uma pessoa. Quanto menos europeu, é claro, mais selvagem. Embora a maioria tenha abandonado tal conceito hoje em dia, muitos supremacistas raciais ainda acreditam que o comportamento cultural está correlacionado com a cor da pele, a forma do nariz, a textura do cabelo e coisas do tipo. Essa forma de classificação é uma colossal perda de tempo.

PAPO DE
ESPECIALISTA

Alguns naturalistas dos séculos XVI a XIX propuseram que os selvagens eram até mesmo uma *espécie* diferente dos europeus brancos, dizendo que não deveriam sequer ser considerados humanos. Tal classificação facilitou muito a perseguição e a escravização de diferentes povos devido unicamente ao seu aspecto.

As primeiras tentativas dos europeus de categorizar as pessoas em esquemas raciais foram extremamente tendenciosas e hierárquicas, associando moralidade e inteligência com a cor da pele e outros atributos físicos. Tais esquemas colocavam sempre os europeus no topo da escala, e, quanto mais escura a pele dos povos, mais embaixo ficavam.

Em meados do século XIX, os naturalistas começaram a utilizar um método para descrever o formato da cabeça, chamado de *índice cefálico*, uma medida da relação entre o comprimento e a largura da cabeça. Os povos *dolicocefálicos* tinham cabeças longas e estreitas (como a maioria dos europeus do norte), e os povos *braquicefálicos* tendiam a ter cabeças largas — como muitos europeus do sul. Sem qualquer surpresa, esse esquema de classificação e outros como ele levaram a muitos argumentos sobre quais povos eram superiores a outros.

A raiz do problema de toda essa agitação com relação à identificação de tipos humanos foi o *determinismo biológico*, a ideia de que as características físicas estavam de alguma forma ligadas ao comportamento. Muitos traços de pensamento, como intelecto, valores e moral, eram todos produtos da própria raça. De fato, as primeiras classificações da raça humana foram, sem dúvida, estabelecidas para reforçar conceitos de superioridade e inferioridade entre vários grupos humanos. Hoje em dia, a antropologia nos mostra um caminho melhor, embora algumas pessoas ainda se vistam com lençóis e demandem "pureza racial", que é uma ideia impossível e realmente autodestrutiva (como explico a seguir).

CUIDADO

Uma forma semelhante pela qual todos — incluindo os primeiros antropólogos — entenderam essa ideia de forma totalmente errada foi na aplicação dos princípios da evolução biológica de Darwin às sociedades. Isso levou a um conceito conhecido como *darwinismo social*, a ideia de que, conforme as sociedades e as nações evoluíam e competiam, os grupos moralmente superiores prevaleceriam à medida que as sociedades "selvagens" e menos morais fossem erradicadas, e que tudo isso era natural e bom. Nessa época, os debates sobre a superioridade ou inferioridade de grupos específicos continuaram, e alguns começaram a temer que a sociedade civilizada (ou seja, cristã do norte da Europa) estava sendo lentamente destruída por povos "inaptos", que, por uma razão ou outra, não estavam sendo eliminados.

POSIÇÃO DA ASSOCIAÇÃO ANTROPOLÓGICA DOS EUA SOBRE RAÇA

Em 1998, a Associação Antropológica Norte-americana divulgou uma declaração sobre raça que é encontrada em www.aaanet.org/stmts/racepp.htm [em inglês]. Veja alguns trechos:

> Nos Estados Unidos, tanto acadêmicos como o público em geral foram condicionados a ver as raças humanas como divisões naturais e separadas dentro da espécie humana, com base em diferenças físicas visíveis. Com a vasta expansão do conhecimento científico neste século, no entanto, ficou claro que as populações humanas não são grupos inequívocos, claramente demarcados e biologicamente distintos... Ao longo da história, sempre que diferentes grupos entraram em contato, eles se mestiçaram. A troca contínua de materiais genéticos vem mantendo toda a humanidade como uma única espécie.

> Pesquisas históricas demonstraram que a ideia de "raça" sempre teve mais significados do que meras diferenças físicas; de fato, as variações físicas na espécie humana não têm qualquer significado, exceto os sociais, atribuídos pelos seres humanos. Hoje em dia, estudiosos de muitos campos argumentam que a "raça", tal como é entendida nos Estados Unidos da América, é um mecanismo social inventado durante o século XVIII para se referir às populações reunidas na América colonial: os ingleses e outros colonos europeus, os povos indígenas conquistados e os povos de África levados para fornecer trabalho escravo.

> É um princípio básico do conhecimento antropológico que todos os seres humanos normais têm a capacidade de aprender qualquer comportamento cultural. A experiência norte-americana com imigrantes de centenas de idiomas e origens culturais diferentes, que adquiriram alguma versão dos traços e comportamentos culturais norte-americanos, é a prova mais clara desse fato. Além disso, pessoas de todas as variações físicas aprenderam comportamentos culturais diferentes e continuam a fazê-lo, à medida que os meios modernos de transporte movimentam milhões de imigrantes em todo o mundo.

A cosmovisão "racial" foi inventada para atribuir a alguns grupos um status baixo perpétuo, enquanto a outros era permitido o acesso a privilégios, poder e riqueza. A tragédia nos Estados Unidos foi que as políticas e práticas decorrentes de tal cosmovisão conseguiram — e muito bem — desenvolver a desigualdade nas populações de europeus, nativos americanos e povos de origem africana. Considerando o que sabemos sobre a capacidade dos seres humanos normais de realização e participação dentro de qualquer cultura, concluímos que as desigualdades atuais entre os chamados grupos "raciais" não são consequências da herança biológica, mas produtos de circunstâncias históricas e contemporâneas sociais, econômicas, educacionais e políticas.

Estando as características comportamentais "conectadas" às genéticas na mente de muitos (incluindo cientistas), alguns no século XIX e início do século XX chegaram até a defender a regulação estatal dos casamentos, o tamanho da família e a possibilidade de um indivíduo se reproduzir. Essa prática ficou conhecida como *eugenia*, e os nazistas a levaram ao extremo durante a Segunda Guerra Mundial. Na Alemanha, o partido nazista começou a matar sistematicamente os membros da sociedade que considerava inferiores ao ideal nórdico europeu que sustentava. Usando a eugenia como base de seus atos, o partido matou milhões de judeus, ciganos, homossexuais e outros que considerava inferiores, em uma tentativa de criar uma "raça superior".

O problema com o conceito de "raça superior" — além das óbvias questões morais em torno da eugenia — é que a variação biológica é necessária para a saúde de uma população. Basicamente, se todos os membros de uma população forem iguais, a população não tem proteção contra uma doença particularmente letal ou catastrófica ou qualquer outra alteração importante no ambiente seletivo da espécie. Se todos são iguais, todos estão suscetíveis ao mesmo desastre em potencial. Por essa razão, muitos biólogos mensuram a saúde global de uma espécie exatamente por meio da diversidade genética. Assim, mesmo que uma raça superior fosse possível, e que alguém conseguisse evitar qualquer reprodução cruzada entre diferentes populações, o resultado final seria uma população geneticamente *homogênea* (todos iguais), mas não saudável. A ideia de uma raça superior é suicida.

A grande ilusão: Raça, afinal, é arbitrária

Ao longo do último século mais ou menos, muitos antropólogos tentaram classificar a espécie humana em várias raças, tais como caucasiana, africana negra, asiática e assim por diante. O problema é que os traços físicos utilizados para identificar a raça de um indivíduo não são opostos binários, como preto ou branco. São traços *contínuos* (também denominados *clinais*), significando que existe todo um espectro entre, digamos, designações de pele "preta" e "branca". Qualquer tentativa de classificar as raças humanas levanta uma série de questões. Embora os asiáticos pareçam bastante diferentes dos europeus em alguns aspectos, o que fazer quando as pessoas são, bem, em parte asiáticas e em parte europeias? E "europeu" termina no Oriente Médio, onde alguns traços africanos estão presentes? E onde é que começa a África, geneticamente falando? Quem vai traçar as linhas entre "preto" e "branco" (e o que qualifica essa pessoa para o trabalho, de qualquer forma)? Um estudo detalhado feito pelo antropólogo de Harvard R.C. Lewontin, em 1972, deu um golpe de misericórdia na questão da raça, concluindo que:

> A classificação racial humana não tem qualquer valor social e positivamente destrói as relações sociais e humanas. Uma vez que tal classificação racial é agora vista como praticamente sem significado genético ou taxonômico [de classificação], também não pode ser dada qualquer justificativa para a sua continuação.

Resumindo: para a maioria dos antropólogos de hoje, a "raça" humana é um conceito antiquado. Por razões biomédicas (e às vezes para a identificação forense de corpos), a realidade da ascendência genética pode ser importante, mas as raças codificadas por cores e carregadas de traços comportamentais são basicamente arbitrárias. Podemos perceber como "raça" é insignificante para a antropologia apenas analisando nossos livros didáticos; há um século, eles incluíam capítulos sobre os traços de raças específicas. Hoje em dia, há apenas um único capítulo sobre a diversidade humana, explicando as variações regionais como resultado da adaptação geográfica. Essa mudança começou nos anos 1950, quando os antropólogos começaram a dar mais atenção aos processos evolutivos responsáveis pela variação geográfica humana.

Por que Todo Mundo É Diferente? Variação Cultural Humana

Embora todos os seres humanos sejam da mesma espécie, nem todos agem da mesma forma; o comportamento humano varia tremendamente em nível mundial. Se a raça não controla as características de uma pessoa, o que então explica a variação do comportamento humano?

Em suma, a resposta é cultura. As culturas diferem porque as pessoas vivem em condições diferentes, sejam elas ecológicas, econômicas, sociais etc. As culturas também têm as próprias e singulares histórias, inovações e contatos com outras culturas, resultando em uma grande variação cultural. Cada cultura, portanto, é em última análise uma adaptação única (e em constante mudança) às condições sociais e ambientais em que evolui. A cultura dos caçadores e coletores amazônicos tem certas características, e eles valorizam certas coisas e agem de certas maneiras, porque evoluíram em um ambiente ecológico particular, diferentemente dos escoceses montanheses, cuja própria cultura é uma adaptação a seu ambiente único. É claro, as culturas humanas vêm evoluindo há milhares de anos — e, na era moderna, com a comunicação e o movimento em massa dos povos de um ambiente e cultura para outro, a cultura tem mudado muito rapidamente. Portanto, pode ser um exagero hoje ver uma razão ecológica direta para qualquer comportamento humano; de fato, os ventos da história provavelmente moldaram as culturas modernas tanto quanto as adaptações ecológicas, e talvez até mais do que elas, em primeiro lugar.

Etnia ou raça?

Então, como falarmos sobre a diversidade humana já que não encontramos qualquer utilidade no conceito de "raça"? Hoje em dia, pensamos e falamos em termos de *etnia*. Um *grupo étnico* é um conjunto de pessoas que compartilham algumas características culturais, pois têm uma história comum. Essa história pode incluir o casamento com pessoas dos mesmos tipos físicos gerais — como a tendência de brancos a se casarem com brancos nos EUA dos anos 1950 ou a de italianos se casando com italianos quando imigraram para os Estados Unidos —, e é aqui que a *raça* (ou características físicas) e a *etnia* (ou características culturais) se misturam.

LEMBRE-SE

Um grupo étnico é uma subdivisão de uma cultura maior no qual ele normalmente existe. Tal como a cultura, os grupos étnicos são difíceis de definir. Por exemplo, há um grupo étnico ativo e vibrante de ítalo-americanos centrado em um pequeno restaurante maravilhoso no centro de Portland, Oregon, onde vivo — mas como poderia defini-lo? Fazer uma lista de suas crenças, valores, tradições etc. comuns seria difícil, e, é claro, tais valores podem mudar, com o abandono de algumas tradições, por exemplo, e a adoção ou a invenção de novas. Ainda assim, ele continua lá — e estou feliz por isso, porque servem a melhor comida da cidade.

Os grupos étnicos tendem a criar vínculos por meio de rituais e tradições que recordam seus integrantes sobre sua etnia e suas provações e triunfos compartilhados ao longo do tempo. Os membros de grupos étnicos também se identificam normalmente com uma área geográfica específica — mesmo que seus antepassados tenham migrado para fora dessa área em um passado distante —, que muitas vezes recordam sentimentalmente em seus mitos e tradições.

Horror comum: Limpeza étnica

Os conflitos por motivos étnicos podem ser muito violentos, porque as cosmovisões básicas das etnias opostas são de alguma forma incompatíveis. Cada uma delas pode reivindicar, por exemplo, a mesma região geográfica de origem. Os grupos étnicos que estão em minoria geralmente cuidam muito para manter sua identidade, pois ela pode ser tudo o que realmente têm. Por isso, eles protegem ferozmente suas reivindicações históricas, como aquelas que tratam da terra e dos valores tradicionais, como os que se encontram em sua religião.

O poder da identidade étnica tem sido frequentemente explorado por líderes tirânicos, que muitas vezes tentam dividir e conquistar, colocando um grupo étnico contra outro. A tentativa de eliminar um grupo étnico é denominada *genocídio*; o ex-presidente sérvio Slobodan Milosevic conduziu um dos piores casos de genocídio da história recente. Após o colapso da Iugoslávia, no início dos anos 1990, muitas áreas do antigo país dividiram-se ao longo de linhas étnicas. Milosevic e outros sentiram que a etnia de albaneses e croatas que viviam na Sérvia representava uma ameaça à integridade da Sérvia, e, assim, iniciaram um processo a que chamaram de *limpeza étnica*, basicamente outro nome para genocídio. Milosevic e seus subordinados começaram a livrar a Sérvia da etnia de albaneses e croatas, assassinando-os aos milhares.

Alguns anos antes, em Ruanda, nação a leste da África, ocorreu uma situação semelhante. Os hutu, um grupo étnico tradicional agrícola, decidiram que não havia terra suficiente para coexistir com os tutsi, um grupo étnico pastor da mesma região. Extremistas hutus começaram a assassinar os tutsi e, antes de a violência ter sido reprimida, os hutus tinham matado cerca de 1 milhão de tutsi. E, na última década, o governo chinês foi acusado de políticas destinadas a "limpar etnicamente" a identidade dos uyghur da Região Autônoma Uyghur de Xinjiang, na China. Os uyghurs, em número superior a 10 milhões, são um grupo étnico que tem uma religião comum, reivindicam uma pátria, uma língua e muitas tradições culturais em especial.

Alegria em comum: Identidade étnica

A identidade étnica proporciona às pessoas uma identidade específica, manifestada em geral pelos seguintes aspectos da cultura:

» Preferências musicais ou de artistas.

» Preferências alimentares.

» Tradições de dar nomes a crianças.

» Idioma ou dialeto.

» Religião ou sistema de valores.

A maioria das pessoas se sente mais à vontade quando interage com membros de seu próprio grupo étnico porque valorizam a mesma forma de serem humanos. Obviamente, isso não quer dizer que, só porque algo é confortável, é o mais seguro ou a melhor coisa a fazer — pelo contrário, interagir com membros de diferentes grupos étnicos pode ser uma experiência enriquecedora. É uma boa razão para que muitas pessoas viajem: para aprenderem sobre diferentes perspectivas do mundo.

Além de aprender novas formas de ver o mundo e o nosso lugar nele, a interação com outros grupos étnicos e sociedades permite às pessoas descobrirem sua humanidade em comum. Ao compartilharmos os melhores aspectos de nossas culturas, nós, seres humanos, esforçamo-nos para formar uma sociedade *multicultural*, ou *multiétnica*, na qual vários grupos étnicos coexistem pacificamente sem que alguns dominem outros. Com o aumento tão rápido da população mundial, os membros de diferentes grupos étnicos estão cada vez mais em contato uns com os outros. Manter relações pacíficas é importante e requer que as pessoas tolerem pelo menos as diferenças étnicas e lembrem que tais diferenças são culturais e não genéticas. Um bom exercício é perguntar a si próprio: "Quais das minhas crenças, que mais prezo, são simplesmente produtos da minha própria herança cultural ou étnica e seriam muito diferentes se eu tivesse sido criado em outro lugar?"

Muitas pessoas já vivem em uma sociedade multicultural. Por exemplo, muitos gostam de viver em cidades em que podem experimentar as culturas de diferentes povos por meio de exposições em museus, restaurantes étnicos tradicionais e assim por diante. Além disso, podem ler a literatura de outros grupos, aprender suas histórias e tradições artísticas etc. Essas são algumas das vantagens de vivermos em uma sociedade multicultural.

Interações entre grupos étnicos

Em um estudo de 1985, os antropólogos George Simpson e J. Milton Yinger classificaram seis formas pelas quais diferentes grupos étnicos interagiram na história recente. O antropólogo Gary Ferraro fez uma revisão subsequente dessas formas de interação e ofereceu alguns exemplos bons para cada uma. Com algumas reinterpretações minhas, elas estão organizadas aqui dos melhores cenários para os piores.

Pluralismo

O *pluralismo* é essencialmente o conceito de uma "saladeira", em que vários grupos culturais intactos e identificáveis coexistem em uma única sociedade. Na Suíça, por exemplo, os povos de língua alemã, francesa e italiana coexistem pacificamente. Cada um desses grupos habita uma parte diferente do país, onde mantêm suas identidades étnicas individuais, alimentos, línguas e costumes, ao mesmo tempo em que todos também reconhecem uma identidade "suíça" maior.

Assimilação

A *assimilação* é basicamente o conceito de "caldeirão", no qual uma minoria étnica é absorvida pela grande sociedade. Um bom exemplo é a sociedade havaiana, uma cultura na qual vários grupos asiáticos se assimilaram. A assimilação envolve duas fases principais.

A *assimilação social e cultural* é a primeira etapa, na qual um grupo minoritário se junta à cultura dominante e é obrigado a participar da sociedade e a utilizar as instituições sociais desse grupo dominante. A utilização de instituições sociais, tais como escolas, mercados e igrejas é comum. Infelizmente, a mudança da língua dominante falada pelo grupo minoritário é frequentemente uma prioridade para a sociedade assimiladora; essa prática envolve muitas vezes a ilegalização das línguas nativas, como era comum quando os povos nativos eram colocados em reservas em que as escolas não ensinavam suas línguas nativas, mas a da cultura assimiladora. Esse processo inclui a adoção do sistema de valores e muitos costumes, tais como a observação de feriados não presentes na cultura nativa.

A segunda fase, a *assimilação física*, envolve o casamento de membros da minoria étnica com os da sociedade dominante, cuja descendência é de segunda geração. Em geral, esses descendentes enfrentam desafios consideráveis ao tentarem encontrar uma identidade tanto na cultura de origem como na cultura dominante.

Uma variedade de outras questões surge quando nos deparamos com a realidade da etnicidade no mundo moderno.

Proteção legal das minorias

A proteção legal das minorias é às vezes necessária em sociedades em que grupos étnicos coexistem, mas que podem ser hostis uns aos outros. Por exemplo, os Estados Unidos concederam direitos e *status* especiais destinados a proteger as populações indígenas tradicionais; os indígenas norte-americanos têm jurisdição sobre as suas reservas e, cada vez mais, estão instruindo os próprios advogados e linguistas para que eles mesmos resolvam seus assuntos. Essa proteção pode se estender também aos aspectos mais amplos da sociedade; cometer violência contra um membro de um grupo minoritário só porque não gosta da etnia desse grupo em particular resulta em indiciamento por crime de ódio.

Transferência populacional

A transferência populacional ocorre quando grupos minoritários não conseguem coexistir com a população dominante ou quando a sociedade dominante não quer coexistir com as minorias. Essa foi uma das "soluções" oferecidas pelo governo sérvio aos albaneses minoritários que viviam na Sérvia. A sociedade sérvia dominante não os queria vivendo lá e utilizou as pressões sociais para forçá-los a sair do país.

Subjugação em longo prazo

A *subjugação em longo prazo* ocorre em algumas áreas do mundo em que os grupos étnicos são política e economicamente reprimidos, quer legalmente, quer por meio de contínuas pressões sociais do grupo dominante. Por exemplo, a escravidão era legal na Mauritânia, no oeste africano, até 1980. Ainda hoje, muitos africanos pretos da Mauritânia vivem às margens da sociedade dominada pelos árabes.

Genocídio

Genocídio é o assassinato ou extermínio em massa de um povo, cometido por outro. Isso ocorre tipicamente quando as diferenças entre os grupos são suficientemente significativas para fazer um grupo dominante acreditar que seu próprio modo de vida está ameaçado pela mera existência do outro grupo. Ou seja, quando o ódio e o medo tomam conta da natureza humana. Tragicamente, posso dar muitos exemplos de tais acontecimentos ao longo da história humana: a perseguição sérvia aos albaneses, a perseguição dos hutu aos tutsis, a perseguição nazista a múltiplos grupos e a perseguição turca aos armênios.

LEMBRE-SE

Tome muito cuidado com relação a generalizações sobre outros grupos étnicos, e lembre-se de que os líderes políticos colocam frequentemente tais grupos uns contra os outros, usando a clássica e eficaz estratégia do "dividir para conquistar". Não caia nessa, nem no conceito de raça biológica!

Capítulo **15**

Visitas! Identidade, Família, Parentesco e Gênero

Todos os animais reconhecem diferenças entre "si" e os "outros". Nas sociedades humanas, essas diferenças assumem um enorme significado, em parte porque os seres humanos são muito individualistas; em vez de sermos todos autômatos idênticos, temos personalidades individuais. Validamos tal individualismo dando aos bebês nomes únicos. Esses nomes também mantêm um registro de quem é parente de quem, indo às vezes até várias gerações atrás. As coisas podem ficar complicadas — talvez as pessoas mudem o nome ao longo das suas vidas!

Para que tanta obsessão com quem somos? Por que meu nome é "Cameron McPherson Smith" e não "#4423-A"? E por que ainda vamos mais longe, acrescentando qualificadores como "doutor" ou "tio" a nossos nomes?

Para nos entendermos como espécie, nós, os seres humanos, também precisamos nos compreender como indivíduos que fazem parte da rede de contatos de outros indivíduos. Nomear e atribuir várias identidades nos ajuda a ficarmos a par uns dos outros. Este capítulo explica o significado da identidade individual e como as culturas em todo o mundo organizam diferentes tipos de identidades, tais como idade, família, sexo e gênero.

Sou "Cameron" ou "Smith"? A Escala da Identidade Humana

Se me perguntar onde vivo, minha resposta dependerá do contexto: se estivermos em Berlim, posso dizer "Estados Unidos" ou "Oregon". Se estivermos no centro de Portland, eu provavelmente diria "na parte noroeste de Portland". Da mesma forma, os seres humanos têm identidades individuais que variam dependendo de quem pergunta e em que contexto. Sou "tio Cameron", "Dr. Smith", "Cam" ou "Cameron McPherson Smith", dependendo da pessoa que perguntar. A capacidade para tais identidades múltiplas é exclusivamente humana, e isso se dá por causa da nossa individualidade.

As raízes da individualidade humana são encontradas na linguagem. A *linguagem*, a principal forma de comunicação da nossa espécie, é tão sutil e capaz de expressão que cada mente tem compreensões ligeiramente diferentes sobre as coisas (veja mais sobre o porquê disso no Capítulo 12). Isso resulta em diferenças em nosso comportamento, porque cada um de nós pensa de forma única — seja um pouco ou muito. Essa é uma das razões pelas quais os seres humanos dão nomes e títulos individuais para manter o registro de todos. E, minha nossa, como fazemos isso. Um estudo descobriu que até 70% das conversas não relacionadas com o trabalho são sobre outras pessoas, como "Acredita o que ele teve coragem de fazer?" e "Por que raios ela se mudaria para aquela cidade?". Todo esse monitoramento cuidadoso, essa obsessão com o lugar de uma pessoa na rede de amigos, familiares e colegas de trabalho (e cidadãos, em estruturas sociais ainda maiores, como os países) é possível ao mantermos um registro exato de quem todos são: um registro de identidade.

Conheça-se: Identidade

As culturas humanas reconhecem pelo menos dois outros tipos de identidade:

» **Individual:** O "eu", identificado por um nome pessoal.

» **Família íntima:** Companheiros de casamento e outros membros da família imediata (*parentes*), identificados por um nome de família; mesmo que essa prática não seja formalizada através do uso de um "sobrenome", como em vários países, sempre há alguma forma de indicar a identidade da família.

Considere como essas identidades se relacionam com o indivíduo, a família íntima, os parentes e o gênero. Durante milhares de anos, grande parte da interação humana foi menor do que hoje, com as comunicações globais e a possibilidade de transporte muito rápido pela Terra.

Visto que a organização social é tão importante para a cultura humana e muitas vezes depende dos tipos de identidades que acabei de mencionar, os antropólogos desenvolveram inúmeros estudos sobre como a individualidade, o parentesco, o casamento e o gênero estão organizados. O restante deste capítulo apresenta suas principais descobertas.

A essência de um nome

Cada sociedade humana tem o costume de nomear os descendentes, que, segundo o antropólogo Clifford Geertz, converte "qualquer um" em "alguém". No entanto, a forma exata como os nomes são escolhidos, e para que fins, varia enormemente.

Por exemplo, alguns pais selecionam nomes para refletir seus ideais (tais como Pureza) ou religião (Gabriel). Na Europa medieval, os sobrenomes refletiam os ofícios (Ferreiras trabalhavam com metal, Cordeiros eram pastores de rebanho e assim por diante). Na Islândia, as mulheres recebem um nome próprio seguido de um sobrenome que está ligado ao nome de seu pai: Artna, filha de Thorstein, seria chamada Artna Thorsteinsdottir. E assim por diante. Em todo o mundo e ao longo da história, a atribuição de um nome mantém um registro de quem você é, quem são seus pais e que direitos e responsabilidades você pode ter.

Um Caso de Família

Todas as sociedades humanas têm formas de organizar seus membros em *famílias*. Em nível mundial, as famílias têm geralmente as seguintes características:

>> **Corresidência:** Ou seja, os membros da família vivem mais ou menos juntos; entre os Hmong, da Tailândia, as famílias ocupam grandes casas, formando aldeias.

>> **Cooperação econômica:** Os membros trabalham tendo os interesses econômicos de sua família em mente, ajudando (e sendo ajudados)

em tempos difíceis; nas altitudes do Peru tradicional, por exemplo, as atividades econômicas de cada membro da família — como a tecelagem, feita em grande parte por mulheres, e a lavoura, feita em grande parte por homens — são ajustadas de maneira complexa à medida que a estrutura familiar vai mudando com nascimentos, mortes etc.

» **Gerenciamento da reprodução e da enculturação:** Os membros participam no processo de ter ou não filhos, sustentá-los e levá-los à vida adulta. Entre os nativos do inupiat, do Alasca, as estratégias tradicionais de criação de crianças, que costumavam enfatizar o papel da mulher no cuidado delas (porque os homens estavam muitas vezes envolvidos na caça), estão sendo ajustadas a novas economias que não enfatizam a caça.

» **Gerenciamento da propriedade:** Os membros orquestram o movimento — dentro da geração e de uma geração à seguinte — da propriedade familiar; na cultura basca do norte da Espanha, o primogênito era o primeiro a herdar a casa e a terra da família imediatamente quando se casava (os pais do herdeiro iam viver com ele a partir desse momento, mas não eram mais os donos da terra ou da casa).

Os requisitos para ser considerado membro da família também variam em nível mundial, mas se baseiam em uma combinação de dois tipos principais de parentes. Os *consanguíneos* são aqueles com os quais estamos relacionados por sangue (irmãos e mãe biológicos, por exemplo), e os *afins* são pessoas com as quais estamos relacionados pelo casamento (esposa, sogro etc.).

Embora todas as sociedades humanas tenham conceitos de família, ser considerado membro da família e as regras relacionadas a isso variam muito em todo o mundo. Na América do Norte, o casal monogâmico e a sua descendência (a *família nuclear*) são amplamente considerados a família "ideal". Mas tal arranjo é um ideal, não necessariamente a realidade. Nos Estados Unidos, dependendo da fonte (os dados online do Censo do país estão há anos desatualizados), apenas cerca de 25% das pessoas vivem nesse tipo de família nuclear; as famílias monoparentais são muito comuns.

Em algumas culturas, a família nuclear imediata é menos significativa do que a *família estendida*, que inclui multidões de tios, primos, e assim por diante. Nesses casos, a família pode estar mais interessada nas duas ou três gerações mais recentes do que nas muito antigas, simplesmente por causa da complexidade das relações. Em qualquer um dos casos, todas as sociedades humanas fazem distinção entre os dois tipos principais de relações: a família na qual nascemos e a família que iniciamos, que analiso na próxima seção.

As famílias podem se tornar muito complexas, por isso lembre-se de que as categorias antropológicas são muitas vezes bastante confusas. Os membros de uma família muito grande e estendida que vivem juntos são mais

LEMBRE-SE

bem denominados "grupo doméstico" do que família, porque talvez incluam visitantes de longo prazo ou relações muito distantes, sendo levadas de volta ao convívio. Lembre-se, o mundo é normalmente mais complicado do que qualquer afirmação antropológica. A espécie humana encontrou muitas formas de ser humana.

Família de origem versus família de procriação

Todas as sociedades humanas mantêm registros da *família de origem* — onde a pessoa nasceu. As culturas utilizam termos de parentesco tais como *mãe, pai, irmão, tia* etc. para indicar o(s) papel(is) de uma pessoa na família de origem. Estes podem tornar-se muito complicados. No parentesco tradicional chinês, existem termos separados para tios e tias mais velhos ou mais novos, enquanto que no sistema ocidental existe apenas "tio". A *família de procriação*, a que uma pessoa começa quando se casa e tem descendência, também usa termos de parentesco como *filho, primo* e *cunhada* para manter o registro desses membros adicionais da família. (Na maioria das culturas tradicionais, o casamento é um passo fundamental no início de uma família). Veja a seção "Parentesco", mais adiante neste capítulo.

Incesto

Tanto a família de origem como a família de procriação são importantes na regulação do comportamento sexual. Uma das regulamentações mais importantes tem a ver com o *tabu do incesto*, que é a proibição de relações sexuais com familiares próximos. Mais uma vez, quem está proibido de ter relações com quem varia um pouco em todo o mundo (embora um estudo feito em mais de 250 sociedades tenha mostrado que, em todos os casos, as relações sexuais entre membros da mesma família nuclear eram proibidas), mas o tabu envolve universalmente a proibição das relações sexuais entre pais e a sua descendência biológica imediata. A universalidade do tabu do incesto sugere sua grande importância para a humanidade — se os seres humanos realizarem uma consanguinidade demasiado próxima, efeitos médicos negativos podem ocorrer.

DEFINIÇÕES DA FAMÍLIA NORTE-AMERICANA

O Departamento do Censo dos EUA recolhe dados sobre famílias norte-americanas, e enumerei suas definições sobre certos termos na lista a seguir. Lembre-se de que estas definições não são universais — são específicas dos EUA hoje (ou de alguns anos atrás, quando foram escritas). Uma das lições de antropologia é que tais termos podem não ser universalmente aplicáveis.

- **Família:** Um grupo de duas ou mais pessoas (uma das quais é o chefe de família) relacionadas por nascimento, casamento ou adoção e residindo juntas; todas essas pessoas (incluindo os membros das subfamílias relacionadas) são consideradas membros de uma família... O número de famílias é igual ao de domicílios familiares; no entanto, a contagem dos membros da família difere da contagem dos membros dos domicílios, pois esta inclui não familiares que vivem no domicílio.

- **Domicílio:** Consiste em todas as pessoas que ocupam uma unidade de habitação. Uma casa, um apartamento ou outro grupo de cômodos, ou um quarto individual, é considerado um domicílio quando é ocupado ou destinado a ser ocupado como quartos separados; ou seja, quando os ocupantes não vivem nem comem com quaisquer outras pessoas na estrutura e há acesso direto da parte exterior ou através de um cômodo comum.

- **Cônjuges:** Um casal, tal como definido para efeitos do censo, é composto de um marido e uma esposa contados como membros do mesmo domicílio. O casal pode ou não ter filhos vivendo com eles. A expressão "marido-mulher" ou "cônjuges" antes do termo "domicílio", "família" ou "subfamília" indica que o domicílio, a família ou a subfamília é mantido por um marido e uma esposa. O número de casais é igual ao de famílias compostas de um casal mais as subfamílias de parentesco ou não de casais relacionadas.

Quais termos você acha que precisam ser redefinidos no futuro?

[N. do T.: Veja informações sobre família referentes à realidade brasileira no site do Instituto Brasileiro de Geografia e Estatística: www.ibge.gov.br]

Casamento

O *casamento* é a união sancionada socialmente entre duas pessoas — geralmente, um homem e uma mulher — com duas características principais. Embora o divórcio seja possível, e comum em algumas sociedades (como no Brasil e entre os Tuaregues do Saara, onde as mulheres podem ter vários maridos antes dos 30 anos), a expectativa social na cerimônia do casamento é a de que a união seja permanente. Além disso, o casamento em geral traz uma expectativa geral de que a união será sexualmente monogâmica entre os casados (embora os costumes variem).

JÁ ESTÁ ESPERNEANDO? ETNOCENTRISMO E RELATIVISMO

A leitura sobre diferentes tipos de casamento, relações sexuais etc. pode ser muito desconfortável, porque as culturas são normalmente bastante conservadoras; os indivíduos tendem a se agarrar firmemente a seus valores culturais fundamentais e em geral os consideram a opção mais razoável. Tal etnocentrismo não é apenas uma questão ocidental — todas as culturas parecem acreditar ter descoberto as melhores e mais apropriadas formas do mundo de serem humanas. Evitar o etnocentrismo não significa que nunca devemos julgar ninguém por nada. Ninguém disse que cada adaptação humana é boa para todos na cultura; as culturas fizeram coisas maravilhosas, como a arte e o mito, que são universalmente amadas, mas também criaram instituições terríveis, como a escravidão, que hoje em dia são largamente (se não universalmente) desprezadas. Lembre-se, o etnocentrismo é comum e leva ao atrito, mas, ao mesmo tempo, uma reação irrefletida de relativismo cultural extremo, em que se aceitam todos os traços culturais, pode muito bem ser amoral, considerando as ligações globais de hoje; por exemplo, fazendo-nos ignorar violações claras dos direitos humanos, tais como a escravidão.

O casamento é uma união complexa, que tem muitas funções; ele pode unir parceiros românticos, mas, mesmo nesses casos, há uma grande parte relacionada com a gestão da propriedade, os direitos e a descendência. Os costumes matrimoniais de uma sociedade ditam em grande parte como organiza e gere as famílias, bem como que termos utiliza para as manter sob registro. Como sempre, tais costumes variam bastante em nível mundial. O *casamento arranjado* combina indivíduos não por razões de amor romântico, mas porque o casamento gera honra (e por vezes riqueza e prestígio material) às famílias do casal. Também (como na Índia), muitas sociedades que praticam o casamento arranjado acreditam que os jovens não podem tomar boas decisões sobre o casamento, e que, se os mais velhos as tomarem, o casamento tem mais probabilidades de sobreviver.

PAPO DE ESPECIALISTA

Muitos fatores contribuem para a decisão de se casar; nos Estados Unidos, um fator importante tem sido a idade. Em 1890, a maioria dos casais contraiu matrimônio por volta dos 20 ou 25 anos, enquanto hoje em dia muitos casam mais perto dos 30. Esse atraso pode ter a ver com o aumento da expectativa de vida, que era de cerca de 40 anos nos anos 1800 e está hoje mais próxima dos 80.

O casamento é normalmente entre um homem e uma mulher porque durante muitos milhares de anos a instituição se preocupava profundamente com a criação da descendência, e a combinação de casais nesse formato faz uso das qualidades de cada um dos pais para proteger os filhos. Mas os tempos estão mudando: particularmente na civilização ocidental, o casamento entre pessoas do mesmo sexo está ficando mais comum. Em culturas não ocidentalizadas, o casamento entre pessoas do mesmo sexo pode ocorrer, mas é bastante raro.

Outra variação cultural trata do número de pessoas com quem uma pessoa pode estar casada. Uma variação comum é a *poliginia*, ou o casamento de um homem com mais de uma mulher. Tal prática é muito comum em todo o mundo: cerca de 70% das culturas humanas aprovam o acordo (pelo menos em princípio), mas, visto que obter a aprovação de vários membros da família e sustentar várias esposas ao mesmo tempo são ambas tarefas difíceis, há muito mais homens em todo o mundo que aspiram à poliginia do que realmente a praticam.

Outra prática semelhante é a *poliandria*, o casamento de uma mulher com mais de um homem. A poliandria é muito rara no mundo, praticada apenas na região asiática do sub-Himalaia (Nepal, Tibete e Índia); provavelmente teve origem na prática cultural do infanticídio feminino (realizado por razões complexas), o que reduziu o número de mulheres na sociedade com condições de se casar.

Outra dimensão da variabilidade nos casamentos é a questão de se casar dentro ou fora de determinados parâmetros. *Endogamia* é a tradição de se casar dentro de um grupo social, econômico e/ou racial especificado e bem conhecido; por exemplo, as famílias reais são muito cuidadosas em manter os matrimônios dentro do seu próprio nível social (ou seja, outros da realeza), embora mesmo eles quebrem essa tendência de vez em quando, como no caso do príncipe real britânico Charles e Lady Diana Spencer (que se tornou princesa Diana). Embora não fosse da realeza, ela era da família aristocrática Spencer, então Charles não se afastou muito da norma. O oposto de endogamia é *exogamia*, ou se casar conscientemente bem fora dos limites de suas relações mais próximas. As pessoas em geral fazem isso para escapar de certas restrições econômicas (tais como se casar com alguém de nível social/econômico mais elevado) ou, mais praticamente (em sociedades de pequena escala), para prevenir os problemas genéticos que advêm do incesto, tais como defeitos de nascença. Algumas culturas proíbem o casamento fora da subcultura; por exemplo, no sistema de castas indiano, as pessoas devem casar-se dentro de sua própria posição social específica.

Parentesco

Embora o casamento trate especificamente de com quem uma pessoa se casa, o parentesco trata de todas as relações, as de sangue e as de casamento. É tão complexo, de fato, que os antropólogos elaboraram um glossário de termos de parentesco e uma forma de expressar graficamente suas relações, o que produz diagramas muito parecidos com uma árvore genealógica; um exemplo muito simples é mostrado na Figura 15-1. Em vez de analisar profundamente a terminologia sobre parentesco do mundo todo, as seções a seguir apresentam o básico sobre o assunto.

O parentesco abarca mais do que apenas parentes próximos; também inclui muitos indivíduos, tais como os que pertencem a *linhagens* (de sangue) ou *grupos descendentes*, compostos de indivíduos relacionados por ascendência (por exemplo, clãs ou tribos). Embora as funções variem, e nem todas as seguintes se apliquem para todos os grupos descendentes, suas funções comuns (que sobrepõem algumas funções da família) incluem:

» **Aplicação da justiça:** Grupos descendentes inteiros podem ser insultados se um membro for insultado, assim, a justiça muitas vezes é aplicada aos grupos inteiros, e não a indivíduos desses grupos.

» **Gestão de propriedade:** Nas famílias, a propriedade possuída em comum, incluindo itens materiais, recursos espirituais (como o acesso a certos locais ritualísticos), e/ou recursos políticos são todos geridos pelo grupo descendente, e não por indivíduos ou famílias individuais.

» **Identidade:** Em algumas culturas, o grupo descendente (e não a família nem mesmo o indivíduo) é a principal unidade de identidade.

» **Aprovação de casamentos:** Em grupos descendentes, todo o grupo deve aprovar os casamentos, e não apenas o próprio casal.

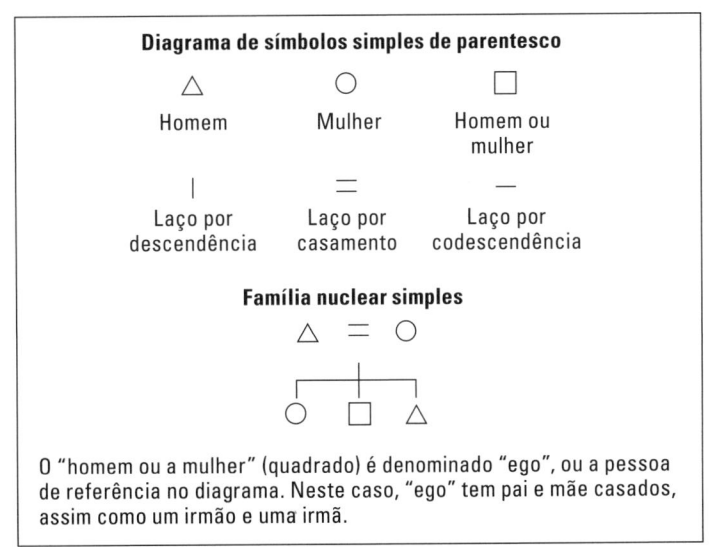

FIGURA 15-1: Diagrama de parentesco para uma família nuclear simples.

Diagrama de símbolos simples de parentesco

△	○	☐
Homem	Mulher	Homem ou mulher
│	═	—
Laço por descendência	Laço por casamento	Laço por codescendência

Família nuclear simples

O "homem ou a mulher" (quadrado) é denominado "ego", ou a pessoa de referência no diagrama. Neste caso, "ego" tem pai e mãe casados, assim como um irmão e uma irmã.

Ilustração cortesia de Cameron M. Smith

Uma forma de manter registros da ascendência de uma pessoa é considerar se os grupos descendentes acompanham sua ancestralidade considerando apenas um ou ambos os pais. Se a descendência de uma pessoa é *linear*, ela considera apenas o parentesco do lado da mãe ou o do pai (mas não de ambos). Essa prática é ou era tradicional em pouco mais de metade das culturas do mundo, e era comum na Roma Antiga, bem como no grande reino Ashanti do século XVIII, da África Ocidental.

O *parentesco cognático* é mais flexível do que a descendência linear, pois permite que as pessoas acompanhem o parentesco com as famílias *do pai e da mãe*. Pouco menos de metade dos povos do mundo utiliza ou utilizou tradicionalmente esse sistema; embora as pessoas nos EUA utilizem tipicamente o sobrenome do pai na atribuição de nomes (o que parece implicar uma ascendência linear), na verdade elas estão interessadas no parentesco (e no uso social e econômico) com as famílias de ambos os progenitores; assim, os norte-americanos praticam de fato o parentesco cognato.

Além de manterem registro sobre um ou sobre os dois lados da geração dos pais, as culturas humanas globais especificam se acompanharão a identidade através da linha paterna ou materna. A ascendência *patrilinear* centra-se nos parentes do pai; é o sistema mais comum a nível mundial, praticado por cerca de 60% das culturas humanas. A ascendência *matrilinear* centra-se nos parentes da mãe; é menos comum do que o sistema patrilinear, sendo praticado apenas por cerca de 15% das culturas do mundo. Qualquer um desses sistemas é uma opção de acompanhamento linear de descendência; para o parentesco cognático, a resposta é a ascendência *ambilinear*, que permite o acompanhamento da ancestralidade pela família do pai ou da mãe.

PAPO DE ESPECIALISTA

Embora a matrilinearidade pareça ser uma situação em que as mulheres têm mais poder do que os homens, o domínio masculino das oportunidades econômicas e sociais e das ações no seio da família é bastante difundido, embora os bens, direitos etc. sejam transmitidos através da linhagem materna.

Nos EUA, hoje em dia, a maioria das pessoas usa o sistema de ascendência cognática ou ambilinear, e, dessa forma, os norte-americanos têm bastante em comum com muitas culturas em todo o mundo — suas famílias são importantes para eles. Mas, devido a uma variedade de fatores sociais e econômicos, um tópico com o qual não gastam muito tempo é a decisão da família sobre com quem viver após o casamento, que é uma grande questão em muitas sociedades não industriais. A residência *patrilocal* mantém o casal próximo da residência física do pai do noivo; a residência *matrilocal* o mantém mais próximo da residência da mãe da noiva. A residência *neolocal* (amplamente praticada hoje em dia no Brasil) permite a residência pós-casamento longe das residências dos pais do noivo e da noiva.

Sexo e Gênero

As sociedades humanas reconhecem universalmente alguma variedade de identidade de gênero. O *gênero* é uma categoria social (relacionada com o sexo biológico em muitas culturas) que indica quais são os papéis, os direitos e as responsabilidades apropriados para determinado gênero em uma sociedade em particular.

Sexo é um termo biológico que se refere ao fato de uma pessoa doar esperma ou óvulos no ato da reprodução biológica. Os machos e as fêmeas humanos exibem várias diferenças externas principais:

» Os machos são em média 10% maiores (em altura ou peso) do que as fêmeas.

» As fêmeas podem amamentar os filhos.

» As fêmeas têm quadris levemente mais largos e podem acumular mais gordura no corpo.

Apesar da mitologia comum, os cérebros das mulheres têm o mesmo poder de processamento que os dos homens, embora a caixa cerebral possa ser ligeiramente menor devido ao fenômeno da *alometria* (o fato de os tamanhos das partes do corpo refletirem o tamanho total do corpo). Assim, o cérebro de um elefante tem várias vezes o tamanho do cérebro de um ser humano simplesmente porque todo o corpo do elefante é muito maior. Há exceções aqui e ali, mas a questão é que, nos seres humanos, os homens são geralmente cerca de 10% maiores, em qualquer medida, do que as mulheres. Essa é a raiz do mito de que as mulheres têm cérebros menores.

Será que a ligeira diferença no volume cerebral importa, em termos de diferenças de comportamento "embutido" entre homens e mulheres? Isso é possível — animais machos e fêmeas de todos os tipos apresentam comportamentos diferentes de acordo com o sexo biológico. Mas os seres humanos comportam-se muito mais de acordo com o que aprendem (a nossa cultura) do que da "pré-programação" genética. Não devemos ter medo, penso eu, da possibilidade de características comportamentais inatas da mente masculina e feminina. Mas devemos estar conscientes de que a maior parte dos nossos comportamentos é fortemente governada pela cultura.

A possibilidade ou a probabilidade de diferenças de percepção, de formas de comunicação e de competências (por mais definidas que estejam) entre homens e mulheres é um tema tão polêmico, que não abordarei aqui. Penso que os antropólogos tenham boas razões evolutivas para imaginar que tais diferenças existam, mas não estou convencido de que alguém já as tenha documentado detalhadamente.

Diferenças entre sexo e gênero

Embora o sexo seja uma questão relativamente simples de biologia (a evolução dos sexos masculino e feminino ocorreu há mais de um bilhão de anos), o gênero é muito complicado. O gênero é uma identidade *social* que se relaciona com o sexo biológico. Antes de analisar mais cuidadosamente o que constitui determinados gêneros, tenha em mente a importância dessas questões na sociedade. Em nível mundial, o gênero é atribuído aos indivíduos por várias razões:

» Como parte da identidade central de uma pessoa (informando as expectativas do eu).

» Para delinear as expectativas sociais do indivíduo.

» Para delinear as expectativas econômicas e políticas do indivíduo.

Masculinidade e feminilidade são importantes; cada cultura tem algum conceito de *ideologia de gênero*, ou de qual é o comportamento masculino ou feminino apropriado, entrelaçado em seus valores e muitas vezes em seu sistema religioso. No entanto, tais ideologias diferem de cultura para cultura. Em algumas (por exemplo, a cultura árabe), é permitido — e até espera-se que isso ocorra — que os homens andem de mãos dadas com seus amigos, ao passo que essa ação seria considerada efeminada e suspeita em outras culturas. Naturalmente, as sanções por cruzar as fronteiras aprovadas de gênero podem ser severas, até a morte, inclusive.

E assim como encontramos variações na expressão apropriada do gênero em cada cultura, também há variações sobre o quanto uma pessoa pode atenuar as diferenças entre masculinidade e feminilidade. A cultura italiana apresenta hoje uma forte pitada de valentia e machismo, mas também espera-se que os homens sejam extremamente respeitosos com relação às suas mães, de tal forma que muitas mulheres italianas acham isso uma feminilidade excessiva. A vida é complicada!

Os povos nativos da América do Norte têm uma longa tradição do *berdache*, a pessoa que é biologicamente masculina, mas que age e se veste de formas normalmente reservadas às mulheres. Muitos antropólogos acreditam que, embora tal prática nunca tenha sido particularmente comum em todo o mundo, essa variação comportamental era mais comum antes da colonização de grande parte do mundo feita pelos europeus no século XIX, quando tal comportamento era tão contrário aos ideais vitorianos, que foi larga e amplamente reprimido.

Na última década, ocorreu um aumento significativo de "atenuação entre diferenças de gênero" nas culturas ocidentais. Muitos estão insatisfeitos com os papéis e as consequências de uma rigorosa identidade de gênero masculina/feminina, e querem reconhecer inúmeras variações sobre esses temas gerais. E, certamente, muitas pessoas que não se conformam com tais expectativas sociais são tratadas de forma injusta. Os gêneros que uma cultura reconhece podem levar a conflitos significativos, porque as ideias básicas sobre a natureza e a ordem da vida humana são frequentemente estruturadas por conceitos de papéis de gênero e pelo que se espera que pessoas de certos gêneros façam na vida (mais sobre isso na próxima seção). Hoje em dia, há um debate em muitos países sobre se as pessoas *transgênero* (que não sentem uma associação com o gênero que lhes foi atribuído ao nascer) devem ter certos direitos. A Associação Antropológica Americana forneceu esta declaração sobre a questão (veja mais em `www.americananthro.org/ParticipateAndAdvocate/AdvocacyDetail.aspx?ItemNumber=24301`; conteúdo em inglês):

O pluralismo de gênero — uma forma de incluir todas as identidades de sexo/gênero dentro da esfera de identidades plausíveis — mostrou-se útil no apoio à autonomia, à autodeterminação e ao bem-estar geral das pessoas.

Papéis comuns de gênero

Embora os diferentes papéis de gênero tenham mudado ao longo do tempo, os antropólogos encontraram várias tendências em todo o mundo. Elas estão em geral relacionadas com a divisão do trabalho em função do gênero, que é mais significativa nas sociedades não industriais do que nas industrializadas. (*Não industrial* refere-se a sociedades tradicionais que não estão profundamente envolvidas no mundo de alta tecnologia, produção em massa e alta velocidade da civilização ocidental; não é o melhor termo, mas é melhor do que *primitivo*.) Essas culturas normalmente organizam o trabalho de acordo com outros fatores (incluindo idade e nível social), mas o gênero também é bastante importante. Nas sociedades não industriais, os papéis masculinos incluem luta/envolvimento na guerra, caça e pesca, trabalho com substâncias duras, como rocha, e comércio de longa distância. Os papéis femininos incluem tipicamente a preparação de alimentos, as atividades domésticas (manutenção de uma casa), a criação dos filhos e o trabalho com materiais leves, como tecido.

Quando as desigualdades sociais surgem a partir de diferenças de gênero, a sociedade está praticando a *estratificação de gênero*. Isso ocorre quando certos tipos de atividades são valorizados mais que outros, como a caça sendo mais importante que a criação dos filhos. Essas avaliações parecem arbitrárias vistas de fora, mas cada cultura tem uma ideologia de gênero complexa que serve de alicerce à prática. Qualquer tentativa de mudá-la exigiria um trabalho cuidadoso com a sociedade, reconhecendo a significância desses papéis para a cultura que a pratica.

A divisão do trabalho por gênero é muitas vezes mais ideológica do que inalterável. Em algumas sociedades, as mulheres participam na caça, e, em muitos casos, os homens estão envolvidos na criação dos filhos. Especialmente em épocas difíceis, os papéis de gênero podem ser alterados, como aconteceu nos Estados Unidos durante a Segunda Guerra Mundial, quando as mulheres foram subitamente acolhidas no trabalho industrial, que até então era algo totalmente fora de suas expectativas. A Figura 15-2 mostra mulheres norte-americanas trabalhando em uma fábrica (construindo tanques de combustível para aviões de guerra) durante a Segunda Guerra Mundial, um trabalho que anteriormente era dominado pelos homens. A definição do que era ser mulher, e o que era considerado apropriado para as mulheres fazerem, foi alterada como resultado da mudança cultural.

FIGURA 15-2: Mulheres trabalhando em uma fábrica de aviões durante a Segunda Guerra Mundial, quando ocorreram grandes mudanças culturais nos papéis dos gêneros.

Biblioteca do Congresso dos EUA, Divisão de Fotos e Impressão, nº de reprodução LC-USE6-D-002674 (b&w film neg.)

Parentesco e Gênero no Mundo Todo e ao Longo do Tempo

No Capítulo 10, falei sobre os três principais modos de subsistência que a humanidade concebeu: caça e coleta, horticultura (cultivo agrícola e animal de baixa intensidade) e agricultura/agropecuária (cultivo agrícola e animal de alta intensidade). Descrevi também a organização social distintiva associada a cada um desses modos, e em cada um desses tipos de sociedades é possível fazer algumas generalizações sobre como funciona o parentesco e o gênero. As próximas seções descrevem as principais tendências.

Caçadores e coletores

A maioria das sociedades caçadoras e coletoras são compostas de pequenos bandos ou tribos apolíticos que se deslocam em suas regiões buscando aproveitar fontes de alimentos amplamente dispersas; essa mobilidade desvaloriza conceitos de posse, de propriedade material e mesmo de classificação social, e também afeta o parentesco e o gênero.

Em muitos casos, os sistemas de parentesco das sociedades caçadoras e coletoras se baseiam principalmente na família nuclear ou em pequenos grupos de famílias nucleares chamados de *bandos*. Não é possível formar grandes grupos descendentes, matrilineares ou patrilineares, pois as populações são baixas e a quantidade de bens físicos a ser entregues de uma geração para a seguinte (uma tarefa de gestão importante nos grupos descendentes) é limitada.

Embora homens e mulheres façam mais ou menos a mesma quantidade de trabalho nas sociedades caçadoras e coletoras, em geral há conceitos estritos sobre o trabalho de homens e mulheres. Nas regiões onde a carne representa uma parte importante da dieta (como no Ártico), os homens caçam mais; onde a alimentação vegetal é uma grande parte da dieta (como no Congo), as mulheres caçam e coletam mais. Como os caçadores e coletores não são propensos à guerra, os homens normalmente não prestam serviços como soldados ou guerreiros, embora possam assumir tais papéis durante curtos períodos.

As sociedades caçadoras e coletoras de hoje e historicamente têm alguns paralelos com os nossos antepassados pré-históricos, porque todos os seres humanos foram caçadores e coletores até a invenção da horticultura e da agricultura/agropecuária, há cerca de 10 mil anos. Mas havia muitas formas de ser um caçador e coletor nos últimos milhões de anos, e os caçadores e coletores de hoje sofreram séculos de influências desde o contato com a civilização ocidental, por isso, os antropólogos procuram não os igualar com alguma ideia de sociedade humana "original".

LEMBRE-SE

Como qualquer categoria antropológica, o termo "caçador e coletor" esconde muitas variações. Muitos caçadores e coletores (hoje e no passado) têm populações pequenas, mudam-se muito de lugar e praticamente não têm classificação social, mas em alguns casos (como na costa noroeste do Pacífico da América do Norte, onde os recursos eram abundantes e previsíveis) as sociedades caçadoras e coletoras tradicionais tinham classificação social, propriedades e eram residencialmente sedentárias (e não se mudavam muito). Em vez de pensarmos nessas categorias como absolutas e imutáveis, é melhor considerá-las como tonalidades de um espectro de modos sociais e de subsistência.

Horticultores

Os horticultores aparecem tipicamente como chefaturas que praticam a agricultura de baixa intensidade, cultivando pequenos campos (ou mesmo hortas) e criando um pequeno número de animais; tais comportamentos os tornam mais sedentários do que os caçadores e coletores, altamente móveis, mas eles ainda se mudam muitas vezes ciclicamente de um campo agrícola para outro seguindo uma rotação de três ou quatro anos. Devido ao investimento nesses terrenos e às ferramentas e instalações utilizadas para processar os alimentos cultivados, os horticultores têm mais material físico para passar de uma geração a outra do que os caçadores e coletores; a classificação social também está presente, embora não tão pronunciada como na civilização.

Os sistemas de parentesco na sociedade hortícola baseiam-se largamente em grandes e complexos grupos descendentes organizados em clãs ou linhagens, com tradições e histórias elaboradas que os ligam a importantes ancestrais fundadores, tais como os venerados espíritos dos antepassados entre os nativos da Papua-Nova Guiné. Muitos são matrilineares (identificam-se com o lado da mãe da família), e são frequentemente exógamos (casam-se fora das suas linhagens de sangue). Os laços matrimoniais são também mais importantes do que entre os caçadores e coletores, novamente devido à necessidade de administrar cuidadosamente a transmissão de direitos e propriedades de uma geração para a outra.

Embora os papéis de gênero variem muito, em muitos casos, as mulheres nas sociedades hortícolas têm um status relativamente elevado em comparação com outras sociedades; essa tendência é ainda mais acentuada nas sociedades em que as famílias residem perto da família da esposa.

Agricultores

Os agricultores antigos praticavam uma agropecuária de alta intensidade, cultivando grandes campos com irrigação intensiva e utilizando arados, além de criarem um grande número de animais. Esses comportamentos os tornaram muito sedentários (em geral, vivendo perto dos corpos de seus parentes enterrados), de tal forma que o conceito de propriedade é forte e profundamente enraizado. As sociedades agrícolas tinham uma forte classificação social, com uma pequena classe de elite governando muitos camponeses agricultores.

Os sistemas de parentesco da sociedade agrícola também podiam se basear em grandes e complexos grupos descendentes, mas, como o urbanismo (cidades) e os ofícios especializados (como padeiro ou oleiro) estavam presentes, as ligações de parentesco eram às vezes desvalorizadas em favor de ligações sociais baseadas no trabalho. A maioria dessas sociedades é patrilinear; na realidade, os homens são frequentemente dominantes em quase todos os aspectos da vida, pelo menos à primeira vista. Contudo, as mulheres nesses arranjos podem deter um poder considerável para influenciar o marido (por exemplo, economicamente), e isso não deve ser negligenciado. Embora os papéis de gênero variassem enormemente, em muitos casos as mulheres se concentravam no trabalho doméstico, longe da esfera pública, que (com o comércio de longa distância) era domínio dos homens. No Egito Antigo, por exemplo, os homens eram muito mais propensos a tornarem-se escribas, quando as mulheres provavelmente cuidavam dos filhos ou trabalhavam em casa. Os homens também se dedicavam frequentemente à guerra, em muitos casos, como soldados em tempo integral.

Lembre-se de que, em todos esses casos, os vários papéis de gênero, as regras de parentesco e os modos de subsistência estavam complexamente interligados; tente mexer em um fator, e os outros serão afetados. E, na maioria dos casos, tais comportamentos foram de alguma forma adaptativos, na medida em que promoveram a sobrevivência. Agora, nem todas as adaptações são boas — as culturas também têm más adaptações, que, na realidade, são más para pelo menos alguns dos membros da sociedade —, e sempre podemos nos questionar sobre quem se beneficia de um determinado arranjo. Às vezes, a resposta é "todos", mas em outras as coisas talvez não sejam tão magnânimas.

Idade e Estágios da Vida

As culturas humanas também reconhecem universalmente algum tipo de identidade etária para cada indivíduo. As expectativas sociais diferem naturalmente entre, digamos, uma criança pequena (que ainda está aprendendo sobre o mundo) e uma pessoa de meia-idade (que já experienciou muito mais e que talvez possua várias coisas que precisam ser redistribuídas de acordo com as leis da herança). Muitas culturas têm rituais formais utilizados para indicar a transição de uma fase da vida para outra, o que mostra ainda mais como essas fases são importantes.

Embora seja comum que as culturas identifiquem diferentes idades ou fases da vida, a forma como isso se dá difere a nível mundial. Na década de 1980, diversos estudos antropológicos mostraram que todas as culturas reconhecem, de alguma forma, os acontecimentos do *nascimento* (infância), da *adolescência* (tornar-se adulto, mas ainda não adulto), do *casamento* (assumir diversos papéis de adulto) e da *morte* (ser destituído de papéis e responsabilidades).

Um exemplo de como isso se aplica é encontrado na cultura hutterite, da América do Norte. Os hutterites são pessoas agrícolas que vivem em dez a quinze comunidades familiares, em sua maioria, nas Dakotas e em Montana, EUA, e em várias províncias canadenses, incluindo Saskatchewan e Alberta. Suas fases de vida incluem:

» **Crianças (em casa):** Do nascimento aos 2 anos. Nesta fase, as crianças podem ser barulhentas e não precisam fazer trabalhos agrícolas.

» **Crianças (jardim da infância):** Dos 3 aos 5 anos. Nesta fase, as crianças podem brincar de luta, mas devem também ficar quietas e ser obedientes. Elas estão aprendendo os papéis masculino e feminino e a língua inglesa.

» **Crianças (colégio):** Dos 6 aos 14 anos. Nesta fase, as mais velhas são as primeiras a comer à mesa, mas ainda fazem as refeições junto à mesa das crianças. Elas devem ajudar no trabalho agrícola e estão aprendendo alemão.

» **Jovens adultos:** Dos 15 ao batismo (que acontece entre 19 e 26 anos). Nesta fase, podem comer com adultos. Eles recebem bens básicos para fazer uma casa (por exemplo, pano e ferramentas); os rapazes também recebem tratores, e as moças, utensílios de cozinha. No batismo, aprendem que a comunidade é mais importante do que o indivíduo.

» **Adultos:** Do casamento até cerca de 45 a 50 anos. Nesta fase, as pessoas têm a liberdade de cuidar das próprias vidas sociais. Devem fazer um trabalho produtivo para a comunidade. As mães estão muito empenhadas na criação dos filhos, e os pais estão principalmente empenhados em garantir a segurança econômica por meio de práticas agrícolas eficazes.

» **Idosos:** Acima de 50 anos. Nessa fase, as pessoas são dispensadas das tarefas de ordenha e de outros trabalhos físicos. Os mais velhos passam a ser os Brotschneider (cortadores de pão) à mesa. Eles dedicam-se a uma preparação espiritual para a morte física.

Para muitos dos meus alunos, é interessante aprender sobre as idades e fases da vida em outras culturas e, depois, comparar com as que experimentam em sua própria cultura. Também podemos perguntar como e por que tais fases talvez sejam alteradas ao longo do tempo à medida que uma cultura experimenta novas condições. Isso nos dá muito em que pensar, e podemos recorrer à antropologia em busca de algumas respostas.

NESTE CAPÍTULO

» **Definindo religião e política antropologicamente**

» **Diferenciando os mundos natural e sobrenatural**

» **Entendendo como a religião e a política estruturam a vida humana**

» **Analisando os tipos de religiões e as teorias sobre suas origens**

» **Descobrindo como o poder e a política se entrelaçam nas sociedades**

Capítulo **16**

Não Faça Isso à Mesa! Religião e Política

"Os homens jamais fazem o mal tão completamente e com tanta alegria como quando o fazem a partir de uma convicção religiosa." — Blaise Pascal

"Se alguma vez injetássemos a verdade na política, não teríamos mais política." — Will Rogers

Mundialmente, os seres humanos têm várias opiniões religiosas e políticas. Misturemos política e religião, e a coisa pode se incendiar; poucas coisas são tão voláteis como o atrito entre as ideias religiosas e políticas. Por que isso acontece? E por que existe tal diversidade de crenças, para começar?

Neste capítulo, explico o que são política e religião — sob uma perspectiva antropológica —, e como os antropólogos as estudam para entenderem o básico sobre a humanidade, bem como sobre a diversidade. Também examino, essencialmente, o que os antropólogos descobriram sobre esses campos e o que isso significa em relação a sermos humanos.

O que É Religião?

Como em muitas outras facetas da experiência humana, as religiões são tão diferentes em todo o mundo, que a religião como um todo é difícil de definir. No mínimo, qualquer *religião* é um conjunto de crenças e instruções relativas ao *sobrenatural*, um domínio que, acredita-se, existe além da esfera material e concreta do cotidiano. A maioria dos antropólogos concordaria que todos os sistemas religiosos descrevem:

» **O mundo sobrenatural e seus habitantes:** A maioria das culturas tem uma crença em algum tipo de mundo sobrenatural além do material.

» **Como reverenciar e/ou interagir apropriadamente com o mundo sobrenatural e seus habitantes:** O mundo sobrenatural é complexo e precisa ser abordado adequadamente (às vezes, para melhorar a vida e as condições aqui no mundo material).

» **Qual é o comportamento adequado para a vida no mundo material e o destino da alma após a morte:** A maioria das culturas tem algum conceito de uma energia humana, ou alma, que persiste após a morte do corpo físico.

Assim, as religiões são, no mínimo, manuais de instruções sobre o mundo sobrenatural e o que fazer a respeito. Essa terminologia é muito semelhante à definição que dou para a *cultura*, no Capítulo 11; como um subconjunto de informações culturais, a religião é o sistema de crenças e instruções sobre a parte sobrenatural da experiência humana.

Funções da religião

Os antropólogos sugeriram muitas razões para as *funções* da religião nas culturas humanas. Ela:

» Fornece explicações sobre o desconhecido; os mitos religiosos definem e analisam o desconhecido, tornando-o, pelo menos, conhecido.

» Reforça a unidade social, fazendo as pessoas se lembrarem de seus pontos culturais em comum, e não de suas diferenças.

» Fornece um conforto psicológico ao oferecer consolo contra a injustiça, o mal e a morte.

» Apresenta princípios fundamentais para a vida, dando a seus fiéis segurança em um mundo que muda constantemente.

» Oferece orientação para os estágios da vida, reforçando mudanças culturalmente apropriadas por meio de batismos, casamentos e funerais, além de dar assistência espiritual consagrada por especialistas religiosos, como padres.

As religiões são instituições sociais significativas que fornecem guias para muitos comportamentos. Em geral, elas descrevem as razões dos *tabus*, restrições sociais importantes contra coisas como o incesto e a blasfêmia.

Os conceitos religiosos entrelaçam-se com outros aspectos da vida humana: nos Estados Unidos, é possível rezar a uma divindade antes de ir à guerra, ou fazer um juramento sobre um texto religioso no tribunal. Essa infusão de conceitos religiosos no restante da sociedade — mesmo em uma cultura como a dos Estados Unidos, que professa explicitamente a separação da Igreja e do Estado — mostra como as ideias religiosas são profundamente estruturais na maioria das culturas.

Uma razão pela qual o estudo da religião é tão importante na antropologia é que os sistemas de crenças religiosas têm sido um aspecto central da vida da maioria das pessoas do mundo ao longo da história. A propagação do *ateísmo* (descrença ativa em um poder superior) e do *agnosticismo* (crença de que um poder superior pode ou não existir) é um desenvolvimento relativamente novo; durante grande parte da história, foi nos sistemas de crença religiosa que as pessoas do passado e do presente adquiriram seus conceitos básicos sobre certo e errado, pecado e boas ações, morte e vida, e assim por diante.

As ideias sobre o certo e o errado podem vir de muitas fontes, tais como a filosofia não religiosa. Mas, durante a maior parte da história e mesmo hoje, não é o que acontece. As religiões estabeleceram um monopólio de definição sobre o certo e o errado de tal forma que, por exemplo, o principal jornal da minha cidade (*The Oregonian*) tem uma seção chamada "Religião e Ética". Mas qualquer bom filósofo pode falar durante horas (ou dias ou carreiras inteiras) sobre moralidade e ética sem nunca evocar razões religiosas para certas opiniões. Tais discussões sobre *filosofia moral* tratam da ética sem trazer a religião à conversa. Por exemplo, os primatologistas estudaram sistemas de regras sociais em primatas não humanos, nos quais há comportamento moral independente das crenças religiosas.

Por que a religião é tão poderosa

Então, onde os sistemas religiosos de crença obtêm seu poder? Por que cada cultura tem pelo menos um, e por que as pessoas acreditam neles tão fervorosamente a ponto de muitas estarem prontas e bastante dispostas a matar e morrer por eles?

A resposta de alguém que participa de alguma religião seria que a sua, em particular, é tão importante, convincente e poderosa porque é a certa; sua origem reside nas palavras divinas e inerrantes do poder superior, por isso, deve ser valiosa e verdadeira.

A perspectiva científica sugerida pelo falecido e grande antropólogo Roy Rappaport é a de que o poder dos sistemas religiosos está em seu autorreforço. Ou seja, as religiões ganham força e autoridade por meio da repetição de rituais religiosos concebidos para lembrar aos participantes sobre os *supremos postulados sagrados*, um conjunto de crenças fundamentais sobre a natureza do Universo e da existência humana. Embora o conteúdo exato de cada um desses conjuntos seja diferente em cada religião, todos são considerados verdades autoevidentes e inerrantes tão sagradas que não devem ser questionadas; esses são os fundamentos de sistemas inteiros de crenças religiosas.

Os supremos postulados sagrados podem ser encontrados na declaração muçulmana "Não há deus (ilah) senão Deus (Alá), e Maomé é o Seu profeta" e na oração cristã: "Creio em Deus Pai Todo-Poderoso, Criador do céu e da terra. Creio em Jesus Cristo, seu único Filho, nosso Senhor. [...] Creio na Santa Igreja Católica, na comunhão dos santos, na remissão dos pecados, na ressurreição da carne e na vida eterna. Amém." Essas são declarações fundamentais, que não podem ser questionadas para que a religião continue, assim, são consideradas sagradas e incontestáveis. Grande parte do poder da religião reside no fato de que tais concepções sagradas existem, para começar.

Em muitas culturas, os sistemas de crenças religiosas são tão complexos, que requerem especialistas de tempo integral — padres, pastores, sacerdotes etc. — para lidar com os vários rituais e cerimônias utilizados para reiterar os supremos postulados sagrados. Dessa forma, tais especialistas religiosos são os mediadores entre o mundo material — em que a experiência humana é vivida — e o mundo sobrenatural. Analiso esses conceitos um pouco mais de perto na seção seguinte.

Mundos Material e Sobrenatural

Os seres humanos têm um corpo físico e necessidades físicas que são supridas por meios materiais como água, alimentos, nutrientes e abrigo. Denomino esse âmbito de objetos físicos e mundanos de *mundo material*. Todos os seres humanos existem no mundo material; mesmo o mais devoto monge ou iogue precisa beber e comer.

Ao mesmo tempo, porém, os antropólogos descobriram que todas as culturas humanas têm algum conceito do *sobrenatural*, palavra que se refere a um universo de coisas reais além do material. Na civilização ocidental, a palavra *sobrenatural* indica seres, processos e circunstâncias no mundo sobrenatural que não podem ser explicados pelas ciências naturais. Visto que escrevi este livro sob a perspectiva básica da ciência ocidental, sinto-me à vontade para dizer que existe um mundo material e que, ao mesmo tempo, muitas culturas em todo o mundo têm fortes crenças sobre um reino ou seres, poderes e circunstâncias *além* deste reino físico. É a esse além que me refiro como mundo *sobrenatural*, ou *etéreo*.

Esse tópico fica bastante complicado quando consideramos que algumas culturas não aceitam as noções da ciência ocidental; seria o sobrenatural delas de fato seu natural? Até certo ponto, qualquer definição de *sobrenatural* é relativa, mas, para os fins deste livro, utilizo a definição apresentada nos parágrafos anteriores.

LEMBRE-SE

A divisão antropológica da experiência humana no que chamo de reinos materiais e sobrenaturais não é particularmente nova. Em 1912, Émile Durkheim, sociólogo francês proeminente da religião, escreveu que todas as crenças religiosas faziam uma distinção comum entre coisas reais e ideais em classes a que chamou de profano (material) e sagrado (etéreo). Eu (e muitos antropólogos) acredito que Durkheim estava certo acerca de algumas dessas coisas, mas neste livro estou usando meus próprios termos para evitar ser considerado um seguidor de todos os seus pontos de vista.

Então, visto que todas as culturas e seus membros vivem no mundo material, mas que também têm alguns conceitos do mundo etéreo, todos os seres humanos vivem em um estado de sobreposição entre os dois. A Figura 16-1 ilustra que o acesso ao etéreo ocorre frequentemente através de mediadores, tais como xamãs ou padres, que se especializam em conhecimentos religiosos.

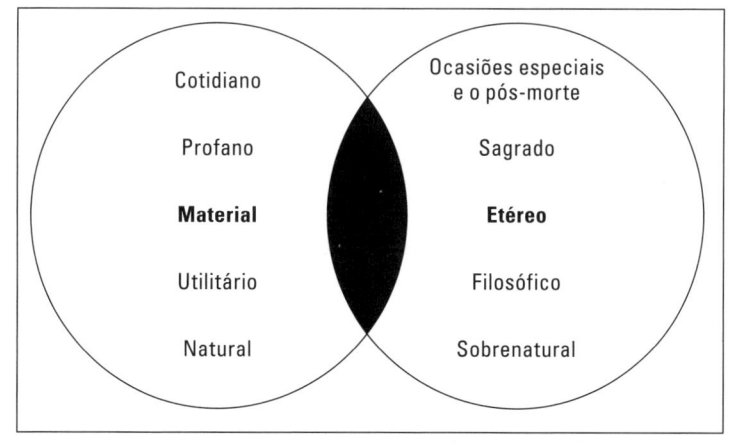

FIGURA 16-1: A vida humana ocorre em uma sobreposição entre os mundos material e etéreo.

Ilustração cortesia de Cameron M. Smith

A sobreposição em si não é especificamente tão importante — é apenas uma realidade da vida. O mais importante é compreendermos que essa posição da vida entre os reinos é central para muitos seres humanos. Mais do que pura economia ou política ou mesmo biologia (embora sejam importantes), os supremos postulados sagrados codificados na religião de uma cultura motivam tudo, desde atentados suicidas a bomba a atos de não violência.

Ritual e Religião

Os supremos postulados sagrados de uma religião têm de ser comunicados aos membros de uma cultura — eles não são transmitidos por meio do DNA, assim como a cultura não o é. (Veja mais sobre a transmissão da cultura no Capítulo 11.) Essa comunicação ocorre frequentemente em cerimônias ou rituais.

Penso que a definição mais importante de ritual veio como uma cortesia do antropólogo Roy Rappaport, quando escreveu que *ritual* é a realização de atos e afirmações relativamente invariantes, definidos tradicionalmente; um exemplo é a cerimônia da Primeira Comunhão na tradição cristã.

Essa definição parece bastante vaga; como muitos de comportamentos humanos, o ritual varia enormemente a nível mundial. Mas os seguintes pontos em comum mostram como o ritual religioso é importante, reforçando a definição de Rappaport:

» O ritual leva as pessoas um pouquinho mais perto do mundo etéreo ou sobrenatural, recordando-os dos supremos postulados sagrados; ele também reforça os laços que podem ser esquecidos na correria do cotidiano aqui no mundo material.

» O ritual faz as pessoas se lembrarem de seus valores religiosos e sociais em comum.

» Ele normalmente ocorre em locais e horários especiais, de tal forma que as apresentações dos supremos postulados sagrados são lembradas como eventos especiais (por exemplo, ir à igreja no domingo).

» Em geral, o ritual não apresenta novas informações, mas reitera os supremos postulados sagrados (por exemplo, o Pai-Nosso).

LEMBRE-SE

Nem todos os rituais são religiosos, mas muitos o são, e muitos rituais não religiosos — como o juramento de um novo presidente norte-americano — ainda incorporam elementos religiosos, como o juramento sobre a Bíblia.

O ritual também pode ser usado para tentar manipular forças ou fazer pedidos a seres do reino sobrenatural, ou etéreo. Por exemplo, os sacerdotes astecas realizavam sacrifícios rituais de seres humanos para satisfazer a vários deuses. Os sacerdotes pensavam que isso traria melhores condições para a agricultura, porque os deuses (no reino sobrenatural) supostamente controlavam a chuva e outras variáveis importantes para as plantações (no reino material). Muitos na civilização ocidental de hoje pedem a Deus — através da oração — que os ajude em tudo, da vida diária à vitória nas guerras... tal como os seres humanos têm apelado ao sobrenatural há milhares de anos.

Muitas vezes, o ritual religioso inclui a *magia*, uma tentativa de controlar algum aspecto do sobrenatural. A magia é normalmente realizada por especialistas religiosos equipados com objetos especiais, e os rituais mágicos envolvem sequências específicas de eventos (tais como cânticos, posturas corporais etc.) chamados de *fórmulas mágicas*. O conhecimento de fórmulas mágicas é normalmente secreto, e inclui coisas tão diversas como técnicas específicas de percussão ou o uso de substâncias alucinógenas; às vezes, longos períodos de aprendizagem são necessários.

Independentemente de uma pessoa acreditar no que uma religião declara, o estudo antropológico mostrou que a religião é muito importante, pois ela orienta (em diferentes graus) muito do comportamento humano.

LEMBRE-SE

Ao mencionar que os sistemas religiosos são importantes ou significativos para as culturas humanas, não estou dizendo que sejam necessários ou que qualquer um deles esteja correto. Estou dizendo apenas que, do modo como as coisas estão hoje (que é como têm estado há muito tempo), a religião é um fator significativo da vida humana. Que religião seguir — se for seguir alguma — é (nas sociedades ocidentais, de qualquer modo) em grande parte uma escolha da própria pessoa. Não estou defendendo nenhum lado em particular aqui!

A Organização do Conhecimento Sobrenatural

O conteúdo específico de uma religião é normalmente complexo e detalhado; à medida que as sociedades humanas se tornam mais populosas e complexas, às vezes a religião também se torna mais complexa. Os seres sobrenaturais dos sistemas religiosos incluem *deuses* (seres poderosos e imortais responsáveis pela criação e destruição) e *espíritos* (seres sobrenaturais menores, incluindo antepassados falecidos, guardiões pessoais e fantasmas maliciosos — às vezes amigáveis).

As religiões *politeístas* têm múltiplos deuses e deusas; as pessoas no Egito Antigo adoravam quase cem deidades principais, e o hinduísmo apresenta milhares de divindades. As religiões *monoteístas* tendem a ter um deus principal (como na tradição cristã), mas também contêm outros seres sobrenaturais (tais como os anjos e o diabo).

Os conhecimentos religiosos sobrenaturais são normalmente administrados por *especialistas religiosos*, pessoas em uma dada cultura que atuam como repositórios de conhecimentos sobrenaturais e são capazes de utilizá-los eficazmente em rituais. Os especialistas religiosos incluem dois tipos principais: xamãs e sacerdotes.

Xamãs

Xamã é alguém encarregado de muitos conhecimentos sobrenaturais especiais e de práticas para utilizá-los de modo a criar efeitos duradouros no
mundo material. O xamanismo é tipicamente encontrado em culturas com
populações relativamente baixas e em sistemas religiosos menos institucionalizados, como entre os caçadores e coletores de pequena escala ou as
sociedades agrícolas simples. Os xamãs são em geral forasteiros. São temi-
dos e respeitados, e vivem frequentemente à margem da sociedade devido à
sua proximidade potencialmente perigosa com as forças poderosas do reino
sobrenatural. Eles têm pelo menos dois papéis importantes que se repetem
em todo o mundo. Um papel é a facilitação da cura física; há a crença de
que, muitas vezes, os problemas de saúde no reino material têm origem no
reino etéreo, ou sobrenatural, e os xamãs são chamados a mediar com espíritos para resolvê-los. Eles também lidam com a cura espiritual. O que os
ocidentais podem chamar de problemas psicológicos são muitas vezes considerados problemas espirituais nas sociedades xamânicas. É comum que
os xamãs empreendam viagens perigosas e ritualisticamente marcadas ao
reino sobrenatural para intervirem.

PAPO DE
ESPECIALISTA

Xamãs podem ser homens ou mulheres; a palavra *xamã* deriva de uma palavra tungus (russo nativo) usada para designar especialistas religiosos rituais
tungus, mas agora ela é usada para qualquer especialista desse tipo. As pessoas com papéis xamânicos são encontradas em todo o mundo.

Os rituais xamânicos envolvem em geral a entrada do xamã em um estado
de consciência alterada, ou em um estado de *transe*. Tal estado pode ser
alcançado de muitas maneiras, como por exemplo com cânticos repetitivos,
tambores, autoprivação de comida ou água, ou o uso de substâncias alucinógenas, como o cogumelo agário-das-moscas na Sibéria e na América do
Norte, o *peiote* (um cacto encontrado principalmente no México) e a *aya-
huasca* (um chá que causa visões, feito por xamãs na América do Sul). No
estado de transe, o xamã é transportado para o reino espiritual; ao sair do
transe, o xamã é devolvido ao reino material.

LEMBRE-SE

O xamanismo não é uma religião em si; é mais uma técnica para influenciar
o mundo sobrenatural de modo a causar efeitos no mundo material.

A Figura 16-2 mostra um xamã goldi tradicional e seu assistente. Ele veste
roupas cerimoniais especiais e segura um tambor usado durante as cerimônias de cura.

FIGURA 16-2:
Xamã goldi
(nativo
russo) e
seu
assistente,
século XIX.

Biblioteca do Congresso dos EUA, Divisão de Fotos e Impressão, nº de reprodução LC-USZC2-6391 b(color film copy slide) LC-USZ62-24875 (b&w film copy neg.)

Sacerdotes

O *sacerdote* também possui conhecimentos sobrenaturais especiais, mas em geral ele tem menos acesso direto ao mundo sobrenatural do que um xamã. Além disso, ele atua mais como um conduíte ou um guia para o sobrenatural, em vez de entrar em contato direto com ele ou influenciá-lo. Os sacerdotes são mais comuns em culturas com populações relativamente grandes e sistemas religiosos institucionalizados, tais como sociedades agrícolas de grande escala (mais sobre isso à frente). Há diferentes formas de exercer o papel de sacerdote (tais como ministros cristãos, rabinos judeus ou imãs muçulmanos), mas suas funções como parte do sistema religioso são em geral as mesmas. Dois serviços comuns que os sacerdotes realizam são a concessão oficial de bênçãos em eventos sociais como o casamento (e um padre ortodoxo russo abençoou um novo sistema de mísseis) e a orientação quanto às ramificações sobrenaturais, ou origens dos problemas.

É comum que os sacerdotes realizem rituais religiosos complexos envolvendo objetos e substâncias especiais, como o vinho e a hóstia na comunhão cristã ou as lâminas obsidianas no sacrifício asteca. O importante a termos em mente aqui é que esses especialistas religiosos são necessários para a manutenção e a boa execução do sistema religioso; se as classes sacerdotais não forem apoiadas, a religião pode se desintegrar.

Os sacerdotes pertencem tipicamente às grandes *religiões institucionalizadas* — religiões oficiais de certas unidades políticas, como Estados ou civilizações —, as quais sustentam por meio da entrega dos supremos postulados sagrados ao público leigo. Embora nem todas as civilizações ou Estados tenham hoje religiões oficiais, era comum que as antigas civilizações tivessem regras muito estritas sobre quais religiões os cidadãos podiam praticar. Na civilização asteca, por exemplo, a polícia patrulhava os subúrbios em dias rituais importantes para assegurar que todos participassem das atividades religiosas patrocinadas pelo Estado.

As religiões institucionalizadas são complexas e organizadas hierarquicamente. Por exemplo, considere a Igreja Católica Romana moderna, que emprega milhares de pessoas em todo o mundo. Seus especialistas religiosos estão hierarquicamente organizados para comunicar da forma mais eficaz os supremos postulados sagrados da religião. A hierarquia inclui:

» **O papa,** um oficial que orquestra mudanças estruturais na Igreja e tem o acesso mais direto ao sobrenatural (Deus).

» **Arcebispos,** sendo que há 79 deles supervisionando e governando as atividades da Igreja no Brasil.

» **Padres,** que comunicam mais diretamente os supremos postulados sagrados ao público leigo por meio da realização de rituais.

Origens da Religião

De onde vieram essas ideias sobre o mundo sobrenatural, para começar? Novamente, essa pergunta tem respostas êmicas e éticas.

A perspectiva *êmica* (que considera o sobrenatural um reino real) sustenta que as ideias sobre o mundo sobrenatural vieram dos próprios deuses e deusas, quer diretamente, quer através de médiuns como os profetas. Para essas bilhões de pessoas, o mundo sobrenatural, que a ciência ocidental chamaria de não comprovável ou não demonstrável, é tão real como o livro nas suas mãos.

A perspectiva *ética* e antropológica (embora alguns antropólogos tenham convicções religiosas próprias) diz que o sobrenatural foi essencialmente inventado pela humanidade. Por que a humanidade criaria todas essas religiões, algumas das quais são insondavelmente complexas para todos, exceto os mais cultos, e algumas das quais guiaram a humanidade a uma guerra atrás de outra?

No século passado, os antropólogos propuseram muitas razões para a invenção da religião. Suas possíveis origens foram organizadas em vários tipos principais:

- **»** **Origens explicativas/racionalizantes:** A religião foi inventada para explicar o desconhecido, o inexplicável, para dar ordem a um mundo que pode ser desordenado, e/ou para explicar a ordem que parece ter sido criada por algo muito mais poderoso do que a humanidade.

- **»** **Origens autorrealizadoras:** A religião foi inventada como um sistema de crenças que deu forma à cultura humana e que pôde manter essa forma ao longo do tempo. A ideia é exemplificada pela afirmação de Émile Durkheim de que "a religião é a sociedade adorando a si própria", e, embora as culturas pré-religiosas certamente tivessem forma e pudessem sobreviver, a religião era uma adaptação adicional, uma nova forma de fazer com que as culturas humanas funcionassem de forma mais eficiente.

- **»** **Origens de controle social:** A religião foi inventada como uma forma de melhor controlar o comportamento humano. Uma reviravolta fascinante nessa antiga ideia é o conceito de Rappaport de que os rituais e as restrições da religião foram inventados para amortecer o potencial de caos social apresentado pela ascensão da linguagem, que pode ser utilizada para criar novos pensamentos e interpretações que desafiam a harmonia social.

Até agora, nenhum desses modelos convenceu completamente a comunidade antropológica. Alguns dos fatores em cada modelo podem ter contribuído para a evolução da primeira religião; outras religiões foram afetadas pelos três fatores, em diferentes graus. Neste momento, os antropólogos simplesmente não sabem como a primeira religião teve origem.

LEMBRE-SE

Só porque os antropólogos *não* sabem algo neste momento, não significa necessariamente que não o *possam* saber. Muitas coisas demoram muito tempo até que sejam compreendidas.

O que a arqueologia diz sobre as origens da religião? Atualmente, mais do que no século passado, mas ainda não muito. É mais do que provável que os povos primitivos tenham exercido pensamentos religiosos sem usar muitos artefatos; sem estes, será muito difícil para os arqueólogos encontrarem vestígios das religiões primitivas.

PAPO DE
ESPECIALISTA

Ainda assim, algumas novas abordagens à arte rupestre têm sido interessantes. Muitos arqueólogos estão agora convencidos de que a *arte rupestre* (imagens em cavernas europeias, datadas de mais de 40 mil anos atrás) são representações de rituais xamânicos — especificamente, viagens xamânicas ao mundo sobrenatural, onde se deparam com animais e seres não encontrados no mundo material. Embora esse argumento ainda não seja amplamente aceito, algumas das evidências que o justificam são bastante convincentes.

LUCRÉCIO E A INVENÇÃO DA RELIGIÃO

Uma das primeiras declarações registradas de que os deuses foram inventados pelos seres humanos (em vez do contrário) aparece nos escritos de Lucrécio, filósofo romano do primeiro século a.C. Em seu fascinante tratado *De Rerum Natura* (*Sobre a Natureza das Coisas*), ele sugeriu que a humanidade tinha inventado os deuses e a religião primeiro para explicar seus sonhos e, depois, para explicar alguns dos (então) mistérios do mundo natural. O seguinte excerto foi traduzido por R.E. Latham e publicado em 1951, mas as ideias têm mais de 2 mil anos:

"Consideremos agora por que a reverência pelos deuses é generalizada... A explicação não está longe. Já naqueles tempos iniciais, os homens tinham visões — quando suas mentes estavam acordadas, e mais claramente durante o sono — de figuras divinas... A tais figuras atribuíam sentimentos... creditavam-lhes a vida eterna... imaginavam ser a sorte delas muito superior à dos mortais... porque em sonhos as viam realizar todo o tipo de milagres sem o menor esforço."

"Os homens perceberam a sucessão ordenada dos fenômenos celestiais e o ciclo das estações do ano, e não tinham qualquer explicação para isso. Assim, refugiaram-se na entrega de tudo aos deuses e em fazer tudo depender de seus caprichos. Escolheram o céu para ser o lar e a sede dos deuses... Que tristeza tramaram, então, para si próprios... Isso não é piedade, o espetáculo muitas vezes repetido de curvar uma cabeça velada perante uma pedra... o inundar de altares com sangue de animais; o amontoar de votos sobre votos. A verdadeira piedade reside antes no poder de contemplar o Universo com uma mente tranquila."

Arqueologicamente, a primeira evidência inequívoca de sistemas religiosos são os templos da antiga civilização da Suméria, datados de pouco mais de 6 mil anos; e, desde então (como pode ler no Capítulo 10), as grandes religiões estatais organizadas floresceram mais ou menos em todo o mundo. Alguns tipos de religiões devem ter servido de base para as religiões estatais institucionalizadas, mas, neste momento, as evidências arqueológicas para elas são bastante escassas.

Tipos de Religiões

Como acontece com muitos aspectos da vida humana, as religiões variam muito em nível mundial, mas podem ser classificadas em vários tipos. Uma classificação influente das religiões mundiais (publicada por Anthony F.C. Wallace) reconhece quatro tipos principais, com base em sua relativa complexidade:

» **Xamânicas:** Religiões que permitem que as pessoas tenham contato direto e não programado com seu mundo sobrenatural; às vezes, são assistidas por um xamã que faz magia para vários fins, em outras, são assistidas por um espírito protetor durante a vida toda. A religião xamânica é mais comumente praticada pelas sociedades humanas mais móveis.

Exemplos de religiões xamânicas incluem as dos povos nativos do Ártico, incluindo os inuítes canadenses e os povos da Sibéria Ártica. Esses povos têm uma forte tradição de poderosos xamãs, e seu mundo é *animista*, povoado por seres sobrenaturais que habitam tanto objetos animados (vivos) como inanimados (não vivos). Não há um verdadeiro deus supremo, embora algumas divindades sejam mais poderosas do que outras; entre os inuítes canadenses, por exemplo, Sedna, o guardião dos animais marinhos (focas, baleias e outros, que são muito importantes para a subsistência dos inuítes), é particularmente importante.

» **Comunitárias:** São as religiões que apresentam rituais regulares realizados em locais e momentos especiais para dar aos membros acesso a um mundo sobrenatural povoado por muitos deuses e deusas. Os seguidores usam constantemente a magia para ajudar em qualquer atividade que envolva risco, e, embora ela possa ser executada por especialistas religiosos, tais como xamãs, os próprios membros da comunidade desempenham muitas tarefas religiosas. Essa religião está associada a sociedades ligeiramente menos móveis, incluindo sociedades hortícolas que praticam a agricultura de baixa intensidade. A religião comunitária é ou foi praticada por muitos grupos, incluindo a maioria dos nativos americanos, muitos africanos e os povos da Austrália e da Oceania (as ilhas do Pacífico).

» **Olimpianas:** Apresentam um mundo sobrenatural muito complexo, acessado, em grande parte, por especialistas religiosos, como os *adivinhadores* (pessoas que tentam prever o futuro). Inúmeras subdivisões do sistema religioso incluem *cultos aos antepassados* (centrando-se no culto dos espíritos ancestrais) e *cultos aos grandes deuses* (centrando-se no culto de divindades principais específicas).

Uma religião olimpiana foi praticada pelas chefaturas tradicionais agrícolas de Dahomey, África Ocidental, uma sociedade com maior população e menor mobilidade do que os inuítes polares ou os nativos australianos. Em Dahomey, cerimônias elaboradas realizadas por especialistas religiosos quase de tempo integral veneravam os espíritos ancestrais dos vivos e faziam sacrifícios aos grandes deuses. Tal como nas religiões da Grécia, da Babilônia e do Egito antigos, Dahomey tinha um panteão complexo de muitos deuses.

» **Monoteístas ou eclesiásticas:** São aquelas em que um único deus supremo é venerado acima de tudo (embora outros seres sobrenaturais, tais como os anjos, possam existir). Essas religiões dão suporte a uma hierarquia de especialistas religiosos em tempo integral, que têm a comunicação mais contínua e repleta com o mundo sobrenatural.

As religiões monoteístas ou eclesiásticas incluem as tradições judaico-cristãs e islâmicas, cada uma venerando um Deus único e supremo, e organizadas como igrejas complexas e compostas por especialistas de carreira em conhecimento religioso, que possuem um elevado status social. O público leigo, embora participe regularmente dos rituais religiosos, tem menos acesso direto ao reino sobrenatural do que em outros tipos de religião e recorre ao clero para interpretar esse reino.

A Figura 16-3 mostra as variedades e as localizações de muitas das religiões do mundo.

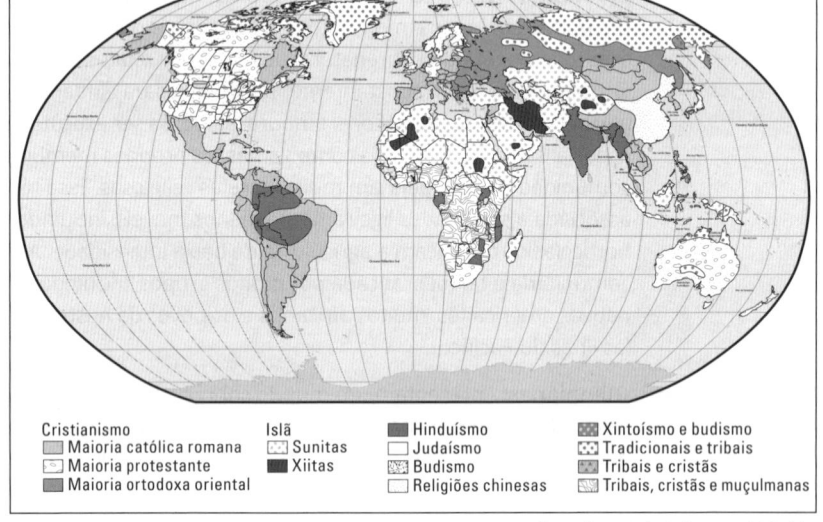

FIGURA 16-3: Distribuição moderna das religiões mundiais.

Ilustração cortesia de Cameron M. Smith

Relações de Poder: Política

Embora muitos acreditem que em algum passado distante os seres humanos viveram em harmonia social, a arqueologia e a antropologia indicam que isso é um mito. Mesmo os chimpanzés, os nossos parentes mais próximos no reino animal, mantêm hierarquias sociais rigorosas em que o poder social não é distribuído igualmente, e sim mantido por indivíduos até... bem, até perderem esse poder e status, muitas vezes quando perdem um desafio físico lançado por outro chimpanzé.

No mundo humano, o *poder* é a capacidade de restringir as opções dos outros ou impor a sua vontade. As restrições e imposições podem ser materiais, como quando os alimentos são retidos para uma população, ou sociais, como quando um grupo poderoso se recusa a reconhecer a legitimidade de um grupo menos poderoso. A próxima seção detalha a aquisição e o exercício do poder.

Eu tenho a força! (E sei como a usar)

Os antropólogos que estudam as relações de poder identificaram duas formas principais de *aquisição* de poder por indivíduos e organizações. Uma é pela *força*, ou pelo uso ou ameaça de violência para alcançá-lo (tal como a invasão do território de um grupo por outro). A outra é por *autoridade*, ou a utilização de um status socialmente reconhecido para alcançar o poder (tal como a subida de um funcionário governamental pelas fileiras do sistema político).

LEMBRE-SE

Quando a maioria das pessoas ouve a palavra *política*, é comum pensar imediatamente em partidos políticos — mas não me atrevo a chegar nem perto deles! Antropologicamente, *política* refere-se simplesmente às relações de poder em uma cultura e à forma como essas relações afetam a tomada de decisões.

Um aspecto importante do poder na cultura humana é o *status social*, a posição de uma pessoa mensurada pelo prestígio na cultura. Em alguns casos, o status social é *alcançado* pelos atos de um indivíduo no decurso da vida. Em outros, é *atribuído* no nascimento, como quando alguém nasce em uma família real, por exemplo, ou em uma *casta* inferior (termo que algumas culturas dão aos status sociais).

Os antropólogos também identificaram algumas formas principais pelas quais os poderosos exercem seu poder:

» **Seleção de liderança:** Como o poder é transferido entre indivíduos — por exemplo, por meio de eleições, instituindo líderes, em comparação a líderes que nascem em posições de poder.

» **Regulação do comportamento social:** O uso do poder comunal para manter a coesão social por meio de costumes, proibições e normas sociais, em comparação ao uso do poder institucionalizado por meio de leis.

» **Resolução de conflitos:** O uso do poder para resolver diferenças.

» **Relações com vizinhos:** O uso e a negociação do poder ao lidar com vizinhos, sejam eles aliados, inimigos ou neutros.

Poder em ação: Como várias sociedades aplicam o poder

Os antropólogos também investiram muito esforço identificando os principais tipos de sistemas políticos a nível mundial e ao longo do tempo. Embora haja debates entre eles sobre como definir exatamente os principais tipos de organização política, a maioria concordaria com os quatro tipos principais que resumi nas seções seguintes. Para saber mais sobre as características básicas dessas sociedades, vá para o Capítulo 10. Para ler mais sobre as abordagens ao conflito das sociedades de pequena e grande escala, veja o Capítulo 17.

Bandos

A principal característica política dos bandos é seu caráter *igualitário*, em que o poder é distribuído, não ficando concentrado. Mas, lembre-se, os membros dos bandos precisam desenvolver esse arranjo porque os indivíduos às vezes tentam construir poder social gabando-se de sua habilidade de caça ou de algum outro atributo; de fato, é normal que os bandos lidem com a justiça por meio de canais sociais, em vez de códigos formais de lei. Portanto, em geral, eles acabam com tais tentativas de autoengrandecimento usando a ridicularização. Um caçador nativo do sul da Groenlândia, que tentou mandar em seus companheiros pela força de suas grandes capacidades de caça, recebeu o nome depreciativo de "Cão Diarreia" para baixar a bola.

Tribos

Politicamente falando, as tribos (muitas vezes constituídas por bandos levemente aliados) são também normalmente igualitárias, embora permitam um pouco mais de margem para a acumulação de poder pelos indivíduos. Elas seguem um sistema de direito um pouco mais formal do que os bandos, mas esse sistema é ainda bastante simples. A principal característica política das tribos é que suas populações ligeiramente maiores e mais sedentárias têm interações políticas mais complexas — internamente e com seus vizinhos — do que as dos bandos. Ao passo que os bandos talvez tenham líderes com um poder limitado, as tribos podem ter chefes mais poderosos. Mas os chefes tribais só podem exercer a sua vontade assim, e não são tão poderosos como nas chefaturas.

Chefaturas

Politicamente, as chefaturas são normalmente sociedades *hierarquizadas*; embora em geral todos os membros tenham igual acesso a recursos materiais (como alimentos), o acesso a recursos sociais, como uma alta classificação social, é limitado. Essas sociedades têm *posições sociais* claras, ou níveis diferentes de prestígio na sociedade. Devido a tais posições, a principal característica política das chefaturas é a de que o poder se concentra nas mãos de certos membros, muitas vezes das *elites*, que nascem em posições de poder simplesmente por serem membros de uma família dominante. Os chefes, que podiam ser homens ou mulheres — as chefes eram comuns no sudeste do Alasca no século XIX —, tinham um poder considerável para coagir ou influenciar suas populações constituintes. No entanto, seu poder era direto e violento apenas com relação à vida ou morte dos escravizados. Não tinham tal poder sobre os plebeus; de fato, não conseguiam sequer os impedir de se mudarem, uma diferença importante dos Estados. Por fim, observe que a estrutura de poder concentrado de uma chefatura apoia um sistema legal muito mais complexo e formal do que o operado em bandos ou tribos.

Estados

A característica política mais importante de um *Estado* (também denominado *civilização*) é que normalmente ele é uma sociedade de *classes*, o que significa que não garante a todos os membros igual acesso a recursos sociais e materiais. Ou seja, os Estados concentram o poder em certas mãos, e não em outras. Os indivíduos nascem frequentemente em classes das quais pode ser difícil saírem. Os Estados têm relações políticas de longo alcance, e muitas vezes expressam seu poder por meio das forças militares, compostas de especialistas em tempo integral e que incluem soldados e oficiais. Os Estados são grandes e tendem a dominar e assimilar as unidades políticas circundantes de menor poder. Ao passo que os laços pessoais e econômicos mais importantes em bandos, tribos e chefaturas centram-se no *parentesco* (ligações familiares), os Estados enfatizam as ligações profissionais e comerciais.

Embora em algumas partes do mundo os bandos tenham assumido a agricultura, passando a chefaturas (e, depois, a Estados), isso não é um caminho obrigatório para todas as sociedades humanas. Os Estados dependem da agricultura para sustentar uma alta densidade populacional, algo impossível em lugares como o Ártico ou grande parte da Austrália. Para mais informações sobre a evolução dos sistemas políticos humanos ao longo do tempo, veja o Capítulo 10.

A Política da Polarização

A polarização política vem crescendo significativamente em muitos países nas últimas décadas. Nos Estados Unidos, as opiniões de democratas e republicanos autodeclarados divergiram significativamente nas últimas três décadas, de acordo com um estudo do Pew Research Center (`www.pewresearch.org/politics/interactives/political-polarization-1994-2017`; em inglês). Esse tipo de divergência está claro na cena política atual brasileira, altamente volátil e às vezes marcada por violência.

Um termo técnico para esse tipo de divergência é *partidarismo* (às vezes também denominado *tribalismo*). Os partidários são membros de grupos (estamos falando aqui de grupos ou partidos políticos) com forte oposição aos grupos opostos. O partidarismo é diferente de uma simples filiação a um partido político ou da identificação com um. Ele indica que a identidade de uma pessoa, seu senso de autoestima e sua cosmovisão são fortemente condicionados pelas posições do partido. Essa situação pode ser terrivelmente perigosa, porque torna os membros do partido suscetíveis a serem enganados por líderes antiéticos que manipulam a realidade de determinada situação em seu próprio benefício.

Estudos antropológicos recentes sobre partidarismo identificaram alguns elementos importantes e comuns em grupos altamente partidários:

» **Forte afiliação interna:** Ao falarem sobre outros membros do mesmo grupo, os partidários em geral dizem "nós", em vez de "eles".

» **Forte desinteresse em partidos alternativos:** É normal que os partidários fechem suas mentes a alternativas após estarem polarizados.

» **Forte apego pessoal:** Os partidários se sentem pessoalmente insultados quando seu partido é criticado.

O partidarismo frequentemente atua por meio de interações de equipe, nas quais vencer é mais importante do que qualquer outra coisa, sendo o objetivo perseguido de forma feroz e muitas vezes cega, sem pensar muito nas consequências negativas do extremismo. O partidarismo político pode tornar-se tão importante para os membros do grupo, que os interesses do partido superam até mesmo os interesses religiosos e étnicos: o partido acima de tudo.

Como o partidarismo cresce? Como vimos no exemplo dos Estados Unidos, pode levar apenas uma ou duas décadas para que os cidadãos deixem de ter apenas opiniões políticas diferentes e passem a ter, aparentemente, realidades diferentes e, portanto, a inexistência de uma base comum para a comunicação. O antropólogo John Tooby, cuja especialidade são as raízes evolucionárias do comportamento moderno, acredita que o partidarismo floresce quando a necessidade de uma identidade é mais forte. Isso, por sua vez, pode ocorrer durante uma crise, quando há incertezas e as pessoas querem a segurança de uma identidade ou de um grupo bem ordenado. Pode ser que a crescente diferença de riqueza nos Estados Unidos, combinada com a polarização resultante de duas guerras no Oriente Médio, tenha contribuído para a necessidade de uma identificação de grupo por parte dos norte-americanos.

4

E Agora? Antropologia, Mundo Moderno e Você

NESTA PARTE...

Entenda como a antropologia ajuda a resolver os problemas do mundo real.

Aprenda sobre algumas das preocupações atuais mais urgentes da nossa espécie.

Descubra os estudos modernos mais avançados sobre os seres humanos primitivos.

Veja como as descobertas arqueológicas são úteis às pessoas modernas.

Capítulo **17**

Beija, Casa ou Mata? Diversidade, Conflito e Cultura

Como qualquer animal social, os seres humanos têm conflitos. Mas, sós no reino animal, temos identidades culturais muito distintas, cada uma com seu próprio conjunto de ideias sobre o que é apropriado no mundo. Quando essas diferentes ideias entram em contato (ou mesmo quando há disputas internas), os seres humanos são capazes de transformar conflitos em brigas, em ataques militares e em guerras que matam milhões.

Neste capítulo, analiso a longa história do conflito humano e como a antropologia aborda as questões da diversidade e do conflito. Também veremos como a antropologia ajuda a resolver problemas de conflitos culturais em todo o mundo — um ponto importante, tendo em conta que a globalização e as comunicações rápidas e de massa tornam o mundo cada dia menor, levando todo mundo a estar em contato mais próximo e frequente.

A Antropologia do Conflito e da Resolução de Conflitos

Por definição, os animais sociais — incluindo os seres humanos — vivem em comunidades. Esse arranjo coloca os indivíduos em estreito contato, o que gera atritos — por exemplo, quando dois indivíduos querem a mesma coisa. Se houver desacordo sobre as regras para quem obtém o quê, pode haver conflito. Mais especificamente, o *conflito* ocorre quando a negociação não resolve as diferenças entre pessoas ou grupos de pessoas. Embora a maioria dos animais limite o conflito a episódios curtos relacionados com a competição por companheiros ou recursos básicos como comida e água, os seres humanos parecem ter mais (e mais extensos) conflitos sobre uma grande variedade de questões culturais.

Um dos objetivos da antropologia — e, portanto, uma mensagem central de todo este livro — tem sido combater, pelo menos na civilização moderna, o hábito universal do *etnocentrismo*, ou seja, o julgamento de outras culturas pelos seus próprios padrões. Essa prática tem sido a causa de muitos e terríveis conflitos humanos. Na maioria das vezes, os antropólogos combatem o etnocentrismo promovendo o relativismo em tudo o que escrevem, incluindo as comunicações com o mundo não acadêmico.

CUIDADO

O *relativismo cultural* é a perspectiva antropológica que vê cada cultura como sendo moralmente independente, não sujeita a julgamentos morais de outras. Embora tal prática seja útil de muitas maneiras, ela causa dificuldades caso aceite todos os comportamentos culturais como igualmente morais. Isso porque, como o antropólogo Conrad Kottak salientou, o relativismo cultural extremo colocaria a Alemanha nazista no mesmo nível moral que a Grécia ateniense.

Considerando como pode ser difícil se dar bem com os outros, de certa forma é espantoso que o mundo não seja completamente consumido pela guerra. É claro, a guerra é cara em termos de vidas e dinheiro, por isso, para a maioria das culturas, ela é uma resposta mais tardia ao atrito cultural. A Tabela 17-1 mostra as mortes de norte-americanos em muitos conflitos grandes ao longo dos anos. Os Estados Unidos estão envolvidos em conflitos de algum modo desde 1775.

TABELA 17-1   Mortes de Norte-americanos em Guerras

Guerra	Anos	Mortes
Guerra Revolucionária	1775–1783	4.435

Guerra	Anos	Mortes
Guerra de 1812	1812–1815	2.260
Guerra do México	1846–1848	13.283
Guerra Civil	1861–1865	623.026
Guerra Hispano-americana	1898	2.446
Primeira Guerra Mundial	1917–1918	116.708
Segunda Guerra Mundial	1941–1945	407.316
Guerra da Coreia	1950–1953	36.914
Guerra do Vietnã	1964–1973	58.169
Invasão de Granada	1983	19
Guerra do Golfo Pérsico	1991	269
Operação Liberdade Duradoura/Afeganistão	2002–2021	mais de 2.300
Operação Liberdade do Iraque	2003–2010	mais de 4 mil
Totais	mais de 52 anos	mais de 1,2 milhão

Fonte: www.defense.gov/casualty.pdf.

Então, como funciona a resolução pacífica de conflitos? Os antropólogos identificaram que, em nível mundial, um dos primeiros recursos é algum tipo de *negociação*, que é a resolução não violenta de diferenças, também conhecida como *acordo*. Na realidade, a negociação tenta evitar o conflito, assim, tecnicamente falando, ela vem antes dele. Para chegar a acordos, os seres humanos devem praticar algum grau de relativismo, mesmo que o ponto de vista da outra parte não esteja precisamente alinhado com seus próprios interesses.

No entanto, as negociações não são a única forma de resolver conflitos. Carol e Melvin Ember, dois proeminentes antropólogos do conflito, identificaram os seguintes meios pacíficos de resolução de conflitos (na lista a seguir). A compreensão destes métodos ajuda os antropólogos a aconselhar as agências governamentais sobre como lidar com o conflito em muitas situações:

» **Evitação:** As partes em conflito afastam-se; a mudança pode ser literal, e, nas sociedades de pequena escala — como os inuítes caçadores e coletores do Ártico —, as famílias podem simplesmente fazer as malas e sair de uma aldeia para evitar conflitos durante algum tempo.

- **》 Sanção social:** Uma sociedade utiliza qualquer um dos mais variados meios sociais para prevenir conflitos; esses métodos incluem a ridicularização de indivíduos que tentem impor sua vontade aos outros do grupo.

- **》 Mediação:** Um *mediador* neutro pode vir a ajudar nas negociações.

- **》 Ritual:** Os rituais podem invocar os recursos espirituais da cultura e/ou guias (deuses) para santificar quaisquer resoluções de conflito; considerando que a santificação é por definição muito importante, as partes ficam menos suscetíveis a violá-la, mas cada uma das partes em conflito deve aceitar a legitimidade do ritual da outra.

- **》 Direito e tribunais:** A esses sistemas formais de resolução de conflitos é dada autoridade cultural para fazer cumprir suas decisões; contudo, se nenhuma das partes reconhecer tal autoridade, a solução não funciona.

- **》 Reconciliação pós-conflito:** Embora não impeça estritamente o confronto, a reconciliação pós-conflito — em que as partes em conflito interagem pacificamente — diminui a probabilidade de novas batalhas em alguns casos.

LEMBRE-SE

A reconciliação pós-conflito é comum em primatas não humanos; por exemplo, um babuíno que atacou outro sinaliza, com frequência, intenções pacíficas após o conflito por meio de grunhidos suaves e sentando-se em silêncio com a vítima.

Infelizmente, quando a negociação falha, o conflito começa; a próxima seção apresenta alguns princípios da antropologia do conflito.

Escalas e consequências do conflito

Embora os conflitos humanos assumam muitas formas, existem escalas básicas e consequências importantes na maioria deles. Em qualquer conflito, é necessário compreender como cada um destes fatores está se desenrolando para melhor conceber uma solução, e é precisamente isso o que as pessoas formadas em antropologia cultural fazem quando ajudam as agências governamentais a evitar ou a lidar com conflitos.

Muitos antropólogos reconhecem as seguintes escalas comuns de conflito:

- **》 Conflito intrafamiliar:** Conflito pessoal em uma unidade familiar, incluindo conflitos entre pais e filhos e entre cônjuges; nos Estados Unidos, vão desde a disputa sobre o que os adolescentes podem ouvir (Será a letra dessa música apropriada ou ofensiva? Quem decide o que é apropriado ou ofensivo?) ao atrito entre membros da família no jantar de Ação de Graças.

- **»** **Conflito intracomunidade:** Conflito entre *grupos descendentes* (clãs ou tribos) ou famílias dentro de uma comunidade. Por exemplo, quando algumas famílias apoiam uma mudança econômica local (tal como a construção de um novo supermercado enorme) e outras (que podem, nesse caso, ser proprietárias de pequenos estabelecimentos familiares) se opõem a tal mudança.

- **»** **Conflito intercomunidade:** Conflito em grande escala *entre* comunidades dentro de uma cultura; pense nos conflitos entre diferentes comunidades raciais nos EUA atualmente ou entre comunidades católicas e protestantes da Irlanda do Norte.

- **»** **Conflito intercultural:** Conflito entre diferentes culturas; considere as grandes guerras travadas por causa da religião, tais como as Cruzadas, do século XIV, em que os cristãos lutaram contra os adeptos do islamismo.

Os antropólogos também notaram que o conflito além do nível intrafamiliar envolve *grupos de pessoas*, e não apenas indivíduos. No início, esses grupos podem compartilhar muitos valores, mas, à medida que o conflito aumenta, eles vão ficando cada vez mais diferentes, demonstrando:

- **»** **Aumento na solidariedade de grupo:** Os laços sociais dentro de cada grupo concorrente tornam-se mais estreitos, assim como as tensões preexistentes podem ser postas de lado, pelo menos temporariamente.

- **»** **Aumento de estereotipagem:** Os membros do grupo objetivam cada vez mais os grupos de oposição, com frequência empregando uma linguagem desumanizadora que marca claramente a oposição como o "Outro".

- **»** **Aumento do pensamento de grupo:** O *pensamento de grupo* é um fenômeno interessante que suprime a individualidade (de forma implícita e/ou explícita) e promove a utilização de um modo de pensar rígido e intransigente (definido pelo grupo de conflito) para todas as tomadas de decisão. Algumas características do pensamento de grupo incluem uma maior utilização de slogans (como adesivos em carros) e um otimismo irrealista de que as coisas funcionarão melhor, bem como uma diminuição do pensamento racional, da exigência de evidências e da responsabilidade moral pessoal. Na política recente dos EUA e do Reino Unido, tem havido um aumento drástico na *polarização* de grupos; esse é o fenômeno em que os grupos quase não compartilham pontos de vista, fechando qualquer comunicação eficaz.

Sabendo que o conflito humano normalmente envolve esses elementos, os antropólogos têm se equipado melhor para o compreender e enfrentar. Uma das maneiras que ajudam na resolução de conflitos é mostrar a história de conflitos da humanidade e as ferramentas que concebemos para resolvê-los. Só isso já ajuda as pessoas a compreenderem a natureza do atrito e a ver claramente que existe um conjunto de "ferramentas" culturais para abordar as questões contestadas.

Uma consideração antropológica do conflito cultural mostrou que ele é bastante diferente em culturas de tamanhos populacionais significativamente diferentes (veja as próximas seções).

Conflitos culturais nas sociedades de pequena escala

Muitos sugeriram que, se os seres humanos tivessem permanecido caçadores e coletores móveis, nunca teriam experimentado os horrores da guerra. Embora a guerra travada pelas civilizações dure normalmente mais tempo e tome mais espaço do que a guerra entre as pessoas que vivem em sociedades menores, as sociedades de pequena escala nem sempre são pacíficas. De fato, os arqueólogos têm provas de violência interpessoal que remontam à Idade da Pedra:

» Foram encontradas em um sítio de 7,7 mil anos na Alemanha, outrora ocupado por caçadores-coletores, 38 caveiras com um estilo distintivo de execução: o esmagamento da parte de trás da cabeça.

» Ao longo do período Neolítico, na Europa Mediterrânica, um número crescente de homens mostra provas de violência interpessoal. Um arqueólogo interpretou esse padrão não como um aumento da violência, mas como um aumento da atribuição cultural dos homens a papéis violentos.

» O esqueleto do homem de Kennewick, com 9,4 mil anos, encontrado no estado de Washington, tem uma ponta de pedra alojada na bacia, como se tivesse sido atacado por trás (um bom indicador de violência interpessoal). Veja mais informações sobre o homem de Kennewick no Capítulo 8.

LEMBRE-SE

Embora muitos corpos de *Homo erectus* mostrem provas de carnificina (como em Bodo, Etiópia, onde um material esquelético com 600 mil anos ostenta marcas de corte distintas da carnificina com ferramentas de pedra), isso não necessariamente indica violência. O hominídeo pode ter morrido naturalmente.

Existem muitas outras indicações de violência interpessoal nas sociedades antigas e de pequena escala. O que torna esse conflito diferente do conflito tal como o conhecemos atualmente? A resposta é em grande parte uma questão de escala, tanto no tempo como no espaço. Se não for resolvido pelos meios não violentos referidos anteriormente neste capítulo, o conflito cultural entre sociedades de pequena escala é de menor duração e ocupa distâncias menores. Isso se deve em grande parte ao fato de caçadores e coletores, pastores e agricultores de pequena escala dessas sociedades simplesmente *não* poderem levar a cabo uma guerra em longo prazo; eles precisam manter seus sistemas de produção de alimentos em funcionamento. Sem celeiros gigantescos para alimentar exércitos permanentes (características das civilizações antigas; veja o Capítulo 10), as sociedades de pequena escala têm de resolver os seus conflitos violentos rapidamente e em curta distância, para poderem voltar às atividades básicas de subsistência, como caça e coleta, as armadilhas, a pesca etc.

A Figura 17-1 mostra membros nativos da tribo Kenyah, em Bornéu (também conhecida como Kalimantan), envolvidos em um ritual de batalha. Embora tornar-se guerreiro fosse uma parte importante da vida de muitas pessoas pré-industriais em todo o mundo, em muitos casos, os conflitos violentos eram curtos e ocorriam a distâncias relativamente pequenas em comparação com a guerra moderna, apoiada pelo Estado. Em Bornéu, a duração e a distância em que se podiam realizar conflitos eram limitadas pela quantidade de alimentos que podiam transportar e pela necessidade de cuidar das suas quintas.

FIGURA 17-1: Nativos Kenyah de Bornéu participando de um ritual de guerra.

Fonte: Wellcome Images

OS GUERREIROS NASCEM GUERREIROS?

Em agosto de 2006, o epidemiologista genético Rod Lea, do Instituto de Ciência e Pesquisa Ambiental da Nova Zelândia, anunciou que os maori — povo nativo da Nova Zelândia — tinham maiores incidências de "um gene associado a comportamentos agressivos e de risco", segundo Boonsri Dickinson, da *Cosmos Online*.

Será que um gene predispõe certas pessoas à violência? Muitos antropólogos do século XIX acreditavam que podiam identificar os então denominados tipos criminosos por características físicas, tais como a forma do crânio. Outros acreditavam que a criação era muito mais importante do que qualquer fator genético. A batalha entre aqueles que discordam se a natureza (genes) ou a criação (socialização e educação) é a maior responsável por agressões incomuns não foi resolvida. Hoje está claro que ambos os fatores estão envolvidos, e que a busca da natureza ou da criação como única influência no comportamento é um engano. Ainda assim, em 2003, pesquisadores identificaram o gene Pet-1, que parecia estar fortemente correlacionado com a ansiedade e a agressão em ratos; nos seres humanos, contudo, a genética da agressão é ainda pouco conhecida, e as declarações do Instituto Lea têm sido criticadas por simplificarem excessivamente uma questão complexa. Novamente, grande parte do nosso comportamento é mais orientada pela cultura do que pela genética. De fato, Rod Lea esclareceu: "Esse gene foi relacionado a diferentes comportamentos antissociais e de tomada de risco, mas a ligação é bastante fraca, e está presente apenas em associação com fatores não genéticos, como os fatores de um estilo de vida sociológico de criação... Há muitas exposições relacionadas a estilos de vida e à criação que são relevantes aqui, então, obviamente, o gene não o tornará um criminoso automaticamente." Em outras palavras, a ligação é muito menos substancial do que parece, e a socialização em uma cultura que reverencia seu passado guerreiro, por exemplo (como a dos maori), é provavelmente o fator mais importante de influência na agressão. Certifique-se sempre de exigir informações sobre a *força* de qualquer proposta de ligação entre genes e comportamentos complexos. A correlação, como diz o ditado, não indica necessariamente a causa.

O conflito de grupo entre culturas de populações menores inclui a *rixa*, um conflito prolongado entre grupos de parentes que pode durar gerações, porque as pessoas nascidas em determinado grupo de parentes são obrigadas, pelo laço de sangue, a continuar o conflito com algum outro grupo de parentes. Embora a rixa possa ser arrastada ao longo do tempo, é de *baixa intensidade* e diferente do que chamaríamos de guerra aberta. As *invasões* resumem-se a ataques curtos e específicos ao alvo, sendo altamente concentradas em um grupo inimigo, muitas vezes para roubar bens materiais ou matar um determinado indivíduo ou indivíduos. Embora possam ocorrer repetidamente, são sempre breves.

Assim, embora as sociedades não industriais e de menor dimensão não entrem em guerras tão prolongadas ou envolvendo distâncias tão grandes como as grandes civilizações, devemos ter cuidado com a ideia de que apenas as grandes sociedades industriais têm conflitos mortais.

LEMBRE-SE

Embora o conflito violento pareça muitas vezes inevitável, pois os seres humanos vivem em grupos e as interações levam ao atrito, alguns antropólogos acreditam que o conflito violento está largamente ausente em algumas sociedades de pequena escala, tais como os Semai, do Sudeste Asiático, que basicamente proíbem a violência como meio de resolver conflitos. Embora os antropólogos tenham identificado mais de vinte sociedades humanas que apresentam pouco ou nenhum conflito violento significativo, elas estão em minoria, e o conflito continua a ser comum na cultura humana.

Conflitos culturais nas sociedades de maior escala

O conflito entre *Estados* (ou dentro deles) — grandes unidades políticas equipadas com forças militares — é normalmente chamado de *guerra*. Em comparação com o conflito violento nas sociedades de pequena escala, a principal característica da guerra nas sociedades de grande escala é que ela normalmente ocorre em distâncias e períodos de tempo mais longos do que nas sociedades de menor escala. As sociedades de grande escala estão simplesmente equipadas com mais recursos materiais e sociais, incluindo *forças militares permanentes*, cujos membros estão envolvidos em assuntos militares em tempo integral.

Só porque a guerra é mais prolongada nas sociedades maiores, no entanto, não significa que seja mais frequente do que o conflito nas sociedades menores; de fato, as sociedades não industrializadas entram em conflito com a mesma frequência que as sociedades maiores. Os antropólogos tentaram identificar padrões nas causas da guerra ao analisarem as culturas em todo o mundo e ao longo da história. Eles identificaram vários tipos principais de guerra:

» **Construção de Estado:** Um Estado tenta conquistar outro para expandir seu próprio território.

» **Civil:** Grupos dentro de um Estado guerreiam entre si; essas guerras ocorrem mais para ganhos políticos do que materiais.

» **Imperial:** Os Estados procuram explicitamente a riqueza material de outros Estados.

» **Religiosa:** Os Estados fazem guerra devidos a pontos de conflito nas crenças religiosas.

» **Étnica:** Os Estados (ou as unidades dentro deles) fazem guerra por causa da identidade étnica.

Essas não são variedades novas de conflitos. Na verdade, em um estudo de todas as civilizações antigas, o falecido arqueólogo Bruce Trigger descobriu que a maioria das civilizações antigas se expandiu e anexou qualquer sociedade vizinha que não conseguisse resistir a um ataque militar. Veja no Capítulo 10 mais informações sobre a guerra nas civilizações antigas.

A guerra moderna se estende ao longo de milhares de quilômetros e mata não só alvos pretendidos, mas também civis. Ela emprega armas altamente técnicas e muitos especialistas que trabalham para conceber, construir, manter e as entregar. E é empreendida por forças militares de tempo integral, que podem passar a vida toda em carreiras que asseguram o funcionamento desses sistemas de guerra. A Figura 17-2 mostra um bombardeiro moderno, que é apenas uma das formas concebidas pelos seres humanos para fazer ataques nucleares a populações distantes.

FIGURA 17-2: Aeronave militar moderna, capaz de bombardear a grandes distâncias de sua base.

Fonte: Pexels, Disponível em `https://www.pexels.com/photo/fighter-jet-during-daytime-80455/`

Alguns antropólogos sugeriram que todas as guerras, em última análise, dizem respeito ao acesso aos recursos; tal explicação *materialista/ecológica* para a guerra tem seus méritos, mas outros antropólogos dizem que é necessária uma explicação histórica específica para cada guerra. Até agora, nenhuma teoria geral para a causa das guerras convenceu a todos os antropólogos. Aposto que existem muitas *justificativas* para a guerra, mas que, no final, o ganho material seja muitas vezes (embora nem sempre) o fator impulsionador.

Humanidade e justiça

Todas as culturas humanas têm regras para regular o comportamento social, e essas diretrizes incluem regras e fórmulas de comportamento para a aplicação da justiça e a correção dos erros que surgiram durante o conflito. O falecido antropólogo Roy Rappaport denominou as normas fundamentais mais profundas de uma cultura como seus *supremos postulados sagrados*, um conjunto de ideias — muitas vezes ligadas a conceitos religiosos ou sobrenaturais sobre a ordem do Universo — sobre o qual todo o resto repousa. (Veja mais informações sobre esses postulados no Capítulo 16.) Os conceitos de justiça de determinada cultura são construídos sobre a estrutura dessas ideias.

Já há 3.700 anos, algumas culturas humanas escreviam suas regras legais; naquela época, no Iraque central, o Deus Rei babilônico Hamurabi tinha as regras do seu reino codificadas em um monumento de pedra. Foram prescritas soluções legais para todo tipo de problemas. Por exemplo, uma tratava do que suponho que hoje chamaríamos de negligência médica: "Se o médico tratar a grave ferida de um cavalheiro usando uma lanceta de bronze e, com isso, causar a morte do cavalheiro, ou se abrir um abcesso do olho de um cavalheiro com a lanceta de bronze e causar a perda de visão naquele olho, deverão ser-lhe cortadas as mãos [do médico]."

As populações maiores têm mais interações e mais fontes de conflito; assim, seus sistemas de justiça são em geral muito complicados. No entanto, isso não significa necessariamente que os sistemas de justiça das culturas de menor escala não sejam eficazes; precisam ser, caso queiram manter a paz. Mas, como há menos pessoas interagindo nessas sociedades, a justiça é frequentemente praticada por anciãos ou conselhos, e não por especialistas jurídicos — como os advogados — das sociedades de maior escala.

A Globalização e a Cultura Humana

À medida que as comunicações e os transportes se tornam mais rápidos e mais extensos, conectando (pelo menos potencialmente) cada vez mais pessoas em todo o mundo, este parece ficar cada vez menor. Os antropólogos, naturalmente, estão interessados nesse fenômeno da globalização.

A *globalização* é definida de muitas formas, mas a maioria dos antropólogos concordaria que ela é um processo mundial de crescente interação e integração cultural, possibilitado em parte pelo aumento dos laços econômicos. Por exemplo, os norte-americanos que telefonam para empresas de computadores em busca de apoio técnico podem acabar falando com pessoas da Índia. Ou, então, o algodão cultivado nos EUA é enviado com frequência para outros países (como Honduras), que é transformado em peças de vestuário lá, sendo posteriormente enviadas *de volta* para os EUA e vendidas em lojas do país. Tal situação tem efeitos econômicos (e, portanto, culturais) em cada sociedade — o que uma cultura faz tem efeitos sobre a outra. O sociólogo britânico Anthony Giddens explica a globalização como "... a intensificação das relações sociais mundiais que ligam localidades distantes de tal forma que os acontecimentos locais são moldados por acontecimentos que ocorrem a muitos quilômetros de distância, e vice-versa".

Os antropólogos reconhecem pelo menos três dimensões principais de mudança no processo de globalização:

» **Sociais/culturais:** Incluem a rápida propagação de ideias entre todas as sociedades conectadas, de modo que a mudança cultural pode ser muito rápida.

» **Econômicas:** Incluem a rápida mudança de condições econômicas em uma região devido a atividades que não eram sentidas anteriormente em outra área. Por exemplo, o rápido crescimento dos empregos de assistência tecnológica na Índia é resultado da rápida abundância de produtos eletrônicos de consumo nos Estados Unidos.

» **Demográficas:** Incluem migrações e imigrações em fronteiras políticas (com frequência motivadas por preocupações econômicas) que conduzem à complexidade do contato cultural entre os (i)migrantes e as populações para as quais se deslocam. Por exemplo, os migrantes mexicanos podem se deslocar rapidamente em longas distâncias para aproveitar as oportunidades de emprego em locais que podem ou não os receber de braços abertos.

Embora as culturas sempre tenham mudado e tido contato com outras, as mudanças provocadas pela globalização são particularmente rápidas, o que nem sempre dá tempo de adaptação às novas condições. Alguns *antropólogos aplicados* — que aplicam seus conhecimentos aos problemas do mundo real — concentram-se na assistência às populações locais em função das rápidas mudanças impostas pela globalização.

Globalização e justiça ecológica

Grande parte da globalização é impulsionada pela demanda dos consumidores no "Primeiro Mundo" industrializado, atendida pelos centros de produção no mundo em desenvolvimento, ou "Terceiro Mundo".

Para manter os preços dos produtos os mais baixos possíveis para o consumidor, as empresas pagam aos trabalhadores do Terceiro Mundo menos do que pagariam a trabalhadores do mundo desenvolvido. Além disso — e muito importante —, muitos países do mundo em desenvolvimento, desesperados por dinheiro, trocam sua riqueza ecológica pela riqueza monetária de formas insustentáveis. Por exemplo, as florestas antigas de Bornéu, que poderiam ser utilizadas durante muitos anos para atrair ecoturistas, são cortadas e recebem um único pagamento pela madeira. A *justiça ecológica* é o conceito de que os recursos ecológicos de um país são tão preciosos como sua riqueza monetária, e que os cidadãos têm o direito a condições ecológicas saudáveis. Graduados em antropologia — e alguns antropólogos aplicados — estão trabalhando cada vez mais para garantir que as culturas do Terceiro Mundo, incluindo muitas culturas indígenas, tenham direito à justiça ecológica.

Globalização e assimilação cultural

A *assimilação cultural* — quando uma cultura é absorvida por outra, de modo que as características da primeira se diluem com o tempo até não serem mais reconhecidas — é um aspecto distintivo da globalização. Seria isso um problema? Penso que sim, porque, à medida que a diversidade cultural diminui, todos perdem, visto que cada cultura tem perspectivas, histórias, línguas, culinárias, costumes e hábitos únicos — todos temperos da vida. Embora muitas culturas indígenas e de pequena escala resistam ativamente à assimilação na civilização ocidental, isso é muitas vezes uma batalha perdida, e diversas culturas desapareceram para sempre, sendo seus comportamentos tão frequente e completamente desaprovados, que ninguém se atreve a continuá-los. Hoje, por exemplo, a identidade cultural de Portugal é ameaçada pela procura global de rolhas de plástico para garrafas de vinho. Portugal é líder mundial na fabricação de rolhas de cortiça feitas a partir de árvores de verdade há séculos, e a produção manual desses artigos faz parte de sua cultura tradicional; embora obviamente nem todos os portugueses sejam produtores de rolhas, essa produção é, naturalmente, importante para eles. A crescente procura mundial por rolhas de plástico, mais baratas, levou a globalização à porta de Portugal. Tal perda cultural é um dos custos ocultos da globalização. Culturas sendo comercializadas a preços baixos... de acordo com meus cálculos, isso não é uma pechincha. Embora haja, hoje em dia, uma redução significativa na diversidade cultural, também há frequentemente uma forte reação (veja a próxima seção).

Globalização e movimentos nativistas

Nas últimas cinco décadas, os *movimentos nativistas* — a organização dos povos indígenas em grupos políticos capazes de fazer lobby por seus próprios interesses — tornaram-se comuns. Muitos grupos nativos, dos inuítes do Ártico canadense ao Conselho Nacional de Anciãos Tribais das Filipinas, organizaram-se em entidades políticas e reuniram fundos para enviar seus próprios filhos para a faculdade de direito, permitindo a seu povo lutar por seus direitos na justiça. Como os processos de globalização exigem cada vez mais recursos naturais, muitos grupos nativos que vivem em terras ricas desses recursos são atualmente reconhecidos nos tribunais internacionais de direito. Eles se encontram cada vez mais em uma posição de poder. As Nações Unidas têm até um Fórum Permanente sobre Questões Indígenas, que trata especificamente de "questões indígenas relacionadas com o desenvolvimento econômico e social, cultura, ambiente, educação, saúde e direitos humanos", de acordo com seu site (`www.un.org/develo-pment/desa/indigenouspeoples/`; em inglês). O trabalho da ONU e o de muitas outras organizações desse tipo é assistido por muitas pessoas forma-das em antropologia, e é certamente informado por décadas de investigação antropológica mundial sobre a vida dos povos indígenas.

Globalização e migração forçada

Conforme os recursos, como as florestas, se esgotam e novos recursos são procurados por um mercado internacional globalizado de matérias-pri-mas, muitos povos nativos encontram-se na posição de serem forçados (por manipulação militar ou política) a abandonar seus territórios tradi-cionais. Tal deslocamento é chamado de *migração forçada*, e é um problema tão grande mundialmente que uma organização multinacional (a Associa-ção Internacional para o Estudo da Migração Forçada; veja o site `http://iasfm.org`, em inglês) foi estabelecida visando ajudar a coordenar esforços tanto para reduzir essas migrações como para fazer da *migração de volta* — regresso às terras tradicionais quando as circunstâncias permitem —, uma transição mais fácil. Novamente, esse empreendimento envolve muitos antropólogos, de antropólogos culturais familiarizados com a forma como as culturas reagem à migração até linguistas conhecedores dos mal-enten-didos que podem surgir à medida que refugiados que falam uma língua se deslocam para áreas ocupadas por pessoas que falam outra.

Cada vez mais, questões como a migração forçada são abordadas não só pelas Nações Unidas (ONU) e outras organizações estatais, mas pelos próprios membros de grupos indígenas. Isso é feito à medida que enviam o próprio povo para se tornarem advogados, capazes de se envolverem com as organi-zações estatais maiores sob uma perspectiva interna. A revista *Cultural Survival* (`www.culturalsurvival.org`; em inglês) apresenta muitos desses casos.

Capítulo **18**

Desastres Iminentes? Da Superpopulação aos Destroços Espaciais

A antropologia tem feito um bom trabalho — se me permite dizê-lo — em dar um esboço sobre a origem da humanidade, mostrando de onde, quando e como nossa espécie chegou ao presente. Claro, o estado atual das coisas não era um objetivo evolutivo, e elas não necessariamente serão assim amanhã. Olhar para o futuro é um negócio complicado, mas não é preciso olhar muito longe para vermos alguns grandes desafios. Neste capítulo, você descobrirá alguns deles e o que a antropologia pode fazer para nos ajudar a superá-los.

A Única Constante É a Mudança

Muitos acreditavam que o objetivo da evolução era essencialmente criar o mundo moderno, e que, com essa tarefa concluída, a evolução está de alguma forma acabada ou terminada. Mas isso simplesmente não é verdade. A humanidade continua a evoluir, tanto no âmbito corporal como (ainda mais) no âmbito cultural.

Muitos pensavam que, à medida que a humanidade se apoiava cada vez mais na tecnologia para se adaptar ao mundo, sua evolução genética se abrandaria, pois já não precisaria de adaptações biológicas. Mas, recentemente, vários estudos demonstraram que a evolução biológica humana continua, tendo até se acelerado ao longo dos últimos 50 mil anos, conforme a população humana aumentou muito — mais pessoas significa mais acasalamento e descendência, e cada descendência apresenta a hipótese de uma nova variação na forma parental. Assim, a espécie humana continua a evoluir.

LEMBRE-SE

A evolução é simplesmente um processo de mudança através do tempo, e não significa que essa mudança vá ser boa, má, ou qualquer outra coisa. Significa apenas mudança.

Os ambientes humanos também mudam. Há apenas 15 mil anos, todo o Canadá estava essencialmente sob uma camada de gelo; quando essas geleiras (e outras calotas polares em todo o mundo) derreteram, há 10 mil anos, o nível global do mar subiu cerca de cem metros, mudando radicalmente os muitos habitats ocupados pelas pessoas em todo o mundo. Por exemplo, a Grã-Bretanha foi cortada da Europa continental quando a água subiu, formando o atual Canal da Mancha.

E os nossos ambientes também mudam hoje em dia; o Ártico, por exemplo, está se aquecendo. Das 10 mil espécies de aves conhecidas em todo o mundo, uma entra em extinção a cada ano, e, no final do século — de acordo com Peter Raven, do Jardim Botânico do Missouri —, dez estarão suscetíveis à extinção por ano. Muitas das plantas e animais que vemos hoje em uma caminhada são diferentes daqueles que nossos avós teriam visto; há menos plantas e animais e menos *tipos* de plantas e animais.

Essa situação é importante para a humanidade porque nenhuma espécie é uma ilha; a ciência da ecologia demonstrou que todas as espécies estão conectadas em uma teia enorme de interações complexas. Qual é a importância de algum inseto obscuro entrar em extinção? É que algum tipo de ave se alimenta dele, e ela, por sua vez, ajuda a distribuir as sementes das plantas que consome. Não é apenas um inseto que se extingue — muito em breve, todo um ecossistema é afetado.

EIS O FRUTO DO NOSSO TRABALHO: A SEXTA EXTINÇÃO

Apesar de algumas ameaças à humanidade aparecerem — como cometas potencialmente destruidores da civilização que podem estar se dirigindo à Terra —, muitos problemas são de nossa autoria. Diversos cientistas acreditam que, devido à utilização excessiva e massiva de recursos (como a pesca excessiva), à limpeza de terras para a agricultura e outros fins (destruindo ambientes naturais), e à poluição dos ambientes naturais que restam, a espécie humana está causando a extinção de cerca de 30 mil espécies por ano. Isso é cerca de três por hora, a taxa de extinção mais rápida em dezenas de milhões de anos. Embora os últimos cinco eventos de extinção em massa na Terra tenham ocorrido por causas naturais — como o planeta ser atingido por cometas ou asteroides —, a sexta extinção está sendo causada pela humanidade.

O paleantropólogo Niles Eldredge escreveu um artigo intitulado "A Sexta Extinção" (disponível, em inglês, em `www.actionbioscience.org/newfrontiers/ eldredge2.html`). Aqui, ele deixa os fatos obscuros perfeitamente claros:

"Os ecossistemas do mundo foram mergulhados no caos, com alguns biólogos de conservação chegando a pensar que nenhum sistema, nem mesmo os vastos oceanos, permanece intocado pela presença humana. As medidas de conservação, o desenvolvimento sustentável e, em última análise, a estabilização do número da população humana e dos padrões de consumo parecem oferecer alguma esperança de que a Sexta Extinção não se desenvolva com a mesma extensão da terceira extinção global, há cerca de 245 milhões de anos, quando 90% das espécies do mundo foram perdidas."

"Embora seja verdade que a vida, tão incrivelmente resistente, sempre tenha se recuperado (ainda que depois de longos períodos de atraso) após grandes espasmos de extinção, isso sempre ocorre apenas depois de o que quer que tenha causado o evento de extinção ter se dissipado. Essa causa, no caso da Sexta Extinção, somos nós próprios — *Homo sapiens*. Isso significa que podemos continuar no caminho da nossa própria extinção ou, de preferência, modificar nosso comportamento em direção ao ecossistema global do qual ainda fazemos parte. A segunda opção deve acontecer antes que a Sexta Extinção seja declarada como encerrada, e a vida possa de novo se recuperar."

Claramente, tanto a humanidade como os ambientes a que chamamos lar estão sempre mudando.

Algumas dessas mudanças ameaçam a forma como a humanidade vive hoje em dia. Milhões de pessoas, por exemplo, vivem em zonas baixas, que serão inundadas se o nível do mar continuar a subir. Essas pessoas terão que se mudar para algum lado. Outras ameaças à humanidade incluem o vírus da imunodeficiência humana (HIV), que causa a AIDS e que já matou cerca de 30 milhões de pessoas. E algumas tendências culturais tampouco trazem bons presságios, tais como a perda alarmante de línguas tradicionais em todo o mundo. Um ditado tradicional em Madagascar é: "Uma pessoa idosa morrendo é como uma biblioteca em chamas", e cada língua perdida é outra perspectiva sobre a humanidade que, por assim dizer, virou fumaça.

Como a antropologia estudou a humanidade tão de perto durante tanto tempo, penso que podemos razoavelmente perguntar como ajuda com esses desafios. A Associação Antropológica Americana também pensa assim; um número recente de seu boletim informativo *Anthropology News* foi dedicado às alterações climáticas e ao que os antropólogos têm a dizer sobre o assunto.

O restante deste capítulo analisa seis grandes problemas que a humanidade enfrenta atualmente. Alguns estão ligados a outros de formas complexas, mas a antropologia tem algo útil a dizer sobre todos eles:

» Superpopulação.

» Mudanças climáticas.

» Perda de idiomas.

» Disponibilidade de comida e água/fome.

» Doenças.

» Destroços espaciais (sim, isso mesmo).

Superpopulação

Há pouco mais de 10 mil anos, a população humana era provavelmente de cerca de 5 milhões — todos caçadores-coletores espalhados por um vasto globo. Hoje, 7 bilhões é uma contagem mais exata. A Figura 18-1 mostra o crescimento da população humana ao longo dos últimos 10 mil anos. Lembre-se de que foi há cerca de 10 mil anos que a agricultura foi inventada, e as primeiras civilizações ocorrem há cerca de 5 mil anos. O rápido crescimento da população humana após cerca do ano 1900 tem muito a ver com a invenção de medicamentos e de técnicas agrícolas modernas. As espécies vegetais e animais podem mostrar esse tipo de crescimento rápido da população, mas são normalmente controladas por limitações naturais do ambiente.

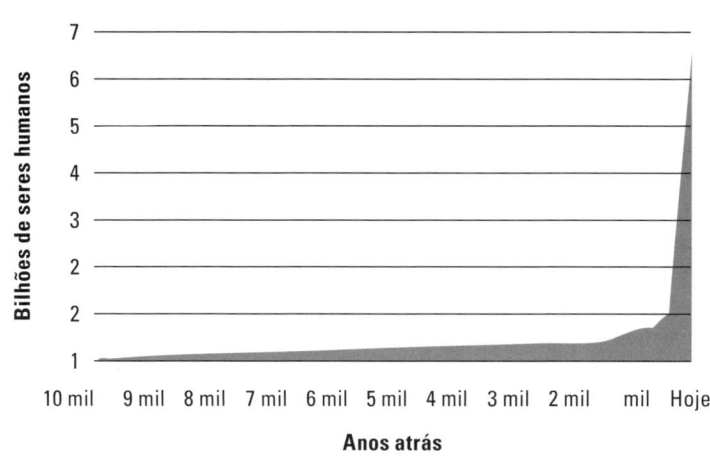

FIGURA 18-1:
Cresci-
mento da
população
humana
nos últimos
10 mil
anos.

Ilustração cortesia de Cameron M. Smith

O caminho à superpopulação

No final do século XVII e início do século XIX, um inglês chamado Thomas Malthus publicou uma série de artigos sobre a relação entre a população de uma espécie e o seu suprimento alimentar. Essencialmente, Malthus disse que as populações tenderão a expandir-se em uma taxa geométrica (como a duplicação de tantos em tantos anos) e que o suprimento alimentar tenderá a expandir-se apenas a uma taxa aritmética (aumentando um montante fixo durante um período de tempo fixo). As populações, disse Malthus, são limi-tadas pela falta de alimentos. Nascem mais indivíduos do que o ambiente pode sustentar, e aqueles que não conseguem encontrar alimentos perecem.

Na prática, porém, a humanidade funciona de forma um pouco diferente. Os seres humanos armazenam alimentos depois de os colherem e podem alimentar muito mais bocas do que uma determinada parcela de terra natu-ralmente sustentaria. Tal capacidade de armazenar alimentos ajudou a compensar o *limite malthusiano* normal (nomeado conforme o argumento de Malthus) com o crescimento populacional, e a população humana foi ao limite. Entre 1900 e 2000, a população humana quadruplicou, de 1,6 bilhão para mais de 6 bilhões, um aumento espantoso no reino animal.

Mais de duzentos anos depois de Malthus, o antropólogo J.K. Smail argumen-tou que, mesmo que fossem imediatamente decretadas medidas de cresci-mento populacional zero, a estabilização da população humana levaria mais de 50 anos. Ele concordou com outras estimativas de que, até 2050, a população estaria próxima dos 10 bilhões, um aumento de 50% em apenas duas gerações.

LEMBRE-SE

Uma *geração* é o período de tempo entre o nascimento de uma pessoa e quando ela tem filhos; embora varie muito a nível mundial, um intervalo de vinte a trinta anos é mais ou menos correto.

Smail observou também que a era da energia barata (combustíveis fósseis), do abastecimento alimentar adequado (de madeira a água potável), e da abundante água potável estava chegando ao fim, e rapidamente. Combinar esses fatos com o espantoso aumento da população humana significaria um desastre. A espécie humana não se extinguirá, mas bilhões — não apenas centenas de milhões — sofrerão e morrerão de forma horrível.

Os líderes mundiais sabem de tudo isso: hoje, 70% dos líderes no mundo em desenvolvimento — onde o crescimento populacional é mais elevado — relatam preocupação com a superpopulação (em comparação com 25% há apenas trinta anos) e muitos implementaram medidas para limitar o crescimento populacional.

LEMBRE-SE

O Terceiro Mundo, um termo de 1952, refere-se a países que não possuem infraestruturas (estradas, sistemas de água etc.), tecnologia e o elevado nível de vida encontrado no Primeiro Mundo, mais desenvolvido, que consiste em países como os Estados Unidos, Canadá, Austrália e a maioria dos países da Europa. Alguns consideram o termo depreciativo, e *mundo em desenvolvimento* é cada vez mais utilizado.

Esperança à vista

Até agora, só más notícias; tem alguma boa? Smail foi, na verdade, cautelosamente otimista quanto à limitação do crescimento da população humana, mas deixou claro que os esforços tinham de ser reais e imediatos, e teriam que se sobrepor a quaisquer outras questões — medicina, fome, assistência à saúde —, porque "consertá-los" em países sobrepovoados não adiantaria de nada se a população continuasse a aumentar.

A parte mais importante do argumento de Smail foi apontar que os seres humanos também estão sujeitos aos limites malthusianos; mais cedo ou mais tarde, precisaremos enfrentar as terríveis consequências de haver bocas demais para alimentar. Manter a população humana dentro do limite que a Terra pode sustentar (cerca de 2 bilhões de pessoas, segundo Smail) — basicamente, viver de forma sustentável como espécie — é uma prioridade razoável. Reduzir o crescimento da população humana faria com que:

» A tensão sobre os recursos não renováveis diminuísse.

» A fome fosse evitada.

» Empregos razoáveis fossem proporcionados.

» Serviços sociais básicos fossem oferecidos (saúde e educação).

Então, o que a antropologia pode fazer para ajudar a população humana a viver de forma sustentável?

Em primeiro lugar, os antropólogos podem monitorar e documentar as alterações populacionais como antropólogos demográficos. (A *demografia* é o estudo das populações.) Os antropólogos demográficos, acostumados a compreender a migração humana e outros fenômenos relacionados com a população, são muito úteis.

Mais importante ainda, os antropólogos ajudam os esforços de limitação do crescimento populacional em âmbito local e comunitário, pois os antropólogos culturais estão mais familiarizados com esse nível da experiência humana. Em vez de simplesmente haver decretos impessoais dos governos nacionais que descem ao nível comunitário, os antropólogos podem ajudar aqueles que estão no âmbito governamental a compreenderem melhor as necessidades, a cultura e os valores das pessoas que vivem a nível comunitário.

Muitos desses esforços são o resultado do trabalho no campo da antropologia aplicada, que abordo no Capítulo 3.

Mudança Climática

A menos que tenha vivido sob uma rocha durante os últimos anos, você já ouviu dizer que o clima da Terra está mudando. A maioria dos cientistas concorda que as mudanças estão relacionadas com o *efeito estufa*, um aquecimento da Terra devido à introdução de dióxido de carbono na atmosfera pela queima de combustíveis fósseis. O Painel Intergovernamental sobre Alterações Climáticas das Nações Unidas enumera muitas evidências para as alterações climáticas:

» **Clima cada vez mais volátil:** Secas, ciclones tropicais, ondas de calor e tempestades em geral têm aumentado de intensidade; o Mediterrâneo, partes do sul da Ásia e parte da África têm se tornado cada vez mais secos, e o aumento da incidência de inundações (como na Europa Central, em 1996 e 1997, e em Bangladesh, em 2004, que deixaram metade do país inundado) é evidência de tempestades mais poderosas.

» **O Ártico se aquecendo:** A temperatura média do Ártico aumentou quase duas vezes mais rapidamente do que no resto do mundo no século passado, e muitos acreditam que o gelo marinho no oceano derreterá completamente durante os verões até 2050, e a Passagem do Noroeste permanecerá sem gelo durante todo o ano.

» **Derretimento das geleiras:** Globalmente, as geleiras estão em retrocesso — por exemplo, no século passado, dois terços das geleiras da Suíça basicamente derreteram.

» **Mudanças de plantas e animais:** Sabemos que mais de quatrocentas espécies vegetais e animais foram afetadas pelas alterações climáticas modernas; por exemplo, borboletas, libélulas, traças, besouros e outros insetos são agora encontrados mais ao norte do que nunca, à medida que o clima aquece.

Em novembro de 2007, a ONU declarou que essas mudanças são "inequívocas", estando tão bem documentadas, que as debater seria como questionar a lei da gravidade. O clima do mundo está mudando. Independentemente do que a humanidade decida fazer — mudar para fontes limpas de energia e não emissoras de gases de efeito estufa, por exemplo —, é uma questão que não quero abordar; é extensa demais para este livro. Mas o que quero mencionar é como a antropologia será capaz de ajudar a implementar as mudanças que certamente acontecerão.

A edição de dezembro de 2007 da *Anthropological News*, da Associação Antropológica Americana, foi dedicada a pesquisas sobre as alterações climáticas e como a antropologia poderia se envolver na busca de formas de enfrentá-las.

A ASSOCIAÇÃO NORTE-AMERICANA PARA O PROGRESSO DA CIÊNCIA SOBRE AS ALTERAÇÕES CLIMÁTICAS

Em dezembro de 2006, a Associação Norte-americana para o Progresso da Ciência divulgou uma declaração sobre a realidade das alterações climáticas, e reproduzo aqui alguns trechos; consulte o texto integral [em inglês] em www.aaas.org/news/releases/2007/0218am_statement.shtml.

"As provas científicas são claras: as alterações climáticas globais causadas pelas atividades humanas estão ocorrendo agora, e constituem uma ameaça crescente para a sociedade. Os dados acumulados do mundo todo revelam uma vasta gama de efeitos: rápido derretimento das geleiras, desestabilização de grandes camadas de gelo, aumento do clima extremo, aumento do nível do mar, mudanças nas gamas de espécies e muito mais. O ritmo de mudança e as evidências de danos aumentaram demais ao longo dos últimos cinco anos. O momento de controlarmos as emissões de gases de efeito estufa é agora."

"A concentração atmosférica de dióxido de carbono, um gás crítico para o efeito estufa, está mais elevada do que há pelo menos 650 mil anos. A temperatura média da Terra está dirigindo-se a níveis não experimentados durante milhões de anos. As previsões científicas dos impactos do aumento das concentrações atmosféricas de gases do efeito estufa, provenientes de combustíveis fósseis e do desflorestamento, correspondem às mudanças observadas. Como esperado, a intensificação de secas, as ondas de calor, as inundações, os incêndios e as tempestades severas estão ocorrendo, com um número crescente de mortes em ecossistemas e sociedades vulneráveis. Esses eventos são os primeiros sinais de alerta quanto a danos ainda mais devastadores, alguns dos quais serão irreversíveis."

"A crescente torrente de informações apresenta uma mensagem clara: já estamos vivendo uma mudança climática global. É tempo de reunirmos a vontade política para uma ação orquestrada. É necessária uma liderança mais forte a todos os níveis. Chegou o momento de colocarmos isso em prática. Temos que estar à altura do desafio. Devemos isso às gerações futuras."

Um artigo do antropólogo T.J. Finan destacou a importante questão de que, embora os antropólogos tenham uma longa história de pesquisa sobre a interação humana com o ambiente, ares um tanto anticientíficos na antropologia nos últimos cerca de vinte anos deixaram toda uma geração de graduados na área com a sensação de que a *hard science*, tipificada pela ciência das alterações climáticas, estava fora do escopo da antropologia. Isso, diz Finan, precisa mudar. Concordo. A antropologia pode ajudar a compreender, reagir e talvez planejar a redução das alterações climáticas de várias maneiras:

» Tal como ocorre no trabalho de limitação do crescimento da população, os antropólogos poderiam ajudar facilitando a transição dos modos antigos de fazer comunitário para novos. As tentativas governamentais de implementar a mudança fracassam frequentemente porque vêm de cima para baixo e são alheias às necessidades e preocupações das comunidades. Os antropólogos podem facilitar uma melhor comunicação entre as comunidades e os níveis mais elevados de organização.

» Os *antropólogos ecológicos* — aqueles que se concentram nas interações humanas com seus ambientes e recursos — têm um conhecimento profundo dos princípios de evolução e de adaptação, e eles ajudam a tornar mais sensíveis os ajustes relacionados com as alterações climáticas às condições e ecologias locais das comunidades humanas.

» Os antropólogos estariam bem adaptados para compreender como os seres humanos mudam e se adaptam ao longo do tempo. Portanto, talvez estejam mais adaptados e bem equipados para avaliar planos de ação que levarão tempo e afetarão as comunidades humanas.

» Os *antropólogos médicos* examinam como a saúde dos indivíduos, as formações sociais maiores e o ambiente são afetados pelas inter-relações entre os seres humanos e outras espécies. Normas culturais e instituições sociais, micro e macropolíticas e forças da globalização podem, todas, afetar os mundos locais.

» Os antropólogos ecológicos podem documentar a mudança ambiental ao longo do tempo, bem como acompanhar a forma como os seres humanos lidaram com ela no passado e o fazem no presente.

Independentemente de quais mudanças serão implementadas ou levadas em consideração em nível global para lidar com as alterações climáticas, penso que pedir ajuda aos antropólogos para que facilitem tais mudanças em nível humano é algo óbvio demais.

O que Você Disse?
Perda da Diversidade Linguística

A perda de idiomas pode ser tão desastrosa para a humanidade como as alterações climáticas ou a superpopulação? Embora essa perda possa não causar tanto sofrimento ou morte, perder idiomas é como perder arquivos inteiros da experiência humana.

E isso está acontecendo a um ritmo alarmante; das cerca de 6 mil línguas faladas hoje em dia, metade é falada por tão poucas pessoas, que será esquecida até o fim deste século. Um antropólogo estimou que cerca de dois idiomas desaparecem todos os meses. Um exemplo de uma perda terrível ocorre na Austrália, onde alguns estimam que 90% das línguas nativas serão extintas nos próximos vinte anos. É espantoso pensar que, após 40 mil anos, esses idiomas — cada um deles sendo um conjunto de formas de ver a sobrevivência, a filosofia, o amor, a arte, a música, o humor, o drama e todas as outras coisas que os seres humanos tanto amam — desaparecerão de repente. Isso é uma tragédia.

Como é que as línguas se extinguem? Normalmente, isso acontece no processo de *assimilação cultural*, em que uma cultura adota costumes, hábitos, valores, tradições — e língua — de outra. Para se adaptarem a novos ambientes, os imigrantes assimilam uma cultura maior, perdendo sua língua tradicional no processo.

Por que isso importa? Não seria bom que todas as pessoas compartilhassem uma língua comum? Isso não facilitaria uma comunicação melhor e, talvez, até a paz? Provavelmente, mas isso não significa que as línguas mais raras devam desaparecer. Visto que qualquer criança pode adquirir várias línguas com facilidade, os seres humanos não têm motivos para não preservar o patrimônio mundial de experiências únicas, registradas em cada língua distinta. Considerando que as palavras que um idioma utiliza para descrever o mundo dão uma perspectiva única, cada um representa uma forma alternativa de compreender a humanidade. Perder línguas é um problema humano, e não apenas de uma única cultura. Perder um idioma é como perder uma cultura.

O que os antropólogos podem fazer para ajudar a preservar as línguas? Podem divulgar o fato de que a diversidade linguística é importante e está ameaçada. E, ao conhecerem objetivos, valores e vidas dos povos nativos e tradicionais em todo o mundo melhor do que qualquer burocrata governamental, os antropólogos estão mais bem equipados para defender esses povos nativos e tradicionais, para que a assimilação e a perda linguística não sejam as únicas opções em um mundo em rápida globalização. Os antropólogos linguistas já o fizeram em muitos casos, registrando línguas ameaçadas e desenvolvendo programas de preservação e ensino delas.

Disponibilidade de Água e Comida/Fome

A *fome* — escassez geral de alimentos que reduz a ingestão calórica humana individual abaixo de cerca de mil calorias por dia — e a *seca* (escassez de água) foram responsáveis por milhões de mortes no último século e meio, à medida que a população humana nos países em desenvolvimento cresceu demais. As mortes de milhões de seres humanos tornam essas questões preocupantes em termos antropológicos. As fomes ocorriam também nas civilizações antigas, mas ficavam restritas praticamente às sociedades agrícolas que dependiam de alimentos armazenados; os caçadores-coletores móveis que enfrentavam uma escassez de alimentos simplesmente iam para outros locais onde pudessem caçar e procurar por eles. Uma das consequências significativas, portanto, da mudança geral da humanidade para a agricultura é a suscetibilidade à fome (e à seca, que afeta as culturas agrícolas, é claro).

Às vezes, a fome é um resultado genuíno de a população exceder a oferta alimentar, mas, em muitos casos, estudos antropológicos descobriram que a fome é politicamente patrocinada. Por exemplo, as fomes na antiga União Soviética no início do século XX mataram entre 5 e 8 milhões, e muitos acreditam que os oficiais soviéticos permitiram que isso acontecesse, independentemente de terem planejado isso politicamente. Mais recentemente, a escassez de alimentos em certas áreas é o resultado dos processos de globalização, nos quais os Estados patrocinam a agricultura para exportação em vez de alimentar a população.

Os antropólogos estão envolvidos em muitas tentativas para melhor compreender e lidar com a fome. Uma descoberta assustadora da antropologia é que a fome tende a dividir as populações internamente, o que poderia levar a uma guerra civil; a fome pode causar um efeito dominó de uma consequência miserável atrás de outra. Outra descoberta, apresentada em um estudo transcultural pelo antropólogo Robert Dirks, é que os estados que tendem a não ter fome (como os Estados Unidos) não são necessariamente poupados dela só porque seus sistemas agrícolas são melhores do que os de qualquer outro lugar; eles evitam a fome porque têm sistemas em vigor para compensar a escassez de alimentos e de água, como seguro-desemprego, garantias de preços de mercado e muitos outros programas de ajuda sustentados pelos impostos. Sabendo disso, os antropólogos podem ajudar a implementar esses programas em países nos quais a fome é mais comum; novamente, a abordagem antropológica é importante para implementar programas com uma compreensão melhor das condições e culturas locais do que a tida em geral pelos administradores governamentais.

Doenças

A humanidade é suscetível a muitas doenças. Algumas são *endêmicas* (sempre presentes em uma população), e outras se espalham rapidamente em diversas populações, como as *epidemias*. Apenas no século passado — quando as doenças passaram a ser bem conhecidas pela ciência —, programas em larga escala de erradicação de doenças foram implementados. Em alguns casos, isso alterou radicalmente as situações de doenças que estavam presentes há séculos, senão há milhares de anos. A erradicação tecnológica de certas doenças removeu efetivamente um limite ao crescimento da população humana que esteve em vigor durante muito tempo, contribuindo (com a medicina moderna e a agricultura) para o recente *boom* mundial da população.

Algumas doenças já erradicadas (ou quase) nos Estados Unidos continuam a ser um problema em outros países; os Centros de Controle de Doenças estimam que 1 milhão de pessoas por ano morrem de malária. Isso é quase 3 mil por dia, ou várias a cada minuto. É um problema grave. Como a AIDS (síndrome da imunodeficiência adquirida), resultado do vírus HIV, sexualmente transmitido, também o é. A ONU estimou que mais de 75 milhões de seres humanos em todo o mundo foram infectados com o HIV. Recentemente, a pandemia do Covid-19 remodelou muitos aspectos da vida em todo o mundo, com mais de 243 milhões de casos e quase 5 milhões de mortes (dados obtidos no momento da escrita deste livro).

As abordagens antropológicas para ajudar a prevenir doenças incluem estudos sobre a dimensão cultural da doença. Em alguns países africanos, por exemplo, os homens sentem que o uso do preservativo não é algo masculino, assim, as infecções sexualmente transmissíveis continuam se propagando. Nesse caso, embora haja uma solução tecnológica — o uso de preservativos —, uma condição cultural (visão dos homens sobre o que é ou não masculino) é o fator mais importante no controle da doença. Nessas situações, a mudança cultural precisa ocorrer para que a doença seja controlada, e os antropólogos são os mais bem equipados para compreender e até ajudar a orientar a mudança cultural. Novamente, é importante que isso ocorra de baixo para cima — começando pela compreensão das condições culturais nas comunidades locais —, e não de cima para baixo por mandatos de agências governamentais que podem não estar em contato com as realidades culturais.

Destroços Espaciais

Vários telescópios hoje em dia monitoram o espaço em busca de fragmentos espaciais potencialmente nocivos, como cometas e asteroides. Eles passam pela Terra o tempo todo, e, atualmente, a NASA considera cerca de mil asteroides de tamanho variável (de bolas de basquete a montanhas), como sendo *potencialmente perigosos*. Isso significa que provavelmente passarão muito perto da Terra em um futuro previsível, com chances de se chocarem contra nosso planeta. Se algo com dois quilômetros de largura impactasse a Terra em uma velocidade adequada, a explosão levantaria tanta poeira que bloquearia o Sol, evento que prejudicaria a agricultura ao ponto de a humanidade morrer de fome antes de a poeira baixar. A Figura 18-2 ilustra o que poderia acontecer se um desses objetos impactasse a Terra.

FIGURA 18-2: Representação de um artista do impacto de um destroço espacial se chocando com a Terra e acabando com a civilização.

Stocktrek Images/Getty Images

Para proteger a humanidade contra tais desastres, muitos defendem a colonização do espaço. No livro de 1982 *Interstellar Migration and the Human Experience* ["Migração Interestelar e a Experiência Humana", em tradução livre], vários antropólogos e outros cientistas especularam sobre por que e como a humanidade deve escolher ir para outros planetas e, depois, para outros sistemas solares. Em longo prazo, o plano parece ser a única opção para a humanidade. Não é ficção científica, nem significa que estamos fugindo dos nossos problemas aqui na Terra (embora alguns possam tentar fazer exatamente isso); novas colônias teriam de ser autossuficientes, harmoniosas e extremamente eficientes. Elas seriam o epítome de uma cultura ambientalmente consciente.

Em 2006, o astrofísico Stephen Hawking defendeu que a humanidade deveria procurar um segundo lar, fazendo eco ao comentário do falecido astrônomo Carl Sagan de que a humanidade deveria tornar-se pelo menos uma "espécie de dois planetas" — não para fincar uma bandeira em Marte, ou apenas procurar fósseis de formas de vida exóticas por lá, mas para se deslocar para pelo menos um outro planeta de modo a impedir que a humanidade tenha todos os seus ovos em um único cesto.

Afinal de contas, nada dura para sempre, incluindo o nosso Sistema Solar. A Terra não é tão segura como pareceu ser nos últimos 5 mil anos de história registrada. Destroços espaciais catastróficos podem aparecer inesperadamente a qualquer momento; aconteceu com os dinossauros há cerca de 65 milhões de anos, na Quinta Extinção em Massa. Dentro de vários bilhões de anos, o Sol será um gigante vermelho e incinerará a Terra. Vale a pena pensarmos nisso.

A antropologia colabora com quase todos os aspectos do planejamento da colonização humana do espaço, das preocupações da sociedade até nutrição humana, evolução, resolução de conflitos e assim por diante. Abordo as implicações antropológicas de muitos desses tópicos ao longo do livro.

Seu Novo Lar em Marte! Colonização Espacial

A ideia de a humanidade sair para explorar e viver em lugares além do nosso planeta natal fascinou as pessoas durante muito tempo. Na lenda polinésia, a exploradora Hina, entediada por já ter explorado todas as ilhas do Pacífico, levou a canoa de viagem do seu irmão até a Lua. No século XVI, o inglês Francis Godwin escreveu um livro sobre uma viagem especulativa à Lua, e, no início do século XIX, o cientista russo Konstantin Tsiolkovski (1857-1935) descreveu um assentamento espacial civil e pacífico na órbita da Terra, onde famílias viviam vidas normais, cultivavam alimentos, tinham filhos e assim por diante. Nos Estados Unidos, a engenharia para a colonização espacial foi desenvolvida em um estudo preliminar nos anos 1970, mas, desde então, a National Aeronautics and Space Administration (NASA) não tem seguido esse curso, e seu foco total é na *exploração* do espaço, e não em sua *colonização*.

Ainda assim, ficou claro que nada do que conhecemos das condições espaciais impede absolutamente os seres humanos de viverem, digamos, em Marte. De fato, parece que esse planeta tem muitos dos recursos necessários para nossa sobrevivência (por exemplo, água, uma atmosfera que pode processar oxigênio, e materiais como metal, areia e argila para construção). Parece que temos uma chance real por lá.

Mas será que é isso o que devemos fazer? Há o argumento muitas vezes levantado de que tudo o que faríamos seria exportar nossas soluções humanas velhas, esgotadas, esbanjadoras e divisionistas para outro planeta e, mais cedo ou mais tarde, o esgotaríamos (ou algo semelhante), repetindo o que temos feito na Terra. Penso que isso é possível, mas não inevitável. De fato, durante os dez anos que trabalhei com as questões da dinâmica cultural e da genética da colonização espacial humana, meu contato com os planejadores dessa colonização (sendo muitos bem mais jovens do que eu) mostrou-me uma nova geração de pessoas que valorizam a colaboração, a sustentabilidade e a diversidade. Além disso, como mostro neste livro, não existe uma ciência de previsão do futuro humano que seja amplamente aceita. A antropologia procurou e não a encontrou, tampouco a história ou os novos campos da *cliodinâmica* (um estudo da história, da economia e da evolução) e da *Big History* (um estudo dos maiores padrões na evolução de sistemas complexos, como as culturas). Embora existam algumas tendências de grande escala e alguns padrões repetitivos na história, seria específico demais sugerir que vamos apenas repetir o que fizemos na Terra em algum outro planeta. É uma opinião, não uma previsão que devemos valorizar em demasia. Prefiro ser otimista e sugerir que tentemos isso. Não há como dizer quais transformações teremos com a experiência de colonização de um novo planeta. Pense no impacto causado pela astronomia, por exemplo, na arte, na poesia, na literatura e na música no século passado.

Pessoalmente, pretendo deixar os tecnólogos desenvolverem os equipamentos necessários para colonizarmos o espaço além da Terra. Se devemos realmente tentar, é algo que ainda está em discussão. Aqui estão algumas das questões mais comuns que encontrei nesse campo:

» Um argumento comum é o de que a colonização do espaço colocaria, de forma imoral, as crianças em risco, expondo a próxima geração a ambientes que nunca consentiram explorar. Os contra-argumentos são os de que (a) as crianças nascidas fora da Terra teriam circunstâncias cuidadosamente estabelecidas para seu sustento com alimentos adequados, água limpa, nutrientes etc., para a vida toda — garantias até agora indisponíveis para a maioria dos seres humanos nascidos na Terra; e (b) nenhuma forma de vida pode decidir nascer em determinado ambiente, e, se dizemos que a exposição ao risco é imoral, também estamos com isso chamando de imoral todas as pessoas que vivem há inúmeras gerações em ambientes como o Ártico, o Kalahari e os desertos australianos.

» Outro argumento comum é o de que seria imoral e um desperdício de recursos "abandonar a Terra". Mas nunca vi um argumento a favor de toda a humanidade emigrar para longe deste planeta. Até o tripulante da *Apollo 11*, Michael Collins, escreveu que seria indefensável simplesmente irmos ao espaço e virarmos as costas aos problemas do mundo. Defendo que podemos fazer tanto a exploração/colonização espacial como resolver os problemas da Terra.

>> Costuma-se argumentar que a exploração do espaço é um desperdício irresponsável de recursos, tendo em conta os problemas da humanidade. Uma réplica comum é que a exploração do espaço é, na realidade, uma responsabilidade e um passo na maturação de nossa espécie. Assim como as crianças aprendem sobre o mundo aventurando-se cada vez mais longe do berço, a humanidade deveria amadurecer aventurando-se cada vez mais longe da Terra, para aprender qual é nosso lugar em um contexto muito maior.

Se a humanidade optar por tentar colonizar o espaço, terá que decidir (pelo menos no início) entre colonizar planetas (como Marte), corpos menores (como asteroides ou o cinturão de asteroides) ou mesmo colônias orbitais gigantes (muitas vezes retratadas em filmes). Em qualquer ambiente, as pessoas não viverão como tripulações, seguindo ordens como se estivessem no exército; a ideia é a de que as pessoas vivam vidas normais, tendo filhos, indo à escola e assim por diante. A Figura 18-3 expressa o conceito de um artista contratado pela NASA para retratar um assentamento espacial orbital que abriga 10 mil pessoas. Há lagos e riachos, uma arquitetura rural/suburbana, e até atividades de recreação como ciclismo e asa-delta. Pode ser difícil recordar tal otimismo em nosso presente bastante turbulento e muitas vezes cético.

FIGURA 18-3: Concepção de um artista, feita em 1977, sobre o interior de uma colônia espacial.

*Fonte: Space Settlements: A Design Study, **publicado pela National Aeronautics and Space Administration (NASA)***

Capítulo **19**

Eva e o Homem de Gelo: A Vanguarda da Antropologia Física

Durante grande parte de sua história, a antropologia física preocupou-se principalmente com o estudo dos fósseis dos primeiros antepassados da humanidade. *Antropólogos físicos* estudam biologia — particularmente, biologia esquelética —, anatomia e evolução, centrando-se na forma como as forças evolutivas moldaram os corpos dos seres humanos antigos, de acordo com os registros fósseis.

Nas últimas três décadas, porém, chegou um novo parque na cidade: a *antropologia molecular*, centrada em como o DNA (*ácido desoxirribonucleico*, a molécula da vida) ajuda os antropólogos a compreender a evolução humana. Esse novo campo reforçou algumas teorias antigas, derrubou outras, e é agora uma ferramenta amplamente utilizada e poderosa para nos ajudar a compreender o passado humano.

Neste capítulo, apresento os princípios desse novo e fabuloso campo, bem como alguns dos seus resultados.

Antropologia Molecular

A antropologia molecular se concentra nos vestígios biológicos da evolução humana registrados nos genes. Os *genes* são as unidades biológicas da vida que dirigem a composição e a função de todos os seres vivos na Terra. Um gene típico dos mamíferos tem cerca de 1.500 *pares de bases* (codificados em As, Cs, Ts e Gs, para representar vários compostos), e, na nossa espécie, cerca de 25 mil desses genes orientam essencialmente a composição de proteínas e o crescimento e funcionamento biológico dos nossos corpos ao longo das nossas vidas. Com o passar do tempo, a ordem altamente específica dos pares de bases desses genes é alterada por forças evolucionárias.

Essencialmente, ao comparar genes modernos com antigos, podemos determinar como a evolução moldou uma espécie ao longo do tempo. Hoje, conhecemos algumas diferenças individuais e moleculares entre os neandertais e os seres humanos modernos, e estamos aprendendo como, exatamente, essas diferenças se desenrolaram na vida dos nossos primeiros parentes. Também conhecemos regiões inteiras do nosso genoma *aceleradas pelos seres humanos* que sofreram uma evolução significativa relativamente recente. E, visto que os princípios da evolução se aplicam a todas as formas de vida terrestres, podemos até aplicar a abordagem molecular a outras espécies, como cães ou plantas domésticas, para compreender melhor os detalhes de como, quando e onde os seres humanos começaram a moldá-las por meio da reprodução seletiva.

Alguns dos avanços mais importantes nesse tipo de estudos se relacionam com nossa capacidade aumentada de recuperação do *DNA antigo* (aDNA). Estudos sobre o aDNA são agora utilizados em todas as ciências da vida. O DNA mais antigo e totalmente intacto recuperado até agora foi o dos ossos de um cavalo que morreu há 700 mil anos. No entanto, isso está pressionando o método; a maioria dos estudos de aDNA humano (e dos nossos parentes mais próximos, como os neandertais) utiliza material com menos de 100 mil anos de idade.

Como funciona

A base da maior parte da antropologia molecular é o fato de que o DNA, a molécula que orienta a construção do corpo físico de um ser vivo (quer esse corpo seja uma bolota, um peixe ou um gibão) muda com o tempo; quando a geração dos pais tem descendentes, o DNA desses descendentes não é — na maior parte dos casos — idêntico ao DNA dos pais. Em instantes, explicarei por que isso ocorre, mas, primeiro, permita-me mencionar o próximo ponto significativo.

Embora o DNA dos pais e dos descendentes tenha algumas diferenças, continuam a ser muito semelhantes, porque os descendentes estão a apenas uma geração dos pais: a maçã não cai longe da árvore, geneticamente falando. Análises da "impressão digital" do DNA dos pais e de sua descendência demonstraram isso repetidas vezes. E essa impressão digital será mais semelhante entre os pais e seus descendentes do que, por exemplo, entre os pais e os descendentes de outros pais. Isso é fundamental para a antropologia molecular.

Sabendo que a impressão digital do DNA de um indivíduo é mais parecida com a de seus pais do que com a de qualquer outro indivíduo, é possível rastrear os movimentos e relações entre vários povos com base nas semelhanças de suas impressões digitais genéticas. Por exemplo, a impressão digital genética dos nativos das ilhas do Pacífico e do Sudeste Asiático deve ser bastante semelhante, pois as provas arqueológicas mostram que os asiáticos do Sudeste colonizaram as ilhas do Pacífico há mais de 3 mil anos, e os habitantes das ilhas do Pacífico são seus descendentes. No mínimo, o DNA desses dois povos deveria ser mais semelhante (porque os ilhéus do Pacífico são descendentes de asiáticos do Sudeste) do que, digamos, do DNA europeu, visto que aquelas populações não se reproduziram com europeus até relativamente pouco tempo (e certamente não fizeram isso há 3 mil anos).

Então por que o DNA é diferente entre a geração progenitora e a dos descendentes, e como isso ajuda os antropólogos? Há várias repostas a essas perguntas.

Primeiro, o DNA *nuclear* (aquele herdado de ambos os pais) difere entre pais e descendentes porque o DNA do pai e o da mãe estão misturados nos óvulos e nos espermatozoides antes de se unirem. Ou seja, antes do DNA masculino e feminino entrarem em contato (no momento da concepção), eles se reorganizam até certo ponto, introduzindo novas combinações. Esse processo é denominado *recombinação*, e as novas variações na impressão digital básica do DNA parental são chamadas *mutações*.

LEMBRE-SE

Embora no uso popular a palavra *mutação* tenha conotações negativas, na biologia ela significa simplesmente uma novidade, uma mudança no DNA. Geneticamente falando, as mutações podem ser *negativas* (não benéficas para o portador), *positivas* (benéficas para o portador) ou *neutras* (sem qualquer consequência negativa ou positiva significativa para o portador).

Segundo — e de grande interesse para o antropólogo molecular — é o fato de que o *DNA mitocondrial*, aquele que os seres humanos herdam apenas da mãe, difere entre pais e descendentes, pois ele acumula alterações lentamente — mutações — simplesmente em função do tempo, à medida que se acumulam erros de replicação de DNA. Voltarei a esse tópico mais tarde.

DETETIVES DO DNA

Nas últimas três décadas, vimos uma verdadeira explosão de interesse antropológico pelos estudos genéticos. Devido em grande parte aos avanços na capacidade de ler as impressões digitais do DNA tanto moderno como antigo, o campo da antropologia física (caracterizado pelo estudo de fósseis escavados do solo), que até então usava pouquíssima tecnologia, transformou-se em uma empreitada dispendiosa e de alta tecnologia. Embora os estudos fósseis não tenham sido abandonados (pois podem revelar coisas que o DNA não consegue), agora são acompanhados pela antropologia molecular.

Considerando que o DNA de cada pessoa é único, os antropólogos moleculares podem identificar a história genética recente de qualquer pessoa. Por menos de R$500, os laboratórios comerciais podem testar seu DNA e identificar de onde vieram seus antepassados há milhares de anos; por um pouco mais, poderá obter um relatório das doenças genéticas que seu DNA pode carregar. O DNA também é útil em perícias para identificar criminosos ou absolver pessoas acusadas de crimes, bem como para identificar restos humanos em locais de acidentes e outros desastres em que as características de identificação normais — como registros dentários — não estão disponíveis. O Innocence Project, da faculdade de direito Benjamin N. Cardozo, da Universidade Yeshiva, usa provas de DNA para inocentar pessoas falsamente acusadas (e muitas vezes presas). No momento da redação deste capítulo, o projeto já tinha libertado centenas de pessoas condenadas de forma equivocada.

Terceiro — e também de grande interesse para o antropólogo molecular — é o fato de que o DNA do *cromossomo Y*, que só os homens herdam dos pais, difere entre pais e descendentes de forma muito parecida ao DNA mitocondrial, acumulando lentas alterações à medida que se acumulam erros de replicação de DNA. Volto a esse assunto mais tarde, também.

Como os antropólogos a utilizam

Como essas informações ajudam os antropólogos? Por um lado, eles a utilizam para identificar a distância genética entre indivíduos, ou a população genética a que pertencem alguns resquícios humanos, como no caso dos habitantes das ilhas do Pacífico e dos europeus, que mencionei. Se os antropólogos conseguirem extrair um DNA bom (não danificado e não contaminado) de um esqueleto (ou, com maior frequência, da raiz de um dente) podem compará-lo com os genomas da população moderna e tem boas chances de dizer de qual população humana em geral ele veio (esse é o processo que possibilita identificar sua ascendência regional básica processando seu DNA a partir de um simples cotonete bucal). O processo ajuda no rastreio de migrações antigas.

Segundo, os antropólogos podem usar o *relógio molecular* para identificar quanto tempo atrás duas populações divergiram. Isso porque, em alguns tipos de DNA — tais como o mitocondrial, que analiso posteriormente neste capítulo —, as diferenças genéticas se acumulam ao longo do tempo a um ritmo conhecido e estável. Saber a taxa em que as alterações se acumulam (e que ela não muda significativamente ao longo do tempo) permite que o antropólogo molecular diga quais são as diferenças genéticas entre dois indivíduos, comparando os "códigos de barras" (ou impressões digitais) de seu DNA. A contagem determina quando, em termos de anos atrás, os dois indivíduos se encontravam na mesma população genética. Essencialmente, quanto maiores forem as diferenças de DNA, há mais tempo as populações estão separadas.

Em suma, as abordagens moleculares permitem que os antropólogos analisem o DNA para identificar o grau de semelhança genética entre indivíduos e há quanto tempo dois indivíduos foram da mesma população genética (o que, por sua vez, os ajuda a descobrir quando e a que ritmo as populações antigas migraram).

Os estudos de genética humana usados pelos antropólogos moleculares incluem geralmente o seguinte:

» **DNA mitocondrial (mtDNA):** Ênfase no DNA passado da mãe para a descendência, amplamente utilizado para estimar o grau de semelhança ou diferença entre duas amostras de DNA humano. Os antropólogos podem então converter a diferença em uma estimativa sobre quanto tempo atrás as duas populações divergiram geneticamente.

» **DNA do cromossomo Y:** Ênfase no DNA passado do pai apenas para o filho, usado de forma muito parecida com os estudos do mtDNA.

» **Sequenciamento de DNA:** Identificação do sexo e da população global de origem de uma amostra de DNA.

» **Antígeno leucocitário humano (HLA):** Ênfase em um grupo de genes relacionados com a produção de *antígenos* (moléculas utilizadas pelo sistema imunológico) e ajudam na identificação sobre a migração e a origem geográfica das populações.

LEMBRE-SE

O surgimento e o florescimento de um componente genético para a antropologia estão de acordo com uma tendência maior. Na biologia em geral, os recentes avanços na compreensão do DNA e a capacidade de estudá-lo levaram a uma mudança colossal nas ciências da vida no sentido de abordagens moleculares. Em 1992, após mais de 120 anos como publicação de pesquisas científicas gerais, a revista *Nature* lançou a *Nature Genetics* para acompanhar os avanços nesse campo.

A antropologia molecular é muito popular hoje em dia e já forneceu muitas informações sobre a migração e a evolução humanas em todo o mundo; alguns exemplos incluem o seguinte:

» Um estudo feito por cientistas italianos mostrou que a população da Sicília é geneticamente tão semelhante, que todos parecem ter vindo de uma única população fundadora.

» Uma síntese de muitos estudos sobre o DNA de nativos da América do Norte e do Sul mostrou que os primeiros colonizadores das Américas vieram da Ásia Oriental e provavelmente chegaram entre 20 mil e 14 mil anos atrás, uma descoberta que coincide bem com as provas arqueológicas e geográficas (veja mais informações sobre a primeira colonização das Américas no Capítulo 8).

» Um estudo realizado por cientistas norte-americanos e russos descobriu que as ilhas Aleutas do Alasca foram colonizadas por pessoas geneticamente mais relacionadas com a península Kamchatka, da Rússia, a apenas algumas centenas de quilômetros a oeste das ilhas. O surpreendente é que a migração não veio do oeste, e sim do leste, sugerindo que os antigos pioneiros Kamchatkan entraram nas terras do Alasca muito antes de voltarem ao oeste, quando descobriram as Aleutas.

LEMBRE-SE

Um excelente recurso online para rastrear a migração humana de acordo com o DNA pode ser encontrado no site do Projeto Genográfico, da *National Geographic*, www3.nationalgeographic.com/genographic/index.html [em inglês]. E a Figura 14-2, do Capítulo 14, mostra um diagrama das populações do mundo de acordo com décadas de descobertas da antropologia molecular.

Complicações com o relógio molecular

A antropologia molecular tem seus problemas, e precisamos tê-los em mente até que sejam resolvidos.

Primeiro, alguns dizem que o ritmo em que as diferenças genéticas se acumulam não é tão estável. Em vez de o DNA ter uma taxa de mutação conhecida e estável em seres humanos, argumentam alguns, ela pode ser altamente variável. Portanto, sustentam os críticos, os antropólogos moleculares precisam voltar a estudar e investigar a ideia de que a taxa de mutação entre seres humanos é ao mesmo tempo conhecida e estável. Nos últimos anos, foi demonstrado que diferentes áreas do genoma sofrem mutações a diferentes taxas, assim, isso é pelo menos o início de certo esclarecimento sobre o assunto.

Além disso, trabalhos recentes demonstraram que, em muitos casos, as taxas de mutação altamente variáveis são um fenômeno recente (por inúmeros motivos), e que há algumas centenas de anos, as taxas de mutação *eram* estáveis e *são* bem conhecidas. Tenha também em mente que a maioria dos resultados dos estudos sobre o relógio molecular sustenta as informações vindas dos registros fósseis e arqueológicos. Esse fato reforça a ideia de que os antropólogos compreendem muito bem o relógio molecular — que não é apenas um "relógio de Sol" rudimentar, como disse um crítico.

Outro problema potencial é a contaminação. Durante as escavações de restos humanos em sítios, o DNA dos trabalhadores pode contaminar os ossos antigos, pois quase nunca usam roupas de proteção. Não posso culpá-los; é difícil trabalhar com aquelas roupas — imagine escavar um local no centro do Panamá usando roupas de proteção contra materiais perigosos! Infelizmente, o potencial de contaminação deixa em risco muitos estudos sobre restos humanos. Mesmo no laboratório, a contaminação é um problema, e os estudos que mostram pouca diferença entre o DNA moderno e antigo são imediatamente suspeitos. Por isso, muitos laboratórios colhem amostras de DNA dos funcionários para terem certeza de que não estão contaminando o material arqueológico.

Outra questão é o fato de que o DNA, uma molécula orgânica, decompõe-se com o tempo. No filme *Jurassic Park,* os personagens extraem DNA de dinossauros com 100 milhões de anos a partir de um antigo mosquito preservado em âmbar. A prática é possível em princípio, mas apenas em casos muito raros. O DNA mais antigo já recuperado tem cerca de 700 mil anos, e a maioria dos estudos de DNA ocorre em espécimes com menos de 50 mil anos. Ainda assim, a recuperação do DNA de vários restos de neandertais, cada um com mais de 30 mil anos, tem sido bem-sucedida. Portanto, a decomposição do DNA (que significa uma degradação em pedaços tão pequenos, que não é possível aprendermos muito com eles) é um fator limitante da antropologia molecular, e não algo que a pare completamente. Algumas técnicas foram inventadas para analisar pequenas amostras de DNA; um exemplo é a amplificação da reação em cadeia da polimerase (PCR), que permite fazer muitas cópias de uma dada sequência de DNA.

DNA e Eva Mitocondrial

Em 1987, a respeitada revista científica *Nature* publicou um artigo dos bioquímicos Rebecca Cann, Mark Stoneking e Allan C. Wilson intitulado "Mitochondrial DNA and Human Evolution" [O DNA Mitocondrial e a Evolução Humana, em tradução livre]. Esse fabuloso artigo sinalizou a chegada da era da antropologia molecular, embora tenha imediatamente dividido a comunidade antropológica naqueles que acreditavam nos seus métodos e implicações e naqueles que os rejeitavam.

O artigo propunha o seguinte: o DNA mitocondrial, herdado apenas da mãe, demonstrava acumular mutações ao longo do tempo a uma taxa conhecida e estável — cerca de 2% a 4% por milhão de anos, ou cerca de uma mutação significativa entre 6 mil e 12 mil anos. Os autores propuseram que esse conhecimento, combinado com o grau de diversidade genética atual em nível mundial, ajudaria a identificar as migrações antigas. Populações com DNA semelhante estariam mais recentemente relacionadas (porque tinham acumulado diferenças genéticas durante relativamente pouco tempo), mesmo que fossem geneticamente distintas (digamos, escandinavos e britânicos). Populações com DNA muito diferente estariam mais distantemente relacionadas (digamos, africanas e do Leste Asiático), pois tinham acumulado diferenças genéticas durante um período mais longo. Com esses dados, seria possível desenhar uma árvore genealógica humana. Além disso, como a taxa de mutação era conhecida e estável, o número de mutações que diferenciavam dois grupos podia ser lido como um relógio molecular para identificar há quanto tempo os dois grupos tinham se separado.

Para demonstrar isso tudo, os autores tinham recolhido amostras de DNA mitocondrial de populações humanas de todo o mundo e as compararam, chegando a resultados surpreendentes e emocionantes.

RASTROS GENÉTICOS

Através da "impressão digital" genética de milhares de pessoas em todo o mundo que representam diferentes populações étnicas, e utilizando o relógio molecular para identificar sua origem, os antropólogos identificaram mais de vinte grupos principais de DNA mitocondrial, chamados *haplogrupos de mtDNA* (populações que têm um antepassado comum — por exemplo, os aborígenes australianos). Os grupos L1, L2, e L3, por exemplo, são de origem africana (com uma data de origem entre 150 mil e 170 mil anos atrás) e estão na origem de todos os outros grupos, incluindo o U5, que aparece na Europa há cerca de 50 mil anos, provavelmente originários do Oriente Próximo e representantes dos indivíduos que substituíram os neandertais. À medida que os pesquisadores aperfeiçoam seus métodos e estudos, os antropólogos conseguem cada vez mais identificar as migrações de povos antigos com detalhes nunca antes imaginados.

E, embora grande parte da antropologia molecular tenha se concentrado no DNA mitocondrial herdado apenas da mãe, os avanços recentes permitiram aos antropólogos acompanhar também a evolução do cromossomo Y herdado apenas do pai e por meninos. Os *haplogrupos de cromossomos Y* também foram identificados e estão sendo comparados com os dados dos haplogrupos de mtDNA, com resultados promissores.

Fora da África: Diversidade africana e semelhanças extra-africanas

O artigo relatou diversas descobertas principais:

> » A diversidade genética era maior na África, indicando que as populações africanas acumularam mutações de DNA mitocondrial durante um período relativamente longo.

> » A diversidade genética era relativamente baixa fora da África, indicando que todas as populações fora daquele continente vinham acumulando mutações de DNA mitocondrial durante um período relativamente curto.

> » As populações humanas modernas tinham acumulado mutações há cerca de 200 mil anos, e, naquela época, um grupo ancestral materno — "Eva mitocondrial", localizado em algum lugar da África — doou o DNA mitocondrial que todos os seres humanos carregam hoje em dia.

Basicamente, os autores do artigo tinham afirmado que identificaram o último antepassado comum de todas as pessoas vivas, em algum lugar da África há cerca de 200 mil anos. O estudo também proporcionou fortes evidências à teoria "fora da África" sobre as origens humanas, que dizia que os seres humanos modernos surgiram na África há cerca de 100 mil anos, substituindo todos os migrantes extra-africanos anteriores — por exemplo, os neandertais, que já existiam na Europa.

Debates inevitáveis

Como o falecido astrônomo Carl Sagan costumava dizer, as alegações extraordinárias devem ser apoiadas por provas extraordinárias. Assim, na melhor tradição da ciência, após o anúncio da técnica do relógio molecular, pesquisadores do mundo todo questionaram o método atentamente. Com que cuidado tinha sido recolhido o DNA para o primeiro estudo? Será que as estatísticas foram verificadas? Por que não consideraram esse ou aquele fator? Hoje, após décadas de experimentação cuidadosa, o método do relógio molecular é aceito como sendo razoavelmente exato. É importante notar que os resultados dos estudos do relógio molecular foram corroborados por estudos independentes e por linhas *independentes* de dados arqueológicos e fósseis. Estes também indicam uma origem africana para todos os seres humanos modernos entre 150 mil e 200 mil anos atrás.

Neandertais e Você: O Genoma

Nos últimos anos, a antropologia molecular também se concentrou em um dos maiores enigmas da arqueologia, a questão do destino dos neandertais.

Os neandertais aparecem pela primeira vez na Europa e no Oriente Próximo há cerca de 200 mil anos, como uma das muitas variantes regionais de proto-humanos que vinham emergindo da África durante cerca de 2 milhões de anos. Durante os 170 mil anos seguintes, os neandertais foram grandes sobreviventes, adaptando-se às condições da era do gelo na Europa, vivendo em grutas de proteção, usando fogo, vestindo um tipo básico de roupa de couro animal e caçando tão eficazmente como os leões das cavernas e outros predadores de topo. Mas, de repente, há cerca de 30 mil anos, eles desapareceram, seus tipos de ferramentas sumiram e seus fósseis pararam. Em seu lugar, estão os modernos *Homo sapiens sapiens* — você e eu. Há muito tempo, os antropólogos se perguntam se os neandertais evoluíram para *Homo sapiens sapiens*, se foram substituídos pelo *Homo sapiens sapiens* ou se aconteceu uma mistura dessas duas coisas.

Mas, no final da década de 1990, era tecnicamente possível extrair DNA dos restos não fossilizados de alguns ossos do Neandertal e compará-los com o DNA humano moderno. Desde a publicação do primeiro artigo sobre DNA neandertal, em 1997, seguiram-se mais dezenas de estudos examinando o DNA de neandertais relativamente recentes (no período de 50 mil anos atrás até sua extinção, há cerca de 30 mil anos). O que os antropólogos moleculares encontraram ajudou a resolver o mistério da extinção do Neandertal. Apenas algumas das principais descobertas até o momento incluem o seguinte:

>> **O DNA neandertal é substancialmente diferente do DNA humano moderno.** Esse fato sugere fortemente que os neandertais não se cruzaram substancialmente com os seres humanos modernos, o que apoia o modelo fora da África mencionado anteriormente.

>> **No entanto, estudos mostram que o DNA neandertal é mais de 99% idêntico ao dos seres humanos modernos.** Embora essa semelhança mostre como os neandertais eram geneticamente "humanos", lembre-se de que uma diferença de 1% é significativa: os genes dos chimpanzés são também cerca de 99% idênticos aos dos seres humanos.

>> **A divergência entre os neandertais e os seres humanos modernos ocorreu em algum lugar há cerca de 300 mil anos.** Ou seja, os neandertais parecem ter sido uma ramificação ou desdobramento da linhagem *Homo erectus*, que, muitos acreditam, também deu origem aos seres humanos modernos, há cerca de 100 mil anos.

O Homem de Gelo

Em 1991, dois alpinistas descobriram um corpo em decomposição em uma geleira ao norte de Itália. Inicialmente considerado o cadáver de um montanhista azarado e esquecido, os estranhos artefatos perto do corpo — incluindo um chapéu de pele, um machado de cobre e uma faca de pedra — indicavam que a descoberta era muito mais interessante. Quando a datação por radiocarbono fixou a idade do Homem de Gelo em 5.300 anos atrás, os arqueólogos enlouqueceram: aqui estava um ser humano bem preservado, que já estava morto havia setecentos anos quando as primeiras pedras das grandes pirâmides do Egito estavam sendo colocadas. O que o Homem de Gelo diz à humanidade sobre o passado?

No início, não muito. Ninguém podia dizer, só de olhar para o corpo relativamente bem preservado e naturalmente mumificado, de onde ele tinha vindo, aonde iria, como morreu ou com quem estava relacionado. Embora a especulação tenha rolado solta (e ainda role), a análise de DNA respondeu algumas questões importantes e revelou alguns fatos que ninguém esperava:

» **As flechas e as roupas do Homem de Gelo tinham sangue de vários seres humanos,** sugerindo fortemente que ele tinha lutado pouco antes da morte, não tendo simplesmente morrido de frio, como se acreditava inicialmente. Essa evidência foi apoiada pela descoberta de uma ponta de seta de pedra nas costas do Homem de Gelo e de outras feridas em seu corpo.

» **Talvez o Homem de Gelo fosse infértil,** com baixa mobilidade espermática; alguns sugeriram que essa característica pode ter tido algo a ver com as circunstâncias de sua morte, embora ainda não haja um estudo de caso.

» **O DNA mitocondrial mostrou que a mãe do Homem de Gelo tinha vindo do Haplogrupo K,** um grupo europeu originário há cerca de 16 mil anos e que se espalhou amplamente por todo o continente após uma drástica recessão das grandes camadas de gelo.

À medida que os métodos de extração e análise de DNA melhoram, tenho certeza de que os antropólogos estão prestes a ver mais descobertas fabulosas. Pessoalmente, estou contando os dias até que um neandertal seja encontrado descongelando no gelo eterno siberiano.

Capítulo **20**

Stonehenge e Você: Por que a Arqueologia Importa

O s arqueólogos costumam ser retratados como velhos professores obcecados por artefatos que trabalham sozinhos, enterrados nas profundezas de algum porão universitário. Embora às vezes seja assim mesmo — passei invernos inteiros basicamente confinado em meu laboratório no subsolo, analisando artefatos —, essa não é toda a verdade. Muitas aplicações da arqueologia são relevantes para a vida cotidiana moderna. Veja o turismo, por exemplo. Visite o site do English Heritage (`www.english--heritage.org.uk`; em inglês) e veja agora mesmo os restos mortais com 4 mil anos de Stonehenge, além de muitos castelos antigos, destinos especiais para turistas. O turismo é um setor importante que contribui com mais de US$200 bilhões por ano para a economia do Reino Unido, e grande parte dela se relaciona a visitas a sítios arqueológicos como Stonehenge. O mesmo se aplica a muitos outros países: pense nas pirâmides do Egito, do México ou da América Central. Encontrar tais sítios arqueológicos e investigá-los em detalhes não é importante apenas para compreendermos o mundo antigo;

é também importante para a manutenção de um setor turístico saudável. E isso exige que os arqueólogos estejam sempre presentes!

A arqueologia também é útil para aprendermos sobre nossos antepassados. A menos que seja da realeza, você está relacionado por sangue com as multidões de cidadãos basicamente sem voz das antigas civilizações, pessoas que viviam em um mundo em que apenas as elites eram alfabetizadas ou sobre o qual ninguém jamais escreveu. Sem livros nem a capacidade de escrever, há muito tempo os camponeses e cidadãos comuns do mundo antigo — seus antepassados — não têm representação. Mas a arqueologia pode nos contar sobre suas vidas.

E quanto ao registro histórico? Hoje em dia, muitos desconfiam dos relatos oficiais de acontecimentos contemporâneos porque, francamente, já nos contaram mentiras demais. Assim — mas que surpresa —, os antigos registros estatais também realçam os melhores tempos, glorificam seus líderes e assim por diante. Mais uma vez, a arqueologia está aqui para ajudar. A arqueologia o ajuda a compreender melhor sua história do que os registros oficiais, pois pode ser usada para testar o registro histórico, comparando o que foi escrito com provas físicas reais do que aconteceu no passado.

PAPO DE ESPECIALISTA

Em 1934, a Sociedade de Arqueologia Americana foi constituída como uma organização profissional "dedicada à pesquisa, interpretação e proteção do patrimônio arqueológico das Américas". Entre seus Princípios de Ética Arqueológica, há uma declaração assegurando que a arqueologia deve descer da chamada torre de marfim e estar disponível ao público em geral; o Princípio Número 4, educação e divulgação pública, afirma: "Os arqueólogos devem estar disponíveis e participar dos esforços de cooperação com outros interessados no registro arqueológico com o objetivo de melhorar sua preservação, proteção e interpretação... explicar e promover o uso de métodos e técnicas arqueológicas na compreensão do comportamento humano e da cultura, e comunicar interpretações arqueológicas do passado."

Por esses e outros motivos, a arqueologia é uma parte importante de qualquer civilização que valoriza e quer aprender com seu passado. Para entender, compartilho neste capítulo alguns exemplos de como a arqueologia impacta o cotidiano das pessoas.

A História É Escrita pelos Vencedores: A Importância da Arqueologia

Costumamos ouvir que a história é escrita pelos vencedores, e, de fato, grande parte dela é registrada sob um ponto de vista tendencioso; mas a arqueologia procura a verdade. Uma vantagem da arqueologia, portanto, é ajudar a corrigir o registro oficial ou até mesmo a dar corpo a registros incompletos. Ela também pode falar por aqueles que não tinham voz no mundo antigo, e isso é importante para muitos arqueólogos. Como as histórias oficiais são encontradas sob a forma de registros escritos, e a escrita só foi inventada há cerca de 6 mil anos, ela apenas registra o que aconteceu de forma relativamente recente no nosso passado. Para investigar o período anterior à escrita, os arqueólogos têm as técnicas da arqueologia *pré-histórica*. Para investigar a exatidão dos registros históricos, temos as ferramentas da *arqueologia histórica*.

Por exemplo, um relato oficial de batalha descreve o Deus Rei Sargon, da Assíria, do século VIII a.C., que devastou seus adversários com um punhado de homens a seu lado: "Como um poderoso dardo, lancei-me sobre Rusash, sua destruição eu realizei, eu o derrotei. Os corpos de seus guerreiros, preparei como o malte... Duzentos e cinquenta da semente real, seus governadores, seus oficiais e sua cavalaria nas minhas mãos tomei e quebrei sua linha de batalha." Um relato bastante notável, apoiado por esculturas assírias oficiais que mostram sempre gloriosas vitórias assírias (mas nunca derrotas). A Figura 20-1 mostra uma representação oficial feita pelo Estado sobre uma batalha do século VII a.C. Mas, quando lemos o suficiente de tais relatos, começamos a ter uma sensação de inquietação. Tudo parece suspeitosamente bom demais; o líder era ótimo, a guerra era grande, tudo funcionou muito bem. Mais uma vez, a arqueologia lança uma luz mais realista sobre o passado. Ela é como um jornalista investigativo intrometido do mundo antigo, não satisfeito com a reportagem oficial.

FIGURA 20-1: Representação de uma guerra assíria em baixo-relevo, século VII a.C..

swisshippo/Deposit Photos

CEMITÉRIO AFRICANO ESQUECIDO EM NOVA YORK

Durante mais de cem anos a partir do final do século XVII, um terreno de 20.000 m², onde hoje é a Baixa Manhattan, foi utilizado como cemitério para mais de 20 mil afro-americanos. No final do século XIX, o local foi pavimentado e esquecido à medida que a cidade de Nova York crescia. Só em 1991 foi redescoberto e pesquisado como um sítio arqueológico.

A escavação científica do local, em que mais de quatrocentos esqueletos foram descobertos e cuidadosamente escavados, foi um dos aspectos do projeto. A análise centrou-se nos restos humanos, revelando uma expectativa de vida relativamente curta para os adultos (que raramente viviam além dos 30 e muitas vezes morriam entre 15 e 25 anos) e uma elevada taxa de mortalidade infantil; de fato, quase metade de todos os corpos era de crianças pré-púberes. Aqueles que viveram até a idade adulta foram pesquisados arduamente; seus ossos apresentavam sinais de músculos rasgados. Apesar dessas terríveis realidades, aqueles primeiros afro-americanos retiveram elementos de suas culturas originais, como decorar os dentes com padrões distintos e utilizar motivos da África Ocidental na decoração de pelo menos um caixão.

Após as análises, os restos mortais humanos foram enterrados de novo, em outubro de 2003. A escavação do local para aprender sobre as vidas daqueles escravizados largamente esquecidos mostrou como a arqueologia é relevante no mundo real, em que os descendentes de escravizados sentiram de forma intensa a reconstrução das histórias de seus antepassados. O cemitério africano é agora um monumento nacional no centro de Manhattan. Veja mais informações em `www.nps.gov/afbg` [em inglês].

Arqueologia histórica e história escrita

A arqueologia histórica combina os métodos de campo e laboratoriais da arqueologia pré-histórica com os métodos de pesquisa da história para retratar um quadro mais completo do passado. A arqueologia histórica envolve particularmente a análise tanto de *documentos primários* (relatos originais de um evento feitos por uma testemunha ocular) como do contexto em que eles foram escritos. Seria o documento um diário pessoal ou um registro governamental? Foi um camponês que o escreveu, ou foi um escriba estatal? Esse tipo de pergunta dá aos antropólogos históricos uma melhor ideia do significado histórico de um documento. Vejamos alguns exemplos de descobertas da arqueologia histórica.

Os arqueólogos históricos também analisam com frequência um pouco de *tradição oral* em suas pesquisas; essa tradição é a história de pessoas que não leem ou escrevem, mas que passam suas histórias de uma geração à seguinte por meio de histórias, mitos etc. (Veja mais informações sobre as tradições orais no Capítulo 11.)

Plebeus do Egito Antigo

Até poucas décadas atrás, os arqueólogos focavam achados grandes e espe-taculares, como os túmulos e palácios dos reis e rainhas do Egito. Mas, claro, existem outras histórias, que não são contadas há milhares de anos. Só a arqueologia pode contá-las, as histórias do povo comum que construiu os grandes monumentos, cultivou os solos férteis e sustentou as classes sacerdotais que veneravam as centenas de deuses e deusas do Egito.

Escavações na antiga aldeia do sul do Egito, Dier el Medina, revelaram que trabalhadores comuns das pirâmides viviam em apartamentos de dois anda-res, cada um com vários quartos, que normalmente eram mobiliados com camas, uma lareira e cozinha para moer cereais em farinha, um porão de armazenamento (e muitas vezes um pequeno santuário para a deusa local favorita, Bes). Famílias inteiras podem ter vivido em alguns dos edifícios, chamadas a realizar trabalhos para o Estado. Pelo trabalho, os cidadãos eram pagos em alimentos, grãos de trigo, peixe, vegetais, sal, óleo, e — algumas vezes, como bônus — aves ou outros alimentos especiais. Sim, parte do tra-balho de construção das pirâmides foi realizado por escravizados, mas muito foi feito por aqueles cidadãos egípcios livres.

Embora a maioria dos antigos egípcios não lesse nem escrevesse — essa era uma habilidade especial de elites como sacerdotes e escribas —, os aldeões de Dier el Medina marcavam ocasionalmente algumas transações comerciais e decisões legais em pequenos *óstracos*, ou pedaços de barro marcados com hieróglifos. Hoje em dia, são encontrados milhares espalhados pelo local. Ainda assim, esses registros são raros e nem de perto dão corpo à vida dos plebeus tão bem como a cuidadosa escavação arqueológica.

Estudos das inscrições de Dier el Medina, a qualidade da sua cerâmica, os tipos de alimentos que as pessoas comiam e as aflições e doenças reveladas por seus esqueletos mostram que a população daquele local incluía diver-sos tipos de profissionais, como pedreiros para trabalhar a pedra para os túmulos, projetistas para os desenhar, artistas para os decorar e carpinteiros para trabalhar com madeira. O trabalho era geralmente abundante, porque a primeira tarefa de um novo faraó era comandar o projeto e a construção de túmulos e templos elaborados. Dessa forma, a construção de túmulos é considerada por alguns arqueólogos não só como uma forma de venerar a realeza falecida, mas como um esquema de obras públicas; ela empregou muitos cidadãos!

Embora os faraós fossem enterrados nos elaborados túmulos construídos pelos cidadãos, os plebeus eram enterrados em um cemitério logo à saída da muralha da cidade de Dier el Medina. Os líderes dos grupos de trabalho e outras pessoas de *status* elevado eram às vezes enterrados sob miniaturas de pirâmides, mas a maioria dos trabalhadores era enterrada em sepulturas simples. A análise de alguns ossos mostrou que os trabalhadores receberam bons cuidados médicos para os inevitáveis ferimentos sofridos quando trabalhavam com blocos de pedra pesados. Só essa consideração mostra que o povo de Dier el Medina não era escravizado, pois os escravizados egípcios não recebiam um bom tratamento médico.

A análise arquitetônica mostrou que a cidade parece ter tido seu próprio sistema legal para resolver disputas, e os arqueólogos encontraram óstracos com registros de preocupações típicas: um pequeno roubo, alguém que não pagou por algo e assim vai.

Quando o trabalho ficava próximo, os trabalhadores caminhavam até o local de construção pela manhã e voltavam para casa à noite. Cada grupo de trabalho tinha um escriba que se assegurava de que todos tinham comparecido — aqueles antigos egípcios tinham que bater cartão da mesma forma que muitas pessoas fazem hoje. Milhares de peças de barro mostram que também tinham o amor em comum por um pequeno luxo: a cerveja, um dos maiores produtos do Egito. Novamente, esse é um detalhe que costuma ser ignorado nos registros oficiais do Estado, mas uma faceta da vida que era importante para as pessoas comuns. No geral, a arqueologia de Dier el Medina proporciona um vislumbre muito mais rico do Egito Antigo do que os registros oficiais.

Arqueologia da escravidão americana

Conforme a arqueologia da escravidão nas Américas continua a encontrar e documentar sítios, os detalhes de vidas há muito esquecidas continuarão a emergir. Entre os anos 1520 (quando os africanos foram levados pela primeira vez para a América do Norte como escravizados) e a proclamação de Abraham Lincoln de 1863, libertando escravizados detidos em territórios ainda em luta contra a União, pelo menos meio milhão de escravizados foram levados à força para a América do Norte. Esses antepassados de muitos afro-americanos de hoje viveram vidas de terríveis privações. A maioria nunca aprendeu a ler ou escrever (a certa altura, ensinar os escravizados a ler ou escrever era ilegal), e o que se escrevia sobre eles e suas vidas raramente era imparcial. Existem alguns periódicos de escravizados na história norte-americana, mas são bastante raros e contam só um pouco da história. A arqueologia ajuda a contar mais.

Várias escavações concentraram-se em bairros de escravizados, muitas vezes localizados nas margens de antigas plantações, longe das luxuosas casas de seus senhores. Outras, incluindo escavações no Mississippi e na Jamaica, concentraram-se nos assentamentos estabelecidos pelos *maroons*, que eram escravizados fugitivos. De fato, alguns arqueólogos desviaram o foco da escravidão e passaram a dar atenção à liberdade e à resistência dos africanos.

As escavações na propriedade de George Washington, em Mount Vernon, Virgínia, concentraram-se em uma grande casa, perto da casa de Washington, que abrigava alguns dos cerca de cem escravizados que ele possuiu em determinado momento. Os artefatos encontrados incluem botões, provavelmente indicando que alguns daqueles escravizados usavam roupas europeias um pouco melhores do que a maioria, bem como um conjunto de cerâmica com um estilo que tinha saído de moda; Washington provavelmente deu aos escravizados aquele conjunto rejeitado quando encomendou as novas cerâmicas Wedgewood da Inglaterra. Uma análise mais aprofundada em Mount Vernon mostrou que os escravizados comiam em tigelas em vez de pratos, sugerindo alimentos semelhantes a guisados; pequenos ossos de animais altamente processados, como peixe, carne de vaca e de porco, mostram que comiam alimentos abaixo do padrão. Aparentemente, também caçavam para complementar a dieta.

Mas esse é o registro arqueológico dos escravizados de *status* superior que viviam perto do seu senhor; a vida não era a mesma para aqueles que viviam em estruturas menores, descritas pelo visitante polonês Julian Niemcewicz, em 1798: "Entramos em uma das cabanas dos Pretos, pois não se pode chamá-las de casas. Elas são mais miseráveis do que as cabanas dos nossos camponeses. O marido e a mulher dormem em um catre rústico, as crianças, no chão; uma lareira muito ruim, alguns utensílios para cozinhar; mas, no meio dessa pobreza, algumas xícaras e um bule de chá."

Outros sítios importantes de arqueologia histórica

No Peru, arqueólogos encontraram recentemente evidências de que o conquistador Francisco Pizarro alistou alguns peruanos nativos para ajudar em seus ataques ao Império Inca, no século XVI d.C. Em um cemitério em que foram descobertos mais de setenta esqueletos incas, quase metade apresentou evidências de ferimentos ou morte causados por armas nativas, e não por armas de conquistadores.

Em dezembro de 2007, arqueólogos que utilizavam radares de penetração terrestre descobriram os restos de dois "Grandes Salões" no sul da Noruega. Datando de cerca de 700 a 900 d.C., os enormes edifícios teriam sido palácios em que a realeza viking vivia, reunia a corte, entretinha hóspedes e administrava seus reinos. Essa descoberta exige que os historiadores reavaliem o conceito comum, baseado apenas em registros históricos, de que o sul da Noruega não era uma sede de poder durante a era viking.

No século XIII, várias centenas de vikings, que se estabeleceram no sul da Groenlândia, mal conseguiam sobreviver enquanto se dedicavam à agricultura na margem mais setentrional do mundo cultivável. Eles sobreviveram até cerca de 1410, quando, de repente, a menção àqueles povoados desaparece de todas as fontes históricas. Há décadas, os arqueólogos tentam explicar o desaparecimento desses povoados com teorias tão diversas como a morte pela peste bubônica e o assassinato por piratas ou pelos nativos da Groenlândia, o povo inuíte. As escavações de cemitérios revelaram uma pequena evidência de violência interpessoal, com um homem enterrado ainda tendo uma faca encravada em seu corpo; contudo, a descoberta não é prova de um caos generalizado.

Escavações nas terras de plantio revelaram que a vida dos vikings se tornou lentamente pior à medida que seu gado danificava a terra por pastagem em excesso. As escavações das casas mostraram que, à medida que o clima se agravava, os vikings erguiam paredes internas para diminuir o tamanho dos quartos, tornando-os mais fáceis de aquecer. Uma escavação mostrou que alguns vikings comeram seu gado certo inverno, algo incomum. Mas os arqueólogos não encontraram nenhuma vala comum, desconsiderando, assim, a peste bubônica como a assassina deles. Da mesma forma, não surgiram quaisquer indícios de ataque, quer de inuítes nativos, quer de piratas; escombros e corpos não enterrados são típicos de tais circunstâncias, mas estavam todos ausentes. No final, o mistério dos vikings parece ter sido solucionado: à medida que o clima se agravava (como evidenciado por registros ambientais precisos colhidos em núcleos de gelo nas proximidades), os campos simplesmente pararam de produzir. Segundo o arqueólogo Thomas McGovern, eles não conseguiram se adaptar à mudança das condições, o que poderiam ter feito caçando focas, como os inuítes.

A arqueologia histórica não se limita a preencher lacunas nas histórias de grupos específicos de pessoas. Ela também esclarece conceitos errados sobre a humanidade antiga como um todo. Por exemplo, muitas provas arqueológicas contradizem a ideia de que as pessoas no mundo antigo viviam em um estado de nobre harmonia umas com as outras. Na realidade, o conflito parece ter sido uma ocupação humana durante muito tempo.

No Sudão, esqueletos de 14 mil anos escavados na década de 1960 foram recentemente reexaminados, e descobriu-se que tinham fraturas e outras provas de violência interpessoal. No sítio de Qermez Dere, norte do Iraque, as descobertas de esqueletos com ferimentos relacionados com violência, arquitetura defensiva e armas de guerra datam de cerca de 10 mil anos atrás. A arte rupestre australiana, datada de 10 mil anos atrás, retrata o conflito entre indivíduos, e, há 6 mil anos, as representações mostram grandes grupos de indivíduos combatendo entre si. E, na China, aldeias agrícolas com 4.600 anos têm uma arquitetura defensiva e esqueletos escalpados.

Escavações generalizadas no Oriente Próximo e Médio mostraram que a escrita não apareceu subitamente há cerca de 6 mil anos, como muitas histórias sugerem, e sim como resultado de uma longa evolução de sistemas de comunicação mais duradouros, que têm raízes que remontam a 9 mil anos atrás. Os primeiros escritos parecem ter sido codificados em pequenas placas ou itens de barro, que os primeiros arqueólogos descartaram achando que eram brinquedos ou peças de jogo. Mas novas análises — que não têm o respaldo de todos os arqueólogos — sugerem que aqueles objetos foram os precursores do *cuneiforme sumério* (o mais antigo sistema de escrita conhecido no mundo), que se encontra em milhares de tabletes de barro há 6 mil anos.

Água Fria na Conversa? Arqueologia e o Desconhecido

As pessoas teorizam o que é melhor para a humanidade e baseiam tais teorias no que sabem sobre o passado dela. "Bem, se comêssemos a dieta do Paleolítico (Idade da Pedra), estaríamos bem!", argumentam alguns, enquanto outros lamentam que "nunca deveríamos ter descido das árvores, para começar". Outros ainda talvez baseiem suas ideias sobre o que homens e mulheres devem fazer no local de trabalho em ideias profundamente aceitas sobre o que as pessoas "sempre fizeram".

Em muitas discussões amigáveis (que podem ficar bem acaloradas, pois colocam em jogo as ideias básicas do passado), as pessoas começam a olhar para as origens das coisas. Novamente, a arqueologia fornece algumas provas concretas para melhorar nossas conversas. Muitas vezes, penso que as discussões partidárias e os argumentos à mesa do jantar poderiam ser suavizados com uma útil enciclopédia de arqueologia, mesmo que fosse necessário dizer com frequência: "Ainda não sabemos." Hoje em dia, temos acesso a muitas respostas instantâneas, na forma de perguntas feitas em um mecanismo de busca. Às vezes, as respostas estão até corretas!

LEMBRE-SE

Só porque a arqueologia ainda não respondeu a uma pergunta, não significa que a pergunta esteja sem resposta. Provavelmente levará tempo e energia; carreiras inteiras podem ser usadas apenas para responder a perguntas simples sobre o passado.

Por exemplo, a arqueologia diz que a ideia de uma dieta paleolítica antiga e pura simplesmente não é possível. O período *Paleolítico* (a "velha Idade da Pedra") durou milhões de anos e foi vivido por milhões de hominídeos ao longo de paisagens vastas e diversas, e as dietas das pessoas teriam refletido essa diversidade. Alguns dessa turma teriam se concentrado na caça de renas ou cavalos (como alguns neandertais europeus) e outros podem ter tido uma dieta mais ampla; a maioria dos caçadores e coletores come muita coisa além da carne de mamíferos, incluindo mariscos, nozes, peixes, raízes e tubérculos, e muitos outros alimentos vegetais, para não mencionar alimentos marinhos, incluindo baleias.

Então, o que a arqueologia fez para (começar a) responder algumas das perguntas básicas sobre o passado humano? Nas seções seguintes, quero lhe mostrar o progresso que os arqueólogos fizeram no sentido de responder a duas grandes questões sobre aspectos fundamentais da humanidade, embora ainda não as tenham respondido completamente. Algumas boas ideias foram lançadas, mas nenhuma convenceu todos os antropólogos de que as questões essenciais foram respondidas. Mas pelo menos estamos no caminho, e fazendo perguntas mais informadas do que quando comecei na arqueologia, nos anos 1980. Vamos chegar lá!

Por que a humanidade começou a agropecuária?

A agropecuária (sobre a qual pode ler muito mais detalhes no Capítulo 9) é uma forma de ganhar a vida baseada na criação de plantas e animais para alimentação. Tem apenas cerca de 10 mil anos e foi inventada depois de os seres humanos terem passado milhões de anos como caçadores e coletores. A questão óbvia é: o que obrigou as pessoas a desistirem de caçar e coletar e a viver em um só lugar? Naturalmente, o mundo recorreu aos arqueólogos para responder a essa pergunta; considerando que a agropecuária foi inventada muito antes da escrita, só os arqueólogos estão equipados para investigá-la.

Mas nem mesmo os arqueólogos têm certeza — ou, mais especificamente, eles acham que podem saber, mas ainda não têm certeza. Nenhum dos seus modelos parece explicar o advento da agropecuária em todo o mundo. Embora os arqueólogos ainda não saibam por que ela teve origem, pelo menos eles mostraram que as seguintes teorias, uma vez aceitas, são falsas:

>> **A agropecuária é a forma mais fácil de viver:** Na verdade, os caçadores e coletores costumam ter uma boa vida; de fato, eles trabalham menos que a maioria dos agrícolas e, em geral, vivem com melhor saúde do que os agrícolas mais antigos.

» **A agropecuária é a forma mais eficiente de utilizar a terra:** Essa afirmação pressupõe que caçar e coletar não é eficiente, o que simplesmente não é verdade. Se os caçadores e coletores mantêm suas populações baixas e se mantêm móveis, eles utilizam suas terras de modo muito eficiente, e foi o que fizeram durante dezenas de milhares de anos, muito mais tempo do que a prática agrícola.

» **A agropecuária é parte da civilização, e todas as sociedades estão em um único caminho evoluindo para a civilização:** Mais uma vez, isso simplesmente não é verdade. Cada sociedade humana tem suas próprias soluções adaptativas a seus ambientes, e nenhum motor interno "impulsiona" todos os seres humanos para serem agrícolas (ou qualquer outra coisa).

Como os seres humanos deixaram de ter líderes e passaram a ter governantes?

Outra grande questão: como é que as sociedades humanas deixaram de ser conduzidas (por alguém que tem no coração os melhores interesses do grupo) para ser governadas (por um tirano que está principalmente preocupado com seu próprio umbigo)? Por que tolerar os tiranos, para começar? Os arqueólogos também abordaram esse tema, derrubando outras teorias:

» **As hierarquias sociais são um elemento "natural" da civilização, e todas as sociedades do passado estavam no único caminho para a civilização:** Interrompa-me se já ouviu essa, mas todas as sociedades não estão no mesmo caminho para qualquer estado ideal. A arqueologia mostrou que cada sociedade em todo o mundo encontrou suas próprias formas de sobrevivência, e a ideia de que o mesmo motor conduz a todas simplesmente não pega.

» **Os seres humanos são inerentemente hierárquicos:** Essa afirmação pode ser verdadeira — quase todos os primatas têm sociedades bastante rígidas, que incluem algum grau de reconhecimento de *status* (a única verdadeira exceção é o orangotango). Contudo, muitas sociedades humanas conseguiram se manter *igualitárias*, o que significa que todos os membros da cultura têm basicamente os mesmos direitos e o mesmo acesso aos recursos; embora as sociedades igualitárias tenham que se esforçar para impedir que os indivíduos ganhem poder, elas conseguem. Infelizmente, isso apresenta uma questão inteiramente nova: nas sociedades que são agora governadas, como é que essa mentalidade igualitária foi derrubada, para começar?

Como se vê, a arqueologia pode responder a muitas perguntas, mas não respondeu a todas. Ela também introduz mais perguntas que precisam ser respondidas. De fato, muito tempo também é gasto para garantir que estamos fazendo boas perguntas! Tudo isso são boas notícias para os arqueólogos, pois assim eles continuam empregados.

A história se repete?

Dizem com frequência que a história se repete. E, analisando os registros históricos das antigas civilizações, algumas coisas parecem mesmo se repetir: as civilizações se expandem, crescem excessivamente e, depois, desmoronam (como nos casos de Roma, que caiu em 476 d.C., e do Império Britânico, que desmoronou mais de mil anos depois, na era pós-Segunda Guerra Mundial).

Mas será sempre esse o caso? Se fosse assim, a arqueologia seria bastante entediante (e fácil); a mesma coisa voltaria a acontecer repetidamente nos registros do passado antigo. Mas não é isso o que os arqueólogos veem. Algumas civilizações acabam abruptamente, como os astecas e incas, conquistados por invasores nos anos 1520 d.C.; esses impérios nunca tiveram a oportunidade de entrar em colapso como resultado de uma expansão exagerada. Assim, no caso das civilizações, "a história se repete" parece ser uma simplificação excessiva.

Essa afirmação tem outro problema: e a *Pré-história*? E quanto aos milhões de anos de vida humana e proto-humana que precederam os registros históricos? Como arqueólogo, posso dizer que a Pré-história diz pouco sobre esses milhões de anos. Sabemos algo sobre o que nossos antepassados comiam, aonde viajaram, que tipo de ferramentas utilizavam e outros aspectos básicos da vida. Mas, embora seja bom saber isso, tais aspectos são apenas uma pequena fatia das experiências completas da vida de milhões dos nossos antepassados no passado pré-escrita.

5

A Parte dos Dez

Obtenha uma lista dos tópicos mais importantes da antropologia (na minha opinião).

Descubra dez ótimas carreiras na área.

Veja uma lista de (mais ou menos) dez filmes e livros com temas da antropologia.

Desvende os dez enganos mais comuns sobre o passado da humanidade.

Capítulo **21**

Dez Fatos de Antropologia dos Quais Se Lembrar

Seria possível alguém resumir os resultados de um século de estudos antropológicos em dez tópicos? Bem, é o que farei. Para mim, estas são as lições mais importantes da antropologia até o momento.

Ferramentas, Comportamento e Anatomia

Para cada espécie viva além da humana, a evolução é uma questão de como o corpo se adapta ao ambiente. Os comportamentos complexos ajudam os não humanos a sobreviver, é claro, mas, para a maioria dos animais, a anatomia estabelece muito bem os limites do comportamento; os crocodilos não podem mudar seus dentes, belamente moldados para capturar presas, para começarem a se alimentar de uma dieta de folhas ou gramíneas. Essa é uma barreira comportamental estabelecida pela anatomia. Em forte contraste, os seres humanos criam e utilizam ferramentas (e isso vem ocorrendo há pelo menos 2,5 milhões de anos) para permitir sua sobrevivência em situações em que o corpo normalmente não sobreviveria; isto é, os seres humanos romperam os laços anatômicos de seu comportamento, passando a usar ferramentas, em vez de dependerem de seus corpos, para se adaptarem e sobreviverem. Isso sim é algo que nos dá o que pensar! Vá ao Capítulo 6 para saber mais sobre ferramentas e comportamento.

SOMOS Símios, Não Apenas Parecidos com Eles

Os seres humanos não são minerais nem vegetais, por isso temos que ser animais; dos animais, somos claramente membros da ordem dos primatas. Isso é incontestável quando vemos as semelhanças entre o DNA humano e o não humano deles. E podemos ser mais específicos: esqueça os macacos e os pequenos prossímios semelhantes a gatos — genética e anatomicamente, nós somos mais parecidos com os *símios* vivos: chimpanzés, gorilas, orangotangos e gibões. E, embora tenhamos divergido dessas outras linhagens de símios há milhões de anos, não somos apenas *parecidos* com eles, mas compartilhamos muito de seu DNA. Nós somos símios. (Para mais informações sobre nossos irmãos símios, veja o Capítulo 4.)

Por que os Hominídeos Começaram a Caminhar

Embora um dia os antropólogos possam encontrar boas evidências para explicar por que exatamente os hominídeos começaram a caminhar sobre duas pernas, de momento, não há uma única resposta que resolva bem a questão. (Leia sobre algumas dessas teorias no Capítulo 6.) O que sabemos é que o bipedalismo teria apresentado aos primeiros hominídeos tanto prós como contras, incluindo (mas não se limitando a) o seguinte:

» Pró: Habilidade de ficar de pé e olhar por cima de plantas altas.

» Pró: Habilidade de carregar itens, como ferramentas.

» Contra: Menos agilidade para subir em árvores (para escapar de predadores).

» Contra: Mais lento e menos maleabilidade do que os principais predadores (como os grandes felinos).

Para ser sincero, penso que essa pode não ser uma grande questão. Perguntar por que passamos a andar eretos é como perguntar por que as aves começaram a voar. Haverá uma única resposta? Isso aconteceu porque era vantajoso fazê-lo e, quaisquer que fossem os custos, os benefícios ainda valiam a pena. Por que os cangurus (outro animal bípede) "se levantaram"? A mesma resposta: foi vantajoso de alguma forma.

Todos Pertencem à Raça Humana

Biologicamente falando, a raça é um conceito escorregadio. Os indivíduos capazes de se acasalar e de ter descendência suficientemente saudável para que esta também tenha descendência são considerados membros da mesma *espécie*. Existem raças ou subconjuntos dentro das espécies — como raças diferentes de cães, ou pessoas com cores de pele ou tipos de cabelo ligeiramente diferentes —, mas, biologicamente falando, essas diferenças são insignificantes. Isso não impediu a humanidade de criar grandes empecilhos entre as diferenças entre, digamos, africanos nativos e europeus nativos, utilizando essas diferenças para todo o tipo de maldades. Mas é tudo conversa fiada, que vai de estereotipagem racial a tentativas mal orientadas de engendrar as chamadas "super-raças". E, como explico no Capítulo 14, todo o conceito de "super-raça" é suicida. Se todos são iguais, então todos estarão suscetíveis a uma única catástrofe. Diversidade é saúde, e isso não é um *slogan* de recursos humanos — é uma dura realidade da genética. Repitam comigo: todas as pessoas pertencem à espécie humana, *Homo sapiens sapiens.*

A Civilização É uma Criança

Entre cerca de 2 milhões e 10 mil anos atrás, os seres humanos não cultivavam alimentos nem criavam animais; como espécie, *forrageávamos*, ou caçávamos e coletávamos, diariamente para suprir nossas necessidades de calorias, água e nutrientes. Na ausência de grandes tecnologias de armazenamento, nossos antepassados precisavam continuar se deslocando pelas regiões com recursos, o que impediu a ascensão das cidades ou mesmo, na maioria dos casos, das aldeias. Para a maioria dos nossos antepassados, a vida era uma caminhada através de vastas paisagens, em uma busca contínua de alimentos.

Mas a forma como as pessoas vivem hoje — movendo-se por milhares de quilômetros por ano em carros, escolhendo livremente entre várias religiões e até mesmo votando para escolher seus líderes (mais ou menos) — é extremamente nova para a humanidade. As antigas civilizações (analisadas no Capítulo 10) eram dinastias, governadas durante séculos e séculos por pouquíssimas pessoas provenientes de famílias reais que determinavam o destino de milhões, escravizavam mais milhões e ditavam tudo, desde impostos a horários de culto até ao que se podia vestir, com base na posição social. A nova civilização de hoje tem muitos problemas, mas permite algumas liberdades significativas para as quais muitas vezes não damos muita bola.

Há Muitas Formas de Sermos Humanos

No nível mais básico, ser humano é ter uma anatomia moderna e usar simbolismo, e essas características vem nos acompanhando pelo menos durante os últimos 50 mil anos. E todos os humanos de hoje, da China à Nigéria e à Finlândia, são igualmente humanos. Embora os seres humanos em todo o mundo tenham adaptado suas culturas às próprias circunstâncias regionais, inventando e evoluindo diferentes formas de sobrevivência, em última análise cada uma dessas culturas é apenas mais uma variação de ser humano.

A Cultura Não É Genética

A *cultura* — todo o conjunto de ideias sobre como é o Universo e o que devemos fazer a respeito disso — não está codificada em nossos genes. Ela não é transmitida biologicamente, mas socialmente, sobretudo com a linguagem, como vimos no Capítulo 11. E, como os estudos demonstraram que a linguagem não é algo inato — qualquer criança saudável pode adquirir qualquer linguagem por volta dos três anos —, a cultura também não é inata. Uma criança nascida no Japão, mas que se mudou logo em seguida para a Dinamarca, terá a cultura dinamarquesa, e não a japonesa.

Linguagem e Metáfora: Segredos para o Sucesso Humano

Embora muitos animais se comuniquem de inúmeras formas — usando odores, posturas corporais e até sons —, a comunicação humana pela língua falada é particularmente rápida, transmite mais informações (e mais sutis) do que qualquer outro sistema de comunicação e é gramaticalmente complexa (veja mais sobre isso no Capítulo 13). Importante, a linguagem também usa *metáforas*, nas quais uma palavra pode ser usada para sugerir as propriedades de outra coisa. Parece simples, mas não vemos isso em nenhum outro sistema de comunicação. A flexibilidade e a sutileza permitidas na linguagem têm muitos efeitos, sendo um dos mais importantes o fato de não haver dois seres humanos idênticos em seus pensamentos. Considerando que cada mente interpreta as comunicações linguísticas de formas levemente diferentes, os seres humanos são distintivos e individualistas, e não autômatos inalteráveis. Isso traz seus próprios efeitos sobre a forma da cultura humana. Claramente, a linguagem é central para o significado de sermos humanos.

Certamente Não Há Certezas

Sermos humanos é um assunto complicado; por mais que tentem, os antropólogos têm tido dificuldade em fazer qualquer afirmação universal, exceto as mais básicas, sobre a espécie humana. Sim, todas as sociedades têm regras para o casamento, mas estas variam desde a *poliandria* (múltiplos maridos para uma esposa) até a *poliginia* (múltiplas esposas para um marido). Da mesma forma, todas as sociedades registram a descendência biológica — mas os processos variam de *matrilinear* (seguindo a linhagem feminina) a *patrilinear* (seguindo a linhagem masculina). E assim por diante. A humanidade é caracterizada pela diversidade; temas e padrões emergem, mas quase nada é definitivo. Tal falta de uniformidade nos diz algo sobre nossa espécie altamente adaptável.

Não Existe uma Escada de Progresso

Durante muito tempo, pensava-se que todas as sociedades humanas estavam evoluindo na mesma direção, subindo uma "escada de progresso" que passava pelas fases da selvageria e do barbarismo para finalmente chegar ao auge da civilização. Mas, ao que parece, cada sociedade segue o próprio caminho e tem as próprias soluções para sobreviver, e simplesmente não podemos comparar uma cultura com outra de muitas formas significativas. Agora, isso não significa que todas as culturas estejam perfeitamente adaptadas a seus ambientes, ou que sejam intrinsecamente boas para sua própria população; algumas têm hábitos autodestrutivos, e acredito que a existência de uma Declaração Universal dos Direitos Humanos é uma coisa boa (veja o box a seguir). Ainda assim, a antropologia descobriu que as comparações transculturais tiveram mais a ver com a justificação do colonialismo do que com o reconhecimento honesto do fato de, ao longo de muitos milênios, a humanidade ter encontrado muitas formas de ser humana. Veja no Capítulo 17 mais informações sobre diversidade cultural e direitos humanos.

DECLARAÇÃO UNIVERSAL DOS DIREITOS HUMANOS

Em 1948, a Organização das Nações Unidas — uma organização fundada para fomentar a cooperação internacional durante a Segunda Guerra Mundial — apresentou ao mundo a Declaração Universal dos Direitos Humanos, apelando a todos os países-membros "para que a difundam, exibam, leiam e exponham principalmente nas escolas e em outras instituições educativas, sem distinção baseada no status político dos países ou territórios". Você a encontra no site `https://brasil.un.org/pt-br/91601-declaracao-universal-dos-direitos-humanos`.
Dentre os trinta artigos, temos o seguinte:

- **Artigo 1º: Todos os seres humanos nascem livres e iguais em dignidade e em direitos. Dotados de razão e de consciência, devem agir uns para com os outros em espírito de fraternidade.**

- **Artigo 4º: Ninguém será mantido em escravatura ou em servidão; a escravatura e o trato dos escravizados, sob todas as formas, são proibidos.**

- **Artigo 16º 1.: A partir da idade núbil, o homem e a mulher têm o direito de casar e de constituir família, sem restrição alguma de raça, nacionalidade ou religião. Durante o casamento e na altura da sua dissolução, ambos têm direitos iguais.**

Podemos imaginar que, por mais bem-intencionados que sejam, a definição de alguns desses artigos está sujeita a debates. Tal discrepância enfatiza a importância da compreensão intercultural e isso pode ser obtido por meio da compreensão das lições da antropologia, o estudo científico da humanidade.

Capítulo **22**

Dez Ótimas Carreiras em Antropologia

O que dá para fazer com um diploma de antropologia? É de fato possível seguir uma carreira em estudos da humanidade? Certamente. Veja aqui dez sugestões. Pessoalmente, acredito que, se você é fascinado pela espécie humana e se sua paixão é estudar a humanidade, descobrirá uma forma de ganhar a vida com isso.

Antropologia Acadêmica

Se está realmente viciado no estudo científico da humanidade, precisa saber duas coisas: primeiro, é preciso ter doutorado, e será necessário se especializar em uma das quatro áreas principais da antropologia. Lembre-se, o campo tem quatro divisões principais:

» **Antropologia física (ou biológica):** O estudo da biologia humana e da evolução biológica por meio dos fósseis e do DNA.

» **Antropologia linguística:** O estudo da comunicação humana.

» **Antropologia cultural (ou social):** O estudo das sociedades humanas vivas, em grande parte por meio de observação participante.

» **Arqueologia:** O estudo do passado humano por meio dos resquícios dos povos antigos e de suas civilizações.

Os acadêmicos de antropologia de qualquer uma dessas áreas trabalham em geral no Departamento de Antropologia de uma universidade. Ser docente requer doutorado, e isso é normalmente um compromisso de carreira, pois leva muito tempo, dinheiro e esforço para ser obtido. Os trabalhos são escassos e incluem muito mais do que apenas ensino e pesquisa, mas, se essa for sua praia, é uma possibilidade a seguir. Esteja preparado para trabalhar longa e arduamente para receber o título de *professor universitário*.

Recursos Humanos/Culturais

Cada vez mais, as empresas estão reconhecendo o valor de melhorar a comunicação intercultural em suas crescentes forças de trabalho multiculturais. Os alunos interessados em antropologia cultural e em trabalhar com pessoas talvez queiram seguir carreiras em recursos culturais ou humanos, facilitando e melhorando a comunicação e a compreensão no local de trabalho. Para essa carreira, um bacharelado em antropologia pode ser suficiente, mas um mestrado está ficando cada vez mais necessário.

Antropologia Forense

A popularidade dos livros e programas de TV policiais revela um profundo interesse na falibilidade humana e na resolução de mistérios. Muitos dos meus alunos dizem que querem ser médicos legistas, uma profissão que investiga em detalhes a causa da morte de um ser humano. O caminho para tal profissão é longo e difícil, mas é uma carreira gratificante para a pessoa certa. Embora os requisitos variem, a maioria dos médicos legistas precisa de um bacharelado (em antropologia com habilitação em antropologia física seria perfeito), seguido de um diploma em medicina e, então, de vários anos de pós-graduação em medicina com ênfase em patologia e medicina legal. [No Brasil, é necessário ainda prestar concurso público.] Confira o site `www.thename.org` [em inglês] da Associação Nacional de Médicos Legistas dos EUA; eles listam muitas variações sobre antropologia forense, incluindo trabalhos como assistente e associado de médico legista, médico legista adjunto e patologista forense. Veja também o site da Associação Norte-americana de Antropólogos Físicos e conheça algumas carreiras possíveis em diversos campos relacionados: `https://physanth.org/career/careers-physical-anthropology` [em inglês].[1]

Perito Criminal

Os estudantes de antropologia que escolhem a ênfase em antropologia física, particularmente em anatomia esquelética humana, estão bem preparados para uma possível carreira como peritos criminais, o profissional especializado em documentação e investigação de cenas de crime envolvendo restos humanos. Um bacharelado é normalmente suficiente para prestar concurso público na área. Há muitos agentes policiais que começam essa carreira após alguns anos na força. Uma boa formação em cultura humana e anatomia é ótimo para qualquer pessoa interessada em carreiras policiais, particularmente quando estas têm a ver com seres humanos.

Biologia Primata

Zoológicos, centros de pesquisa e outros locais que mantêm populações de primatas não humanos empregam biólogos por diversas razões, incluindo o estudo e manutenção da saúde e bem-estar dos primatas. Embora seja necessário considerar sérias preocupações éticas — as condições para os primatas são hoje melhores do que no passado, mas muitos abusos continuam —, pode ser que os biólogos primatas estejam em uma posição melhor para aprimorar as condições "a partir de dentro". Para ser biólogo primata, é preciso se formar em biologia, mas um bom começo seria um diploma em antropologia com ênfase em antropologia física, particularmente em antropologia física dos primatas não humanos.

---

1 As informações desta seção se baseiam no contexto norte-americano e não se aplicam ao Brasil. [N. E]

Etologia Primata

Zoológicos, centros de pesquisa e outros locais que mantêm populações de primatas não humanos também empregam etólogos para estudarem o comportamento de primatas não humanos. (A *etologia* é o estudo do comportamento de animais não humanos.) As mesmas considerações éticas que se aplicam ao biólogo de primatas se aplicam aqui. Os etólogos primatas necessitarão fazer pós-graduação em biologia (com ênfase na etologia de primatas não humanos) ou antropologia (com ênfase na mesma área). Como os primatas de todo o mundo enfrentam um risco significativo de extinção devido à destruição de seus habitats, os pesquisadores também estão trabalhando cada vez mais em campos da conservação.

Diplomacia

Os estudantes de antropologia centrados na antropologia cultural são bons candidatos a carreiras nas relações internacionais e na resolução de conflitos, e fica claro que a humanidade precisa muito disso. As lições da antropologia incluem declarações sobre nossa unidade como espécie, a importância do respeito mútuo genuíno entre culturas e o reconhecimento de alguns absurdos e aberrações como o racismo e a escravatura. (Veja, no Capítulo 21, uma análise das lições mais importantes da antropologia.) Essas ideias não devem estar baseadas em motivos políticos, mas no que sabemos sobre *o que significa sermos humanos*. O campo da resolução de conflitos é novo e próspero. É particularmente bom para os formados em antropologia que queiram prosseguir seus estudos de pós-graduação utilizando a perspectiva antropológica.

Trabalho em Museu

Muitos formados em antropologia encontram trabalho em museus e sociedades históricas, administrando coleções de documentos e artefatos. Para esses cargos, um interesse geral no passado, facilitado por uma apreciação antropológica do passado antigo da nossa espécie, é uma boa base. Comece o mais cedo possível, assumindo posições de estágio em museus e bibliotecas durante a graduação. Isso lhe dará uma sensação de como o trabalho realmente é, além de também ser um primeiro passo no estabelecimento de importantes ligações pessoais.

Cientista da Informação

Considerando que a antropologia é um campo tão vasto, com interesses em tantas facetas da existência humana, os estudantes de antropologia tendem a fazer de tudo um pouco. Em geral, eles têm um bom conhecimento sobre onde procurar informações, e essa característica é uma grande vantagem no trabalho em bibliotecas. A graduação em antropologia é uma boa base para obter um mestrado em biblioteconomia, que é normalmente necessário para cargos superiores no trabalho de biblioteca. Com tantas informações na internet, será que as bibliotecas continuarão a existir? Penso que sim, mesmo que grande parte de seus espaços se tornem estações de trabalho para pesquisa online. Mesmo assim, existem milhões de livros preciosos no mundo que, por qualquer razão, não foram digitalizados, ou não foram inteiramente digitalizados, e as bibliotecas continuarão, penso eu, a ser instituições importantes durante alguns milênios. Ainda dá tempo de trabalhar em uma!

Arqueologia Particular

Arqueólogos particulares trabalham para empresas privadas, contratados para avaliar se os projetos de construção prejudicarão sítios arqueológicos. Eles formam uma grande parte dos arqueólogos dos Estados Unidos, e, ao contrário dos arqueólogos acadêmicos, não precisam de doutorado. Será necessário ter um mestrado na área da arqueologia, centrado na gestão de recursos culturais. Um bacharelado será suficiente se quiser escavar durante apenas alguns anos, mas a subida para posições administrativas muito provavelmente exigirá o mestrado. Um doutorado é útil, mas não é exigido, exceto para cargos superiores de gestão.

ESPAÇOS DE FORMAÇÃO E OPORTUNIDADES DE ATUAÇÃO EM ANTROPOLOGIA

Muitas são as possibilidades de atuação de antropólogos, bem como as de especialização na área. No caso brasileiro, universidades, centros e institutos de pesquisa (como o Instituto Brasileiro de Geografia e Estatística — IBGE), fundações (como a Fundação Nacional do Índio — FUNAI), organizações não governamentais, museus e acervos culturais (públicos e privados) ou órgãos públicos de proteção, defesa de direitos e fiscalização (como o Ministério Público Federal — MPF) são alguns dos principais espaços de atuação, em razão do perfil de envolvimento em pesquisas, com análise e interpretação de dados da vida social, formulação de diagnósticos e planejamento de políticas públicas.

A graduação em antropologia possui a habilitação de bacharelado e duração média de quatro anos. Atualmente, considerando as cinco regiões do Brasil e os melhores centros públicos de formação em Antropologia, pode-se citar a Universidade Federal do Amazonas (UFAM), Universidade Federal da Paraíba (UFPB), Universidade Federal de Minas Gerais (UFMG) e Universidade Federal de Santa Catarina (UFSC).

O site da Associação Brasileira de Antropologia (abant.org.br) é uma referência para consulta de maiores detalhes sobre a antropologia brasileira.

Capítulo **23**

(Quase) Dez Filmes e Livros com Temas Antropológicos

Nós, seres humanos, somos fascinados por nós mesmos, e os temas e as descobertas da antropologia permeiam nossa cultura popular. Neste capítulo, recomendo alguns dos meus livros e filmes favoritos com temas da antropologia. Para eles, dou joinha com as duas mãos.

A maioria dos filmes está disponível nas principais plataformas de streaming (Amazon Prime, Google Play, Netflix, YouTube e outras). Quando for o caso, indico onde os encontrar. Os livros podem ser encontrados em sua livraria favorita.

A Caverna dos Sonhos Esquecidos

No filme *A Caverna dos Sonhos Esquecidos* (2010), o produtor teuto-americano Werner Herzog vai à França para filmar artes rupestres deslumbrantes, com dezenas de milhares de anos. A pegada silenciosa do filme, que muitas vezes apenas nos permite ouvir ecos tênues e sons de água pingando nas cavernas, é de tirar o fôlego. O melhor é que Herzog não passa muito tempo interpretando o que os artistas das cavernas estavam tentando dizer. Depois de algumas reflexões, ele permite que cada um chegue à sua conclusão. Ele também deixa a câmera parada, ou a move muito lentamente, para que haja tempo de examinarmos aquelas imagens maravilhosas.

O Amor e a Fúria

O Amor e a Fúria (1995), produzido e ambientado na Nova Zelândia moderna e dirigido por Lee Tamahori, narra a história de uma família maori (nativa neozelandesa) urbana que luta para superar os vícios e a pobreza, problemas comuns aos povos nativos de todo o mundo que foram deslocados das suas terras ancestrais para ambientes urbanos. No filme, como na vida real, uma solução para esses problemas é uma reconexão com os valores e a cultura tradicionais. Pode ser difícil ver as cenas de pobreza e violência apresentadas no filme, mas elas são uma realidade.

The Places in Between

The Places in Between [*Entrelugares*, em tradução livre] (2006) traça a caminhada aventureira do escocês Rory Stewart pelo Afeganistão em 2002. Sim, lá mesmo, em 2002, com o Talibã dominando muitas regiões. Mas a maioria das pessoas que Stewart encontra não são membros do Talibã; são camponeses afegãos que querem viver da forma como vivem há séculos, e ele recebe a hospitalidade e a generosidade desse povo em quase todos os lugares por onde passa. Ele também se depara com os restos de uma cidade antiga saqueada por caçadores de maconha, cuja descrição é fenomenal. O livro ganhou vários prêmios e fez parte da lista dos dez livros mais vendidos do *New York Times* em 2006. Stewart também publicou *The Prince of the Marshes* [*O Príncipe dos Pântanos*, em tradução livre], relatando o tempo em que passou no Iraque.

A Montanha dos Gorilas

Esse filme de Hollywood de 1988 e dirigido por Michael Apted retrata parte da carreira de Dian Fossey, uma das três principais mulheres nos estudos de símios vivos. Fossey, interpretada por Sigourney Weaver, estuda diligentemente (ou obsessivamente, dependendo da sua perspectiva) os gorilas na África central e acaba passando muito tempo tentando protegê-los dos caçadores ilegais, bem como os estudando. Ela foi assassinada em 1985, e a cena que retrata esse acontecimento no filme deixa o mistério em aberto; até hoje, ninguém foi acusado por sua morte.

Neandertal

Essa produção de 2005 da BBC para a série de televisão *Horizon* apresenta alguns dos mais interessantes trabalhos recentes sobre quem eram os neandertais e como podem ter se extinguido. Obviamente, o documentário dirigido por Cameron Balbirnie contém muitas teorias, e para cada uma delas haverá um paleantropólogo ou outro discordando; no entanto, o filme demonstra como os antropólogos são engenhosos com as pecinhas da arqueologia, utilizadas para reconstruir o passado, e como sabem, ao mesmo tempo, tanto e pouco. Alguns dos mais proeminentes pesquisadores dos neandertais aparecem no vídeo, o qual inclui muitas reconstituições realistas da vida deles. Mal posso esperar por um documentário com a mesma qualidade.

Assista a esse episódio da série televisiva Horizon online e em inglês, acessando: www.dailymotion.com/video/x7pds8g.

A Guerra do Fogo

A Guerra do Fogo (1981), de produção francesa e dirigido por Jean-Jacques Annaud, segue as vidas de um bando de caçadores e coletores que tentam encontrar uma nova fonte de fogo depois que a sua foi extinta de forma catastrófica. O filme é bastante dramático, e muitos arqueólogos ficariam de cabelo em pé com alguns dos pormenores técnicos. No entanto, ele nos dá o que pensar, e eu penso que, em muitos aspectos, essa é uma boa representação de como era a vida caçadora e coletora dos nossos parentes hominídeos há muitos milênios.

Sombras de Antepassados Esquecidos

Nessa grande viagem pela espécie humana, o falecido e grande astrônomo Carl Sagan e sua esposa, Ann Druyan, levam o leitor desde as origens da vida até os dias de hoje, descrevendo de forma bela e precisa os detalhes fascinantes de cada aspecto do ser humano. A escrita é brilhante e afetuosa, mas fala sobre tópicos como o DNA, a divisão celular, o comportamento dos primatas e a evolução humana, que em geral são descritos de forma mais técnica. Embora alguns elementos do livro (publicado em 1993) estejam hoje desatualizados, nenhum deles são erros críticos que prejudiquem o leitor; a maior parte do que os autores apresentam no livro é profunda e atemporal.

Maps and Dreams

Nesse livro belamente escrito que coloca o leitor diretamente na tundra, o escritor e antropólogo Hugh Brody relata suas viagens e investigações sobre as vastas regiões subárticas do Canadá. *Maps and Dreams* [*Mapas e Sonhos*, em tradução livre] (publicado em 1981, com uma segunda edição em 2002) me fez perceber como é importante, sendo arqueólogo, ter cuidado com o quanto eu acreditava em modelos (meus ou de qualquer outra pessoa) de comportamento humano no mundo antigo. As decisões tomadas pelos caçadores nativos — sobre caça ou qualquer outra coisa —, informadas a Brody por eles mesmos, são afetadas por fatores culturais sutis, mas poderosos, que podem ser difíceis de imaginar.

Dances of Life

Dances of Life [*Danças da Vida*, em tradução livre] (2005), dirigido por Catherine Tatge, traz um olhar emocionante sobre a vida simbólica do povo maori, nativo de Aotearoa, ou Nova Zelândia, como é conhecida pela maioria das pessoas. Além das incríveis filmagens das danças *haka*, ou "palavras ardentes", vemos como os maori modernos estão revitalizando sua cultura. Eles não estão construindo uma cultura "mumificada", uma bolha no passado, e sim mantendo sua identidade ao mesmo tempo em que se adaptam ao mundo moderno. É revigorante e inspirador!

Até o momento de redação deste capítulo, aparentemente o filme não estava nas plataformas de streaming, mas o DVD está disponível na Amazon.

Capítulo **24**

Os Dez Principais Mitos sobre o Passado

Um dos serviços da antropologia à nossa espécie tem sido a utilização dos métodos da ciência para identificar alguns conceitos errados muito comuns sobre nosso passado. Diversos desses equívocos estão profundamente ligados à nossa compreensão básica do mundo. Mas, como explico neste capítulo, cada um deles é dissipado com algumas evidências convincentes. Quando os ouvir em festas ou outros encontros, manifeste-se! Mostre as evidências.

Todas as Sociedades Humanas Evoluíram na Mesma Direção

Muitas pessoas presumem que todas as sociedades humanas estão em uma espécie de "via única" de evolução (denominada *evolução linear*), em que todos "naturalmente" progridem para um objetivo final, tipificado pela civilização ocidental. Mas a antropologia demonstrou que a humanidade encontrou muitas formas de ser humana — incluindo caça e coleta, a agricultura de baixa intensidade e a subsistência pela domesticação de gado ou renas — e que definir *progresso* como um caminho que conduz às características da civilização ocidental é simplesmente errado.

Nossa evolução não se caracteriza pela subida em uma escada, de um degrau de excelência ou organização social ao próximo. Para começar, simplesmente não há evidências de uma escada assim nem de um mecanismo de orientação interno para tal processo evolutivo. Muitos comportamentos e crenças humanas são, de fato, resultados da adaptação de culturas e tecnologias humanas a ambientes de recursos específicos em todo o mundo. Os tuaregues do Saara enfrentam diferentes pressões seletivas e ambientes do que os caçadores e coletores efe do Congo, então é natural que tenham desenvolvido diferentes linguagens para descrever seus ambientes distintos, bem como estabelecido diferentes regras de comportamento e até mesmo valores de moralidade estéticos que estão de acordo com seus respectivos ambientes.

Dito isso, em alguns casos, houve desenvolvimentos independentes, mas semelhantes, tais como o crescimento do urbanismo (cidades), o uso de pirâmides e a expansão territorial entre as civilizações antigas. Mas esses desenvolvimentos são entendidos como *paralelismos* (invenções independentes da mesma coisa), e não a ascensão ou o progresso da humanidade de uma fase concreta e pré-programada de desenvolvimento para a próxima.

A Vida Pré-histórica Era Sórdida, Brutal e Curta

A vida dos seres humanos que não tinham os benefícios espalhafatosos da civilização moderna é muitas vezes retratada como algo sombrio e terrível, uma vida "sórdida, brutal e curta" (nas palavras do filósofo Thomas Hobbes). Mas um olhar atento na arqueologia dos nossos antepassados e outras relações mostra que isso é uma generalização exagerada.

Os neandertais, por exemplo, são frequentemente retratados desgrenhados e cobertos de sujeira, mas, na realidade, os caçadores tradicionais — como os neandertais — cuidavam muito de seu cheiro, em particular. Os neandertais também tinham ferramentas de pedra afiada que poderiam ter sido usadas para cortar o cabelo. E tenha em mente que muitos animais, é claro, se lavam — você vê pássaros fazendo isso em uma fonte do parque, ou então seu gato, que faz isso sentado no sofá.

E a parte brutal e curta? Bem, a longevidade recente das pessoas no mundo industrializado é precisamente isso: muito recente. Mesmo há cem anos, a longevidade era significativamente mais curta do que é hoje, mas não particularmente mais longa do que era nos tempos da Idade da Pedra. Em alguns fósseis do Neandertal, vemos até provas de que os indivíduos eram tratados após ferimentos terríveis e podem muito bem ter atingido os quarenta anos antes de experimentarem uma morte natural. Isso não é muito mais curto do que a expectativa de vida no século XIX.

Em última análise, penso que a ideia da "imundície do mundo pré-histórico" é sobretudo um movimento de autopromoção, feito para nos separarmos de um passado denominado "primitivo".

Os Povos Antigos Estavam em Perfeito Equilíbrio com a Natureza

A civilização moderna é culpada por muita poluição e devastação ecológica; por isso, muitos olham para o mundo antigo em busca de uma melhor maneira de viver. Embora fosse inteligente aprender algumas lições com as muitas populações humanas do passado, que viveram de forma sustentável durante milhares ou dezenas de milhares de anos, nem todos no passado estavam perfeita e harmoniosamente adaptados a seus ambientes.

Os colonos vikings do sul da Groenlândia, por exemplo, entraram em extinção por lá quando tentaram forçar um modo de vida agrícola em uma área que só podia sustentar a caça e coleta. O desflorestamento de Rapa Nui (Ilha da Páscoa) entre cerca de 1200 d.C. e 1700 d.C. é outro caso em que os seres humanos do mundo antigo parecem ter cometido um erro de julgamento quanto ao uso dos recursos, acarretando-lhes prejuízos (embora a seca pareça também ter desempenhado um papel). E, claro, a humanidade tem um longo histórico de violência e agressão, e inúmeras vezes grandes massas são convencidas pelas elites de que determinada população humana é, na realidade, um pouco menos do que humana e, portanto, ataques e tomadas de recursos são justificáveis. O arqueólogo Joseph Tainter identificou os excessos ecológicos e o colapso de múltiplas civilizações antigas, incluindo os maias.

LEMBRE-SE

Tenha cuidado com a generalização exagerada de que as pessoas do mundo antigo eram, de alguma forma, perfeitas. A civilização moderna tem muitos problemas, mas poucos deles são novos.

A Agropecuária É Mais Fácil e Melhor do que a Caça e Coleta

Algumas pessoas ficam na ilusão de que era inevitável para a humanidade começar a agropecuária — afinal, assim puderam "se estabelecer" e parar com suas "andanças", produzindo os alimentos em vez de ter que ir atrás deles como caçadores e coletores. O conceito é até verdadeiro, mas as palavras usadas são capciosas. Os caçadores e coletores não se limitavam a "vaguear" por uma região, esperando encontrar recursos — em geral, eles sabiam exatamente onde os recursos estavam em certas estações, e seus movimentos eram cuidadosamente programados. E, quando os primeiros agrícolas entraram em contato com os caçadores e coletores, há cerca de 10 mil anos, estes nem sempre assumiram o estilo de vida agrícola — muitos simplesmente foram para longe das terras ocupadas pelos agrícolas sedentários, criando a ilusão de que os caçadores e coletores viviam sempre às "margens" do mundo habitável. Por exemplo, após 50 mil anos de caça e coleta em toda a Austrália, as populações nativas não largaram suas ferramentas e agradeceram aos céus pela sorte de a agropecuária ter finalmente chegado (quando foi introduzida, na década de 1700 d.C.). Elas foram *forçadas* a aceitar algum tipo de agropecuária e a se estabelecer em reservas.

Outro mito aqui é que o estilo de vida agrícola é naturalmente mais fácil e mais saudável do que o caçador e coletor. Embora os agrícolas possam viver mais tempo do que os caçadores e coletores, a agropecuária acaba exigindo muita mão de obra, e, em geral, os agrícolas têm menos saúde do que os caçadores e coletores. E são os agrícolas que precisam se levantar às 4h para ordenhar as vacas, enquanto alguns caçadores e coletores passam apenas algumas horas por dia trabalhando pela subsistência.

Por fim, lembre-se de que, embora a agropecuária tenha funcionado bem durante milênios, uma seca global contínua poderia facilmente derrubar esse pilar da civilização moderna. Quem conseguisse de fato caçar e coletar, sobreviveria. Assim, quem seria considerado "primitivo", em um mundo de novas circunstâncias?

Os Monumentos Antigos Só Tinham um Propósito

Alguns dos resquícios mais visíveis do mundo antigo são as pirâmides do Egito e os megalíticos da Europa Atlântica, incluindo Stonehenge. A "função" de tais artefatos estupendos é muitas vezes explicada em termos bastante exclusivos. Recentemente, ouvi Stonehenge ser explicado como uma espécie de centro de "rave" pré-histórico, em que a música era tocada de tal forma que reverberava especificamente entre as pedras enquanto as drogas psicoativas eram ingeridas por multidões de foliões. Na verdade, essa interpretação específica não é tão absurda — esse cenário pode muito bem ter acontecido em algum momento. O problema é que tais explicações são apresentadas como a "resposta". Mas enormes monumentos antigos tiveram provavelmente *muitas* funções ao longo dos milênios.

Considere um exemplo no mundo moderno: uma catedral na cidade de Nova York. A catedral pode ser utilizada para serviços religiosos, eventos seculares, casamentos, batizados e toda uma série de outras funções. A Grande Muralha da China tinha objetivos defensivos, mas era (e continua a ser) também um símbolo potente do poder do Estado. As pirâmides do Egito eram, de fato, câmaras funerárias para faraós, mas eram também gigantescos "projetos de obras públicas" que empregavam um grande número de arquitetos, pedreiros, trabalhadores (nem todo o trabalho era feito por escravizados), e assim por diante.

Por isso, seja cético quando ouvir que um certo monumento antigo tinha apenas uma função.

A "Tecnologia Primitiva" Era Limitada

Nós, pessoas modernas, parecemos subestimar as capacidades tecnológicas das pessoas do mundo antigo. Ouvimos com frequência que os arqueólogos ficam "perplexos" com a forma pela qual as pessoas do Egito Antigo, por exemplo, movimentavam grandes blocos de pedra sem máquinas modernas. Às vezes, a "única" explicação, segundo nos dizem, é a tecnologia alienígena! Mas vemos as pedreiras do Egito, onde há blocos abandonados, e podemos fazer experiências para replicar métodos antigos, sendo até possível vermos imagens mostrando antigos egípcios transportando estátuas maciças. Acontece que muito é conseguido com cordas, alavancas, rolos e bons pedreiros. A ideia de que teriam sido necessários equipamentos para construir os monumentos do mundo antigo reflete nossa dependência da tecnologia atual e não a realidade daquela época.

Outras grandes invenções do mundo antigo incluem o seguinte:

» Navegação astronômica feita pelos marinheiros do antigo Pacífico (veja o box "*Kavenga*: O caminho das estrelas", no Capítulo 8).

» Embarcações a vela construídas por nativos do Equador Ocidental, pelo menos ao redor de 1000 d.C.

» Canais extensivos e ilhas agrícolas artificiais (chamadas *chinampas*), que tornaram a capital asteca de Tenochtitlan maior e mais bem organizada do que as cidades contemporâneas da Europa.

A Arte Rupestre Se Resumia a Homens Caçando Animais

A arte rupestre da Europa (datada em sua maioria entre 17 mil e 35 mil anos atrás) é um tesouro espetacular e foi interpretada diversas vezes ao longo do século passado. Por qualquer razão, a interpretação popular mais comum da arte rupestre é a *magia simpática* (imagens representando o que os pintores desejavam que acontecesse no futuro, como uma boa caçada). Esse conceito explica muito bem algumas artes rupestres, mas ela não era só isso.

Por exemplo, os arqueólogos descobriram que algumas artes rupestres devem ter sido pintadas por crianças que conseguiam se espremer por passagens muito estreitas, nas quais os adultos não conseguiam entrar. Foram também encontradas marcas de mãos de crianças nas cavernas, e não apenas de adultos. É muito possível que aquelas crianças estivessem envolvidas em algum tipo de ritual, mas se esse ritual estava relacionado com a caça é algo simplesmente desconhecido. E outras artes da Idade do Gelo na Europa incluem representações de mulheres, tais como as famosas figuras de Vênus.

Outras artes foram explicadas como representações de *viagens xamânicas*, nas quais os curandeiros se colocam em estados alterados de consciência para se comunicar com seres do mundo sobrenatural e depois pintam cenas das suas fantásticas viagens em painéis de pedra — uma prática comum entre xamãs modernos e historicamente documentados.

A questão é que existiam provavelmente *muitas* razões para fazer imagens nas paredes das cavernas no passado antigo, e elas não se limitam à magia da caça. A arte moderna é criada por muitas razões e interpretada de diversas maneiras. O mesmo se aplica às antigas artes rupestres e nas rochas em todo o mundo — muitos autores, muitos significados e muitos públicos, cada um com as próprias interpretações ao longo dos milênios.

É Natureza ou Criação

Uma das falsas dicotomias mais comuns na cultura popular com relação à evolução humana é a da natureza versus a da criação. Seria a genética (natureza) ou a educação do indivíduo (criação) que explica o comportamento humano?

O problema é que isso simplifica excessivamente a questão, na medida em que oferece uma falsa escolha. Décadas de estudos comportamentais e genéticos demonstraram que os genes têm uma influência significativa no comportamento humano, como foi documentado recentemente no caso em que se mostraram estar fortemente relacionados com a promoção de comportamentos de tomada de risco e de procura de novidade. Ao mesmo tempo, uma criança nascida na Alemanha não crescerá preferindo alimentos ou artes alemãs caso tenha se mudado logo cedo para o Japão e sido aculturada lá. E, claramente, a língua e outros traços culturais importantes não são genéticos (embora alguns genes estejam fortemente relacionados à capacidade de aquisição e utilização da linguagem em um indivíduo). A língua é aprendida por enculturação, embora possa haver uma predisposição genética significativa da capacidade de uma pessoa para usar a gramática da linguagem.

É difícil dizer o quanto dessa questão pode ser resolvida, mas, conforme o genoma humano é mapeado de forma mais funcional, aprendemos muito mais sobre o quanto do nosso comportamento é geneticamente predisposto e o quanto é determinado culturalmente. É pouco provável que as respostas sejam simples, por isso sugiro que tenhamos cuidado com essa escolha, muito provavelmente falsa.

A História Se Repete

Dizem por aí, de forma muito improvisada, que a história se repete, sugerindo que existe algum mecanismo de condução interna, pré-programado da evolução humana. Mas a arqueologia não encontrou evidências disso. O que *vemos* é que às vezes há desenvolvimentos paralelos e temas recorrentes.

Por exemplo, quase todas as civilizações antigas cresceram conquistando os vizinhos mais fracos e expandindo domínios. Porém isso é mais o resultado de desenvolvimentos paralelos nos sistemas sociais e econômicos do que de um motor interno de evolução que se desenrola. Por exemplo, a civilização harappiana (no rio Indo) não se expandiu dessa forma. Outro exemplo vem da Europa pré-histórica; apesar de muitas populações daquela localidade terem começado a agropecuária como forma de vida, há 7 mil anos, muitas populações continuaram a caçar.

O tema "a história se repete" mostra-se apenas como um pensamento preguiçoso ou uma desculpa para não pensar, pois a história mostra que, embora os padrões possam se repetir, o contexto é importante. Mesmo acontecimentos que são semelhantes em sua superfície — como as revoluções — podem ter causas muito diferentes. As buscas pela fonte de grandes padrões na história humana e na pré-história têm em si um longo percurso. Em meados do século XX, os antropólogos procuraram a fonte de padrões:

» No fluxo de energia nas culturas humanas.

» Nas relações econômicas entre membros de classes sociais e econômicas diferentes.

» Nas propriedades da evolução cultural como um todo.

E alguns negam que qualquer um desses modelos abrangentes funcionará, uma vez que o comportamento humano é variado demais para ser generalizado.

Seja como for, é um mito — ou pelo menos uma definição malfeita — dizer que a história se repete. Embora os acontecimentos aconteçam repetidamente (guerras, fome etc.), aparentemente isso não se dá por causa de um "programa" bem conhecido do comportamento humano. Se assim fosse, esse programa estaria delineado em todos os livros de história. O novo campo da Big History aborda tais possibilidades, mas ainda precisa identificar qualquer mecanismo que possa fazer com que a história se repita. Esperemos até que todos os estudos estejam prontos.

Chegando a um Pico, a Evolução Humana Termina

Uma pergunta frequente que me fazem é se a humanidade ainda está evoluindo. É uma questão natural, baseada no que nos dizem comumente sobre nós mesmos como civilização — que somos os melhores, o ápice, o ponto-final de uma longa progressão, da Idade das Trevas ao Iluminismo. Não critico nossa civilização gratuitamente, apesar de termos muitos problemas, porque, pelo menos, ela nos permitiu desenvolvermos uma forma secular de compreendermos o Universo e a nós próprios — a ciência. Será que a ciência apoia o conceito de que não estamos mais evoluindo? De modo algum.

Em primeiro lugar, continuamos evoluindo geneticamente. Estudos recentes mostram que, nos últimos milênios — não apenas há milhões ou centenas de milhares de anos —, o genoma humano foi moldado por seleção para certos traços; um deles é a capacidade de digerir lactose após o desmame, traço associado a populações que se voltaram ao leite animal como um produto domesticado há milhares de anos.

Mais importante, porém, é a *evolução cultural*, que pode ser muito rápida na humanidade, como vimos ao longo deste livro. Com as comunicações modernas, uma ideia pode ser distribuída globalmente em segundos e, assim, efetuar uma mudança cultural global muito rápido. Na verdade, a evolução cultural humana é tão rápida e global, que é difícil de acompanhar. Não, os seres humanos não deixaram de evoluir, mas a nossa evolução cultural é hoje mais importante do que a biológica. E a evolução biológica continuará acontecendo à medida que nosso mundo mudar e/ou à medida que explorarmos novos mundos. A tecnologia ajuda a amortecer muitas das pressões seletivas que nos moldam, mas a adaptação a novas circunstâncias continuará em nosso genoma, por mais leves que elas sejam.

Índice

Projetos corporativos e edições personalizadas
dentro da sua estratégia de negócio. Já pensou nisso?

Coordenação de Eventos
Viviane Paiva
viviane@altabooks.com.br

Contato Comercial
vendas.corporativas@altabooks.com.br

A Alta Books tem criado experiências incríveis no meio corporativo. Com a crescente implementação da educação corporativa nas empresas, o livro entra como uma importante fonte de conhecimento. Com atendimento personalizado, conseguimos identificar as principais necessidades, e criar uma seleção de livros que podem ser utilizados de diversas maneiras, como por exemplo, para fortalecer relacionamento com suas equipes/ seus clientes. Você já utilizou o livro para alguma ação estratégica na sua empresa?

Entre em contato com nosso time para entender melhor as possibilidades de personalização e incentivo ao desenvolvimento pessoal e profissional.

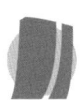

PUBLIQUE SEU LIVRO

Publique seu livro com a Alta Books. Para mais informações envie um e-mail para: autoria@altabooks.com.br

 /altabooks /alta-books /altabooks /altabooks

CONHEÇA OUTROS LIVROS DA **ALTA BOOKS**

Todas as imagens são meramente ilustrativas.

Este livro foi impresso nas oficinas gráficas da Editora Vozes Ltda.,
Rua Frei Luís, 100 – Petrópolis, RJ.